スクールリーダーのための
教育政策研究入門

POLICY STUDIES FOR EDUCATIONAL LEADERS

Frances C. Fowler
F.C.ファウラー

堀 和郎［監訳］

東信堂

Authorized translation from the English language edition, entitled POLICY STUDIES FOR EDUCATIONAL LEADER: AN INTRODUCTION, 2nd Edition, ISBN: 013099393X by FOWLER, FRANCES C., published by Person Education, Inc, publishing as Prentice Hall, Copyright © 2004, 2000 by Person Education, Inc., Upper Saddle River, New Jersey 07458.
All rights reserved. No part of this book may be reproduced or transmitted in any form or by any means, electronic or mechanical, including photocopying, recording or by any information storage retrieval system, without permisson from Person Education, Inc.
JAPANESE language edition published by TOSHINDO PUBLISHING CO., LTD., Copyrigt©2008.
JAPANESE translation rights arranged with PEARSON EDUCATION, INC., publishing as Prentice Hall though SAKAI AGENCY INC., Tokyo JAPAN

本書は株式会社Peason Education/Prentice Hall出版より、2004年に刊行された、Frances C. Fowler著Policy Studies for Educational Leaders : An Introductionの英語版(第2版、ISBN: 013099393X)を同社(Copyright©2004, 2000 by Person Education, Inc., Upper Saddle River, New Jersey 07458.)の許可を得て翻訳した。
写真複写、記録を含め、いかなる手段によるものであれ、株式会社Peason Educationの許可なく、本書の一部または全部を複製すること、また、いかなる情報検索システムを通じてであれ、同社の許可なく、本書の一部または全部を転載することは、これらを一切禁止する。
日本語版は2008年東信堂より刊行された。また、邦訳権は、株式会社SAKAI AGENCY(東京)の仲介により株式会社Peason/Prentice Hall出版より獲得された。

第1版への序文

ウイリアム・ロウイ・ボイド
(ペンシルベニア州立大学教授・アメリカ教育政治学会会長)

　Education Week誌のある特集を読んでいるとき、私は偶然にも学校改革の諸問題に関するきわめて洗練され、かつ洞察にあふれた論説記事(Fowler, 1985)にぶつかった。それがひときわ注目をひいたのは、そこに展開されている洞察だけでなく、記事の最後で私の発見したひとつの事実であった。その論説は、稀に見る明敏な学者あるいは政策アナリストの書いたものではまったくなく、テネシー州の6学年担当の一教師の書いたものであった。小学校の一教師にこのようにすぐれた論説を書く時間と手段があることが私には不思議でならなかった。この類まれな教師こそ、本書の著者であるファウラー(F. C. Fowler)であったのである。そのすぐれた文章力と分析力に魅了され、私は彼女と連絡をとった。その当時彼女はほとんど無名であったが、私はカーチナー(C. T. Kerchner)と共同で編集にあたっていた教育政治学会(The Politics of Education Association)年報の第1号(1988)に、学校改革の政治力学に関する一章を寄稿するよう依頼したのである。
　その後、ファウラーは傑出した教育政治学者の一人になった。本書の刊行により、彼女はその見事な経歴において新たなレベルに到達したといってよい。教育政治学の本格的教科書はほとんどない上に、本書のようなすぐれた内容の教科書はこれまでなかった。本書は、教育者や一般市民のために書かれた、教育をめぐる政策と政治という領域への内容豊かな包括的な入門書で

あり、また、理論的分析と実際的な助言が見事に組み合わされており、政治の世界を知らない教育者や一般市民だけでなく、研究者や学者も含む幅広い読者にも訴えかける力をもつ魅力的なメッセージと文章のスタイルを備えている。

　教師も教育行政官も本書を歓迎することであろう。というのも、著者は彼らの置かれた状況をしっかりと理解しており、その興味や関心にストレートに語りかけているからである。研究者もまた本書を歓迎するであろう。それは本書が講義に役立つだけでなく、それ以上の目的に寄与するからである。つまり、本書は、教育政治学の文献としてさまざまな面で重要な貢献をしている。まず第1に、政策研究と政治学との間にバランスをとり、その再統合を図っている。教育政策の形成と政治力学との結びつきを過小評価し無視することすら生まれている近年の政策研究の動向を懸念していた教育政治学者は、ファウラーがここで保っているバランスに満足することであろう。

　第2に、ファウラーは教育をめぐる政治力学と政策形成に作用する競合し合う諸価値に絶えず注目することを通して、本書の主題とその分析に一貫性を与えている。彼女は本書のあちこちで、これらの競合する諸価値から生ずる緊張を多くの実例で説明している。そして、終章では、4つの理論的枠組みを用いて、わが国の政治文化と競合する諸価値とに照らした場合、今後の教育政策にどのような動向が生ずる可能性が高いかを考察している。

　本書において競合する諸価値にファウラーが敏感であるからといって、それは別に不思議ではない。彼女の今日までの最も重要な貢献のひとつは、アメリカにおける学校選択制をめぐる論争がきわめて狭い枠組みのなかで行われ、多くの重要な政策的な価値を無視してきたことを明らかにしたことにある。その論争では、主として、経済モデルと公共選択理論を用いる新保守主義者が主導権を握ってきた。一般に、学校選択制を推進する陣営と比較してそれに反対する陣営は不利な立場に置かれてきた。というのは、学校選択政策に反対する人々には、経済モデルに組み込まれた強力な論理を反駁するだけの理論がなかったからである。そうした状況の中で、ファウラー(1992)は

政治学の新多元主義理論を用いて、特に規制が適切に行われない場合、学校選択政策が無視することになりがちな価値や陥りやすい危険性を明らかにしたのである。この種のすぐれた理論的分析や政策分析が本書には随所に見られる。

ファウラーの行った第3の貢献は、どうすれば教師や教育行政官は政治理論や政治分析を効果的に実践に適用できるかを詳細に示したことである。よくあることであるが、学者は問題を解決あるいは改善するための実際的な提案をするよりも問題を分析し論評するほうが得意である。本書は、このパターンの顕著な例外といえる。ファウラーは、本書において最初から最後まで、教育を取り囲む環境がますます政治化する中で自らの問題理解と政策関係者のそれとの間にしばしば見られる断絶に苦しむ教育関係者の苦悩に論及している。

例えば、ファウラーはつぎのような疑問を解くのに役立つ実際的な助言や実例を提供している。われわれが教育政策の課題設定に影響を与えるにはどうすればよいのか。自分の州、あるいはその一地域がスイスチーズ・ジャーナリズム（粗雑な取材に基づく穴だらけの報道）に苦しむとき、教育に関する人々の知識を改善するにはどうすればよいのか。州の議員へのロビー活動を進めるにはどうすべきか。提案されている政策の将来的な帰結を評価するにはどのような観点から検討していけばよいか。ある政策が自分の学校や学区にとって適切なものかどうかを判断するにはどうすればよいか。不評な政策も含めて、政策実施を推進するにはどうすればよいか。計画された、あるいはすでに完了した政策評価が適切なものかはどうすればわかるのか。

本書の第4の貢献は、州レベルの政策過程に関してきわめて体系的で包括的な分析と説明を行っていることである。教育政策における州政府の重要性がますます高まっていることを認識して、ファウラーは通常であれば断片的で不完全な形でしか説明されていない事柄について完璧で首尾一貫した情報提示を行っている。

端的にいえば、読み応えがあり、読んで損をしないのが本書である。評判

になることはまちがいない。というのも、本書は教育をめぐる政治と政策に関する包括的で洞察にあふれた入門書であるだけでなく、この領域に関する知識の向上とともに技術を向上させたいと思っている人に多くの価値ある学習経験を与えてくれるからである。テネシー州は稀に見るすぐれた小学校教師を失ったが、いまやすべての州の教育者が彼女から学ぶことができるのである。

参照文献

Fowler, F, (1985). Why reforms go awry. *Education Week*, 10(24): 17
Fowler, F. (1988). The politics of school reform in Tennessee: A view from the classroom. In W. L. Boyd and C. T. Kerchner (Eds), *The politics of excellence and choice in education*. New York: Falmer Press.
Fowler, F. (1992). American theory and French practice: A theoretical rationale for regulating school choice. *Educational Administration Quarterly*, 28(4): 452-472.

はしがき

　ことわざに従えば、必要は発明の母である。本書の場合、たしかに、このことわざの教える通りである。本書のもとになったアイデアは、1990年の夏、授与されたばかりの博士号を携えて、私がテネシー大学ノックスビル校に、大学院の教育政策コースの授業を担当する教師として招聘されたときに生まれた。適当な教科書がないことに気づいて、私は今日的な政策上の争点に関する数冊のペーパーバックを注文し、また、教育政策のさまざまな側面に関する論文からなる講義の概要を作成した。学生たちは聡明で意欲的であったが、私にはしばしば不満が残った。大学で政治学を受講したことのある学生は誰もいなかったし、どのレベルであれ政策過程にかかわったものもほとんどいなかったのである。それゆえに、私は授業時間を彼らの知識の隙間を埋めるのに使わなければならなかった。基本的な情報を提供してくれて、政策問題についての実質的な(そして、事実に裏づけられた)討論のための時間的余裕を与えてくれるようなすぐれた教科書があったらと思うことは一度や二度ではなかった。

　その秋、オハイオ州オックスフォードにあるマイアミ大学に赴任したが、私の担当授業科目のひとつが大学院の教育政策論であった。それから数年の間、授業をするにつれて、テネシー大学で感じた気持ちがなおさら強くなった。適当な教科書がないために自分の講義にいろいろと支障をきたしてきたのである。本書のアイデアが具体化したのはそんなときであった。そこで、それまでの講義内容を修正したり再構成したりしながら、また、教科書の中

で使う資料を収集しながら、本書の全体構成や教材を発展させたのである。

1　本書の教科書としての基本的考え方と焦点

　本書は、つぎのような信念に基づいて執筆、構成されている。
　1　スクールリーダー*は政策と政策過程に精通する必要がある
　スクールリーダーが「政治と教育は無縁である」と自分に言い聞かせ、学校にかかわる重要な政策決定がなされるのを静観できた時代(そうした時代があったとしてであるが)はとっくの昔に過ぎ去っている。急激に変化してやまない今日の政策環境のなかにあって、学校をリードする立場にある人々は教育政策とは何であり、どのように決定されるのかについての基本的な理解がなければならない。そうでなければ、主体的なリーダーにはなりえず、受動的になるしかない。行動に移っても、重大な過ちを犯す可能性が高いであろう(*ここでいうスクールリーダーとは、校長や教頭などの個別学校の管理職(school unit leader)だけでなく、教育長や事務局スタッフなどの教育行政職(school system leader)も含んでいる―訳者注)。
　2　スクールリーダーには教育政策と政策決定に関する理論と実践的情報の双方が求められている
　不幸なことに、教育界の多くの人々が理論と実践は無関係である、いや、実際には対立物であるとすら信じている。私はこの考えをとらない。スクールリーダーが本当に省察的リーダー(reflective leader)であろうとするのであれば、教育政策について、深くかつ批判的に思考するための道具を必要とする。これらの必要不可欠の道具が、政策決定に関する主要な調査知見や分析枠組みや重要な政治理論に関する知識なのである。しかしながら、政治的経験が不足している人々には、さらにこの抽象的な知識をどう応用するかについての実践的な助言も必要である。それゆえに、本書は理論とともに実践のための個別の提案も行っている。

3 スクールリーダーは権力とその責任ある行使の仕方を学び、理解する必要がある

　本書の基底にある考え方は、社会の本質は人々の間の利害の対立と紛争にあるとする紛争理論であり、政策は相異なる個人、集団、制度の間に生ずる利害の対立と紛争から生まれるという信念である。これらの紛争がどう解決され、どんな帰結を生むかはそれにかかわる参加者の権力のバランスいかんに左右されるから、権力について理解することは不可欠である。一口に紛争理論といっても、政治的多元主義者の紛争理論からマルクスやグラムシ流の紛争理論まで多様な考えがある。不幸にも、アメリカの教育学者はその間に二項対立的な軸を設定して、それ以外の考え方を排除してしまう傾向がある。私の考えでは、こうした考え方は理論的にも適切でないし、教育の実践を進める上でも健全とはいえない。というのは、このような二項対立的な見方では、一方で日常的な政治の世界は理解するが社会的不公正を生む権力の微妙な作用は無視する学生を生み出し、他方で強力な文化的制度がどのようにして意識を形成するかは十二分に把握できても、議会や裁判所で何が起こっているかは何も知らない学生を生み出すからである。本書では、オックスフォード大学のルークス（S. Lukes）教授による多元主義的視点と批判理論的視点の統合の試みを活用することでこの二項対立的理解を超え、権力の多様な側面を明らかにしている。それゆえに、本書を読むことで、日常政治における権力の作用のダイナミックスとともに、権力を持つ利害関係者が制度や文化を動員して人種やジェンダーや階級に基づく不公正を恒久化する様相をも学ぶことができる。

4　すべての公共政策、特に教育政策は、価値に彩られている

　政策分析のある学派は「価値自由な」分析を行おうとしている。彼らの研究は、社会的現実に関する基本的に誤った考え方に基づいているがゆえに物事の認識を誤らせるというのが私の意見である。私は、政策決定というものは本来的に価値と切り離すことはできないと考えている政治学者たちと同じ考えである。本書はこの信念を反映している。ひとつの章全部を政策的価値や

イデオロギーの論述に割いただけでなく、本書全体を通して、価値の問題を取り上げている。スクールリーダーが巻き込まれる対立の多くが心に深く根づいた価値の問題に関わるものであるがゆえに、このように価値の問題を強調することにより、本書を利用する人は、価値をめぐる争いがどこで、いつ生ずる可能性が高いのかをよく理解できることになろう。

  5 州政府はこの20年の間にますます重要性を増してきたが、その傾向は今後とも続く可能性がある

アメリカでは、教育政策は連邦、州、学区、学校の4つのレベルで展開される。本書はすべてのレベルをカバーするが、州レベルに最も重点を置いている。それは、このレベルの重要性が増大しているからだけではない。最も理解が進んでいないレベルであるからである。政府機構論のほとんどのコースが連邦政府中心であること、マスメディアが全国的なメディアと地方のメディアに両極化していること、教育者がその経歴のなかでたどる実践的経験のパターンなどのために、州レベルは最も理解が進んでいないレベルとなっている。だから、本書でこのギャップを埋める試みをすることは、不可欠に思われた。

2　本書の構成

本書は全10章からなっているが、それぞれつぎのような4つのカテゴリーに従って構成されている。

(1)　導入（1章および2章*）

最初の2章分のほとんどは、基礎的な政治学のコースを履修したことのない学生のために一般的な基礎を築くものである。1章は重要な専門用語を定義しつつ、教育政策と政策過程を概観する。2章では、権力を主題とするが、

教育政策というものが言葉の厳密な意味で「合理的」ではなく権力のバランスを映すものであるために、権力という概念は、教育政策を理解しようとする者にとって欠くことはできない。

(2) 政策環境(3章*)

公共政策は、ひとつの社会的現象として、ある特定の社会経済的文脈から生まれてくる。そこで、3章はこの文脈の最も重要な次元を構成する、経済、人口動態、政治構造、政治文化、価値とイデオロギーを取り上げ、また、それらが教育政策とどのように関連するのかについて基礎的知識を提供することを意図している。

(3) 政策過程(4章から9章)

教育政策の形成、実施、評価の過程を理解して初めて、教育政策やどうすればそれに影響を与えることができるかが理解できる。4章から9章までの章は、この政策過程に焦点を当てる。その場合、古典的な段階モデル(stage model of the policy process)を枠組みとして用いる。このモデルの限界は認識しているつもりであるが、思考を整理するのに役立つ実際的な枠組みであるのは事実である。4章は政策過程の主要な個人や集団(政策アクターと称される)を取り上げ、以下の諸章で、政策問題が争点(イシュー)として定義され、政策課題(アジェンダ)に移行し、政策として立案、決定され、そして実施、評価されるプロセスをたどりつつ、そのなかで、それら政策アクターがどう行動するかを明らかにする。

(4) 回顧と展望(10章*)

10章では、教育政策について当初よりも相当程度理解が進んだはずの読

者に対して現代の教育改革の動きを理解するための歴史的な枠組みを提供したいと考えている。また、教育政策に関わる若干の将来予測も行う。

注) 本訳書では、＊のついた章は、翻訳出版の事情により、全訳ではなく要約版である。また、原著の3章から5章は政策環境に関する部分であることから、本訳書の3章として1つの章にまとめた。そのため、原著の6章が本訳書では4章となり、以下、原著の7章が本訳書では5章というようになっている。詳しくは、「訳者解説」を参照されたい。

3　本書の特徴

私は、本書を講義や学習の上でできるだけ使いやすいものになるよう努めてきた。そのために、本書には、つぎのような特徴を持たせた。

(1)　中心的な問い（focus questions）

各章は、その章の主要な内容に関連するいくつかの問いから始めている。これらの問いは、本書を読み進めるときに最も重要なポイントがどこにあるかを把握できるようにするためのもので、先行オーガナイザーとして役立つ。

(2)　図表

本書では、図表をふんだんに用いて、文章では冗長になりがちな重要ポイントを要約したり、理論的な内容を目に見える形にしたり、あるいは政治行動の最も重要な原理を簡単に参照できるような工夫を行っている。

(3)　章末の学習活動（end-of chapter activities）

7章と10章（原著では、9章と12章）を除いて、すべての章の最後には、課題

または討議のために4つないし5つの種類の学習活動が提示してある。「演習問題」「事例研究」「政策分析のためのニュース記事」「賛否両論」「インターネット検索課題」である。こうした活動は、小論文を書くための基礎としても利用できよう。本文の内容上の特徴のために、7章と10章では、これらとはいくぶん違う学習活動となっている*。

注）編集の都合により、要約版とした章に関しては、図表や章末の学習活動のいくつかを割愛している。また、文献案内とインターネット検索課題については、訳書のボリュームの制約とわが国の一般的な読者にとっては専門的すぎると判断して、割愛した。ただし、本書で参照された文献一覧は、「参考文献」としてすべて掲載している。

4　第2版のために

1998年に第1版の最終草稿を書き終わって以降、さまざまな出来事が起こった。技術革命は衰えることなく進展している。新たな国勢調査が行われた。1990年代の好景気は今や後退している。アメリカ大統領選挙は、歴史上最も接戦であった。ニューヨークとワシントンへのテロをきっかけに、海外では戦争の脅威が迫り、国内ではいまだかつてない警戒態勢の強化が図られている。教育政策に関していえば、学校選択制とスタンダードに基礎を置く教育改革との両方が盛んに取り組まれている。そして、人種や階級に起因する学力格差の拡大への懸念が高まっている。それゆえ、この第2版では、数多くの改訂が必要となった。以下に、簡単に記すことにする。

1　人口動態および経済に関する情報を最新のものに入れ替えた

政策環境のうち人口動態や経済にかかわる章は大幅に書き直した。その際、景気の後退傾向やテロや戦争の影響から生ずる経済動向とともに、2000年の国勢調査の統計データを十分に活用した。

2　政策分析のためのニュース記事と事例研究は最新のものに入れ替えた

政策分析のためのニュース記事はすべて入れ替えた。その際、各章の主要な概念に関連するだけでなく、政策争点となっている今日的な諸問題、例えば、チャータースクール、バイリンガル教育、「落ちこぼれをつくらないための初等中等教育法(No Child Left Behind Act)」の実施などに関連する記事を取り上げた。そして、新たに加えた事例研究も、州統一テストに対する親の反対運動という現代的な争点に関するものである。

3　第2版では、学生が教育政策に関する情報源としてインターネットを活用することを学べるように配慮した*

注)この付録については、前記したように、日本の一般的読者には、活用する必要性や可能性が薄いということと訳書のボリューム制約の関係で、割愛している。

4　政策研究の基本用語集を加えた

基本用語の定義についてたしかめたいとき、関連箇所にわざわざ戻る必要がないように、本書の巻末に、基本用語集を収録した。

目　次／スクールリーダーのための教育政策研究入門

第1版への序文 ………………………………… W. L. ボイド　iii

はしがき ………………………………………………………… vii
    1　本書の教科書としての基本的考え方と焦点　　viii
    2　本書の構成　　x
    3　本書の特徴　　xii
    4　第2版のために　　xiii

第1章　政　策 ……………………………………………………… 3
    ──政策とは何か、そして、政策はどのように生まれるのか
    1　なぜ政策を研究するのか　　3
    2　教育政策環境の変容　　6
    3　政策とは何か　　14
    4　政策過程　　22
    5　政策分析　　31
    6　スクールリーダーと政策研究　　34
    7　おわりに　　37

第2章　権力と教育政策 …………………………………………… 43
    1　権力の3次元モデル　　43
    2　教育政策アクターの権力とそのリソース　　53
    3　いかにして権力を築くのか　　54
    4　権力関係の分析──プリンス・システム　　56
    5　権力をめぐる倫理的課題　　59
    6　おわりに　　60

第3章　教育政策とその環境 ……………………………… 65
1　政策環境を分析する意義　　　　　　　　　　65
2　経済的環境と人口動態　　　　　　　　　　　67
3　政治システムと政治文化　　　　　　　　　　76
4　価値とイデオロギー　　　　　　　　　　　　90

第4章　主要な教育政策アクター ………………………… 111
1　政策ドラマの登場人物　　　　　　　　　　　111
2　政府機関のアクター　　　　　　　　　　　　114
3　非政府機関の政策アクター　　　　　　　　　129
4　政策アクターを特定し、それについて学ぶ　　139
5　スイスチーズ・ジャーナリズムに対抗する　　145

第5章　争点の定義と政策課題の設定 …………………… 153
1　政策過程における認知と現実　　　　　　　　153
2　争点の定義：舞台の設定　　　　　　　　　　155
3　政策課題　　　　　　　　　　　　　　　　　173
4　スクールリーダーと政策過程の初期段階　　　183

第6章　政策の立案と決定 ………………………………… 195
1　政策過程のなかで最も視認性の高い段階　　　195
2　議会における政策の立案と決定　　　　　　　197
3　行政機関における政策の立案と決定　　　　　216
4　裁判所における政策の立案と決定　　　　　　224
5　政策の立案と決定に対して影響力を行使する　232
6　おわりに　　　　　　　　　　　　　　　　　254

第7章　政策の手段と費用対効果 …………………………… 259

1　公共政策を分析する方法を学ぶ　259
2　ローウィの制御の技法としての政策類型論　260
3　マクドネルとエルモアの政策手段論　276
4　費用分析と費用対効果分析　291
5　おわりに　299

第8章　政策実施 ……………………………………………… 301

1　政策実施に伴う驚くべき困難　301
2　政策実施に関する研究　303
3　新しい政策をどう実施するか　315
4　不評な政策の実施　340
5　おわりに　347

第9章　政策評価 ……………………………………………… 353
　　　　──政策が機能しているかどうかを見極める

1　神経をすり減らす主題　353
2　政策評価にかかわる基本用語の定義　355
3　教育政策評価小史　356
4　政策評価の特徴　359
5　有意義な政策評価を促進する　371
6　評価報告書に基づいて行動する　381
7　おわりに　383

第10章　アメリカ合衆国の教育政策 ………………… 389
　　　　　──その回顧と展望

　1　はじめに　　　　　　　　　　　　　　　389
　2　4つの理論的枠組み　　　　　　　　　　390
　3　アメリカ合衆国の教育政策の回顧　　　　392
　4　教育政策はどうなるのか　　　　　　　　402

政策研究とスクールリーダーに対するその意義 ………… 406
　　　　　──監訳者あとがきに代えて

　1　本書の特徴とその価値　　　　　　　　　　　　406
　2　教育政策過程を概念的に理解するための枠組みの必要　409
　3　スクールリーダーと政策研究　　　　　　　　　　410
　4　本訳書の構成について　　　　　　　　　　　　　413

　付録：政策研究の基本用語集　　　　　　　416
　参考文献　　　　　　　　　　　　　　　　418
　　邦訳書のある文献一覧　　　　　　　　　427
　人名索引　　　　　　　　　　　　　　　　428
　事項索引　　　　　　　　　　　　　　　　429
　訳者紹介　　　　　　　　　　　　　　　　434

凡　例

1　原文中の" "は、「 」にした。
2　イタリック表記のうち、刊行物名は『 』で示した。これ以外の（強調のための文章や単語の）イタリック表記については、傍点を付して区別している。
3　原文中の（ ）や［ ］は、そのまま用いている。
4　原語を表記した方がよいと判断したものについては、（ ）を付けて原語を記した。
5　説明を必要とする事項については、訳注として、文中の該当個所に＊を付し、解説文をその章末にまとめている。ただし、短い訳注は（ ）に収めて、本文中に入れている。
6　原文中のゴシック表記は、訳語もゴシック表記にしている。
7　人名や地名などの固有名詞は慣例に拠りつつ、カナ表記とし、必要に応じて原語を付した。ただし、引用文献の場合、(Fowler, 1990)のように、原語で記している。
8　本書では、school leader や educational leaderという用語が頻出するが、互換的に使用されているために、スクールリーダーという訳語をあてている。
　　また、頻出用語であるschool administratorに対しては、基本的に管理職という訳語をあてている。それは、この用語が合衆国では教育長、指導主事などの事務局の専門スタッフ、校長、副校長など、学区レベル、学校レベルを問わず、公教育の組織マネジメントに責任を持つ職位にある人々の総称として用いられ、わが国でいうところの学校管理職も教育行政職も含むため、その両者を含みうる一般的な訳語として、管理職という訳語を選んだ。ただし、教育長の専門職団体であるAmerican Association of School Administrators, AASAについては、全米教育行政管理職協会としている。また、明らかに学区レベル以上のschool administratorについて、教育行政官の訳語をあてている場合がある。
9　本書には多くの団体が登場するが、団体名については、定訳など、慣用的に用いられている訳がある場合は、できるだけ、それに従った。
10　引用・参照文献のうち、邦訳のあるものはできるだけ網羅するように努め、参考文献一覧の最後にまとめて示しているが、見落としについてご教示いただければありがたい。
11　索引については、日本の読者に資するよう独自に作成し、巻末に付した。

スクールリーダーのための
教育政策研究入門

第1章　政　策

——政策とは何か、そして、政策はどのように生まれるのか

中心的な問い

- 政治・経済的環境の諸変化が今日のスクールリーダーに政策過程の理解を必要不可欠なものとして求めているのには、どんな理由があるのか。
- 政府が実際に推進している政策を見極めることは、どうすればできるのか。
- 教育政策の形成とそれに対する影響力を行使する上で、スクールリーダーはどのような役割を担うことができるのか。

1　なぜ政策を研究するのか

（1）　オズのスクールリーダー

　「私たちはもうカンザスにはいないのね、トト」。教育政策のコースを履修していたある博士課程の学生は、そのレポートを『オズの魔法使い』からの引用で書き出している。ある大都市部の小学校の校長であるその学生は、大学院の授業で行った州都への旅行について思慮深いエッセイを書いたのだった。この権力の中枢への訪問は、学生——すべて現職の学校管理職であるのだが

——を唖然とさせてしまった。

　その日は、このクラスに対して政策動向の解説をしてくれる予定の州教育省（State Department of Education）の行政官との会合から始まった。その行政官は、州が最近、一時的に権限を剥奪して業務代行（take-over）した大規模学区の運営にどれだけの時間をつぎ込んだかについて不平を差し挟みながら、50分もの間、税金や学校財政の枠組みや経済成長について、統計数字や図表をふんだんに用いながら説明してくれた。行政官は一息ついて、最後に、「質問はありませんか」と皆に聞いた。しばしの沈黙の後に、ある校長が「子どもについてはどうお考えですか」と尋ねた。その行政官は自分の専門は経済学であり、学校での勤務経験がないことを説明して、教育政策が子どもにどのような影響を与えるのかについてはわからない、と釈明したのだった。

　昼食後、州議会の文教委員会の委員長との面会の約束があった。その約束は数週間前にしていたものであったが、委員長の秘書が前日になって、スケジュールが変更になり面会できないと電話してきた。その代わりに、委員長のスタッフの一人と面会できたが、この人物は自分はあまり教育政策のことは知らないということを、管理職と大学教授を前に神経質そうに説明したのである。しかしながら、この男性スタッフは、委員長のオフィスに全員を招待し、委員長の本棚と委員長の読んだ教育関係の本を指差して、そのインテリ度を讃えた。その本棚に『ベル・カーブ（*Bell Curve*）』——教育関係者の間では人種差別的と広く批判されている——という本が目立つように置いてあるという事実に彼らは興ざめさせられ、特別支援教育についての委員長の考えを説明されたときにはもっと興ざめさせられた。「障害をもつ子どもは、他の子どもの足枷にならないようにしたほうがよい」「障害をもつ子どもは、自分のペースで学習ができる特別支援学校に入れるべきである」と彼は主張したのだった。そこにいた特別支援教育担当の指導主事にとって、込み上げてくる怒りを押さえるのは至難の技であった。

　学生のグループが議会事務局を後にしようとしたとき、ロビーで別の議員に出くわした。彼はクラスの一人と顔見知りであったので、立ち止まってク

ラスの全員と数分間、話をすることになった。最初、明るいピンク色をした豚柄のネクタイが気になって、誰も彼の話に集中することができなかった。後になって、こんなネクタイを締めているのは陳情に来た養豚業者のグループと会合があったためだと説明した。この政治家は教育の重要性について熱弁を振るい、議会の本会議では自治権法案を審議中であるということを嬉々として伝えた。もしこの法案が通過すると、州の規制はすべて取り除かれ、学区は子どもの教育を自由に計画する権限を手にすることになると。そこで、教育関係者が最も重荷に感じている規則について、クラスの一人の管理職が期待を込めて尋ねた。「州統一テストは廃止するのですか」。その議員は、目を丸くして答えた。「いいえ、もちろん廃止しません。州統一テストは堅持します」。

　車で移動しながら学生の一人は「びっくりしたね。種類のまったく違う言語で話してるみたいだった」と悲しげにコメントした。クラスの仲間の一人は「それでも、議員たちとコミュニケーションする方法を学ぶことは至上命令なんだよね」と応じた。

　これは実話であるが、スクールリーダーが教育政策決定の世界にあえて入り込んでいくときに経験する、多くの緊張やフラストレーションを簡潔に例証している。そうした世界から退却したり、あるいは運命論に逃げ込むことは、非常に簡単なことである。本書の目的は、将来の、そして現職のスクールリーダーに対して、意欲さえあれば別のもっと建設的な方略をとることができるよう、基礎的な知識とスキルを提供しようとするものである。本書は、教育政策がどのように立案されるのか、そして、どのような影響を受けるのかを含めて、教育政策に関するひとつの知識基盤を提示することをめざすものである。また、21世紀を迎えたアメリカに生まれつつある教育リーダーシップの新しい次元に対して注意を喚起させるものでもある。しかし、まずはじめに、教育政策の世界が、どのように、そして、なぜ、変化してしまったのかについて考えることが必要である。

2　教育政策環境の変容

(1)　従来の政策環境

　もし教育政策の世界が、比較的閑静で予測可能な「カンザス」から、めまぐるしく変化し予測不可能な「オズ」へと変化してしまったとしたら、その変化がどのようなものであったのかを知る必要がある。1980年代までは、公立学校はアメリカ社会において最も尊敬される制度であった。その当時、政治リーダーは公立学校を強烈に批判し、改善のための提言を行った。例えば、1950年代に行われた旧ソ連の人工衛星の打ち上げは、アメリカの高校における理数科教育の質の向上への狂気に満ちた要求を引き起こした。しかしながら、この批判は、他の批判と同じく、公教育自体を当然視する枠組みのなかでなされた批判であった。公教育の基本的正統性について、疑問を呈する者はほとんどいなかった。地域でまちまちであったにせよ、1980年代初頭までは、学校への支出は多かれ少なかれ適正レベルに保たれていた。1960年代当時、公的資金はかなり豊富であった。さらに、レーガン政権の出現までは、州政府はアカウンタビリティ（結果に対する説明責任を求めること）なしに、公立学校に対する権限の多くを教育行政区としての地方学区(local school district)に委譲していた。州の教育政策は一般的に、州議会の文教委員会、州教育省、そして主要な教育利益団体とで構成される「鉄の三角形」と呼ばれる枠組みの中で、立案・決定がなされてきた。政策変更は通常ゆっくりとなされ、かつ、その性質は漸進的であった。政府の諸機関が新しい政策を検討しているときには、三角形のそれぞれの一角が討論や交渉に関与していた。教育現場の関係者は、教育政策に関して貴重な意見を持つ専門家であると見なされていた。

(2) 新しい政策環境

　しかし、この20年間において、この状況のあらゆる側面が変わった。今日、経済界、マスコミ、そして、政治リーダーは、公教育は危機的状況にあると考えている。それら批判者の多くが、公教育を根本的に変更するか、あるいは公教育を部分的に撤廃するかの改革の提言を行っている。貧困にあえぐ学区や都市部の学区だけではなく、多くの学区が慢性的な財政危機に見舞われている。学校選択制度が実施された州では、スクールリーダーは、これまで経験することがなかった市場の圧力と格闘することを余儀なくされている。州政府は、当惑するほどの数の新しい政策と政策提言を提示しつつ、公立学校に対する権限を主張してきている。州は多くの場合、公立学校関係者に対して、これらの改革に対する意見を求めてはこなかった。むしろ、教育現場の関係者を、解決策を提示する資質のある専門家というよりは、問題の主要な源泉であると見なし、代わりに産業界のリーダーやシンクタンクの研究者に提言を求めている。多くの公立学校の教師や教育行政官は、新たな政策環境に対処しようとして、困惑を感じ憤慨さえ隠しきれないでいる。多くの人々は新しい環境について、ただ黙って過ぎ去るのを待つしかない暴風雨であるとみなし、宿命論的にさえなってしまっている。

(3) 変化の理由

①経済的変化

　教育政策環境の変化の理由は、もちろん複雑で、多くの要因が絡んでいる。しかしながら、多くの観察者は、アメリカのみならず世界規模の大きな経済的変化が重要な役割を担っていることに意見の一致をみている。第二次世界大戦後、多くの国が30年近くもの間経済成長を経験するという空前の好景気が続いた。そのような時代はほぼ1975年に終わり、その後には緩慢な成長が続いた。低成長時代になると、納税者は税金を出し渋りはじめ、1970年

代後半からアメリカは一連の減税運動と納税者の反乱に見舞われた。1990年代には好景気が生まれたが、「新たな税金はゴメン」という国民の態度には変化は生じなかった。そして、すでに細っていた政府の財源が公教育よりも軍事行動や国内の安全確保のために向けられようになった時期に、あのワシントンD. C. とニューヨークへの2001年のテロが発生したのである。周知のように、アメリカにおいては経済問題全体が、富裕層と貧困層の格差の増大によって複雑化している。21世紀が始まった今でも、アメリカではますます多くの子どもが貧困の中で育っている。貧しい子どもを適切に教育することは、豊富で適切なリソース(資源)をもつ家族の子どもを教育するよりも費用がかかる。こうして、公教育に投入される資金が減少しつつある時代に、学校は新たな負担を抱え込まなくてはならなくなっている。この事実が、教育における全般的な危機感の一因となっている(Berliner & Biddle, 1995; Philips, 1994; Reich, 1991; Thurow, 1992)。

②人口動態

　教育政策環境の変化のもうひとつの理由は、人口動態である。この25年でアメリカの人口構成は大きく変化してしまった。特に重要な人口動態現象のひとつが、1946年から1964年に生まれたベビーブーム世代である。この世代は幼児としても、ティーンエージャーとしても、また大人としても、アメリカに重大なインパクトを与えた。現在、ベビーブーム世代の最年長者は50歳代になり、定年後を意識し始めている。政治リーダーも医療費のことと同時に、自分の引退のことを考えている。私的であれ公的であれ、膨大な資金が、これから25年にわたって、年老いていくベビーブーム世代に対して投資されなければならないため、学校が利用できる資金は削減されることになる。さらに、高齢者には就学年齢の子どもがいないため、彼らは、教育の必要性に対して同調的ではなくなる。このことは、人口の高齢化とともに弱まってきた学校への政治的支援が、今後も依然として弱まる傾向にあることを意味する(Rosenblatt, 1996)。

もうひとつの重要な人口動態上の変化は、人口の多様化の進行であり、それは1990年代および2000年の国勢調査に明らかである。高いレベルの移民の流入と出生率の格差のために、この国はより多文化的になってきている。人種的、民族的、宗教的、言語的な多様性は、公立学校の運営と教育政策の決定がなされる文脈の重要な一部分である(Rosenblatt, 1996)。この多様性は、新たな要求が公立学校に対してなされることを意味している。二言語による授業(bilingual program)、より幅広い宗教教育、多文化カリキュラムなどを実施すべきとする圧力は、多様性の進行から生ずる複雑化の現れのほんの数例である。多様化は社会を豊かにする反面、ある人々にとっては脅威である。事実、このような多様性ゆえに、単一の公立学校システムが数多くの多様なグループのニーズを満たせるのか、あるいは満たすべきなのかを問う人々も現れている。異なる層からの対立し合う要求に直面して、それぞれの特定のグループの要求に合致させるために公教育を複数の独立した選択制の学校へと分岐させることを提言する者もいる。

③イデオロギー上の変化
　この20年間に、アメリカおよび英語圏全体において、政治思想に重大な転換が起こっている。一般的にいえば、教育政治の焦点は、平等の問題から卓越性、アカウンタビリティ、そして選択に関係した争点へと移行している(Boyd & Kerchner, 1988)。この転換は共和党と民主党の双方に影響を与え、また、レーガン大統領やブッシュ大統領だけではなく、クリントン大統領の政策にも影響を与えた。産業界のリーダーは、政策論争においてこのような考え方を推進しており、時として公立学校と企業の違いを識別していないかのようにみえる。彼らは、その非効率さと、市場(伝統的に公立学校関係者にとって最優先でなかった関心事である)に対する鈍感さを理由に、学校を批判する。さらに、この数十年で初めて、宗教的右派のような伝統的保守派が、アメリカ政治の主要な勢力として台頭してきた。多くのコミュニティや州都で、そして首都のワシントン特別区においても、伝統的保守派が政策展開において

能動的な役割を果たし始めている。理由はさまざまであるが、彼らもまた公教育に対して批判的である。産業界と宗教的右派はそのイデオロギーゆえに、政府とその政策に懐疑的である。公立学校はもちろん政府の一部であり、そのため自動的に問題の一部と規定されてしまう。こうした価値の転換の結果として、以前は教育についてあまり語ることのなかったこの2つのグループが、スクールリーダーに注目し始めているのである。

結局、アメリカ政治の基調は変容を遂げ、ますます厳しいものになっている。コーネル大学の政治学者、ローウィ(1995)は、1980年の大統領選以降、アメリカの政治は「ヨーローッパ化(Europeanized)」していると論じている。彼のいう「ヨーロッパ化」とは、アメリカの政治がより分極化され、イデオロギー化されてきたということである。アメリカ人は新しい政治思想を推進しているだけではなく、以前にもまして攻撃的かつ独断的にそれを推進している。政治的議論が礼節をもって行われた時代に育ったスクールリーダーにとっては、この厳しく容赦のない議論は当惑させるに余りある。

(4) スクールリーダーの役割変容

①権限の再配分

この急激な変化の時代に事態をより一層複雑にしたのは、教育にかかわる権限がさまざまな方法で再配分されてきたことである。レーガン政権が多くの権限を州に移したため、1980年代に比べて連邦政府の教育に対する権限は縮小している。例えば、使途特定補助金から一括補助金への移行は、連邦教育関係予算に関して、州政府に以前よりも大きな裁量権を与えることとなった。しかしながら、州はこの新しい権限を学区や学区教育委員会に移すことはしなかった。州はこの新しい権限を州都に温存したばかりでなく、学区から権限を取り戻し、自分のものとした。もちろん、州は、アメリカの教育システムにおいて教育行政上の最終的な法的権限を有している。1916年のマックイーン判決(Macqueen v. City Comm. of Port Huron：194 Mich. 328, 160 N. W.

627)において、ミシガン州裁判所は、「教育行政は州権に属するというのが州の一般的方針であり、学区は地方における州の機関(local state agencies)によって州法に基づき管理運営されるものである」(Alexander & Alexander, 1985, p.87による)と判示している。この判決は、全50州における公教育の法的地位と整合している。法的には、学区は「州の機関」である。にもかかわらず、最近までほとんどすべての州はその権限の多くを学区教育委員会に委譲していた。州と効果的に連携・協働する限りにおいて、学区教育委員会は教育政策を立案・決定する上で相当の自由裁量権を保持していた。

　1980年代に入ると、州議会は委譲していた権限を取り戻し始めた。例えば、カリキュラム政策は伝統的には学区教育関係者の領分であったが、すっかり変化してしまった。1980年代に、伝統的にカリキュラムに対してほとんど、もしくはまったく口出ししなかったフロリダやテキサスのような州が、基礎能力カリキュラムや州統一テストに関する法案を通過させている。カリキュラムに対して一定の法制上の統制を行ってきた歴史をもつニューヨークやカリフォルニアのような州でさえ、カリキュラムの統制をこれまでよりも強化している。いくつかの州においては、「州による権限回収・業務代行(state takeover)法」も成立している。このような法の下では、州の基準によって「欠陥がある」と認定された学区は、権限を剥奪されて州によって直接に運営されることになる。ニュージャージー州とイリノイ州は、この剥奪が起きた2つの州である。最後に、1980年代中期に多くの教育改革者が、学校に基礎を置く経営*(School-Based Management、以下SBMと略)を提唱し始めた。ある州(ケンタッキー)がそれを法制化し、他の州でも多くの学区がこれを実践している。SBMは、相当の権限を学区から学校レベルに移すものである。教育権限の新しい布置構造をみると、連邦と学区レベルが権限を失い、州と学校レベルが権限を増したことになる(Fowler, 2000)。

②学区レベルのリーダーシップ
　ごく最近まで、大多数の教育長は、学区外の世界のことは無視しても、自

分の仕事を効果的に行うことができた。むろん、教育委員会と協働しながら、学区の財政を運営し、優秀なスタッフを選抜し、コミュニティの支援を取りつける方法を理解しておかなければならなかった。州議会の政策説明会のため年に2、3回州都を訪れ、最新の教育革新について見聞を広げるために年に1回は全国規模の研究協議会へ出席し、その他は、地元の研修会に参加しておけばよかった。それでも、すぐれた成果(実績)を残すことができた。

　時代がどれだけ変わったかは、コワルスキー(Kowarski, 1995)が行った17の大都市学区の教育長に関する近年の研究が示唆している。驚いたことに、教育長によって指摘された重大な問題の多くは、学区レベルではなく州や連邦レベルの問題であった。彼はつぎのように述べている。

　　インタビュー前は……、教育長は公立学校をより競争的にすることで頭がいっぱいであろうと考えていた。ところが、私がインタビューで聞いたことの多くは「本質的に教育長のコントロールを超え、教育委員会のコントロールさえ超えている」事柄として分類できるような問題に集中していた。つまり、それは、貧困や公教育への連邦・州の補助金や犯罪その他の問題であったのである(Kowarski, 1995, p.139)。

　コワルスキーは、これらの問題に取り組むために教育長に何ができるかは示唆していない。しかしながら、北西部諸州の12人の学区教育長に関する実証的研究を行ったジョンソン(Johnson, 1996)は、それについて示唆している。すなわち、今日、有能な教育長は、学校、学区、州の3つのレベルの政治力学を理解しなければならず、財源をめぐる闘いは「州議員に陳情するために、地域リーダーとの連携を組織すること」(p.156)や「州議会の財務委員会の不十分な教育費配分に異議申立てをすること」(p.156)を含むと、彼女は主張している。そして、著書の最終章では、学区リーダーの新しい政治的役割の諸側面についてつぎのように述べている。教育長と事務局スタッフは、「政府、経済界、地域社会の諸集団、社会的諸機関(social agencies)」(p.273)とどのよう

に接触し交流を図っていけばよいかを理解しなければならない。そして、これらのアリーナの動向をモニターし、必要なときはいつでも学区を代表してアリーナに進み出る準備をしておかなければならない、と。

③学校レベルのリーダーシップ

　学校レベルのスクールリーダーは伝統的に、教育長以上に、外部圧力から隔離されてきた。彼らの大部分は、学校にとどまり、時折、教育委員会に出かけるだけであった。彼らが州の政策や近隣の学区の政策について知識を得ようとすることは期待されていなかった。しかしながら、1990年代に入ると、教育改革運動がこれらの隔離状況を破壊し始めた。例えば、SBM政策の下では、校長と教頭が州の政策決定者と直接接触するようになっている。グード(1994)は、法制化されたSBMを実践したケンタッキーの2つの高校を研究した。彼女は、校長が頻繁に州都フランクフォードの行政官と直接に折衝していることを明らかにした。校長と学校評議員たちは、州教育省によって開催された研修会に参加し、専門職能開発計画を教育委員会ではなく州に提出して承認を受けるよう要請された。一人の校長がある州規則の適用免除を求めたことがあったが、校長はそうするために、まず州司法省の裁定を受けなければならなかった。こうした事例の他に、校長もまた州の政策環境に対して鋭敏な感性を持つ必要があることを示唆する最近の改革動向として、学区を越えた学校の自由選択制(interdistrict open enrollment)*、チャータースクール*、総合サービス学校(full-service schools)*などがある。校長にとっても、校長室のドアを閉めてすべてを忘れても支障のない日々はすでに過ぎ去っているのである。

④パブリック・リーダーシップ

　スクールリーダーは、組織の中の官僚制的リーダー(bureaucratic leader)から、ブライソンとクロズビー(1992)のいう社会の中の「パブリック・リーダー(public leader)」へと変容しつつある。官僚制的リーダーは、階層的に高い地

位が与えられる組織のなかで働いているため、リーダーとしての行動は権限と合理的な意思決定に大きく依拠することができると、ブライソンとクロズビーは論じている。もちろん、教育長、校長、その他のスクールリーダーは、学区において依然として官僚制的リーダーとして機能することを求められている。しかしながら、彼らは、学区外で活動することや組織のネットワークのリーダーとして機能することをますます求められている。スクールリーダーにとって、そのネットワークとは、州議会、少年裁判所、他の学区、圧力団体の地方支部、市や州のヒューマンサービス局といった組織のリーダーを含むものである。このネットワークには権限に格差のある階層的な地位というものは存在しないので、スクールリーダーは、むしろ、説得、連携の構築、政治的戦略といったリーダーシップ手段に頼らなくてはならない。このようなアリーナで効果的に行動するためには、学校を取り囲む広範な社会経済的文脈の理解や政策環境というものに対する自覚が必要である。要するに、政策問題と政策過程の理解が必須となるのである。

3　政策とは何か

(1)　簡潔な定義

　新しい研究分野を探索し始めるときには、通常、いくつかの定義を用意しておくと役に立つ。政策という用語は、政治学に由来する。政治学は深刻な分裂と対立を抱えた学問分野であり(Almond, 1990)、政策および政策と関連した概念の理解の仕方は学派で異なっている。それらの意見の相違は、社会の性質、権力の意味、政府の適切な役割に関する哲学上の対立から生じている。つぎの、狭義のものから広義のものの順に並べてある一連の定義は、政策という用語に関する解釈の相当な幅を示している。

1. ［公共政策］とは「公共的問題に関連して政府の表明した意図であり、その意図に関係する活動である」(Dubnick & Bardes, 1983, p.8)。
2. ［公共政策］とは「政治システムのアウトプットであって、通常、規則、規程、法律、条例、判決、行政処分等の形をとる。公共政策は、一貫した形で、かつ反復的に適用される活動のパターンとして理解することができる。［それは］ダイナミックなプロセスである」(Kruschke & Jackson, 1987, p.35)。
3. ［公共政策］とは、「政府高官もしくは政府高官に影響を与える者によってなされた決定、コミットメント、活動として、さまざまな利害関係者が意味づけたものである」(Bryson & Crosby, 1992, p.63)。
4. 「政策は時として、解決すべき当該の問題を忘れて政策決定者の間で行われる政治的な妥協の結果であることもある。そして、政策のなかには、政策としては自覚的に決定されたのではないにもかかわらず生まれるものもある」(Lindblom, 1968, p.4)。
5. 「政策は州議会から教室までつながっている決定の鎖であり、(多くの)ゲームおよび諸関係から生まれる副産物である。その全体に関して、誰かに責任があるという性質のものではない」(Firestone, 1989, p.23)。
6. ［公共政策］とは、「公式の法制定のみならず、慣行といった政府の非公式の『行動』も含んでいる。また、単に政府の作為のみでなく、不作為も政策と見なされよう」(Cibulka, 1995, p.106)。
7. 「政策は、明らかに『価値の権威的配分』の問題であり、……［政策は］理想的な社会像を映し出す」(Ball, 1990, p.3)。

　本書においては、政策は広義のものまで含んで理解することにする。なぜなら、政策過程とスクールリーダーのかかわりは、多くの側面にわたる傾向があるからである。つぎの簡潔な定義は、政策という用語の本書での用法を示すものである。公共政策とは、政治システムが公共的問題に対処する際に生ずるダイナミックで価値対立に満ちたプロセスである。それは、政府の作為と不作為の一貫したパターンとともに、政府の表明した意図や法制定を含む。

この定義において、政府とは、連邦、州、地方学区レベルにおける選挙で選ばれたもしくは任命された公務員(public officials)すべてとそれら公務員が仕事をする政府機関を含む。したがって、教育委員、教育長、校長、そして教師は、知事、裁判官、議員といった個人や集団と同様、政府の一部を構成する。

ここで読者の中には、特定の問題に関する政府の政策がどうなっているかはどうすればたしかめることができるのか、と心配する人もいるかもしれない。そこで、つぎのセクションから、公共政策が政府の活動のさまざまな局面とどのように関連しているかをやや詳細に論じたいと思う。これらのセクション全体を通して、アメリカにおける人種隔離政策を例証のために使う。というのは、人種隔離政策は、政府がいかなる政策を追求しているかを判断する際に検討すべき広範な諸問題を見事に例証するからである。

(2) 政策と表明された政府の方針——人種隔離教育を事例として

政治の大部分は、書面であれ口頭であれ、コミュニケーションにかかわっている。政府高官はしばしば、選挙演説、テレビのトークショーへの出演、ヒヤリング(聴聞会)の結論、報告書、インターネット、ニュースレターを通して、意思の伝達を行う。特定の公共問題への政府の取り組みの全容を判断する際、糸口として、こうしたコミュニケーションを調べることは有用である。例えば、ヨーロッパの研究者が1950年にアメリカを訪問し、公立学校における人種隔離に関するアメリカの政策をたしかめようとした場合を考えてみよう。彼らはおそらくこうした政治的コミュニケーションの中に人種隔離政策に関する証拠を探し求めたであろう。そうすれば、まちがいなく、公民権団体からの圧力をすでに感じ始めていた南部の指導者による公式の声明を見つけたことであろう。声明文の多くは、南部では公立学校において人種隔離政策が実施されており、実施を継続する意図があることをはっきりと示したであろう。だが、おそらく、同じヨーロッパの研究者は、コロラド州やマサチューセッツ州の知事、あるいはオハイオ州のコロンバス市長のような政治的有力者から類似の公

式声明を見出すことはなかったであろう。しかし、このような意思の表明と沈黙のパターンから、人種隔離は南部の政策であって、北部のそれではないと結論づけるなら、誤りを犯すことになったであろう。事実、デンバー、デトロイト、コロンバスといった地域の学区をはじめとして、多くの学区が1970年代を通して人種隔離政策を実施していたと連邦裁判所は判断を下している（Alexander & Alexander, 1998; La Morte, 1993 ; McCarthy & Cambron-McCabe, 1998）。

(3) 政策、法、人種隔離教育

①政策と法規

　たいていの人々が法(law)という用語を使うとき、それは法規(*statutes*)——つまり立法府によって制定された法——を意味している。アメリカでは、51の立法機関——連邦議会と50の州議会——が活動している。そして、成立した法律は政府の政策の重要な手がかりとなる。政策が実際にはどうなっているのかをたしかめようとするのであれば、まず当たるべき情報源のひとつが成文化された法律(written law)であることはまちがいない。しかしながら、法律と政策は同一ではない。決して適用されることのない時代遅れの多くの法律が法典には収められている。法律のなかには純粋に象徴的なもの(Edelman, 1964)があり、問題に対して取り組む意図はなく、ただ、その問題に関して市民に安心感を与えるために制定されるものがある。さらに、すべての政策が法規の形をとるわけではない。前述の例でいえば、たしかに、人種隔離政策を研究するヨーロッパの研究者は、連邦もしくは州によって制定された法律に当たってしかるべきである。そうすれば、彼は、17の州とコロンビア特別区において人種隔離に関する政策は法制化されており、他の4つの州では学区に裁量権が与えられていることに気づいたであろう（Alexander & Alexander, 1998; La Morte, 1993; McCarthy & Cambron-McCabe, 1998）。他の29の州は学校における人種隔離に関して、いかなる法律も制定していなかった。しかしながら、このことは、それらの29の州で人種隔離がないことを意味し

たわけではない。結局のところ、連邦最高裁判所は、法規に基づいた法律上の人種隔離政策と事実上の人種隔離政策とを区別はするが、両方とも、等しく、法律上の重大な違反であると判示しているのである。

②政策と規則・規程と人種隔離教育

　ほとんどの法規は概括的な言葉で表現され、それを実施するために必要な細部については法規そのものには書き込まれていない。詳細なルールは通常、行政機関が定める規則・規程として定められる。州レベルにおいて、その責任は通常、州教育省と州教育委員会にある。学区教育委員会もまた、若干の規則・規程を定める権限を持っている。それらの規則・規程は、法規と同様に、政策の本当の姿を理解するのに重要な手がかりを提供する。規則が厳密に書かれているかあるいは概括的に書かれているかは、特に重要である。概括的に表現された規則は、現場の教育者にかなりの柔軟性を与える。他方、厳密に表現された規則は、ほんの少ししか柔軟性を与えない。規則の中には、州もしくは連邦の法規のカバーしない問題に言及するものもある。例えば、1973年、連邦最高裁判所は、デンバー市教育委員会が人種的に隔離された学校制度を維持するために、子どもをその居住地に最も近い学校に就学させるという近隣学校優先就学政策を公式の政策として採用していたことを見出した（McCarthy & Cambron-McCabe, 1998）。この規則は、学区事務局の定めたものだが、デンバー市学区が実際に追求していた政策について重要な手がかりとなった。法規と規則・規程の間の関係については、6章で説明する。

③政策と判決と人種隔離教育

　合衆国の司法制度の下では、裁判所が、法規を解釈し法規の合憲性を審査する法令審査の権限（違憲立法審査権）を持っている。裁判所はまた、先行する判決を覆すこともできる。このことは、判決が法の一部であることを意味しており、事実、それらは判例法と呼ばれる。前述の例のように1950年代の人種隔離政策を研究したヨーロッパの研究者は、アメリカの学校におけ

第1章　政　策　19

る人種隔離政策が1850年代にマサチューセッツ州の裁判所によって支持されていたことを発見したであろう（Alexander & Alexander, 1998）。この初期の判決は、1896年の連邦最高裁判所のプレッシー判決（*Plessy v. Ferguson*：163 U. S. 537）によって強固なものになった。この訴訟で、ルイジアナ州のあるアフリカ系アメリカ人は、列車における人種隔離が連邦憲法修正条項14条の「法の下の平等」条項に違反すると主張して、異議申し立てをしていた。法廷の多数意見は、アフリカ系アメリカ人に提供されている設備が「平等」なものである限り、人種隔離は合憲であるという判断を示し、この異議申し立てを退けた（Alexander & Alexander, 1998；McCarthy & Cambron-McCabe, 1998）。その後の判決は、「分離すれども平等なり（separate but equal）」というこの判決のドクトリンを教育に適用した。この状況では、判例法は法規よりもいっそう信頼性の高い政策の指標であった。それは、人種隔離が国の至る所で合法的に実施されうることを示すものであった。しかしながら、もし例のヨーロッパの研究者が、こうした判例法を根拠にして、異なった人種の子どもに対して提供された教育施設は、つねに、あるいは通常では平等であったと結論づけたとすれば、それは誤った判断をしたことになるだろう。

④政策と予算と人種隔離教育

　ほとんどすべての政府機関は、毎年あるいは2年ごとに予算編成を行う。州議会で、教育法規を裏づけるための財源措置のレベルを決定する委員会とその法規の文言を決定する委員会は異なっており、どんな法規を制定する場合にも、本質的に2つの闘い——文言表現上の闘いと予算上の闘い——が起こる。その両者とも、政府が当該政策をどれだけ真剣に追求するかについての重要な手がかりとなる。さらに、大部分の教育政策に対する財源措置のレベルは定期的に吟味され、上方修正、あるいは下方修正を受ける。これは、政府がどんな政策を追求しているのかを判断するには、当初の財源措置のレベルとその後の傾向の両方を考慮することが不可欠であることを意味している。例のヨーロッパの研究者は、人種隔離に関する政策の本当の姿を理解しよう

と努力するに際して、予算、財務報告、教育財政に関連しているその他の文書を検討してしかるべきであった。その当時の教育財政を研究すれば、人種に対する「分離すれども平等」な教育は、アメリカの州および教育委員会が追求していた政策ではないことがはっきりと実証できたはずである。アフリカ系アメリカ人の子どもは、最も古い校舎に割り当てられたり、古い教科書と教材を供給されるなど、リソース（資源）の配分で首尾一貫して恵まれていなかった。教育支出の傾向に関する注意深い分析をすれば、政策の本当の姿は「分離かつ不平等（separate and unequal）」の教育であることを示唆したことであろう。

⑤政策実施と政策と人種隔離教育

　政策は通常、政治システムの頂点に近いところで発案される。大統領や知事は所信表明の演説を行う。議員は法規を制定し、予算を通過させる。裁判官は判決を出す。政策は草の根に近いところで実施に移される。ほとんどの教育政策の実施者は、教育長とそのスタッフ、校長、教師である。教育者は、上から発せられた命令を機械的に実行するロボットではない。自分自身の心を持った人間であって、大統領、知事、議員、裁判官では熟知しえない特定の社会的文化的文脈の中で意思決定を行う。それゆえ、すべての政策は、実施される文脈の影響を受けて、その過程で変容する。これらの変容は政策の微調整のこともあれば、大きな政策転換のこともある。とにかく、政策はつねに実施の過程で変化させられる（Mazmanian & Sabatier, 1989）。真の政策が何であるかを決定する際、政策がどのように実施されているかを検討することは不可欠である。例のヨーロッパの研究者は、何が起きているのかを見るため、両方の人種の学校を訪問し、関係者と話してしかるべきであった。直接に観察することで、財務記録に示された不平等はおそらく確かめられたであろう。また、現場の実施者に取材すれば、「分離すれども平等」な教育が実施に移されたときに何故に「分離かつ不平等」な教育に変容する傾向があったのかについて洞察を得られたかもしれない。政治的経済的圧力とともに、現場教師とその地域社会の価値観が説明要因の一部をなすものとして浮上したで

あろうことは疑いない。

⑥政府の作為および不作為としての人種隔離教育政策
　追求されている政策が何であるかは、時として、政府の作為と不作為の一貫したパターンを分析して初めて明白となる。例のヨーロッパの研究者にとって、人種隔離を規定している法規を持つ17の州においては、公立学校の人種隔離が政府の政策であると決定することは比較的容易であったであろう。このような州の場合、ほとんど疑問は生じない。というのも、政府の施政方針、法規、連邦最高裁判所の判決、教育予算の配分などがすべて整合しており、その政策は明々白々としているからである。ところが、そのヨーロッパの研究者は、北部の諸州で政策がどうなっているのかを決定することはもっと困難であることに気づいたであろう。そこでは、人種隔離政策を採っているかどうかのシグナルは曖昧であった。しかしながら、作為の反復されるパターンを研究したならば、そのことはもっと明らかになったであろう。事実、連邦最高裁判所はこのようなパターンを根拠にして、多くの北部の学区が事実上の人種隔離教育政策を実施していたと判示している。例えば、キーズ判決(*Keyes v. School District No. 1, Denver*, 413 U. S. 189)のなかで、裁判所は、人種別に隔離された学校制度を作るためにデンバー市教育委員会が使用していたいくつかの戦術を確認した。すなわち、デンバー市教育委員会は、前述した近隣学校優先就学政策に加えて、慣習として通学区域を操作し、新校舎の場所を選定する際に人種隔離を持続するような選定を行い、人種を基準にして教師の人事配置を行い、そして人種統合を回避するために流動的な学級編制を用いていた。首尾一貫してしかも長期にわたって繰り返されたこれらすべての作為的行動が、人種的に隔離された学校制度を生んだのである。こうして、デンバー市教育委員会は、学校における人種隔離政策を採用していたとして、1973年、連邦法違反の罪を問われたのである(Alexander & Alexander, 1998; McCarthy & Cambron-McCabe, 1998)。
　政府の不作為というパターンは、1954年のブラウン判決(*Brown v. Board of*

Topeka: 347 U. S. 483)において、学校の人種隔離が憲法違反であるとの判断がなされた後、明白になった。連邦最高裁判所の判決が国の法律となり、それと整合しないすべての法律に取って代わったが、南部の学区も北部の学区も人種隔離撤廃に迅速に対応することはなかった。その反対に、不作為のパターンを採用し、ある場合には何年もの間、それを持続したのである。ブラウン判決から15年後に、連邦地方裁判所は、ノースカロライナ州のシャーロット‐メクレンバーグ学区に人種隔離撤廃計画をつくることを命じた(Alexander & Alexander, 1998)。それから10年の後、デイトン学区とコロンバス学区に類似の指示が出された(McCarthy & Cambron-McCabe, 1998)。ブラウン判決が出された後、それらの学区で何が起きていたのか。学区の慣行が連邦最高裁判所の判決に違反している可能性に、シャーロット‐メクレンバーグ、デイトン、コロンバスの教育行政官が気づかなかったわけではない。また、ノースカロライナ州やオハイオ州の議員、知事、裁判官が、最高裁判決や州内の学区に人種隔離を実施しつづけている学区がある事実に気がつかなかった可能性も低い。それよりもむしろ、それらの学区は州政府の不作為によって暗黙のうちに支持された不作為のパターンを自覚的に採用していたと結論づけなければならない。それらの州——そして多くの州——において、人種隔離は、それが憲法違反と宣言された後でもずっと政策でありつづけたのである。

4　政策過程

　政策過程とは、政治システムが公共的問題に対するさまざまな取り組みを検討し、そのなかのひとつを決定して実施し、そして評価する際に起こる一連の事象である。政治学者は政策過程の記述にあたって、ゲームのメタファーを使うことがある。ゲームと同じく、政策過程にはルールがあって競技者(players)がいる。ゲームと同じく、それは複雑で、しばしば無秩序である。ゲームと同じく、多くのアリーナで競技が展開され、権力が行使され

る。また、勝者と敗者を生み出す点でもゲームと同じである（Firestone, 1989; Lindblom, 1968）。政策過程の駆動因は、政策争点である（Bryson & Crosby, 1992）。そこで、この節では初めに、政策争点について議論し、ついで、古典的な政策過程の段階モデルを提示する。政策過程の各段階については、本書の後半で詳述する。この段階モデルは政策過程があたかも整然としており、かつまた合理的であるように思わせる点に弱点がある（Cibulka, 1995; Lindblom, 1968）。しかし、段階モデルは、政策がどのように変化していくのかについての情報を組織化し、研究していくための有用な枠組みである。

(1) 政策争点

①論争的要素

　政策争点(policy issues)は、その名の示す通り、論争点を伴う。政府が所与の問題に対してどのように取り組むべきかについて、社会集団に合意がないときにのみ、争点は存在する(Coplin & O'Leary, 1981)。多くの教育政策は、政策争点ではまったくない。例えば、すべての子どもに読み方を教えるという政策目標は、今日、争点ではない。合衆国の事実上すべての人々――リベラル派も保守派も、金持ちも貧乏人も、男性も女性も、白人もアフリカ系アメリカ人もラテン系アメリカ人も――は、子どもが読み方を学ぶことの必要性について合意している。しかしながら、2世紀前には、すべての子どもが読み書き能力を持つべきであるということは政策争点であった。その当時、大多数の人々は、識字は比較的裕福な家庭の子どもだけに相応しい能力と考えていた。多くの州では、奴隷に識字教育を施すのは違法であり、ネイティブ・アメリカンには識字教育は不可能であると広く信じられてきた。それだけでなく、農村の多くの子ども――特に女の子――は、通常、識字教育を受けなかった。識字教育の普遍化という目標は二百年経ってようやく政策争点でなくなったが、それは裁判所や州議会における激しい論争の末のことであった。

②公共的要素

　子どもをどのように社会化すべきかについては大きな意見の不一致があるが、それだけで政策争点になるわけではない。政策争点とは、政府が取り組むことに正当性が与えられる問題である。例えば、心理学者は、子ども用の玩具の鉄砲や武器が玩具として妥当なものかについては、合意に達していない。そのような玩具は暴力を助長していると論じる者もいるし、そのような主張を否定する者もいる。しかしながら、このような意見の不一致は政策争点ではない。それは、合衆国のどの州政府もその問題を政策問題として取り上げないからである。アメリカの政治文化では、家庭の関心事である私的問題と、政府の権限事項に入る公共的問題との間には、はっきりした境界線が存在する。たとえ玩具の武器を是としない人々でも、それを政府の決定すべき政策対象として相応しいと考える人はほとんどいない。

③教育にかかわる政策争点の例

　21世紀が始まってこの数年の間に、教育にかかわる数多くの政策争点が議論の俎上に上っている。特に論議の的となっている争点は、学校選択制である。伝統的には、子どもを学校に割り当てる権限は、通常は地理的通学区域に基づいて学区が行ってきた。しかしながら、1980年代初頭から学校選択制が争点となってきた。多くの人々や利益団体が、親は子どもが通う学校を自由に選択すべきであると論じている。そのために、これらの人々は、ヴァウチャー制*、学校の自由選択、学区を越えた学校の自由選択、チャータースクールのような新しい政策を提唱している。これらの政策は、多くの州で採用されている。しかし、学校選択制には、反対する者もいる。学校選択政策は、公教育を弱体化させ、人種別や階層別による学校の隔離を助長する、と彼らは論ずる (Chubb & Moe, 1990; Cookson, 1994)。もうひとつの教育上の政策争点に、全国共通カリキュラムの創設に関するものがある。全国共通カリキュラムの提唱者は、それが全国津々浦々にまで卓越性の基準を提供し、子どもの転校から生ずるマイナスの影響を減ずることができると主張してい

る。彼らはまた、他の多くの先進国には全国共通カリキュラムが存在し、経済のグローバルな競争のために合衆国はこれらを踏襲すべきであると論じている。他方、こうした政策に反対する者は、全国共通カリキュラムの導入は教育の地方自治を弱め、教育の望ましからざる標準化を国の隅々にまで導くであろう、と信じている。彼らはまた、連邦政府には全国共通カリキュラムやその評価のための全国共通テストを創設する憲法上の権限がない、と主張する。学校選択制と全国共通カリキュラムが政策争点であるのは、どちらも、論争的であり、また政府が決定する可能性のある政策であるからである。

(2) 政策過程の段階モデル
―スタンダードに基礎を置く教育改革(Standards-Based Reform)を事例として―

図表1-1は、若干の修正を施した、政策過程に関する古典的な段階モデルである。争点を定義することは時系列的にみて第一段階であるから、この図は左から右に向かって見てもらいたい。左から右に向かう実線の太い矢印は、古典的モデルの順序に従っている。しかしながら、政策争点はしばらく

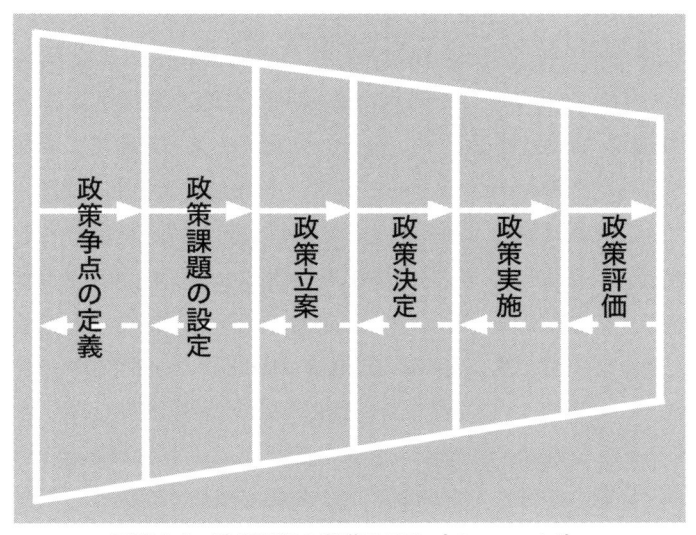

図表1-1 政策過程の段階モデル (stage model)

順方向へ向かってから初期の段階の方へ戻ることもあるため、点線の矢印は右から左へも向かっている。政策過程は選択的に作動する。つまり、段階を経るごとに争点や政策の選択肢が狭まることから、この図式は漏斗型になっている。つぎのセクションから、政策過程の各段階について簡単に論ずるが、その際、全体を通して、「スタンダードに基礎を置く教育改革(Standards-Based Reform, 以下SBR)」というひとつの政策争点を例示のために用いる。この改革に関する議論に際しては、ファーマン(2001)、ジェニングス(1998)、ラヴィッチ(1995)の文献に相当に依拠していることを断っておきたい。

① 政策争点の定義

いかなるときでも、あらゆる社会は数多くの社会問題を抱えているが、政策問題として認識されるのはそのなかのほんの少数に限られる。政府がほとんどの社会問題に取り組まないのにはさまざまな理由がある。例えば、十分な政治的支持が存在しないからかもしれないし、また、ある問題を取り上げることで予想される費用(cost)が、あまりにも高いからかもしれない。

何十年もの間、政策争点とならなかった問題領域の格好の例としては、SBRの問題が挙げられる。各州は、19世紀のうちに、公立学校制度を創設し、就学を義務化したが、その権限のほとんどを地方学区に委譲していた(Fowler, 2000)。20世紀を通じて、州は、カリキュラムや教授法の領域に関しては地方学区に大幅な自由裁量を許容し、州の規制はもっぱら、教員1人当たりの生徒数、教員資格、生徒1人当たりの支出といった教育条件に関するものであった。しかしながら、1970年代半ばになって、全国的な諸団体やリーダーは、アメリカの子どもの学力水準(学業成績)に対して懸念を表明し始めた。例えば、大学入試協議会(College Board)は、SAT*の得点が1963年から低下傾向にあることを公表した。1981年に、南部15州で構成される南部教育会議(Southern Regional Education Board)は、『質の高い教育の必要性(The Need for Quality)』と題する報告書を発表し、この10年間取り組まれてきた、基礎能力育成のための改革を批判した(Ravitch, 1995)。しかしながら、質の高い教

育という争点を最もドラマティックに定義したのは、1983年の報告書『危機に立つ国家(*Nation At Risk*)』であった。レーガン大統領は、その報告書を、中心的な教育問題は教育機会の平等と公平の問題ではなく、卓越性をいかに向上させるかという問題であると再定義するためのテコとして利用した(Cook, 2001; Fuhrman, 2001; Ravitch, 1995)。

　大統領のこうしたレトリックに先導され、各州が卒業要件の厳格化といったたぐいのさまざまな漸進的な施策に取り組んだ。しかしながら、10年が経過するまでに、これらの改革は一般に適切ではないと考えられるようになった。アメリカの子どもたちの理科と数学に関する国際的なテストの成績が振るわないことが明らかになったため、各界のリーダーは諸外国の教育政策を検討し始めた。彼らは、ほとんどの国が教育内容に関する全国的なスタンダードをもち、全国テストを実施していることを知り、アメリカの教育の質的な貧困という問題の根源は、子どもの学習成果を評価するための明確なカリキュラム・スタンダードとテストの欠如にあると、問題を捉え直したのである(Ravitch, 1995)。政策争点の定義という段階に関しては、5章において論ずる。

②政策課題の設定

　教育にかかわる政策争点として定義されたすべての問題が、政府によって取り組まれるわけではない。政策争点が最終的に政策となる機会を得るためには、政策課題(agenda)、すなわち「政府関係者、そしてこれらの関係者と密接に関係している政府外の人々が、一定の期間、重大な関心を寄せる主題または問題のリスト」(Kingdon, 1984, p.3)に載せられる必要がある。政策課題は通常、大統領、知事、ベテラン議員といった影響力の強い政治家によって設定される。

　多くの政策争点と異なり、SBRは、それが争点として定義されるとすぐに政策課題となった。1980年代の半ば、連邦教育省の教育長官ウィリアム・ベネットは、学校にはもっと高い知的スタンダードを求めるべきだと声高に主張する人物として著名であった。1987年、ブルーム(A. Bloom)の『アメ

リカン・マインドの終焉』とハーシュ(E. D. Hirsh)の『文化的リテラシー』という、広範な読者を獲得し論議を巻き起こした2冊の著書が刊行されたことにより、その争点が全国的な脚光を浴びることとなった。1989年の秋、ブッシュ大統領と全米の知事は、ビジネスリーダーから相当の圧力を受けていたのであるが、全米教育「目標」を設定し、大統領はそれを1990年の一般教書演説で公表した。大統領はまた、その目標達成の程度をモニターするために、全米教育目標パネル(National Education Goal Panel)を設立した。この時点で用いられた用語は目標であって、スタンダードではなかったが、今や、この争点はまさしく州レベルと連邦レベルの双方で政策課題と化している(Jennings, 1998; Ravitch, 1995)。草の根レベルの団体の活動が政治リーダーの政策課題に影響を与えることも時としてある。例えば、ミルウオーキー市とクリーブランド市において、ヴァウチャー制度が州の政策争点になったのは、少なくとも一部には、アフリカ系アメリカ人の草の根の取り組みがあったからである。しかしながら、SBRを支持する何らかの草の根活動があったかどうかの証拠は手元にはない。政策課題の設定の段階についても、5章で論ずる。

③政策立案

　政策は、公式に決定される前に、文書の形式で表現されなければならない。通常、最初に起草される文書が、提案される法律の草稿としての法案(bill)である。連邦議会や州議会の議員のほとんどは、成立させようとする法案を自ら書くことはない。法案を練るのは、議会スタッフ、法案作成のために雇用された弁護士、法案を支持する圧力団体である。多くの場合、同じ議題に関する対案が上程されて審議される。法律が決定された後に、規則・規程(rules and regulations)が起草される。これに関しても、公式なものとなるまでには、いくつかの草稿段階を通ることになる。SBRを提唱する個人や団体は政策立案に影響を及ぼすために、全国規模で協力してきた。例えば、多くの州のカリキュラム・スタンダードやテスト施策に類似点が多いのはそのためである(Ravitch, 1995)。政策立案の段階については、6章において記述される。

④政策決定

　政策が発効するためには、文書化された法案等が、適切な機関によって公式に決定されなければならない。法律は、連邦議会や州議会において過半数以上の投票によって決定され、公教育の場合、規則・規程は、連邦教育省、州教育省、学区それぞれの権限を持つ行政官によって決定される。すべてではないが、いくつかの学区政策は、教育委員会の多数決による議決を要する。

　第一次ブッシュ政権の下で、スタンダードとテストを推進する2つの法案が議会に上程されたが、どちらも通過しなかった。クリントンは1992年の選挙でブッシュを敗ったが、選挙運動中、全国的なスタンダードとテストを政策として提唱した。クリントン政権は、1993年、SBR法案の議会通過を試みたが、うまくいかなかった。しかしながら、1994年、その修正版が、「2000年の目標：アメリカ教育法(Goals 2000:Educate America Act)」として成立した。それにより、民間有志による全国的なスタンダード開発のために、「全米教育スタンダードおよび教育改善会議(National Education Standards and Improvement Council)」という機関が設置されたが、全国テストは強い政治的反対に遭遇したために、その法律には含まれなかった。さらに、1994年の初等中等教育法*の改正は、タイトル1による補助金とSBRとを結びつけた(Jennings, 1998; Ravitch, 1995)。最後に、第二次ブッシュ政権による初等中等教育法改正は、2001年、「落ちこぼれをつくらない初等中等教育法(No Child Left Behind Act)」*を成立させ、スタンダードとテストを推進する政策をなお一層強めている。政策決定の段階については、6章で詳細に検討する。

⑤政策実施

　法律およびそれに付随した規則・規程の通過は、新しい政策が自動的に効果を発揮することを意味しない。教育政策は、草の根レベルの学区事務局スタッフ、校長、教師によって実施されなければならない。これらの教育関係者は、ワシントンや州都からの新しい法律や規則に対して、必ずしも前向きであるとは限らない。そのため、実施の成功は、新しい政策を実施するよう

に教育関係者を動機づけることと、実施に必要なリソースを提供することにかかっている。先行研究は、多くの場合、新しい政策は、まったく実施されないか、もしくは実施しているうちに実質的に変質してしまうかのどちらかであることを示している。2000年までに、49州がカリキュラム・スタンダードを設定する法律を制定した。しかしながら、都市研究所(Urban Institute)と教育政策研究コンソーシアム(Consortium for Policy Research in Education, CPRE)の調査によれば、学区や学校レベルでの政策実施は均質なものではなく、幅広く活用された改革もあれば、そうでない改革もあった(DeBray, Parson, and Woodworth, 2001; Fuhrman, 2001; Hannaway & Kimball, 2001)。政策実施の段階については、8章において議論する。

⑥政策評価

　理想的にいえば、政策を評価するのは、政策が期待通りに機能しているかどうかをたしかめるためである。政策評価とは、この目的を達成するために設計される応用研究である。政策は、その政策を通過させた政府機関内部の調査部局によって評価されることもある。評価は、外部のコンサルタント会社や、大学、シンクタンクによって行われることもある。SBRは、生徒の学業成績を向上させることを意図したものであるが、その有効性は今のところ明らかではない。これまで多くの施策が、多くの場合カリキュラムの成否に利害をもつカリキュラムの考案者自身によって、評価されてきた。2002年、全米科学財団(National Science Foundation, NSF)はこれまでに行われた評価に関する再検討を委嘱し、2003年にその結果が公表されている。しかしながら、その再検討の結果には偏りがあるかもしれない。というのも、NSFは、長い間スタンダードの提唱者であったからである(Hoff, 2002)。少なくとも、ここしばらくは、SBRの評価は適切に行われていない。政策評価の段階については、9章の主題である。

5 政策分析

(1) 簡単な定義

　政策分析とは、「最適な(もしくは適切な)政策に到達するために、複数の代替政策案を、与えられた目標、阻害要因、条件に照らしつつ、評価することである」(Nagel, 1984, p. xiii) と定義されてきた。政策分析の伝統的な焦点は、ネイゲルが示唆するように、既存の政策の効果に関する研究、および代替政策の設計である (Brewer & de Leon, 1983)。しかしながら、近年、この分野は、その射程を広げてきている。今日、政策分析家は、政策の実施、評価、打ち切りのための方法をも開発している。そのため、彼らの仕事はしばしば、価値と政治的環境双方の研究を含むことになる (Weimer & Vining, 1992)。

(2) 沿革

　政府は代替政策案に関する研究を状況に応じて委託するという長い歴史があるが、そのような研究——もしくは政策分析——に大きく依存するようになったのは、比較的最近の現象である。エコノミストは、科学と「専門家」が理想的存在と見なされた今世紀の転換期に、連邦政府の代替政策案の研究を開始した。1930年代には、ルーズベルト大統領の率いたニューディール政府は、エコノミストが収集した統計のいくつかを公刊した。しかしながら、政策分析は第二次世界大戦後までに独自の分野を形成するには至らなかった。第二次世界大戦中、国務省と労働省は、データの収集と分析に基づく政策提言を得るために、おびただしい数のエコノミストを雇用した (Nelson, 1991; Weimer & Vining, 1992)。

　1960年代末には、数多くの社会的争点が出現し、多数の先駆的法律が成立した。貧困との闘いの一部としての連邦教育政策は、教育政策分析の急激

な成長を刺激し、その多くが政府ではなくシンクタンクによって行われている。1970年代、教育政策に関するいくつかの重要な研究が行われた。例えば、連邦議会は、初等中等教育法の評価を義務づけ、国立教育研究所(National Institute of Education)がその政策評価を行った。この政策評価研究は、1500万ドルの経費を費やしたが、連邦議会は、その結果を利用して、1978年に法律を改正した。この時期のもうひとつの有名な研究に、カリフォルニア州のシンクタンクであるランド研究所(RAND Corporation)によって行われた『変革の担い手に関する研究(RAND Change Agent Study)』がある。この政策評価研究は、連邦政府による293の教育施策事業の結果を追跡したものであるが、その研究成果は、大きな影響を与えてきた。カーター政権は、政権としての教育政策を立案するために、このランド研究を活用した(Boyd, 1988)。

ほぼ20年前になるが、ミッチェル(1984)は、1969年から1981年までの教育情報センター(Educational Resources Information Center, ERIC)に登録された教育政策に関する情報を分析した。彼は、この期間に教育政策関係の登録件数の割合が着実に増加していることを見出している。ERICの刊行物は1975年から1983年の間だけで、教育政策に関して28,000件が出されている(Michell, 1984)。1983年に始まった教育改革運動以降、教育政策分析(education policy analysis)はますます重要になってきている。教育政策分析は、1960年代から1970年代に一般的であった教育政治の研究(studies of education politics)に相当程度取って代わっているとキブルカ(1995)は述べている。教育政策分析の重要性の高まりは、1996年にアメリカ教育学会(American Educationa Research Association, AERA)が政策研究と教育政治学に焦点化した新しい部会(Division L:Educational Policy and Politics)を創設したという事実からもわかる。

(3) 政策分析の目的

政策分析の目的は、公共政策の質を向上させることである。政策分析は、政策過程が必ずしも合理的ではなく、政治家に任せておくと多くの場合、健

全ではない政策が生まれるという十分に根拠のある前提に依拠している。政治リーダーとは対照的に、大多数の政策分析家——通常、シンクタンクや大学に勤める博士号を保持する人々である——は、政策問題に対する論理的アプローチを重視する。彼らは政策分析を通して、情報を提供したり公共問題に対する解決策を提示することにより、政策過程に影響力を行使したいと考えている。もちろん、費用のかかる政策研究を委託したからといって、政治家には法案作成に当たって政策分析の結果を利用する義務があるわけではない。だから、研究者はしばしばフラストレーションを感じることになるのであるが、政策分析の疑う余地のない強みは、政策に関心のあるすべての人々に、政策について考える際に利用可能な多様な枠組みを提供することである。

(4) 政策分析の類型

コプリンとオリアリー(Coplin & O'Leary, 1981)は、政策分析に4つの類型があるとしている。政策分析の分野を概念化するのに、他の類型論を用いることもできるが(例えば、Mitchell, 1984)、彼らの類型論は政策分析家が行う研究の範囲を提示するのに役立つ。政策分析の第1の類型は、モニタリングである。研究者がモニターをする場合、政策領域や政策過程に関係するデータを組織的に収集する。例えば、1980年代に多くの州は学区から教育情報を収集するシステムを構築した。これらのデータはコンピュータに入力され、生徒の出欠、テストの成績、無料給食事業に登録されている生徒の比率といった事象を州の職員が追跡することを可能にした。第2の政策分析の類型は、予測である。巨大なデータバンクに依拠しつつ、政策研究者は5年後から10年後にどのような政策争点が重要になるのかを予測しようとしている。例えば、彼らはモニタリングから、無料給食事業に関係している子どもの数の増加に注目し、子どもの栄養が2010年には学校の取り組むべき重要な争点になる可能性が高いと予測するのである。多くの政策研究は政策評価である。研究者が政策を評価する場合、その目的は政策がその所期の目的をどれだけ

達成したのかに関する情報を提供することである。例えば、補習教育(remedial education)事業が本当に子どもの学力向上に寄与しているのかどうかをたしかめるために、頻繁に評価するのである。

　コプリンとオリアリー(1981)によれば、評価のもうひとつの意味として、政策を掘り下げることによって、どのような価値がそこに横たわっているのかを明らかにすることがある。アメリカ政治においてイデオロギーがますます重要になっているために(Lowi, 1995)、このタイプの政策評価が増えている。言説分析、すなわち、政策文書およびそれに関係した実践の綿密な研究に対する研究者の関心の高まりは、教育政策における価値に注目が高まっている証拠である(Corson, 1995)。最後に、政策分析家は、処方箋の提示を目的とすることがある。処方箋的政策分析は、政策決定者に対して利用可能な選択肢を提示し、その中でどれがもっとも望ましいかを提言する。

6　スクールリーダーと政策研究

　スクールリーダーは、組織の中の職位に基づくリーダーとして、また、地域社会の中のパブリック・リーダーとして行動する。彼らは、これら二つの意味におけるリーダーとして、争点の定義、政策の形成、政策の実施において重要な役割を演じ、また演ずることができる。その多元的な役割は、後の章で詳細に説明するが、はじめに、その多元的な役割の一般的な性質を理解することは読者にとって有用であろう。

(1)　政策決定者としてのスクールリーダー

　法的にいえば学区は、陸運局や高速道路局が州の政府機関であるのと同じく、州政府の機関である(Alexander & Alexander, 1998)。結果として、スクールリーダーは、規則・規程の制定に重要な役割を演ずる。ほとんどの政策領域で、

州議会と州教育行政機関は立法のための大枠（フレームワーク）を定める。教育委員会、教育長、校長、教師は、そのフレームワークの細部を充填することに責任がある。その政策形成は、教育委員会に対する政策修正の勧告や教職員のための規則の手引き集の編集や生徒指導規則の制定といった形をとる。状況がどうであれ、政策や政策過程の知識は学校管理職が政策形成の役割を果たす上で役に立つ。例えば、校長が駐車場のスペース不足が教職員にとって問題となっていることに気づくなら、政策過程の知識はその問題にどう対応すればよいかのいくつかのすじみちを示唆するであろう。問題がまだ持ち上がったばかりであれば、校長は争点の定義に乗り出すこともできる。政策研究の知識があれば、そのための何らかの方法を示唆するであろう。争点が明確に定義され、その定義に納得すれば、校長は、非公式の政策分析を実施し検討すべき選択肢を生み出すために活動してくれる委員会を構成できよう。どんな政策手段が利用可能かを理解しているならば、創造的なアイデアで議論に参加し、提案された選択肢を評価することができるであろう。結局、校長の政策にかかわる専門的知識は、問題を効果的に処理する健全な規則を制定することを可能にするはずである。

(2)　政策の実施者としてのスクールリーダー

　スクールリーダーはまた、新しい政策を実施する上で主要な役割を果たす。連邦、州、学区のいずれのレベルの政策であろうと、スクールリーダーは政策実施の計画を立案し、教師に協力への動機づけを行い、必要なリソースを用意し、フィードバックを行うことが期待される。改革は、つねに困難を伴う。だから、新しい、評判のよくないかもしれない政策の実施に責任を負うスクールリーダーは、きわめてハードルの高い状況に直面することになる。ストレスの下で、多くのミスを犯す可能性が高い。とはいえ、政策実施に関して夥しい研究がなされ、その多くは教育政策の実施に関するもので、実施者が犯す重大な失敗はかなり以前から解明されている。組織の改革に対する健全な

アプローチもまたしかりである。こうした先行研究に精通しているスクールリーダーであれば、実施上の最も明白な落とし穴をうまく回避する準備ができていることになる。そうしたスクールリーダーはまた、どんな新しい政策であれ、それを定着させる上で避けることのできない要素であるストレスと混乱を少なくする何らかの方法を知ることになる。

(3) 政策問題をフォローする者としてのスクールリーダー

21世紀を迎えたスクールリーダーは、その関心を学校や学区のレベルに限定するわけにはいかない。州政府は教育政策に関して、今までよりもいっそう積極的になっている。そして、教育は州レベルでも連邦レベルでも「ホット」な問題と見なされている。これは、外の世界を無視しようとするスクールリーダーは、多くの政策的な不意打ちをただ受容するだけの立場に追い込まれることを意味する。彼らはまた、教育の世界で起こりつつある改革の多くに対して影響力を持っていない無力さを感じ始めるであろう。それゆえに、今日、スクールリーダーにとって、政策問題を丹念に追うことが不可欠となっている。彼らは、社会・経済的環境において起こっている重大な変化とそれらの変化が教育政策上の問題をどのように引き起こしているのかについて自覚する必要がある。また、どんな問題が、シンクタンク、大学、財団によって定義されているのかを知る必要がある。さらに、連邦レベルや州レベルの立法過程を追跡する必要がある。したがって、スクールリーダーは今まで以上に専門家として能動的で情報通であることがきわめて重要である。このような活動性は、学区という境界を越えて展開される政策過程への、能動的な参加者であるために欠くことのできない土台である。

(4) 政策に影響を与える者としてのスクールリーダー

スクールリーダーはパブリックリーダーとしての地位にもあるために

(Bryson & Crosby 1992)、州レベルや連邦レベルの政策過程に影響力を行使する立場にある。この影響力は多様な形態をとる。スクールリーダーは、施策・事業の実施上の問題を論じるために州教育省に電話かけ、そこでの会話が、州教育省の規則・規程の変更を導くことがある。あるいは、特別支援教育担当の指導主事は、州議会の新しい法案が、障害を持つ子どもに対して不当であると信じ、その強い思いによって、意見を同じくする他の指導主事や父母団体のリーダーを見つけるよう努めるかもしれない。そして、一緒になって州下院の文教委員会の議長とアポイントをとり、問題について話し合うかもしれない。彼らの行動はその問題について専門職団体の注意を喚起し、その支持を得るかもしれない。こうした努力が実を結んで、法案の破棄やその悪影響を少なくする法案修正に成功することもある。あるいはまた校長が、子どもの問題に取り組む多くの政府機関を含んだ、学校と大学の連携事業に取り組むこともあろう。この協働は、危機にある子どもへのサービスの提供には重複や矛盾が少なくないことを気づかせるかもしれない。校長や他の参加者は、問題を慎重に定義した後に、すべての政府機関に同時平行的に働きかけて問題を知らせることもできよう。

7　おわりに

　今日のスクールリーダーは、これまでとは異なった役割を期待されている。この新しい役割はパブリックリーダーとして行動することを含んでいる。この新しい役割を果たす方法を学ばないスクールリーダーは、つぎつぎと打ち出される政策的な不意打ちを受容するしかないであろう。21世紀初頭において、スクールリーダーが有能なパブリックリーダーとしての役割を発揮するには、教育政策とそれがどのように形成され、そしてどのように変容するかについての確固たる知識基盤を必要とする。本書はその基礎を提供するものである。

◆用語解説

学校に基礎を置く経営（School－Based Management）(p.11.)
　個々の学校にカリキュラム、予算、人事の権限を移譲すると同時に、共同的意思決定機構としての学校評議会を設置して、学校ごとの自律的意思決定を中心にして行われる学校経営の方式。

学区を越えた学校の自由選択制（Interdistrict Open Enrollment）(p.13)
　学区内の学校の中から学校を選択することを越えて、隣接する学区の学校も自由に選択できるとする制度

チャータースクール(p.13)
　公募型の、有志による公設民営の新しいタイプの学校のひとつ。1990年代からアメリカ各地で設置されるようになった。チャーターとは学校設置許可証で、目標達成契約が含まれる。

総合サービス学校（Full-service School）(p.13)
　子どもに対する教育サービスだけでなく、医療サービスや福祉サービスも合わせて提供する学校のことで、一部の都市学区の、貧困層やマイノリティの子どもの多い地域の学校において政策的に推進されている。

ヴァウチャー制(p.24)
　ヴァウチャーとは、保護者に配分される生徒一人当たりの教育費に相当する額のクーポン券のこと。生徒にとっては教育を受けるための資金(奨学資金)としての意味を持つ。これを利用すれば、学校を選択する自由が高まる。集まったクーポン券の総額はその学校の予算(の一部)となる。

SAT（Scholastic Aptitude（Assessment）Test）(p.26)
　アメリカにおいて大学進学の際に使用される全米共通テストのひとつ。民間団体であるEducational Testing Service社の実施する資格試験的な性格を帯びるテストである。

初等中等教育法（Elementary and Secondary Education Act of 1965）(p.29.)
　初等中等教育に対する連邦政府による一般的援助(general aid)を定めた最初の連邦法。その後、数度にわたり法の更新(reauthorization)を経ており、NCLB法はその最新版である。マイノリティーへの補償教育に関する施策・事業について定めたタイトルIが特に有名。

NCLB法（No Child Left Behind Act of 2001）(p.29)
　「落ちこぼれをつくらない初等中等教育法」と称される。アカウンタビリティの厳しい仕組みを学区・学校に課すことにより、すべての子どもが一定の学力スタンダードを達成することを促進する連邦教育援助法として知られている。

演習問題

1. あなたの学区や学校における現在の政策課題をリストアップしなさい。そして、取り上げた政策課題を政策プロセスの段階に位置づけなさい。
2. あなたの州の政府は、この10年間にどのような教育政策を策定したか。主要な政策をリストアップしなさい。また、それは学校や学区にどのような影響をもたらしたか、説明しなさい。
3. つぎの政策課題から1つを選択し、この課題に関してあなたの州の政策状況について記述しなさい。
   - 学校財政の公平(公正)性
   - 生徒の学力達成度
   - 学校選択制
   - 学校のアカウンタビリティ

   制定法だけではなく、予算のレベルや政府の不作為のパターンも必ず検討しなさい。
4. あなたの知っている教育長が、政策過程に影響を与えるために、パブリックリーダーとして活動している事例を取り上げ、説明しなさい。

賛否両論　政治は教育から切り離すべきか？

賛成論

　子どもの教育はきわめて重要なことであるから、それが政治に巻き込まれることをだまって見過ごすことはできない。もちろん、公的資金が公立学校に投入されているので、政府による何らかの形の監督がなくてはならない。理想的なことをいえば、この監督は政党政治から独立した独自の選挙によって構成された機関によって行われるべきである。その機関は、学校に対して政策上の一般的なガイドラインを提供する権限を持つべきである。しかしながら、それらの政策はいかなる干渉も排して自律的に行動する相当な自由を持つ教育専門家によって実施されるべきである。教育専門家には、子ども、カリキュラ

ム、教授方法についての知識がある。彼らはミスを犯すかもしれないが、子どもの利益になるような決定をする可能性は政治家よりも大きい。政治と教育は相容れないものである。

反対論

　公立学校は税金によって資金を供給され、州議会、教育委員会、裁判所の権限の下に置かれている。これは、政治を公教育から切り離すことはできないことを意味している。教育が「非党派的な」行政委員会によって管理されているとはいえ、政治的活動が消えてなくなっているわけではない。しかしながら、教育における政治的活動は比較的静かで人目から隠されており、普通の市民がそれを理解し影響を与えることを困難にしている。教育に内在する政治的性質についてオープンにする方がより民主的であり、そうすることで、健全な政治的活動を促進する構造と法制を開発する動きが刺激されることになる。政治と教育が相容れないという考えは錯覚である。

あなたはどう考えるか。

政策分析のためのニュース記事
テスト拡大案に批判噴出

メリーランド州、ボルティモア発

　メリーランド州に対してなされた州統一テストの対象学年を拡大すべしという勧告は、親や教師の批判を招いている。親や教師は、授業があまりにもテスト対策に偏っていると主張している。メリーランド州教員協会の会長であるパトリシア・フォレスターは、「教師は、テストをすることだけに気を取られている」と語る。

　メリーランド州は4、6、7学年の生徒にもテストを課すべきであるという、今週なされた勧告は、スタンダードに基礎を置く教育改革

(SBR)を支援している全国的な非営利団体である、アチーブ社からなされた勧告のひとつであった。この団体は、州の改革の取り組みを検討するよう州の委託を受けた団体であるが、公教育に関するメリーランド州の10年計画を構想するために州教育長に任命されたタスクフォースの仕事に影響を及ぼしていると推測される。事実、どちらも、メリーランド州は州統一的なカリキュラム――それは州教育長のみならず、学区の教育長の支持を得た提案である――を開発するべきであることを勧告した。

　しかし、第3、5、8学年の生徒の春期テストの準備に、学校は多くの時間を費やしすぎていると強く主張する親と教師にとってみれば、今回のテストの対象学年の拡大案は、厳しい反応を引き起こすものであった。ミドルスクールに通う生徒の親であるチャック・ポーターは、「学校がやっているのは、ただ、子どもをテストに向けて加工しているだけに見える」と述べている。

　この勧告をするに当たって、アチーブ社は、これは3学年から8学年の生徒を対象に毎年テストを行うべきという、ブッシュ大統領の教育プランに適合するものであると語っている。下院も上院も、最終的な教育改革法案についてはなお審議中であるが、各学校に毎年全校規模のテストを実施することを求める法律は両院を通過している。ほとんどの教育関係者は、それが連邦政府の最終的な教育プランの一部となって、メリーランド州もテストの対象学年を拡大せざるを得ないだろうと考えている。

　しかし、州がテスト施策を拡大することを決めるとすれば、それは必ず政治的争点となるであろう。共和党の次期知事候補、オードリー・スコットは言う。「有権者のみなさんは大変な懸念を抱いていると聞いています」「このまま、テスト拡大という事態になれば、その問題が次期知事選の争点になることはまちがいないでしょう。」

42　政策分析のためのニュース記事

　H. リビット (H. Libit) の記事 (Proposal for More Testing Draws Criticism) より。ボルティモア・サン紙 (October 3, 2001) より許可を得た上で改変して転載。

問　題

1. この論説記事においては、どのような政策争点が言及されているか。それぞれに関して、それが政策争点であることについて、あなたの意見を述べなさい。
2. それぞれの政策争点を政策過程の段階に位置づけなさい。
3. メリーランド州が追求している政策について説明しなさい。
4. この論説記事の中で言及された政治的な人物と団体をリストアップしなさい。

第2章 権力と教育政策

中心的な問い

・権力とはどういうものか。
・権力にはどのようなタイプがあるか。また、権力の源泉となるリソースにはどのようなものがあるか。
・権力は教育政策の形成や実施においてどのように用いられるのか。

1 権力の3次元モデル

　権力という概念は、社会科学の概念の中でも論争的な概念のひとつであるが、それは「他者の態度や行動に影響を与えるアクターの能力」と定義できる。アクターという場合、教育長、知事、教員組合の委員長といった個人も、教育委員会、州議会、PTAといった集団も、その両方が含まれる。権力について多くの理論が提起されてきたが、ここでは、主要な理論を包括した権力の3次元モデルについて整理する。このモデルは、権力現象、すなわち、人が人に影響を及ぼして自分の意思を実現する、あるいは、人が人の影響を受けて自分の意思に反して行動するという社会現象には3つの次元ないし側面があるとする。その3つの次元とは、権力の公然たる行使、バイアス（偏向）の動員（mobilization of bias）、意識の形成である。

(1) 権力の第1の次元：権力の公然たる行使

①権力の形態

第1次元の権力には、強制（force）、経済的優越性（economic dominance）、権威、説得という4つの形態がある。

　強　制　強制には2種類あって、**身体的な強制**と**心理的な強制**である。身体的な強制を用いた権力の行使には、ある者の意思を他者に強いるために身体への行為を用いる、あるいは、それをほのめかすことが含まれる。このような行為には、殺人、傷害、あるいは苦痛を与えること、身体的自由を制限すること、基本的な生理的要求を妨害することが含まれる。教育における身体的強制としては、体罰がある。心理的な強制は、他者の自己概念に損傷を与えるために用いられる。通常、言葉による侮辱、悪意のあるゴシップ、否定的なレッテルを貼ることなどの形をとる。

　経済的優越性　経済的優越性には、他者の行動に影響を与えるために、仕事やキャリアや経済的成功に対する影響力を用いることが含まれる。採用、解雇、評価、あるいは昇進など、人事にかかわる立場にある人は誰でも、この種の権力を手にすることができる。経済的優越性のもうひとつの形は、自分の要求を実現するために、スケジュールや仕事の割り当てといった勤務条件に対する影響力を用いることである。より大きなスケールの例をいえば、企業のなかには、経済的優越性を用い、工場移転による地元の雇用減をほのめかすことで地方政府から減税や特権を獲得する企業もある。

　権　威　「従うことを要求された人がいかなる疑問も差し挟むことなく従うとき」、そこには権威という形の権力が働き、「強制も説得も無用である」(Arendt, 1986: 65)。権威は**正当性**――すなわち、権威を有する者は特別の権力に対する権利をもつという信念――に依拠している。権威にはいくつかの種類がある。**家父長制的な権威**（親の権威）はそのひとつであり、ほとんどの人は家族の中で成長するので、はじめは親や親戚との関係において権力を経験する。親は、子どもに対して権力を行使する権利を有していることを当然

と考え、子どもは通常、そうした権力を当然のこととして受容する。第2の形は**合法的権威**(権限)であり、組織内で責任ある地位の人に与えられる。合法的権威は、職務規程などの公文書によってその範囲が規定されている。ある職務に従事するものが合法的権威の範囲内で行動する限り、組織の他のメンバーはそれに従う。教師、校長、そして学区事務局の行政官の間の関係は、かなりの程度、合法的権威の上に成り立っている(Bendix, 1960)。**専門的権威**が第3の形態である。これは、専門的知識・技術に依拠するもので、専門職が顧客との関係において依拠する唯一の権力の形態である。かかりつけの医者の医療上の忠告や弁護士の法的な忠告に文句をいう人がほとんどいないのは、その専門的権威という権力のためである。教育者は医者や法律家ほどの専門的権威をもたないが、教師や行政官の多くは自分の学区・学校ではそれなりに専門的知識・技術に依拠する高いレベルの権威を確立している(Wrong, 1976)。最後に、純粋に個人的資質に基づく**カリスマ的権威**を通じて他者の行動に影響を与えることができる者がいる。そのパーソナリティや容姿や振る舞い方の組み合わせが絶妙なために自然発生的に信頼や熱狂を喚起する人の権力は、このカリスマ的権威の働きである。

　説　得　権力の最後の形態は説得である。要求されている行動は望ましい行動であると納得させることによって、他者の行動に影響を与えようとする試みである。説得の第1の形態は**社会化**であり、多くの組織は、新任者に初任者研修への参加を求める。その目的は、新任者を所属する集団の規範に向けて社会化することである(Wrong, 1979)。説得の第2の形は**合理的説得**である。それは、他者にある行動をとるよう納得させるために議論や関連する事実を活用する。第3に、**操縦的説得**が用いられることもある。操縦的説得は表面上、合理的説得に似ている。しかしながら、操縦的説得をする者は、影響を与えようとしている他者に対して、説得する側の本当のねらいや関係する重要な事実を隠す。

②権力の源泉となるリソース

　権力はリソース（資源）に依拠している（Mann, 1992）。それゆえに、権力の基盤を築こうとする者は、権力を行使したいと望んでいるアリーナにふさわしいリソースを貯えることによって権力の基盤を築く。権力のある個人や集団は通常、広範なリソースを統制し、複数のリソースを同時に活用している。

　物的リソース　物的リソースは、ほとんどの権力の行使に不可欠である。最も重要なのが金銭である。金銭に恵まれた者は、それを他のリソースに容易に変換できる（Dahl, 1986; Wrong, 1979）。例えば、キャンペーンのための「軍資金」を持つ学区はプロのキャンペーン・コンサルタントを雇って金銭を知的リソースに変換する。人事権を用いて権力を行使することは、**パトロネイジ**といわれる（Dahl, 1986）。これは、いまだに権力の重要なリソースである。**時間**も物的リソースである（Wrong, 1979）。この点で、働く必要のない人々は有利である。退職した年金受給者、家族や奨学金やローンに支えられている大学生、配偶者に十分な収入のある既婚者などは、しばしば教育政策も含む公共政策に意外なほどの影響力を発揮することがある。

　社会的リソース　社会的リソースを持つことも同時に重要である。物的リソースの不足した人々は、社会的リソースを築き活用することによって、その不足を補うことができる。最も重要な社会的リソースは**数**、すなわち派閥や追随者の数である。数のインパクトは、効果的な組織を編成することにより倍加する。効果的な組織とは、優れた献身的なリーダーがおり、意思決定が円滑に行われ、計画的で整ったコミュニケーション・システムを備えた組織である。その他、社会的な地位や知名度、人間的な魅力、メディアへのアクセスも重要な社会的リソースである。

　知的リソース　情報を収集することで権力を築くことができる。情報には多くの種類があり、関連する法律、人口構成上の特徴、世論の状態、最近の選挙での投票パターンにかかわる事実などがある。**情報を制する者が権力を獲得する**のは、情報を分け与える相手を選んだり、いつ、どのようにそれを

戦略的に使うかを自在に選ぶことができるからである(Wrong, 1979)。

(2) 権力の第2の次元：バイアスの動員

　第2の次元における権力の行使は、それ自体権力の行使と明白にはわからない。つまり、権力が行使されているにもかかわらず、そのことにアクターが少しも気づかない、そうした場合である。この次元での権力の行使は、論争になるような争点をあらかじめコントロールして、ある集団の参加を制限したりするような形で行われる(Bachrach & Baratz, 1962; Bachrach & Botwnick, 1992)。こうした権力の行使が、バイアス(偏向)の動員といわれる次元である。

　歴史的な例を使って、他の次元との違いを明らかにしよう。1890年代、女性やアフリカ系アメリカ人の参政権は制限されていた。女性の参政権についての合衆国憲法の修正は、まだなされていなかった。そのため、連邦議会とほとんどの州議会は合法的権威を用いて、女性に参政権を与える法案をあからさまに否決することができた。女性の政治参加が低調であったのは、第1次元の権力の行使の結果であった。アフリカ系アメリカ人の場合は、これとは事情が異なっていた。彼らには南北戦争の後、合衆国憲法の修正条項により参政権が与えられていた。1890年代に、彼らが棄権する傾向があったのは、権力の第2の次元が作用していたからである。すなわち、アフリカ系アメリカ人の参政権を違法とする法律を制定する——それは違憲だからやりたくてもできない——代わりに、多くの州や自治体は巧妙な障壁を設けてアフリカ系アメリカ人の投票機会を妨害した。例えば、投票人登録を希望する市民は、投票税を払ったり、読み書き能力のテストにパスしなければならないルールをつくった。アフリカ系アメリカ人のかなりの割合が貧しく文盲であったので、これらのルールは白人に対してよりも彼らに大きな影響があった。投票場所が白人の居住区のなかに設置されることもあった。アフリカ系アメリカ人はそこに出かけることは困難であり、あえてそうすれば脅迫されたので、棄権することにしたのであった。このように、法律は公式にアフリ

カ系アメリカ人の選挙権を認めても、他のルールや慣習がその行使を困難なものにした。言い換えれば、彼らの政治参加を妨げる強いバイアスが動員されたのである。

①教育における権力の第2の次元：親の参加

つぎに、教育において、権力の第2の次元がどのように作用するのかについて、見ることにする。親の学校参加をめぐって、バイアスの動員がどう作用しているのか。

組織は、創設者の信念と社会的地位の刻印を帯びている。公立学校も例外ではない。しかも、シャットシュナイダー（Shattschneider, 1960）の指摘するように、「組織はそれ自体がバイアスを動員する」（p.30）。それゆえに、公立学校の組織構造およびそれと関連する伝統、手続き、慣習、「ゲームのルール」は、ある人々の参加を助長する一方で、他の人々の参加を妨げる。

公立学校は、一定の財産を所有する白人だけが完全な市民権を有していた時代に創設され、軍隊や企業などの大規模組織の原理や特性を反映した。ここで導入された要素のすべてが公立学校に作用して、ある社会集団には有利な、他の集団に対して不利なバイアスとして働くことになった。公立学校の組織には、これとは別のバイアスもある。すなわち、公立学校が誕生した1800年代初めには、ほとんどの大人がかろうじて読み書きできる程度であり、教師が地域社会で最も教育程度が高かったので、その創設者は、親や地域住民の幅広い参加のメカニズムを構築する必要性に思い当たらなかった。その結果、公立学校の組織構造は、教育専門家に有利に、他の関係者に不利に、バイアスが働くのである。

ホレス・マンや当時の改革者たちは、故意に、教育専門家の参加を強化し親や住民の参加を制限するように学校をデザインしたわけではなかったが、創設当初の構造や慣例は今日までそのままに維持されている。多くの教師は学校の活動に親が参加しないことに不満を漏らすが、親にしてみれば、学校が参加について発信する曖昧などっちつかずのメッセージにこそ、大いに不

満がある。教師や校長は、親たちにもっと学校に足を運んでほしいというが、彼らの態度や行動はしばしばそれとは裏腹のメッセージを発信しているのである。典型的なアメリカの公立学校では、親の参加を妨げるバイアスがいろいろな形で働いている。教育者はしばしば、親が学校の活動や学校行事に参加することを期待する。実際に学校にやってきた親は、数ブロック離れたところに車を駐車しなければならない。はじめて学校にやってきた親には、入口や校長室はなかなかわかりにくい。やっと校長室を見つけても、どこで待ったらよいのか、適当な場所がない。学級参観をしてもよいというめったにない機会に出かけても、大人サイズの椅子は望むべくもない。PTAや学校協議会がいつ開かれ、議題がどうなっているかを理解するのは親には簡単ではない。役員選出の手続きも不透明である。学校からの連絡は、わかりにくい「教育業界用語(educationese)」に満ち溢れている。ほとんどの教師や校長は、自分の学校が親の参加を妨げるバイアスが働いているとは気づいていない。しかし、多くの親は、これらの障壁を権力の行使として経験し、親の参加を本気で望むなら、教育者の側がそうしたバイアスを排除するべきだと信じている。

②バイアスの動員：人種、ジェンダー、階級

　その他、教育におけるバイアスの動員の具体例として、マイノリティの子どもが学校で経験するバイアス、女性管理職の遭遇するバイアス、学校選択政策におけるバイアスがある。

　バイアスの動員とマイノリティの子ども　デルピット(Delpit, 1988)によれば、公立学校は白人の中産階級の「文化的コード」を反映している。その結果、その社会集団に属する子どもは、教育ゲームのルールをあらかじめ相当に知ったうえで学校生活をスタートできる。彼らは教師の用いる婉曲的な表現を解釈できるし、教師の課すルールも理解できる。しかしながら、他の文化的背景をもつ子どもは、初めから不利である。彼らは学校で、自分たちに

はなじみのない表現形式による読み書きを期待される。教師の婉曲表現——中産階級に典型的である——は、彼らを混乱させる。彼らの自己表現、社会的な相互行為のパターンは、白人の中産階級の生徒とは異なっている。こうしたバイアスの動員は、彼らが授業に効果的に参加するのを妨げ、フラストレーション、疎外、失敗を導くのである。

　学校の管理運営における女性に対するバイアス　アメリカの公立学校は早くから女性に開放され、教職は、女性の社会的役割と調和的に制度化された。女性にとって学級担任教師としての仕事は心地よいものであった。そこにとどまっている限り、組織的バイアスが自分たちに不利に働くのを感じることはなかった。しかしながら、学校の管理運営は伝統的に男性が支配する領域であった。そのルール、慣習、規範は、何世代にもわたって男性によって形成されてきた。それゆえに、管理職になった女性は、すぐに自分たちに不利にバイアスが働くのを感じるようになる。学校の管理運営に際して従わなければならないルール自体が、彼女たちにはまったく未知のもので、自分たちが何をいわれているのかも理解できないと感じる。同僚は、彼女たちのコミュニケーションの試みをしばしば誤解する。例えば、もっと攻撃的であれ、もっと強く自己を主張せよ、もっと積極的に物事に当たれというのが教育長への期待というものである。ところが、そうした期待に女性教育長が真正面から応えようとすると、同僚から非難されるような雰囲気が生まれる。というのは、女性に対する一般的な見方として、教育長への期待とは対極にある受動性というものが厳然としてあるからである。つまり、権力に関する第2次元の議論に即していえば、女性教育長はまさしく、教育長職で成功を収めようとする女性に対するバイアスの動員を経験するということである。

　学校選択制におけるバイアス　学校選択制においても、学校を選ぶプロセスそれ自体に、労働者・下層階級の親に対して相当不利なバイアスが働くことがイギリスにおける調査で明らかになっている。通学可能な学校の範囲に

ついていえば、彼らの居住地や移動手段、勤務時間ゆえに入学を真剣に検討できる学校の数が自ずと制限される。学校の善し悪しをめぐる議論に関しても、これらの親にとっては学校から配布される宣伝資料やテスト結果を解釈するのが困難であるということである。その結果、労働者・下層階級の子どもは、中産階級の子どもよりも「よい」学校に行くことが少ない。こうした事実は、学校の選択に際して親が情報に裏づけられた選択ができるよう支援する方策が不可欠であることを示唆している。

(3) 権力の第3の次元：意識の形成

第3次元の権力に関する議論で、ルークス（Lukes, 1974）は、「究極の権力の行使とは、他者に持ってほしいと思う欲求を思いのままに他者に持たせる──すなわち、思考や欲求をコントロールすることで服従を確保する──ことではないのか？」(p.23) と問う。いくつかの社会制度が、意識の形成において特に重要である。家族が最も重要である。最初に言語を学ぶ場であるからである。言語は意識の主要な形成者であり、人が世界を意味づける際に用いる基本的なカテゴリーを決定する（Cherryholmes, 1988）。家族は信念や価値を植えつけ、そこでの相互行為のパターンが子どもの人格構造を形成する。しかしながら、他の制度も意識を形成する。陰に陽にメッセージの集中砲火を浴びせるマスメディアは、今日ますます重要である（Giroux, 1999）。学校や宗教組織も、人々のものの見方を形成する上で主要な役割を果たしている（Bernstein, 1996; Corson, 1995; Lemke, 1995）。スクールリーダーは、日常的に関係する人々の多くが、意識の形成を通じて大きく権力を与えられたり、逆に大きく権力を奪われたりすることがあることを理解しなければならない。

意識を形成する制度によって大きく権力を与えられる例として、エリート寄宿学校の生徒がいる。彼らは、権力と威信の備わった地位への自然権を特別に与えられているというメッセージの絶え間ない流れの中にいる。すなわち、アメリカのエリート寄宿学校の生徒は自らの重要性を暗示するシンボル

に囲まれているのである。ある学校では、大統領からの賞賛の手紙が常時展示され、ゲスト・スピーカーには政界や芸術界で活躍する人がおり、壁は有名なアーティストのオリジナル絵画で飾られていた。これらのシンボルはすべて、生徒に高い価値が与えられていることを伝えていた。スクールリーダーは、学区外でも活躍を求められる機会が増えることが予想されるため、エリート寄宿学校で教育を受けた人々との出会いがあるはずである。彼らと協働する上で、彼らがどのような社会化を受けてきたのかを念頭に置くことは役立つことであろう。

これと対照的に、意識の形成を通じて、大きく権力を奪われ、無力化された人々がいる。彼らは、低い地位とリーダーとしての立場に不向きであることを伝えるメッセージに囲まれて成長している。その事例が、アパラチア山麓地帯において数世代にわたる搾取を経験した人々である(Gaventa, 1980)。南北戦争のとき、南北両軍によって略奪が繰り返された。その後、木材会社が彼らの土地をだまし取り、さらに、石炭会社が炭坑での過酷な労働を強制し、地域を企業町にして厳しい統制下に置いた。地元自治体は企業寄りの政策をとり、新聞、教会、学校は、一致して現状維持に賛同した。アパラチアの人々は、無抵抗、依存、無関心に沈潜し、将来について宿命論を抱き、公然と自分たちは愚か者であると見なすことで、自らの無力さに適応していた。さらに、彼らは周囲の権力のある人の考えを内面化し、皮肉にも貧困を自らのせいにしていた。

多くのスクールリーダーは、無力化した人々に対応する場に遭遇する。人生に対する彼ら特有の無関心さを経験すると誰でも、その態度に怒りを覚え不満を口にするが、それは犠牲者を非難するに等しい。アパシーや宿命論をより深い問題の兆候と見なすべきである。このような問題に対処する最善の方策は、そうした人々がその企画運営に自ら参加し、自分たちの意思を実質的に反映させられるような施策を創始することである。このような施策を通じて、彼らは自信、スキル、知識を獲得し、自分たちの置かれた状況をよりリアルに認識するようになる(Bachrach, & Botwinick, 1992; Gaventa, 1980)。

2 教育政策アクターの権力とそのリソース

　教育システムにおいて、あるアクターは他のアクターよりも権力を有しているが、すべてのアクターが何らかの権力を有している。図表2-1には、教育におけるアクターが手に入れることのできる権力の類型と最も重要な権力のリソースが示されている。

図表2-1　教育の場における主要なアクターの権力

アクター	権力のタイプ	権力のリソース
政府機関(例えば、議会、教育委員会、教育省)	経済的優越性 　予算の提案 　予算の採択 　課税政策 　補助金の停止 合法的権威 　法律、規則・規程、政策の採択 　判決	金銭へのアクセス 情報の統制 情報 職務上の地位 組織
管理職	経済的優越性 合法的権威	キャリアや勤務条件の統制 情報の統制 情報 職務上の地位 パトロネイジ 社会的視認性
教師	経済的優越性 　労働停止 　労働遅延 　在職権 合法的権威 　学級の統制	教育活動に関する情報の統制 数 組織 職務上の地位
サポートスタッフ	経済的優越性 　労働停止 　労働遅延	数 組織
生徒	強制 　身体的(例えば、破壊をほのめかす、破壊、喧嘩) 　心理的(例えば、ヤジ、言葉での侮辱)	数
親	説得	数 組織
一般住民	経済的優越性(例えば、学校債発行に関する住民投票) 合法的権威(例えば、教育委員選挙の投票)	数 組織

3　いかにして権力を築くのか

　図表2-1によれば、スクールリーダーは経済的優越性と合法的権威の2つのタイプの権力を与えられている。しかしながら、賢明なスクールリーダーは、システムが与えるものにつけ加えるべく努力することにより、権力を築き上げる。その多くは専門的権威を確立すべく努めるが、そのために博士号を取得する者もいれば、最新の研究成果を丹念にフォローする者もいる。意思決定の根拠をはっきり示すことも、専門的権威を確立することにつながる。説得という権力もまた重要である。会議でのプレゼンテーション能力や執筆能力を磨くことは、スクールリーダーの合理的説得力という権力を強める。これ以外の形態の権力を用いたり、他のリソースを活用することもあるが、それらは与えられるものではない。不断の努力によって獲得するものである。実際、政策目標を達成するには、権力を築く努力が必要である。人々はより多くの、さまざまな権力のリソースを獲得することで権力を築いていく。また、新しいタイプの権力リソースへのアクセスを見出すことで権力を得る。スクールリーダーは、教育の世界において権力をどう築いていくのか。

(1)　ドロレス・ヘルナンデス教育長の場合

　ドロレス・ヘルナンデス教育長は広報誌を読んで、憤った。基礎的能力の到達度テストを実施する新たな法案が州議会に上程されていた(ヘルナンデスは知識を収集することによって権力を築いている)。「テスト、テストで、子どもを死に追いやるのというのかしら」と彼女はつぶやいた。州はすでに第1、3、6学年にテストを課していた。

　ドロレスが、学区選出の州議員に電話をすると、議員のスタッフは「議員のメールボックスにメモを残しておきます」と返事してきた(ドロレスは電話で、議員とそのスタッフに、議員が票を失うことになるかもしれないことを伝えてい

第 2 章　権力と教育政策　55

る)。2週間後、ドロレスはロビイストと接触し、また、4人の教育長と教員組合委員長の支持も取りつけた(ドロレスは数によって権力を築いている。この新しい同盟者の何人かは彼女よりもよりよいアクセス資源をもっている)。この数名の人間が州議会のメンバーに手紙や電話をした。ロビイストから電話があり、委員会で法案は否決されたが、来年また同じ法案が提案されるということであった。

　時間的余裕のないドロレスであったが、次の日、指導主事、退職した社会科教師、活動的な親に、法案を阻止するための自分たちの態勢を整えるために組織する委員会の先頭に立つように依頼した。退職教師と専業主婦の親を選んだのは、彼らには時間がたくさんあることを知っていたからである(彼女は自分の数を増やし、時間と知識のリソースを追加した)。

　2つの教員組合、教育長、校長、教育委員会をそれぞれ代表する連合会、PTAの州支部や国際読書協会(IRA)も賛意を示した。これらの組織のいくつかは、基礎的能力の到達度テストの拡大に反対する法案修正を検討しつつあった(数という権力は、効果的な組織によって拡大する。これらの組織は財力、知識、そして運動目標の実現に役立つリソースをもっている)。州PTAはテスト反対のビラを作成した。テストによって引き起こされる子どものストレスに関する研究が引用されていた(知識は獲得され、活用される)。テスト反対のビラは、新たなテストは「税金の無駄使い」と主張した(子ども中心の言説は変わらないが、コストを意識した新しい言説が加えられている。言説の工夫は、議論の説得力を増大させる)。

　しかし、事態の展開は思うようには進まなかった。委員会のメンバーは、活動に費やした時間とエネルギーが無駄になっているとして、議員に手紙を書いて不満をぶちまけた。近隣都市の新聞社の編集者にも手紙を書いた。その手紙は、「議員は、有権者の意見を本当に聞きたいと思っているのか」という書き出しで始まっていた(州政治への効果的な参加を妨げるバイアスが明らかにされ、暴露されている)。その結果、9月に地元の議員が有権者からの電話と手紙に対応する仕組みを改革した。ドロレスはまた、小学校教師の関心を喚起

するために、委員会に小学校の教師を加えるよう積極的に働きかけた。何人かが参加し、自分のリーダーシップの潜在能力に自信をつけ始めた(力のなかった集団が積極的になり、数と知的リソースが増大した)。州議会の次の会期が近づいたとき、無駄なテストへの反対者が法案成立を阻止する手はずを整えたことをドロレスは確信した。

4　権力関係の分析——プリンス・システム

　スクールリーダーの直面する意思決定という場では、教育政策アクターの間の権力関係を分析する必要がよくある。多くのリーダーはこの分析を、ほとんどの場合、直観的に行わなければならないが、複雑な状況では、体系的な枠組みが有用である。そのような枠組みのひとつが権力分析のプリンス・システム(PRINCE system)と称される枠組みであり、図表2-2に具体的な分析事例が示されている。おなじみの政策問題である学校債(school bond)の発行をめぐる分析結果が提示されている。学校債の発行については、学区住民の投票で承認を得ることになっているので、いつ、どんなタイミングで発行の

図表2-2　プリンス・システムによる学校債の発行をめぐる権力関係の分析例

アクター	争点への立場	×	権力	×	優先順位	=	各アクターの支持度
	−3−0−+3		1−3		1−3		
支　持							
教育コミュニティ	+3	×	2	×	3	×	18
市政府	+2	×	3	×	1	×	6
聖職者団体	+3	×	1	×	2	×	6
不動産業者	+1	×	3	×	2	×	6
小　計							+36
不支持							
ブレーク下院議員	−1	×	2	×	1	×	−2
商工会議所	−1	×	3	×	1	×	−3
老人クラブ	−3	×	2	×	3	×	−18
納税反対運動	−3	×	2	×	3	×	−18
小　計							−41

コプリンとオレアリーの分析枠組み(Coplin & O'Leary, 1998)に基づいて作成。

提案をするかは、スクールリーダーにとっては重大な意思決定であり、当該問題に対する各アクターがどんな立場に立ち、どれだけ権力を持っているかといったことをあらかじめ分析する必要がある。

(1) 争点の定義

権力は社会的文脈に依存するので、権力関係を分析する場合、どのような問題をめぐる権力関係なのかを明らかにしなければならない。そこで、分析の第一歩は、争点を定義することであり、できる限り具体的に定義されるべきである。つまり、学校予算を増額するかどうかではなく、体育館建設のために学校債を発行するかどうか、という争点の具体的な定義が不可欠で、それにより、分析されるべき権力関係の社会的文脈がはっきりする。

(2) アクターの確認

争点を定義した後は、その争点に利害を持つ可能性のあるアクターのリストを作成することになる。このアクターのリストには、争点にかかわる合法的権威を有するアクター、決定を阻止するほどの権力を持つアクター、政策変更により影響を受けるアクター、政策変更の実施において協力が不可欠なアクターを含めるべきである。アクターのリストづくりの目的は、全体としての権力分布に関する妥当な構図を構成するアクターの布置連関を見出すことである。

(3) 立場の確認

アクターのリストができたら、争点について各アクターの立場を判断しなければならない。立場は強い反対(−3)から強い支持(+3)までの範囲がある。中立、あるいは未決定の立場は0点である。+3、あるいは−3という得

点は、立場が変化しないアクターに限られる。＋1や＋2、－1や－2は、柔軟な立場を示している。つぎに、これらの得点とアクターを、支持、反対、中立に分類し、見取り図に書き込む。

(4) 権力の評定

つぎに、争点にかかわりをもつ各アクターの権力を見積もらなければならない。権力の類型とリソースについての論議を用いて、分析者は各アクターの権力のレベルを決定し、1(低)から3(高)を割り当てなければならない。これに際して、権力が文脈依存的であることを覚えておくことは不可欠である。例えば、**図表2-2**の例の場合、州議会議員は2点しか与えられていない。彼の地元での影響力は間接的なものであるからである。ここでの争点が、彼が議長をしている州議会内の委員会で検討されている法案であるなら、彼の権力には3点が与えられなければならない。

(5) 優先順位の評定

最後に、各アクターにとって争点の優先順位を査定しなければならない。各アクターは権力のリソースが限られており、それを用いる優先順位もあるから、たとえ立場が明確であっても特定の争点にリソースを活用しないこともある。**図表2-2**では、市政府は学校債の発行に賛成してはいるが、積極的にキャンペーンを行うことはない。

(6) 解　釈

つぎに、各アクターの得点を掛け合わせ、総得点を求める。そして、支持、反対、中立のアクターの得点を合計する。グループ間相互の得点は、「権力のバランスが変化しないとすれば」、最も蓋然性の高い結果を示している。こ

の枠組みによる分析は、望ましくない権力バランスを変更するための戦略を示唆してくれる。起債の支持者は権力バランスを変えるためにやるべきことを認識するはずである。彼らは、自分たちをもっと強く支持するように不動産業者を説得したり、優先順位を変えるように市政府を説得したりすることもできよう。商工会議所を支持に回らせるよう働きかけることもできよう。老人クラブや納税反対運動への働きかけにリソースを費やすことは明らかに無駄である。しかしながら、中立のブレーク下院議員は説得によっては、立場を公にしない可能性がある。これらの戦略のうちいくつかを追求することによって、起債の支持者は、住民投票の結果に影響を与えるに十分なだけ権力のバランスを変更できる。

5　権力をめぐる倫理的課題

（1）　権力の危険性

　「権力は腐敗する傾向があり、絶対的権力は絶対に腐敗する」。アクトン卿は約1世紀前にそう書いている（Tripp, 1970:713）。このような疑念ゆえに、多くの人々が、権力の行使はすべて本質的に非倫理的であるという結論を導いてきた。権力が引き起こすジレンマに対するひとつの答えは、自覚的に権力を行使すること、すなわち、腐敗する可能性やその誘惑への自分自身の弱さを考えながら権力を行使することである。リーダーは決して自分の行動について省察なしに権力を行使する習慣に陥ってはならない。

（2）　手段および目的としての権力

　ロング（Wrong, 1979）は権力が使われる4つの目的を見出し、それぞれの倫理的な意味合いを論じている。

①個人の手段としての権力

　人は、個人的な目標を追求するために権力を行使するかもしれない。それは必ずしも非倫理的ではない。しかし、その誘惑はやがて、個人的な目標のために学区の利益を犠牲にするほど強くなるかもしれない。倫理的に行動するには、教育長は、自分の個人的な目標を追求することが学区の目標をないがしろにして、それから離れることにならないよう、自分の行動を綿密にチェックしなければならない。

②個人の目的としての権力

　人は、ただ、自分が権力を行使したとき経験したことのある尊大な感覚だけのために権力を行使することがある。自己目的としての権力の使用は、常に非倫理的である。

③集団のための手段としての権力

　人は、集団の目標を推進するために権力を行使することがある。集団の目標が倫理にかなっていると仮定すれば、この権力の用い方は濫用の可能性が最も少ない。

④集団の目的としての権力

　集団のリーダーは、集団にとって影響力が大きいことは楽しいという理由だけで集団の権力を増そうと権力を行使するかもしれない。こうした行動は彼らの自尊心をあおる。このような目的での権力の行使は非倫理的である。

6　おわりに

　権力を適切に行使するには、人間としてのかなりの成熟度、自己理解、努力が求められる。しかも、スクールリーダーは、自分が権力という魔力の犠牲になるのを避ける努力をしなければならない。思慮深く、他者への深い尊敬を忘れることなく権力を行使することによってのみ、スクールリーダーは健全で人間味ある組織を築くことができる。

演習問題

1. あなたの教育上の地位に由来する権力のタイプと、活用できる権力のリソースをリストアップしなさい。自分の権力の使い方をもっと効果的にするにはどうすればよいか。自分の権力を行使する際に、どんな倫理的な課題が生ずるだろうか。
2. 州議員の事務所に電話をかけて、情報を求めなさい。その場合、電話番号を探すことから始めて、起こるすべての出来事を記録しなさい。州の教育政策形成への州民の参加を妨げるバイアスを分析しなさい。
3. あなたの学区で、意識の形成というメカニズムを通じて無力化された人々がいることを裏づける証拠があるか。この無力化は学区の教育政策にどのように影響しているか。
4. あなたの学区(または州)の最近の政策上の争点を、プリンス・システムを用いて分析しなさい。権力をあまり持たない利害関係者は、どうすれば自分たちの権力を築くことができるのだろうか。

事例研究

学校における悪魔崇拝と魔術

　ボブ・マシューは、小都市と周辺の田園地帯を含む学区の教育長である。学区は大都市から約50キロのところにあるが、最近では2個所ある新しい分譲地にそれまで大都市に住んでいた多くの人々が住宅を購入して住んでいる。10日位前に、ボブはクライド・ラグルスと名乗る男からの電話を受けた。彼は学区で使用している言語系(language arts)の教材に関心があり、次回の教育委員会会議で発言の機会をくれるようにいってきた。ラグルスは洗練されていないアクセントで文法的にもいくつか誤ってしゃべっていたので、ボブは「ただの無害な変

人」と考えた。ボブは要求通り会議の議題にしたが、彼のことは忘れていた。

　昨夜の教育委員会会議で、ボブは会議室のすべての席が埋まっているのをみて、驚いた。傍聴者の多くが「悪魔からわれわれの子どもを救え」と読める赤、白、青の襟章をつけていた。同じ言葉が書かれた専門家の手になるようなプラカードを両手で差し上げている者もいた。彼が傍聴者をかき分けて通ると、誰かがビラを手に握らせ、カメラマンのフラッシュがたかれた。周囲を見渡すと、傍聴者の中にレポーターが複数いることに気づいた。

　ボブはラグルスの発言を最初の議題にしていたので、ラグルスは宣誓をするとすぐ、マイクに向かって大股に歩いていき、用意していた素晴らしい出来のスピーチを教育委員に向かって読み上げた。その中で彼は、学区が使用している言語系の教材が、悪魔崇拝、魔術、魔法を教えていると主張した。2、3の例を示した後、ラグルスは、「この学区は計画的にわれわれの子どもに悪魔崇拝という異教徒の宗教を教えている。合衆国憲法修正第1条の下では、このような実践は違法である。それゆえに、教育委員会がただちにこの教科書の使用を止めることを要求する」と締めくくった。会議室には拍手が雷鳴のように鳴り響いた。

　そのとき、教育委員のエド・ザブラスキーが「この教材の使用を止めることを提案したい」と発言した。同じく委員のジェイ・ブロックがかなり躊躇した後に動議に賛成すると、傍聴者は再び拍手した。動議は3対2の記名投票で否決された。すると、同じく委員のデイル・アタリ博士が「人事問題を審議するために教育長執務室に場所を移すことを提案したい」とささやくような声でいった。この動議は3対2で採択された。ボブはアタリ博士の動議が合法か違法かは分からなかったが、意に介さなかった。彼と教育委員たちは、「卑怯者！　卑怯者！」という合唱の中を、会議室をあとにした。ボブは、教育長執務室でザ

ブラスキーがラグルスと彼のグループを強く支持していることを知った。他方、ブロックは自分の選挙区から多くの有権者が来ていたので、動議に賛成したのだった。アタリと他2名の委員は、どちらも新しい分譲地の地区から選出されていたが、ラグルスの考えに仰天していた。

　翌朝、ボブは、市長との会合の前に、キワニスクラブの朝食会に出席した。執務室に午前10時に到着したとき、机の上に大量の電話メッセージがあるのを見つけた。その中にはつぎのようなものがあった。

(1)「教員組合の委員長のジェーン・コーエンから電話。複数の英語教師が彼女に接触し、今後の検閲について懸念」(教師の85%が教員組合に加入しており、組合との団体交渉は20年の歴史がある。)
(2)「不動産協会のハロルド・ブロック――『変人ども』がのさばれば、新しい分譲地の住宅販売が振るわなくなると懸念」
(3)「ジャスパー・パワーズ(フォー・スクエア・バイブル教会の牧師)から電話。われわれの学校での悪魔崇拝について懸念」(この教会は800名のメンバーがおり、ほとんどが労働者階級に属する。)
(4)「ジョージ・T・トロットウッド(ファースト・ホーム・フィデリティ銀行頭取)から電話。一体何が起こったのか知りたい。あなた方はコントロールに失敗したのか？」
(5)管内のすべての小学校校長から、生徒の中に言語系の授業を拒む者が出ているという伝言があった。
(6)「ロバート・バックフェルド(ホリー・ライト教会の牧師)、カリキュラムについて論議したいので、会いたい。」(この教会のメンバーは約600名である。)
(7)「タミー・ブリューレ(チャンネル7のニュース・レポーター)、悪魔崇拝についてインタビューをしたい。」

問 題

1. この学区における権力関係を、プリンス・システムを用いて分析しなさい。
2. 明らかに、ボブ・マシューは権力関係の誤った分析に基づいて行動している。彼の分析について述べなさい。彼は、なぜ、こうした誤りを犯したのだろうか。あなたの意見を述べなさい。
3. この学区では、第2、3次元の権力がどのように作動しているか？
4. この対立を建設的に、かつ倫理にかなう形で解決できるように、権力関係を変更するために、ボブ・マシューや教育委員会の多数派が利用できるような方策を考えなさい。

第3章　教育政策とその環境

1　政策環境を分析する意義

　教育政策を含むあらゆる公共政策は、さまざまな社会現象を含み込んだ、特定の社会的状況への対応ということができる。その社会現象とは、経済的諸力、人口動態、信念体系、深く浸透した価値観、政治システムの構造と伝統、社会全体の文化などを含んでいる。これらの現象は、時の経過とともに変化するが、同時にそのほとんどが歴史的な連続性を帯びている。ある特定の時代のある特定の場所がもつ複雑な社会的諸側面、それが政策環境を構成する。

　教育政策を含む公共政策というものは、突然にどこからともなく生じるものでも、人々の不意をついてやってくるものでもない。特定の社会的場の複合的な動態への応答として生まれる。政策上の変化は完全に予測できるものではないが、政策環境を熟知するならば、その変化にはそれほど驚かされることはない。社会的趨勢を幅広く把握しておくことによって、ある一定の変化に備えることができる。

　スクールリーダーは、自らが置かれている社会的文脈やそれがどう変化しつつあるかを注意深く把握しておかなければならない(Bryson & Crosby, 1992)。その理由は、第1に、スクールリーダーはこのような知識を用いることによって、予測可能な政策の変化に対して、筋道を立てて対応する準備が可能にな

るからである。例えば、教育長が景気の後退を察知するならば、税収の落ち込みの結果として、教育委員会や地方議会が金のかかる教育計画に関心を示さなくなることを予測できる。また、教育支出に対するアカウンタビリティ(説明責任)がさらに強く要求されることも予想できる。教育長がこのような動きを把握していれば、変化する経済状況に対応する形で学区の計画を修正できるであろう。

　政策環境を理解しなければならない第2の理由は、政策環境の知識があれば、時間と労力と資源を無駄なく使うことができ、ドン・キホーテが風車小屋を巨人と間違って闘いをしかけたような無用なことを、政策決定の上で避けることができるからである。スクールリーダーの中には、変化しつつある環境を理解していないために、もはや現実的ではなくなった政策を推し進めようとする者がいる。例えば、教師の専門職能開発事業を推進するために州教育省に働きかけてきた指導主事は、景気の後退という経済の動きを見落としてしまうと、戦略を練り直す必要に気づかないまま、事業の要求をそのまま進めてしまうかもしれない。議会が州教育省の予算を削減し、期待していた予算がなくなると、彼は不意をつかれ、議会の行動があまりにも唐突であると思ってしまうであろう。環境変化に応じたプランを立てなかったために、結局、一生懸命に取り組んできた何カ月もの努力を無駄にしたと感じることになるのである。変化する政策環境に敏感になることによって、このような失望を回避できる。

　第3の理由としては、社会的環境と教育政策の関係を理解することによって、スクールリーダーが教育政策のこれからの方向性を把握できることがあげられる。われわれは、特にめまぐるしい変化の時代にあるからこそ、自らの経験を解釈し意味づける必要がある。政策問題を検討するための枠組みを構築しているスクールリーダーは、政策の変化の流れを理解する備えができ、彼らにとって、政策の世界はもはや〈オズの国〉ではなくなるであろう。

　以下、教育政策の環境を構成するものとして、経済的環境と人口動態、政治的環境(政治システムと政治文化)、価値とイデオロギーについて検討する。

2 経済的環境と人口動態

> **中心的な問い**
> ・景気循環とは何か。
> ・景気循環は教育支出にどのような影響を及ぼすのか。
> ・アメリカの人口にどのような変化が見られるか。
> ・その人口動態は教育政策にどのような影響をもたらすのか。

(1) 経済的環境

①経済の重要性

　経済的環境のうちで最も重要な2つの側面は、経済システムの構造と現在の経済動向である。実際、経済こそが唯一の重要な社会的環境の側面であり、その他すべての社会現象は経済により決定されると考える人もいるほどである。本書はこのような極端な立場はとらないが、経済的環境の重要性を前提としている。政策がいかなる理由で打ち出され、その真の目的はいかなるものかを理解しようとする場合、まず社会環境の経済的次元に注目するべきである。経済が公共政策を決定するわけではないが、政策が決定され実施される際の重要な規定要因であるといえる。

　アメリカにおける建国から今日までの経済の歴史的発展を概観すると、教育政策にとって重要な結論がいくつか導き出される。第1に、経済システムはいつも安定しているわけではない。すなわち、短期、中期、長期の周期をもって変化する。第2の結論としては、経済上の変化はある程度予測可能であるが、経済学をもってしても失業の低減、インフレの抑制、景気の維持といった経済的変化を誰もが納得するように説明することは難しい。第3に、経済は政治と密接に関連している。教育政策も含め、公共政策のどの分野を研究する場合でも、経済を無視しえないゆえんである。

②短期の経済変動

　景気循環は資本主義経済の構造上の特徴であり、それはほとんどの経済上の決定が政府によってではなく、民間の企業によって行われるという事実に起因している。景気循環を観察する上で必要なのが、経済指標(indicator)であり、国民総生産(GNP)、消費者物価指数(CPI)の他、(1)家具、自動車、大型家電製品などの耐久消費財の売り上げ、(2)消費者割賦払い融資、(3)設備投資、(4)新築住宅着工件数などがある(Frumkin, 1987, 1994)。

　スクールリーダーは経済が景気循環のどの位置にあるかを把握し、身近な地域の経済状況を把握しておくことが重要である。その情報収集には簡単な方法があり、新聞の経済面、ラジオ、テレビ、インターネットなどである。これらの情報を用いれば、自分の学区のどこに分譲地ができつつあり値段はどのくらいか、週末にはどれだけの買い物客がショッピングセンターに押し寄せるか、企業の倒産や近隣の物件が売りに出される兆候があるかなどを把握できる。経済的環境を分析する場合、メディアと観察によって得た情報を十分に検討するべきである。図表3-1は、経済的環境を分析する際に検討す

図表3-1　経済的環境を分析する

つぎの項目は上昇しているか、下降しているか？
この2年間の実質GNP
失業者
貧困指数
新築住宅の着工
耐久消費財の売り上げ
企業の設備投資
現在のインフレ率は？
地域社会で何が起こっているのか？
新たな企業が進出したか、撤退したか
成長を遂げた企業はあるか
商業施設は繁盛しているか、衰退しているか
新しい住宅が建設されているか
中古住宅の流通は活発か、停滞しているか
レストランや娯楽施設は繁盛しているか

べき項目を示している。

③長期の経済動向

　経済の動向を長期的な時間軸で概観すると、つぎのような傾向が指摘できる。第1の傾向は、1970年代初頭以降、比較的鈍い経済成長が世界経済の特徴となっていることである。第2の傾向は、自動車や機械、鉄鋼や化学など重工業中心の経済発展からサービス産業や情報産業中心の経済発展へと経済の中心が変化してきていることである。このような経済では、少数の高い学歴や技術をもった者が成功する機会に恵まれることが多くなり、特に技術をもたない多数の労働者は不利な立場に立たされるおそれがある。第3の傾向は、グローバリゼーションである。それは、自国の経済が他の国々から独立して発展するのではなく、コンピュータと通信技術の進歩によって情報、資金、データが瞬時に世界中を駆けめぐるようになったために、広い世界規模の経済システムの一部として存在するようになったことを意味する。その結果として、多国籍大企業は、安い労働力、安い税金、規制が緩やかな場所へ工場や事業所を移動させることができるようになり、一国の政府が、その政策を通して自国の経済に影響力をもつことが少なくなりつつある。第4の傾向は、国および個人の負債の増加である。第5に、完全にはコントロールできないインフレーションの傾向が挙げられ、とどまることのない物価上昇が生じている。第6は所得格差の拡大であり、高い学歴を有し高い収入を得る層とそうでない貧困層との二極化が進展している。

(2)　人口動態

①人口動態の重要性

　経済と同様、現状および将来の人口動態の数値は、教育政策を理解しようとする者にとって無視しえないものである。人口動態とは人口の規模、成長（増減）パターン、年齢構成、寿命などの特徴のことである。人口動態は、教

図表3-2　人口動態を分析する

> つぎのどの項目が上昇しているか、下降しているか、安定しているか？
> 　　50歳以上の人口比率
> 　　5歳から18歳までの人口比率
> 　　高所得家庭の比率
> 　　低所得家庭の比率
> 　　マイノリティの人口比率
> 　　白人の人口比率
> 　　英語を母語とする人の人口比率
> 　　総人口
> 都市、都市近郊、農村地域ではどのようなことが生じているか？
> 家族構成や生活様式にどんな変化が生じているのか？

育政策に大きな影響をもつ。第二次世界大戦以降に生じた出生率の上昇により、尋常ならぬ数の子どもたちを教育しなければならないという課題に直面した。利用可能なあらゆる資源が、校舎建設、補助教員の採用、新しい教室の整備に使われた。ところが、学校の在籍者数が減少すると、今後はまた別の課題に取り組まなければならない。社会の高齢化は学校に強い圧力をもたらす。スクールリーダーは、国レベルだけではなく学区レベルの人口動態を把握する必要がある。図表3-2は、政策環境としての人口動態を分析するための質問項目である。

②人口動態の長期的動向

　長期の人口動態上の動向としては、つぎのことがあげられる。①人口の高齢化、②移民の流入や移住の増大による人口構成の変化、③郊外化に伴う人口の過密化と過疎化、④移民の増大と出生率の人種・民族間格差がもたらす多様性の拡大、⑤経済状況や女性の社会進出に伴う家庭生活の変化などである。このように人口動態と生活スタイルの急激な変化により、今日の子どもはスクールリーダーが育った頃とはまったく異なった環境で育っている上に、その環境変化の速度は速い。したがって、政策環境として人口動態をみる場合、スクールリーダーはまさに動く標的を狙うことになる。変化を把握して

いないスクールリーダーの場合、実現の見込みのない時代遅れの働きかけばかりしてしまうという危険を冒すことになる。すぐれたスクールリーダーは、人口動態上の変化が学校や教師・管理職にとって何を意味するのか、また、学区や教育行政官にとって何を意味するのか、そして、こうした動向に対処するにはどのような政策変更が必要であるかということに関心をもち、自問するのである。

(3) 経済的環境と人口動態の教育政策に対する意味合い

①景気循環の意味合い

　景気拡大が進み税収が増加する場合、教育予算に大きな影響をもたらすことは明らかである。それは、例えば、アメリカにおける大規模な教育改革のうち、4つの連邦教育政策（国防教育法、初等中等教育法、全障害児教育法、2000年の目標：アメリカ教育法）とそれぞれの背景となった経済状況の分析から実証されている（Guthrie & Koppich, 1987）。この実証的研究では、4つの改革すべてに共通する要因を調べたが、すべてに共通する要因は2つのみで、ひとつはスプートニク・ショック*や連邦教育省の報告書『危機に立つ国家』の公表といった、社会に大きな衝撃を与える出来事であり、もうひとつは、好景気であった。

　好調な経済によって必ず教育改革がもたらされるとは限らないが、少なくとも、大規模な教育改革が行われる時期は、経済が好調であるという関連性が見られる。それゆえ、スクールリーダーは経済動向を見極めつつ行動するとともに、その先を見通して主体的に行動する必要がある。すなわち、連邦、州、地方の経済が急激に活況を呈したときには、スクールリーダーは、教育政策における大がかりな改革の提案がなされることを予期しなければならない。このような時期には、ワシントンでは何が起こっているのか、主要なシンクタンクでは何が話題となっているのか、専門誌では何が議論されているのかといった事柄について、情報収集することが特に肝要である。とはいえ、

2　経済的環境と人口動態

スクールリーダーは新しい政策提言がなされるのを見守るだけの受動的な姿勢ではいけない。教育政策の変更を考えているスクールリーダーは、比較的経済が停滞しているときに、政策変更への準備に取り組むべきであって、来るべき時に向けて動き始めるタイミングを見極め、政策変更の提言をよりスムーズにする土台づくりも必要である。重要なのは、景気循環のタイミングを把握することであり、正しく把握すれば、政策変更のチャンスを手にすることができ、さらに、それをいち早く実施するために十分な予算を獲得することができるであろう。

②長期的動向のもつ意味合い

　経済状態および人口動態のもたらす社会的動向は、1980年代初めからアメリカの教育政策に相当な影響を与えてきている。人口動態に関する統計は、アメリカの公立学校が困難な課題に直面していることを示唆している。それは、貧困およびそれに付随する栄養失調、不適切な健康管理、ストレスなどの問題、学校における文化や言語の多様性の拡大、学校内秩序の悪化などである。これらの問題の解決には、ますます多くの財源が必要である。ところが、経済状況を検討すると、経済は低成長であり、増税は難しい。多くの州で歳出を制限しており、今後は、学校への予算増加は難しい状況が続き、むしろ今日の予算レベルを維持することさえ困難であることが予想される。また、人口動態を見ると、高齢化や晩婚化、少子化により、子どものいない家庭が増加している。このことは教育税への批判的勢力を強める原因となり、教育予算の確保に困難な状況をもたらしている。

　このような経済的、人口動態的動向のもつ意味合いに対して、2つの政策的対応が見られる。ひとつは、予算の増加よりも教育実践をより効果的なものにし、費用対効果を高める方策である。これは、学校に投入される予算等の資源と子どもの学力向上という教育効果の間に一貫した関連がないことを実証した諸研究に依拠しつつ、教育の改善を推進するには、予算増加ではなく、教育実践の改善を刺激し促進する誘因の仕組みを構築すべきであると

いう立場である。卒業要件の引き上げや州統一テスト、メリット・ペイ（成果主義による能率給）、キャリア・ラダー（教職の構造分化による職階制）、学校・学区の成績通知表（report card）の作成などは、こうした方策の例である。近年は、教育改善を刺激する力を競争に求め、学校を競争的環境に投げ込むことで教育改善への意欲を引き出そうとする施策も加わっている。マグネットスクール*、学区を越えた学校の自由選択、ヴァウチャー制などの学校選択政策がこれに相当する。

2つ目の方策は、一定の使途を条件とする学校への資金投入を増やして、より高い効果をめざす考え方である。この立場は、今日の教育の生産性は低すぎると見なし、すべての子どもがクリアすべき高いレベルの最低基準を設定し、これを達成するために必要な予算レベルの確保とカリキュラム改革の双方を提案するものである。具体的には、①スタンダードに基づく教育*、②オーセンティック・アセスメントと呼ばれる新しい教育評価*、③学校での教育サービスと医療・福祉サービスの統合、④高次の思考力を育成するカリキュラム、⑤新しいカリキュラムや教授法を実践する上に必要な教師の専門職能開発といった方策である。落ちこぼれをつくらない初等中等教育法（NCLB）もまた、こうした方策の格好の事例である。

③教育政策の奥を読む

多くのスクールリーダーが感じているように、経済や人口動態にかかわる諸問題の多くは、政治が絡んでいる。その結果、政策決定者は、これらの問題に関する政策決定の根拠を完璧な形で明確にするとは限らない。例えば、教師の給与の削減を公然と主張することは、ほとんどの州で、政治的自殺行為に等しいので、それはしない。しかしながら、州議会は事務職員の増員という支援を認めないことで、結果的に教師の労働時間を増加させ単位時間の賃金を引き下げるようなことをひそかに行うこともある。実際、1980年代の州統一テスト時に、このことが行われている。同様に、子どもを持つ親は、通学費用の負担増の提案に対して怒りをあらわにしたが、これは、学校選択

図表3-3 教育政策の奥を読むための10の問い

その政策の財政的な意味合いは何か。
その政策は、他の政策と比べて、コストは高いのか、低いのか、それとも、同じ程度なのか。
その政策によって誰かが財政上有利（または不利）になるのか、それは誰か。
その政策は、財源や資材や時間といったコストの負担を政府から親や教師に移転するのか。
その政策は、政策提案者の意図しない形で、経費削減に活用できるか。
その政策は、富裕層、中流層、貧困層それぞれにどのような影響をもたらすのか。
その政策は、多様性の拡大につながるのか、多様性を縮小させるのか（人種、宗教、言語、社会階層の多様化などについて考えよ）。
その政策は、家族を支援するものか。それは、どの程度支援するか。支援しないとすれば、それはなぜか。

制という政策の隠れた影響のひとつであった。図表3-3は、実際の、もしくは提案された教育政策の奥にある隠れた意味合いを探るための問いである。

（4） 学校に対して新たな投資拡大をしてはどうか

現在の経済動向や人口動態の状況に対する政策的応答として、理論的に可能な第3の方策がある。それは、前例のない課題に直面している学校を支援するために新たな大規模投資を行うというものである。ところが、アメリカの政策リーダーの誰一人として、この選択肢を提唱するものはいない。現在の経済的・人口動態的状況を前提とするならば、この選択肢は問題外であると、多くの政策決定者が論じているのである。しかしながら、世界に目を向けると、学校に対する大規模投資に慎重であることは、正しい政策判断とは必ずしもいえない。例えば、フランスは、アメリカ以上に高齢化が進行しており、近年、第三世界からの移民を大量に受け入れ、貧困層の人口比率がかなり高くなっており、アメリカ以上に激しい納税への抵抗があり、しかも、1973年以来、不況という厳しい経済的問題を抱えている。そうした中で、1985年、フランス政府は中等教育に対して2000年まで継続して大量の資金投入を行うという政策を採択した。そして、それは、今日でも進行中である。この政策は政権交代にもかかわらず歴代政権によって推進されており、国民

各層の幅広い支持を得ている。この政策導入の結果、1985年から1989年までの間、フランスにおける高校在籍者数は、毎年7.4％ずつ伸びている（Husen, Tuijnman, & Halls, 1992）。

このフランスの事例は、経済や人口動態の動向だけが教育政策を決定するものでないことをはっきりと証明している。つまり、こうした動向は、それ自体で教育政策に対する意味合いがあるのではなく、文化によって規定された信念体系や価値観によって解釈されることにより、その教育政策的意味合いが明らかにされ、一定の政策的対応が引き出されなければならないのである。さらに、教育政策は、政治システムの中で立案され、決定され、実施されるのであり、政策環境の政治的側面もまた、教育政策に影響する。つぎに、この問題を検討する。

演習問題

1. 新聞記事を使って、経済の健全度を測る指標を見つけなさい。それらの指標のデータが教育政策に対してもつ意味合いは何か。
2. 図表3-3の問いを使って、インクルージョン、学校に基礎を置く経営、ヴァウチャー制といった教育政策の背後にある、表立って語られていない政策意図として何があるかを明らかにしなさい。

3　政治システムと政治文化

> **中心的な問い**
> ・アメリカの政治システムの特徴はどんな点にあるか。
> ・スクールリーダーがこのシステムの中で効果的なリーダーシップを発揮するにはどうすればよいか。
> ・政治文化とは何か。
> ・スクールリーダーが地域の政治文化を考慮に入れて行動すべきなのは、なぜか。

(1) 目につきにくいものの重要性

　教育政策環境としての政治システムや政治文化は、経済的条件や人口動態に比して、目につきにくいもの(the less obvious)である。合衆国には独得の政治システムがある。それは、権力分立のシステムである。スクールリーダーは、その政治システムのなかで賢明に行動するために、このシステムの長所と短所を理解する必要がある。もっと目につきにくいものとして、政治文化がある。アメリカには、個人主義、道徳主義、伝統主義という3つ基本的な政治文化がある。50州の公式の政治システムは形式的には似ているが、その作用の実際は、それぞれの政治文化ゆえに異なっている。

(2) アメリカの政治システム

①連邦制

　アメリカの政治システムの基本的特徴は、連邦制である。連邦制とは、複数の政府が主権を分有するシステムであり、連邦政府は、州政府がその主権の範囲内で活動する限り、その権限を覆すことはできないし、州政府を廃止することもできない。

連邦政府と州政府の関係は、建国当初、連合規約(Articles of Confederation)＊の下、緩やかな連邦制というべき関係であった。しかし、数年後に現在の憲法が批准され、より強力な連邦政府が樹立された。また、南部の諸州が連盟を脱退して起こった南北戦争での北軍の勝利によって、州の自治権を大きく認める解釈が信頼性を失い、連邦政府の権限が次第に強められることになった。

連邦政府の権限は大恐慌や第二次世界大戦により、さらに拡大した。大恐慌によって生じた経済問題は、州政府や地方政府の手に負える問題ではなく、連邦政府が経済・労働政策上のより強力な役割を引き受けることとなった。この傾向は、第二次世界大戦により加速され、連邦政府は、公民権と都市政策の領域で主導権を握った。しかし、その潮流はニクソン政権の誕生から逆転し始め、州の権限が強まった。その後、1980年のレーガン政権の成立により、州と連邦の関係はまた変化し始めている。

1982年、レーガン政権は、新しい連邦制を提唱し、いくつかの政策領域で州にさらに大きな権限を与えた。教育は州政府の権限に属するため、この新しい連邦制は教育政策に多大な衝撃を与えた。連邦補助金の使用について州に大きな裁量権が移譲されたが、これには、連邦補助金の削減が伴っていた。連邦政府による公立学校の財政負担率は、1978年の8.1％から6％へと減少した。レーガンは、37の施策・事業を「初等中等教育」というタイトルの一括補助金に統合し、補助金行政を合理化するとともに、補助金支出のための連邦政府のガイドラインを緩和し、いくつかの新たな領域で教育政策の方向を独自に決定できるよう、州政府の権限を強化した(Kaplan & O'Brien, 1991)。

このような新しい連邦制に加えて、1960年代半ばから推進された、州政府の政治的リーダーシップ能力を強化する改革が重要である。全米知事会(NGA)や全米州議員協議会(NCSL)等の政府間関係ロビー集団＊の成長も、州政府の専門的能力の強化の牽引役となった。これらの変化の結果、州のリーダーは1983年に始まった全国的な教育改革運動の先頭に立ち、卒業要件の引き上げ、州統一テスト、キャリア・ラダー制、学校選択制といった政策を

推進した(Bowman & Kearney, 1986; Nathan, 1993)。

　州は歴史的に、教育政策にかかわる権限の大部分を学区に委任してきた。しかし、1970年代の経済不況以降、地方政府が全般的に危機的状況に陥ったことを背景に、この伝統的な権限配分が変容してきている。学区、特に都市部の学区の中には、財政破綻したものもある。州政府は、問題を抱える学区の管理運営を引き継いだり、緊急の貸付ローンを提供したり、コンサルタントを派遣して問題解決のための支援を行ったりしている。その結果、州政府は、学区の教育方針や教育活動のモニターに、これまで以上に積極的な役割を果たしつつある(Bowman & Kearney, 1986; Mazzoni, 1995)。

②権力の分立

　アメリカの政府機構のもうひとつの重要な特徴は、権力分立の構造である。行政、立法、司法の諸機能が憲法の上で別々の政府機関に委任され、各部門がお互いを牽制し合うシステムである。各州も、政府の諸機能を3つの部門に分割している。このパターンは、地方レベルでもある程度引き継がれている。例えば、市議会と市長との関係や教育委員会と教育長との関係も権力分立の一種である。しかしながら、そのシステムの下で仕事をするリーダーは、権力分立というシステムのなかで連携を築くにはどうすればよいかという問題を抱え込むこととなる(Cohen & Spillane, 1993)。

③行政機構の断片化

　アメリカの行政は、行政機構の断片化により複雑な様相を呈している。その第1の側面は地方政府の細分化であり、それぞれの地方政府は州法により創設され、その権限と責任は憲章や特別法により個別に規定されている。学区は、公園区、上水道区と同様、「特別区」であり、大部分は公選の「教育委員会」によって運営されている。スクールリーダーは、州や連邦レベルの政府のさまざまな部門とかかわらざるをえない。

　学区と地方政府の関係は、独立型か非独立型(財政依存型)のどちらかであ

る。学区の92％は独立型である。独立型の学区は、他の地方政府との関係において、財政的独立も含めて完全に自律的であり、州法によって規定された一定の枠内で教育税を徴収する権限をもち、独自の予算編成を行う。しかし、財政的独立には、地方レベルで当然期待できる協力者を欠くという短所がある。独立型学区のスクールリーダーは、他の政府の諸機関との建設的な関係を築くことに熱心にならなければならない。8％の学区が非独立型であるが、最大規模の学区の多くがこのタイプに含まれ、8％という数字以上にその存在は重要である。非独立型は、市もしくは郡によって運営されている教育行政機関であり、南部で一般的である。非独立型の学区教育委員会には、教育税を上げたり予算を承認したりする権限はない。この形態には短所もあるが、学区は地方政府の中に協力者を得ることができるという利点を持っている(Bowman & Kearney, 1986)。

　行政機構の断片化の第2の側面は、公式もしくは準公式の委員会や機関の間に責任が分割されていることである。教育行政におけるこうした構造分化は、特定の政策領域(例えば、障害児教育や補償教育プログラムなど)をめぐって形成される。また、多くの国では教育省が担当する教育政策のいくつかの領域が、アメリカでは、民間の機関に委ねられている。この領域の最も重要なものは、学校・学区の資格認証などの評価にかかわるものである(Fuhrman, 1993; Iannacone & Lutz, 1995)。

④焦点としての選挙

　アメリカの政治システムのもうひとつのユニークな特徴が「恒常的な選挙運動」という現象である。それは、構造上の2つの要因によって生じている。ひとつ目は、アメリカの選挙は法律により一定の期間ごとに行われることである。もうひとつの要因は、任期の短かさである。連邦下院議員と州の下院議員は2年の任期であり、文字通り議員たちは当選ための運動を絶えずしなければならない。これに比べると、通常4年の任期の知事と6年の任期の上院議員は選挙のプレッシャーは比較的小さいといえるし、裁判官は、任期が

長く不定期の目立たない選挙で選ばれるため、選挙のプレッシャーを感じることはない(Coulter, 1991; Fuhrman, 1993)。

⑤違憲立法審査権

アメリカの政治システムの最後の特徴は、裁判所が違憲立法審査権を有していることであり、アメリカの裁判所は政策形成過程において、大きな影響力をもっている。事実、連邦最高裁判所は政治的に世界一強力な裁判所と呼ばれている。50州の裁判所の権限も軽視できない。州裁判所は、州の財政システムが違憲であると判断してきた経緯があり、教育財政政策で特に重要な役割を果たしてきた(Baum, 1993)。

(3) スクールリーダーに対する政治システムの意味合い

①行政機関間の競合

アメリカの政治システムでは、政府のさまざまな部門の間で、ある種の市場的状況が生ずる。3層の行政レベル(連邦、州、地方)の間、行政、立法、司法の部門の間、多くの地方政府の間、そして準独立行政機関の間で、競合が起こっている。この競合は、主としてリソースと権限をめぐって起こる。リソースをめぐる競合は予算案の気前のよい査定や補助金、増税への承認などの金銭にかかわるものであったり、あるいは立地のよい事務所や優れた人材であったりと、さまざまな形態をとる。権限の競合は、特定の政策領域の管轄権や委員会への代表権などをめぐって生ずる。

スクールリーダーは、実際のあるいは潜在的な競争相手を正確に見極めることが求められる。自分の学区が予算の増額や補助金申請を希望したときに、公然とまたは密かに反対するであろう行政機関や行政官を特定し観察しておくこと、そのために、地元の協力者のネットワークを構築しておくことが重要である。

②拒否権の多元性

　アメリカの政治システムの複雑で重層化した構造は、政策提案が棚上げされたり、握りつぶされたりする多数の場を生み出す。政策提案が議会の委員会を通過するのに何回も繰り返し提出しなければならないことは珍しくなく、実際に議会に提出された大多数の法案は、法律にならないばかりか、多くは通過を義務づけられている委員会で消滅し、両院で採決を受けることすらない。政策提案に対する議会外での利益団体、政策実施機関、教員団体等による強い反対は、議会内の委員会と同程度に審議過程を遅滞させることがある。

　その結果、スクールリーダーは、自分たちの考えを支持する広範な戦略的基盤を粘り強く構築しなければならない。政策決定者に対する啓蒙と説得が不可欠であり、鍵となる政策アクターの支持を獲得することも必要であり、他の利害関係者との交渉もしなくてはならない。つまり、政策変更は、忍耐強い長期間の努力と幅広い支持層との連携の結果として生ずる (Ohio State University, 1991)。

③選挙と政策問題とのタイミング

　政策は、タイミングが鍵となる。選挙のサイクルはタイミングの重要な側面である。スクールリーダーは、自分たちに影響を与える、連邦、州、地方レベルの選挙の日程を正確に知っている必要があるし、公職者の選挙上の位置(在職期間、所属政党、最近の選挙での得票率、次期選挙に立候補する確率、残りの任期等)を知っておく必要もある。

　例えば、政治家は選挙が近いほど増税を要請する政策変更は支持しないが、反対に、選挙直後はスクールリーダーにとって、そうした政策提唱の好機である。選挙直前には、議論を二分する政策問題の支持を躊躇することが多い。そうした争点に強い態度をとる政治家の多くは、在職期間が長く、選挙での得票率が高く、近々選挙の予定のない人物である。さらに、選挙の直前には、新たな改革のための政策が受け入れられやすい。スクールリーダーは、選挙の相当以前に、教育政策の変更をアピールし始めるべきである。

政党は、スクールリーダーが政策活動のタイミングを図る際に考慮すべき他の要素である。民主党が多数を占める議会は、公教育に対する支出の増加を支援する傾向にあるため、スクールリーダーは、教育費を増やす政策変更の好機と見なすべきである。一方、共和党は経営（者）側に対して好意的である。スクールリーダーは、共和党が議会の多数派を占めるとき、団体交渉法の改正など、自分たちの権限を強める政策変更の好機と見なすべきである（Kingdon, 1995）。

④ネットワークと連携の構築

教育行政の断片化という状況下で、政策領域への効果的な影響力を行使するには、ネットワークと連携の構築が不可欠である。この課題に対応する上で、フォーラムとアリーナの概念が役に立つ。フォーラムとは、構想が提示され、議論され、討論される場である。政策上の争点を定義することは、シンクタンク、学術誌、専門職団体等の広範囲なフォーラムにおいて行われている。フォーラムに参加しない人々は、政策過程の重要な段階から排除されることになる。アリーナとは、政策に関するさまざまな決定がなされる場である。具体的には、州議会、教育委員会、企業の取締役会等である。アリーナにおいて決定を行う人々は、さまざまなフォーラムにも参加しており、フォーラムとアリーナは互いに接続している（Bryson & Crosby, 1992）。

教育行政が50州の1万5000もの学区でそれぞれに取り組まれているという現実は、スクールリーダーが他の専門家と関係を構築し維持する方途を工夫しなければならないことを意味する。スクールリーダーは、教育問題が議論できるフォーラムを見つけ（時には自ら創設し）なければならない。州や地方レベルでは、専門職団体がフォーラムを提供している。

しかし、教育者が参加できるフォーラムは、地方レベルに存在しないことが多い。そのため、スクールリーダーは政策論議を効果的にすすめるには、フォーラムを創設する必要がある。それは、校長仲間の昼食会やゴルフ大会のようなインフォーマルなものもあれば、公式の連絡協議会、円卓会議、タ

スクフォースの場合もある。また、教育長によって創設された非公式のフォーラムが、教育財政問題を議論する州規模のフォーラムに発展している州があり、別の州では、教育財政システムの違憲性の異議申し立てを提起する、顧問弁護士を擁する組織へと発展している。

　地方政府機関同士の関係は、競争的になる傾向がある。その結果、政府機関の施策が重複し、貴重な資源を浪費することになる。連邦・州政府は10年以上前から、学区を含めた地方政府機関相互の協力を推奨してきており、こうした圧力と資源不足が続けば、関係者は競争よりも協力が必要であることを理解するであろう。しかし、協力を開始し継続することは、地方レベルに適切なフォーラムとアリーナがないために、困難となっている。この問題は、政府機関の代表者が相互交流できるようなフォーラムを創設することにより解決可能である。ネットワークと連携の構築は、こうしたフォーラムを通じたコミュニケーションと相互交流によって促進されることになろう(Garvin & Young, 1994)。

(4) 政治文化

①政治文化とは何か

　政治文化とは、政治についての集合的な思考様式のことで、政治過程やその正しい目的や、政治家にふさわしい行動についての信念を含む(Deal & Kennedy, 1982)。2つのグループの人々が、同じ政治システムを有していても、政治文化が異なれば、同一の機構の下でまったく異なった形で政治というゲームを演じるであろう。アメリカには、伝統主義、道徳主義、個人主義という3つの基本的政治文化がある。各文化は、それぞれ一定の地域と結びついているが、どれも連邦政治において重要である。また、いくつかの州のスクールリーダーにとっては、政治的対立の多くが、州内の異なった政治文化を有する地域同士の対決であるとの理解が必要である(Elazar, 1994)。

②伝統主義的政治文化

　伝統主義的政治文化は、南部諸州で支配的である。この政治文化の第1の特徴は、市場や政府規制のない企業活動というものへのアンビバレントな（愛憎相半ばする）態度である。第2の特徴は、確固たる基盤を持ったエリートが政治的リーダーシップを発揮すべきだという信念である。このエリートは、地域の名士であったり、教養人グループであったり、さまざまである。この政治文化における最も重要な政治目的は、既存の秩序の維持であり、環境の変化のためにその秩序を変えなければならないときは、混乱を最小限にとどめながら変えることになる。

　伝統主義的政治文化において、政府は、その活動が現状維持に限定される限りにおいて、積極的な役割を担うものと見なされる。政治参加は、エリート集団とエリートから参加を呼びかけられた人に限られた特権と考えられている。政党や政治イデオロギーは重要ではなく、政治的問題は、一党体制の下、その政党内の派閥の間で争われる。他方、血縁関係や社会的人脈、個人的なつながりはかなり重要である。伝統主義の政治文化では、時として、腐敗したエリートによる支配が問題になる。

　伝統主義的政治文化は、アメリカの政治にいくつかの強みをもたらしている。市場への懐疑心は政府規制のない企業活動への抑制機能を果たし、連続性を保持することへの関心からは、変化と秩序との間の適度なバランス感覚が生まれる。さらに、エリート中心の政治システムは時として、血縁関係やその他の社会的紐帯に根ざしているため選挙に強く、国民の不評を買う立場でもあえてとることのできる勇気あるすぐれたリーダーを輩出することがある。反対に、弱点として、変化への抵抗、特に、人種（差別）主義を恒久化する主な要因となっていることがある。また、そのエリート主義のために、広範な政治参加が阻害されている（Elazar, 1994）。

③道徳主義的政治文化

　道徳主義的政治文化は、ニューイングランド地方や、ミネソタ州やウィス

コンシン州のような中西部で支配的である。この文化において、政治とは、公共善(public good)に関する何らかの観念を軸にし、公共の利益の実現のために捧げられる公的活動である。政府は、あらゆる人々の生活を改善する重要な手段として肯定的に評価され、公平な政策を推進すると信じられているために、積極的な役割を期待されている。清廉潔白な政府が重視され、政治的腐敗は国民の信頼に対する重大な裏切りだと見なされる。また、政治参加は可能な限り広範なものであるべきだとされる。タウンミーティングは、このような政治参加制度の典型である。

　しかし、道徳主義的政治文化に属する人たちは、他の政治文化に属する人からみると、あまりに理想に走りすぎ、政治の現実とかけ離れている。事実、彼らは自らの信念に凝り固まり、狂信的行為に走ることがある(Elazar, 1994)。

④個人主義的政治文化

　個人主義的政治文化は、ペンシルバニア州やニュージャージー州等の大西洋岸に面する中部諸州で発展し西部へと拡大した。この文化では、政治とは、ある種の市場と理解され、政府は功利的(第一義的には経済的)目的に奉仕するべきとされている。企業や家庭、教会といった私事的領域への政府の介入は最小限度にとどめ、経済活動を効率的に維持するための必要な枠組みを提供することが期待されている。ビジネス流儀の政府が強調され、非イデオロギー的政治が志向される。政治はビジネスだと見なされ、個人は、自らが社会的・経済的に恵まれた立場を獲得するために政治に参加する。政治過程は、参加者が互いに義務を果たし合う、互恵に基づいている。この文化の下で、政治は、最もよい時には、スムーズで、効率的に、あたかもビジネスのように機能するが、他の2つの文化よりも、政治腐敗に陥りやすい。

⑤政治文化と教育政策

　1980年代後半、マーシャルら(Marshall, Mitchell, & Wirt, 1989)は、3つの政治文化がそれぞれ支配的な州を2州ずつ選び、州レベルにおける政策決定者と

教育政策双方への政治文化の影響を研究した(また、第4章の111頁以下参照)。その研究成果は、次の2点に集約できる。第1に、州レベルの政策形成においては、連邦政策の力強い動きはその州の政治文化の重要さをも圧倒しうる。例えば、学校人種隔離の撤廃、補償教育やバイリンガル教育、障害児教育等の政策領域では連邦の動向が大きな影響を与えており、各州の政治文化は関係ない。

　第2に、連邦の動きがない政策領域では、政治文化に関連した政策上の差異が現れる。例えば、伝統主義的文化をもつ州では、学力テストや生徒指導の強化、教育専門職の権限の弱体化といった改革が検討されている。これは、エリートの力を維持し、現状維持を図ろうとする伝統主義者の要求と一貫している。対照的に、道徳主義的文化を持つ州では、特別なニーズをもつ子どものための予算の獲得、学校の施設・設備を改善するための長期計画の策定、州教育省の強化といった政策に関心がある。これは、道徳主義者の、公共善に対する関心と政府がその実現に積極的な役割を果たすことへの信頼の両方を反映している。個人主義的文化をもつ州は、学校の施設・設備の改善については漸進的なアプローチを好み、費用の節約という論拠でもって政策変更を推進する。これは、政治は市場であるという彼らの認識と一貫している。このように、政治文化は州レベルでの教育政策形成においては重要な要因であるが、その重要性は連邦の推進する教育政策上の課題によって限定され、制約される。

(5) スクールリーダーに対する政治文化の意味合い

①政治文化を識別するための示唆

　スクールリーダーは、自分の働いている学区の政治文化について理解する必要がある。各州には支配的な政治文化があるが、実際には、それと並んで、他の政治文化の要素も存在していることが多い。イリノイ州では、個人主義が支配的であるが、ウィスコンシン州との州境では道徳主義、最南端の地域

住民は伝統主義の傾向がある。人々の流動性が高い大都市では、政治文化の混合体がしばしば見出される。さらに、高学歴者は、道徳主義的な政治文化の価値を受け入れる傾向がある。すなわち、スクールリーダーは、政治文化に特定のレッテルを貼る前に、自分の周りで展開されている政治行動を慎重に観察する必要がある。そうすれば、複数の政治文化が学区に存在していることを見出し、それに基づいて、個人や集団の態度や行動を識別することができる。

②伝統主義的政治文化におけるリーダーシップ

　伝統主義的政治文化においては、まず、地元のエリート層のメンバーを識別することが必要である。地元のエリートは、教育問題に関して公然と活動しないこともあるが、それは教育問題に関心の高い活動的な友人がいるからである。つぎに、エリート層との個人的接触や社会的なつながりがスクールリーダーとしての有効性の基盤であることを認識しなくてはならない。伝統主義の政治文化での成功は、地元のエリート層の支持を獲得し保持することにかかっているからである。スクールリーダーはエリートが予想しないような不意打ち的な政策提案を行うべきではなく、対話、ニュースレター、社会的ネットワークを用いて、政策提案の準備を行うべきである。最後に、スクールリーダーは、学区の教育伝統を重視し、改革を試みる場合でも、過去の成功した改革や伝統に関連づけて提起するべきである。

③道徳主義的政治文化におけるリーダーシップ

　道徳主義的政治文化においては、教育は公共善を実現するための道具であるとされているため、スクールリーダーが教育への支持を取りつけることは比較的容易である。スクールリーダーの主要な課題は、教育政策とその実施に際して、親のみならず地域住民の参加する機会を数多く設定することである。市民諮問委員会、タスクフォース、タウンミーティングは、この政治文化においてよく見られるものである。スクールリーダーは、パンフレットの

配付、年次報告書の作成を活用して、市民とのコミュニケーション回路を開き、維持する必要がある。また、情報公開に力を入れ、委員会審議の内容や予算を公表すべきであり、学校の現状や課題等について、十分に広報を行い、公開の場で討論するべきである。秘密裏に意思決定を行うような支配的な集団の出現、情実人事やスキャンダルは、避けなくてはならない。最後に、スクールリーダー自身が自らの教育の原則と理想を明示することによって自分がどんなリーダーであるかを周囲に対して認知させるべきである。すなわち、この政治文化にいるスクールリーダーは、自分の考えを事実と数字で根拠づけるとともに、原理・原則に基づいた理論により自分の考えを裏づけるべきである。

④個人主義的政治文化におけるリーダーシップ

　個人主義の政治文化が支配的な学区のスクールリーダーは、この政治文化に属する人々が、実利志向で経済効率を重視する態度志向を持っていることに注意する必要がある。スクールリーダーは、円滑で、効率的で、企業体のような経営管理を求められる。スクールリーダーにとって、地域の実業家や商工会議所等の経済団体との緊密な関係を築くことが望ましいことであり、学校と企業のパートナーシップの構築も重要である。教育の長期計画を策定する場合、改革の根拠に経済的な立論を含み、例えば、地域の経済や労働市場のニーズを考慮するとともに、その潜在的な財政コストの見込みを立てることが不可欠である。また、スクールリーダーは、この政治文化では政治が「汚れた（ダーティー）」ビジネスと考えられていることを忘れず、政治的人物との交渉など政治的活動に携わるときには目立たない控え目な姿勢を保持するべきであるし、政治家との交渉も相互の義務や恩恵の交換を基礎として行われるべきことを理解する必要がある。さらに、個人主義の政治文化が最も腐敗しやすいことも心に留めておき、必要があれば、「政治と教育は相容れないものである」ことを根拠にして、地域政治から一定の距離を保持することも賢明である。

（6） おわりに

　スクールリーダーが有能なリーダーであるためには、政治システムと政治文化を十分に理解しなければならない。それらは複合的な性質を持つので、うっかりすると、たちまち落とし穴にはまってしまう。そうではあっても、的確に理解すれば、さまざまなチャンスが与えられる。したがって、スクールリーダーは、政治システムや政治文化と闘うというよりも、折り合いをつける努力をしていくべきである。

演習問題

1. 教育政策に関する学区権限の縮小と州権限の拡大に関して、あなたの州では、それを裏づけるどのような事実をあげることができますか。
2. あなたの学区にとって有益と思われる政策変更を明らかにし、その政策変更で必要と思われる費用を見積もりなさい。
　　つぎに、この政策変更を引き起こそうと試みるときに、サポート役として役立つと思われる、州と学区のすべての政府機関や部局や事業のリストを作成しなさい。

4　価値とイデオロギー

> **中心的な問い**
> ・いかなる価値が教育政策を方向づけているか。
> ・そうした価値はアメリカの主要な政治的イデオロギーとどう関連しているのか。
> ・スクールリーダーは、政策や政策案の背後にある価値やイデオロギー上の立場をどうすれば明らかにできるか。
> ・イデオロギーが重要性を増しつつある政策環境において、スクールリーダーは、どうすれば効果的かつ民主的なリーダーとして行動できるか。

（1）観念の重要性

　政治文化と同じくらい、目につきにくい政策環境の側面といえば、それは観念（ideas）である。イアナコーン（1988）は「観念は、アメリカ政治の駆動因として作用しており、国内政治において、それゆえにまた、あらゆるレベルの教育政治においてそうである」と述べている。観念や信念や価値観が重要である理由として、つぎの2つがあげられる。第1に、それは政策問題を定義するその仕方を方向づける。例えば、最も基本的なアメリカ的な観念は個人主義で、それは何よりも独立心・自立心に高い価値を置いている。この個人主義的志向ゆえに、アメリカ人は問題を社会的責任よりも個人的責任という観点から理解しがちである。多くの母親が就学前の子どものための適切な保育施設を探すのに苦労しているという証拠が出されると、アメリカ人は、若い世代の家族への社会的支援が不十分にしか行われていないという問題よりも、働く母親が多すぎるのではないかという問題を見出すのである。第2に、観念や信念や価値観というものは、政策問題の解決方法を発見する能力を制約してしまう。子どもの保育の問題を個人的なレベルの問題として定義

することで、ほとんどのアメリカ人は、可能な解決方法として、母親が子どもと一緒に在宅することを促すPR活動に取り組むとか、従業員のために保育のサービスを行う企業への免税措置といったことを思い浮かべる傾向が強い。これに対して、公立保育所の設置や親の在宅を促進する補助金といった、西欧諸国で取り組まれている施策はあまり思いつかないのである。また、仮に思いついたとしても、政治家が支持する可能性は小さいであろう。マーシャルらは、州レベルの政策形成の研究において、政策決定者は、人々のあいだに浸透している支配的な価値観とかけ離れた観念を考慮することはしない。なぜなら、そのような観念を支持することは無意味なことに思われるから、と述べている(Marshall, et al., 1989)。つまり、教育政策の立案、決定、実施において作用する観念の重要性ゆえに、教育政策の根底にあってそれを支えている価値やイデオロギーを抜きにして、教育政策を十分に理解することはできない。したがって、教育政策について考える場合、スクールリーダーはつぎのような問いを発する必要がある。どのような価値観に依拠して、この政策が提案されているのか。その政策の中には、何か価値観の対立が内在しているか。政策の背後に、社会や政府や経済についてのいかなる仮定が控えているのか。それは、どのようなイデオロギー上の立場と整合的であるのか。

(2) アメリカ政治における基本的価値

①個人的利害とその他の価値

1950年代から、功利主義的社会理論がアメリカの政治学を支配し始めた。功利主義哲学によると、すべての人間の行動は個人的利害(self-interest)によって決定される。そのため、政策環境において作用している唯一の価値は、特定の個人や集団の利害を直接、促進するたぐいのものであることになる(Fowler, 1995b)。しかし、ここ10年あるいは15年の間、多くの政治学者が功利主義的立場に異議を唱え、それ以外の価値も政治的行動を方向づけるという主張を支持する研究成果を出している(例えば、Jackson & Kington, 1992;

Kelman, 1988; McDonnell, 1991を参照)。本書は、人間の行動が、個人的利害だけでなく、イデオロギー的、哲学的、あるいは宗教的信念といった価値観によっても方向づけられるという立場に立っている。このことは、教育政策を支えている価値を分析する場合、個人的利害の問題をつねに考えなければならないと同時に、単なる個人的利害を超えて、政策提唱者の信念体系はもとより、その他の価値観をも考慮に入れなければならないことを意味する。この方法によってのみ、政策の背後に横たわっている諸観念の正体を明らかにすることができる。

②個人的利害という価値
経済的利害　多くの人々を動かすものは、まったくといってよいほどその個人またはその個人の属する集団の**経済的利害**である。実際、自らの行動が自らの経済状況に及ぼす影響を考えないで行動する人はほとんどいない。であるから、教育政策の分析の第1段階は、誰が当該政策から経済的に利益を得るか、誰が当該政策によって経済的に不利益を被るのか、を問うことである。

利害としての権力　個人および集団は、しばしば自らの権力を拡大するために行動する。したがって、教育政策を分析する際の初めの段階で発すべき問いは、この政策の帰結として誰が権力を得るか、誰が権力を失うか、という問いである。

③社会的価値
　社会的価値とは社会に浸透しているもので、そのイデオロギー的、哲学的あるいは宗教的な信念とは別に、事実上すべての人々に、保持されているものである。

秩　序　コプリンとオリアリーによれば、**秩序**は、あらゆる社会において優先すべき、重要性を帯びた中心的価値である (Coplin & O'Leary, 1981)。その理

由は明白である。人間は、身体の危害を被る心配がなく、自分たちの財産が安全である環境に住みたいと思っているし、また、その必要があるからである。社会的秩序の崩壊ほど恐ろしいことはない。たいていの政府は、そのような事態を防ぐためにどんなことでもやる。アメリカも例外ではない。犯罪、テロ、戦争等、秩序に対する脅威への関心は、つねに公共政策の課題において高い位置づけとなっている。秩序は教育政策の関心事でもある。

個人主義　ベラーらは、『心の習慣（*Habits of the Hearts*）』のなかで、「個人主義は、アメリカ文化のまさしく核心にある」と述べている（Bellah, et al., 1996）。個人主義を高く評価することは、集団のニーズ以前に、個人のニーズを考え、独立心を強調することを意味している。個人主義には2つの形態がある。**功利的個人主義**とは、家庭生活、友情、コミュニティへの参加といった他の価値ある営みを犠牲にしてでも、自分自身の経済的成功を最優先する――また、すべきである――という信念を指す。一方、**自己表現的（expressive）個人主義**は、経済的利害の強調に批判的である。自己表現的個人主義者は、「より深い自己の涵養」(p.33)や社会的慣習から制約を受けない自己、そして、自己の感情を表現する自由を強調する。

　アメリカの教育政策は、アメリカ文化に内在する個人主義を反映し、功利的個人主義と自己表現的個人主義の間を揺れ動く傾向がある。

④民主的価値

　フランス革命のスローガンは「自由、平等、友愛」であった。このスローガンは民主的政府を望む社会にとって不可欠な価値を簡潔に要約したものである。ただし、これら3つの価値はそれぞれ多面的であり、教育政策における価値対立の多くは、これらの価値――それらの価値が何を意味しているか、それらはどうすれば最もうまく達成され、保護され、あるいは拡大されるか――をめぐって生じる。

自　由　自由(liberty, freedom, independence or choice)は、民主主義の最も基本的な原則であり、これらの言葉は、たいていの人々の心の中で深く共鳴する。アメリカ合衆国憲法は、いくつかの基本的自由を民主制にとって必要不可欠なものとして保証しており、それは、言論の自由、出版の自由、良心の自由、結社の自由を含んでいる(Rawls, 1971)。干渉されることなしに私生活を送る自由は、憲法に明文化されてはいないが、20世紀の裁判所はプライバシーにかかわるさまざまな権利を認めてきた。しかし、自由も一定の公共的ルールであり、無制限ではない。

平　等　2つ目の中心的な民主的価値は**平等**である。これは、すべての人間に平等な知性、身体、力、富などの属性があることではなく、すべての人々は人間としての特質を平等に有しており、それゆえに法の前に平等であり、そして文化的な最低限度の生活を営む平等な機会を付与されていることを意味する。富や権力の極端な格差は、不信や社会的葛藤を引き起こすがゆえに、民主主義の存続は一定程度の社会的平等に依存している。平等にはいくつかのタイプがある。**政治的平等**は政治システムに参加する平等な権利であるが、それに対して、**経済的平等**は平等な富を意味する。平等は、**機会の平等**、**結果の平等**という観点からも分析可能である。すべての人々が、人種、性別、ハンディキャップ(障害)、年齢、あるいは国籍に関係なく、すぐれた教育を享受し、適切な仕事を見つけるための同等の機会を有している場合、機会の平等は存在する。しかし、結果の平等についていえば、多くの民主国家が結果の平等を促進する政策を採用しているにもかかわらず、アメリカではその政策は一般的に採用されない。バーバとオレン(1985)によれば、その主な理由は、結果の平等が個人的達成の理想と調和しないため、アメリカ人のほとんどが結果の平等という概念を嫌っているからである。

友　愛　3つ目の民主的価値はしばしば**友愛**(fraternity)と呼ばれるが、それはフランス語の兄弟愛を表す言葉に由来する。関連した言葉として「連帯」

(solidarity)がある。アメリカでは連帯の概念が社会資本(social capital)という用語に包括されるようになっている(Putnam, 2000)。**友愛**は自分以外の社会の構成員を兄弟、姉妹として認識する能力、彼らに対して責任感を抱く能力、困難なときには助けを求めて彼らを頼れると感じる能力を意味している。人々は、家族、教室、教会、政党や労働組合の地方支部、市民団体、アスレチッククラブといった比較的小さな集団での社会的相互作用を通して、友愛の感情を発達させる。

⑤経済的価値

多くの先進諸国と同じように、アメリカは民主的政治システムと資本主義的経済システムを有している。異なったひとまとまりの価値がそれぞれのシステムを強く支えている。ある意味でこれらの価値は互いに強化し合っている。例えば、自由という民主的価値は、特に資本主義のいくつかの中心的価値と両立しうる。それでも、アメリカの生活では民主的価値と資本主義的価値の組み合わせが、時折興味深い価値対立を導く。歴史を振り返ると、民主的価値が資本主義的価値以上に強調された時期もあれば、その逆の時もあった。

効　率　利益を生むことが資本主義的企業の主な目的であるため、**効率**というのは資本主義社会ではつねに重要な価値である。最も基本的には、効率とは一定の支出あるいは投資から最大限の収益を獲得することを意味する。少ない支出で、生徒が高いレベルの学習成果を達成するとき、教育システムは効率的であるという。教育政策の専門家たちは、効率がアメリカの教育政策をつき動かす最も重要な価値のひとつであることに同意している(Boyd, 1984; Guthrie, Garms & Pierce, 1988 ; Iannaccone , 1988 ; Kahne, 1996 ; Swanson, 1989)。

経済成長　資本主義経済の根底にある前提は、経済は成長拡大すべきということである。それゆえ経済成長は、それ自体が主要な政策価値である。経済

成長は、生産の拡大、国内消費の促進、貿易の拡大によって達成される。教育は、さまざまな方法で経済成長に寄与する。第1は、基本的な読み書き計算能力の形成を通してである。それは、熟練を要しない大部分の仕事のためにさえ読み書き計算の能力は必要であり、多くの職業がコンピュータ技術や洗練された読み書き能力、数学の専門知識といった高度な知識を必要とするからである。しかし、教育はまた別の方法でも経済成長に寄与する。学校は、建築資材、書籍、コンピュータ、バスなど多数の製品を購入する、出費がかさむ事業である。さらに、学校に通う何百万という子どもと若者は現在および将来の消費者である。このことは、学校が、製品を購入すること、そしてまた子どもが多くの製品を購入する消費者になることを奨励する環境を提供することを通して、経済成長を助けていることを意味する。

質 質(quality)は、公共的議論にしばしば登場する政策価値であり、これと密接に関連した用語として卓越性(excellence)や高いスタンダード(high standards)がある。だが、質は必ずしも経済的価値ではなく、例えば、質の高い教育を、創造力と自主学習を促進するものと定義する者もいる。しかし、1980年代以降、サービスの質という概念に依拠する経済的観点からの定義が優勢になっている(Gewirtz, 2000)。

　質に関する論議は、アメリカ人が日本とドイツの労働者は自分たちアメリカ人よりも質の高い製品を製造しているということを発見するにつれ、1980年代に一般ビジネス書に登場し、その中でアメリカ産業の「安物の」製品とアメリカ教育の質の低さとが結びつけられた。アメリカの学校は、基礎力育成中心のカリキュラム、「やさしく書かれた」教科書、多肢選択型テストを通して、最低基準のありふれた平凡な知的水準を強調している、という論議が展開された。

　教育の質についての関心は、今、より高度で、より厳しい知的水準を追究するという形をとっている。州統一テストに記述問題を含めたり、ポートフォリオ評価*を導入したり、批判的思考を強調するカリキュラムを開発したり、

より高度の数学学習を要求したりする政策案は、教育の質に対する関心の反映である。

（3） 相互作用する諸価値

①支配的価値の周期的な移行

　アメリカ人の多くは、これまでに論じたすべての価値を支持している。「選択の拡大」「社会的公正」「費用対効果の高いマネジメント」「秩序と安全」といったことに異論を唱える者はいないが、それらにどのように優先順位をつけるかという点で意見は異なっている。主要な価値に対する優先順位のつけ方が、決定的に重要である。限られた選択と資源の制約という現実世界では、同時にすべての価値を追い求めることはできない。であるから、教育政策の背後にある支配的価値は、やがて周期的に変化する（Boyd 1984; Boyd & Kerchner, 1987; Iannaccone, 1988）。おおまかに言えば、アメリカの教育政策は、さらなる平等の達成に焦点を合わせており、そしてそのことと同じくらい強力に経済的価値の推進に焦点を合わせてきた。これら2つを交互に繰り返してきたのである。

②重要な価値の対立

均衡の模索　多くの政策研究者は、経済的効率、社会正義、個人の自由をはじめとするさまざまな諸価値を公共政策の中に含めるべきであるとし、適切な政策を立案する技術は、競合し合う価値についてどうバランスをとるかを模索することにかかわっている、と論じている。しかし、民主的価値が時に経済的価値と摩擦を起こすことは明らかであり、どんな価値もそれを極端に追求するならば、他の価値と摩擦を起こす（Boyd, 1984）。それゆえに、巧みな政策形成の中心的な目標は、最も重要な価値の間で、互いの価値が大きく損なわれることのないよう「均衡」をとることに置かれる。前述したいずれの価値も他の価値と対立しうるが、ここでは、現在支配的な価値となっている

自由と効率という2つの価値にかかわる対立に焦点を当てる。

自由にかかわる対立　自由は決して真空の中に存在するものではない。規制されない自由はつねに他の自由と対立する。それゆえ、すべての自由がお互いに理性的にバランスを保つとき、自由は最も強化される。このことは、秩序という価値との関係に最も明らかである。もし、必要なときに法や社会慣習が人間の自由な行動を規制しなかったら、社会秩序は崩壊する。このような究極の状況が教育の世界に生まれることはめったにないが、自由と秩序との間の対立は頻繁に起こる。

　規制のない自由は、効率とも対立を引き起こす。自由は本来、人々がいくつかの道を選択できるような手段を必要とし、そうした多様性の確保は万人向けの(one-size-fits-all)事業よりも費用がかかる。自由は、**質**とも対立することがある。誰もが自由に自分の好きなことができるという事実は、行われたことがすべて高い水準を満たしていることを意味しない。実際、卓越性という考え方自体が、表現的個人主義者の強調する、自発性や創造的努力を通して「本物の自分」を開発する自由を重視する価値観と矛盾する。

　そして、**自由**と**平等**の間にも緊張関係が内在する。人々の間の規制なき自由競争は、それぞれ知性、モチベーション、エネルギー、体力といった特性が異なっているから、不平等な結果を導く。つまり、少数の人が富を得、ほとんどの人々が貧困にあえぐような社会を導く。この状況は、政治的民主主義(political democracy)と矛盾し、長期の社会的安定とも矛盾するので、ほとんどの社会が社会的不平等の拡大を予防しようとするのである。他方、以前のソビエト連邦のように、平等が法によって強制されたら、結果として起こる完全なまでの自由の欠如が、モチベーションの喪失と士気の低下を招いてしまう。それゆえに、健全な公共政策の目標は、極端なまでに自由や平等を追い求めることではなく、その中間の、思慮ある均衡を模索することなのである(Rawls, 1971; Bellah, et al., 1996; Frahm, 1994)。

効率にかかわる対立　効率、すなわち、コストを抑えつつ高い生産性を保と

うとする努力は、行き過ぎると、他のすべての価値との対立を引き起こす。経済学で支配的な学派は、社会的平等を制限することは経済システムの効率を促進するために必要であると論じている。この立場は、市場が機能する方法についてのいくつかの仮定に基づいている。そのうちのひとつは、もし市場が最小限の政府規制で機能するならば、人々は、働きの度合いに比例して経済的報酬を受けるというものである。結果として彼らは、最善を尽くすという誘因、つまり、多大な努力を行い、可能な限り最もよい品質を生み出し、できる限り効率的に働くという誘因を手にする。こうしたメカニズムの副作用は、他人以上の成果を生み出す人が必ずいるということであり、不平等が必然的に生じることである。しかし、この不平等は、労働者がモチベーションを維持するために必要であるし、システムが高いレベルの効率で機能するために必要である。オークン (1975) は効率と平等の間のこの葛藤を「巨大な二律背反」(the big trade-off) と呼ぶ。教育政策では、フリードマン (1962) らが、効率を向上させるために、公教育の中により多くの市場メカニズムを導入することを提唱している。

　アメリカでは少数意見であるが、効率と平等の間に固有の二律背反が存在するという考え方を攻撃する者もいる。彼らによれば、長期にわたる相対的に高い水準の平等は、効率を促進し、生産性向上の主要な必要条件であり、逆に、大きな経済的不平等は、はけ口のない不満を生み、高品質の製品を作り出そうとする労働者の意欲を阻害する。

　効率の追求はまた、質を落とすこともある。効率追求への容赦ないプレッシャーは、教育は高くつくという理由で、質の高い教育を (それがどう定義されようと) 骨抜きにしてしまうだろう。そして、効率を過度に強調することは、**友愛**も骨抜きにする。人と人とのつながりを築くこと、強い絆で結ばれた組織を開発すること、学校の中に互いに同僚であるという雰囲気を醸成すること——これらはすべて時間がかかるのである。

(4) イデオロギー

イデオロギーとは何か
　たいていの人々は、相互に関係のない観念や信念の寄せ集めを受け入れることはしない。人々の抱いている社会、政治および経済についての主要な観念は、構造化されてはいるが、かなり単純化された一連の観念として組織化されており、一般に、イデオロギーと呼ばれる。すべてのイデオロギーは、人間をはじめとする森羅万象の性質についてのいくつかの核となる仮定に基づいているが、表立って明示されることはない。イデオロギーの信奉者は、そういった仮定を常識と見なし、自明視する(Susser, 1995)。しかし、イデオロギーは、現在の社会状況についての分析、理想的な社会のビジョン、そして社会を理想に近づけるためのプランを提供してくれる(Iannaccone, 1988)。現代社会においてイデオロギーは、学校教育、マスメディア、広告を通して広く流布される。そのために、たいていの人々の思考は、少なくとも部分的にはイデオロギーの影響を受けている。アメリカの教育政策は以前よりもイデオロギー的色彩が強くなっているため、スクールリーダーは、遭遇するであろうイデオロギー的立場について理解しておく必要がある。

(5) アメリカの主要なイデオロギー

①保守主義
保守主義の分裂　20世紀の終わりのアメリカでは、2つの保守主義が主流であった。経済的保守主義と宗教的保守主義である。そして、これら2つのイデオロギーの信奉者は、現代の共和党の核心を構成している。

経済的保守主義　1929年の大恐慌の因になった信用できない経済理論とかつて見なされた経済的保守主義は、20世紀の残り25年間に、ルネッサンス（再生）を経験した。1980年代に、レーガン大統領とイギリスのサッチャー首

相は、このイデオロギーの正統性の復活に寄与した（Apple, 2001; Bellah et al., 1996; Lowi, 1995; Spring, 1997）。経済的保守主義者は、人間は純粋に、私的利害、特に自らの経済的利害によって動機づけられ、物質的満足感の達成が社会の中心目標であると信じている。彼らの考え方によれば、人々が市場で自由に競争することによって個人的な利益を追求できるなら、市場の「見えざる手」が自然にプロセス全体を自ずと調整するがゆえに、経済は繁栄する。政府が経済的問題に干渉する必要はない。経済的保守主義者は、現在のグローバルな経済問題を福祉国家の誤った政策の必然的帰結と解釈している。

宗教的保守主義　20世紀におけるこの四半期は、世界の至る所で宗教的な原理主義が復活している。アメリカでは、原理主義復活の兆候は、宗教的右派の影響力の増大、すなわち原理主義的精神をもつプロテスタントの台頭である（Boyd, Lugg, & Zahorchak, 1996）。キリスト教右派のリーダーは、アメリカを神や伝統的なクリスチャンの価値に反抗したがゆえに道徳的な混沌に陥った国家と見る。彼らの見方では、クリスチャンは道徳的堕落をもたらす諸力に対して「文化戦争」を行い、国を神のもとに返さなければならない。この闘いに打ち勝つために、クリスチャンはアメリカの生活の伝統的価値──特に伝統的な家族の価値──を回復するために、政治システムに働きかけ、必要であればその価値を法によって強制しなければならないとする。宗教的保守主義者が最も強調する価値は秩序であり、伝統的なプロテスタントやアメリカ人の意識の中にある道徳的秩序である（Apple , 2001; Lowi, 1995; Spring, 1997）。

②リベラリズム
もう1つの分裂　リベラリズムは、現代の民主党に支配的なイデオロギーである。リベラリズムの2つの主要なタイプは、ニューポリティクス・リベラリズムとネオ・リベラリズムで、これら2つのイデオロギーの間に多くの対立がある。しかし、民主党の二大勢力は、共和党の前述の二大勢力よりも広いコンセンサスを共有しており、意見が一致しないことはあまりない。

ニューポリティクス・リベラリズム　ニューポリティクス・リベラル派は、1968年（民主党の大統領候補指名でのユージーン・マッカーシーの敗北）から1972年（大統領候補者指名選挙でのジョージ・マクガヴァンの成功）の間に民主党の主導権を握った。ニューポリティクス・リベラル派は、裕福な若い白人男性層から構成されていたが、その積極的な行動は学生時代の公民権運動と反戦運動によって引き起こされていた。

　ニューポリティクス・リベラル派は、アメリカ社会の問題の大部分が個人の力ではどうにもならない要因に基づく差別と抑圧の歴史から生じると信じる傾向がある。主要な価値は平等と友愛である。教育政策において、ニューポリティクス・リベラル派は人種、ジェンダー、性的態度志向、障害にかかわらず、すべての子どものために、質の高い教育への平等なアクセスを提唱している。また、雇用、多文化教育、多様性への感受性を高める事業での差別撤廃措置も支援している（Davis, 1974; Lind, 1996; Shafer, 1983）。

ネオ・リベラリズム　民主党のネオ・リベラル派は、ニューポリティクス・リベラリズムに相当の疑問を持つ党員から成っている。彼らは、ニューポリティクス・リベラリズムが労働者階級に属する市民を民主党から遠ざけ、アメリカにおける経済的不平等の高まりを無視したと信じている。ネオ・リベラリル派は恵まれない集団に対して特別な恩恵（特典）を与える事業に懐疑的であり、それらは原因よりも表面的な症状しか扱っていない対処療法にとどまっていると感じている。彼らにとって基本となる問題は、アメリカ経済の低迷と社会的分裂の拡大である。1992年に、ビル・クリントンが大統領に選出されたのに伴い、アメリカは初めてネオ・リベラルの思想よって強く影響された政権を持つに至った（Fowler, 1995b; Lind, 1996; Peters, 1983）。

(6)　その他のイデオロギー

アメリカにおける過激派イデオロギー

左右双方の過激派の運動はアメリカでも長い歴史を有しているが、現在、右翼過激派が左翼のそれよりも広がりをもち、影響力を持っている。通常、過激派のイデオロギーは、主流の政策形成に直接かかわることはないが、その背後においてかなりの影響力を行使する。例えば、過激派グループが活動している地域に住む政策決定者は、過激派グループを刺激しデモや社会的混乱を導くような政策を提唱しないように気をつけ、過激派組織と内密の関係を持つ可能性が高い。それゆえ、スクールリーダーは、その州の過激派の活動やそれが教育政策に及ぼす影響に注意を怠るべきではない。

左翼過激派　左翼過激派は、社会の主流から疎外されていると感じており、その主要な制度に反対している。特に、大企業、軍、近代技術、あるいは私有財産制度を社会的悪と見なしている。彼らの最も典型的な解決法は、社会から退却して理想郷(ユートピア)を建設することであり、そのような共同体(コミューンと呼ばれる)こそ輝かしい見本だとする。彼らの主要な政治的価値は、平等と友愛である。左翼過激派は、しばしば平和主義者であるけれども、時として暴力的である(Rothman & Lichter, 1982; Sargent, 1996)。

右翼過激派　左翼過激派と同じく、**右派の過激派**も社会の主流から疎外されているように感じて、主要な諸制度の多くに反対している。しかし、左派とは異なり、社会問題を人種的集団、宗教的集団、あるいは民族的マイノリティ集団のせいにし、これらの集団は自分たちが大切にしている生活様式を破壊しようと企んでいると信じている。現在の多くの右派過激派集団は非常に反政府的であって、税金の支払いや法廷召喚状への返答を拒否するまでに至っている。その主要な政治的価値は秩序と、自らのグループ内の友愛である。右翼過激派は、その目的を達成するために暴力的活動を支持しがちである。最も古い極右組織のひとつが、クー・クラックス・クランである(Abanes, 1996; Sargent, 1995)。

(7) イデオロギーの板挟みにあっているスクールリーダー

①闘争の場としての学校

　この20年の間に、公立学校はイデオロギー対立の主要な舞台となった。校長、教育長らスクールリーダーは、ますます激しい論争の渦中に身を置くようになっている（English, 1994）。スクールリーダーは、いかなるタイプのイデオロギー対立に遭遇するのか、それに対していかに効果的に対処するかについて知っておく必要がある。さらに、自分とは異なるイデオロギーを持っている人々を理解し共感を示すことは重要であるが、学校とその管理運営プロセス全体について断固たる態度をとる勇気を持つことも同じく重要である。

②イデオロギー対立への効果的な対応

自分自身のイデオロギー的態度を確かめる　イデオロギー対立の渦中にあって、効果的な行動のための不可欠な前提は、自分自身のイデオロギー上の立場を認識することである。そうでないと、自分自身の信念をあたりまえのことと見なし、異なった見方があることを理解できなくなる。

予防策を工夫する　イデオロギー対立の勃発を完全に防げる人はどこにもいないが、スクールリーダーは、それが起こる可能性を最小化するか、あるいは少なくとも、それが生じても慌てなくてすむために、いくつかできることがある。イデオロギーをめぐる最も身近な対立は、カリキュラム政策あるいは宗教問題のどちらかに関連していることが多い。これら2つの領域に関する政策と手続きを明確にし、かつ現行の法解釈との整合性を確保することが、学校や学区にとって重要である。さらに、カリキュラムや副教材の採択に関しては、住民や親に意見を述べる機会を与えるべきである。

イデオロギー対立を認識する　イデオロギー対立を認識することは、必ずしも容易ではない。しかし、スクールリーダーは、イデオロギーの相違が対立

の根本にあることを示す3つの兆候に注意を怠るべきでない。第1は、問題を取り巻く感情の強烈さである。イデオロギー的信念は深く心に根ざし、しばしば宗教的信念と同じぐらい熱心に保持されている。第2の兆候は、欠陥のあるコミュニケーションパターンである。しばしば、人々は自分自身とは異なるイデオロギー的立場から出てきた意見に手際よく応答することができず、他人の意味づけを誤解するか、自分たちが同意しない見方を無視することがある。第3の兆候は、関係者が、自らのイデオロギーに内在する「矛盾や不一致、実践上の欠陥を上手く言い抜けるために、執拗な努力をする」ということである(Paris & Reynolds, 1983, p.209)。

イデオロギー的問題について情報を得る　スクールリーダーは、自分たちがイデオロギー対立に遭遇していることに気づいたときは、すぐにその根底にあるイデオロギー上の立場について情報探索を始めるべきである。まず始めるべきは、反対派である。反対派のリーダー格の人を数人招待し、リラックスした雰囲気の中で不満について話してもらうべきである。可能なら、スクールリーダーは、反対派の意見に何らかの理解を示すべきである。このような論議では、十分に耳を傾けること、イデオロギーの主要な内容と対立の最も重要な論点を見極めることが大切である。可能な妥協点を確認することも重要である。

　しかし、他のソースから情報を得ることも賢明である。通常、このような対立は孤立した出来事ではない。そう遠くはない他の場所において表面化している場合が少なくない。教育委員会や管理職団体の関係団体は、同じような対立が起こっている他の学校や学区についての情報を提供できるようにすべきである。同様の対立が起こっている学区の管理職と連絡を取ることは、有益かもしれない。集められた情報は、その問題に対する有益な知見を与え、それを処理する適切な方法を示唆するであろう。

民主的プロセスを展開する　腹を立てた集団が怒鳴り声をあげ、その立場

を一歩も引かないとき、スクールリーダーは、2つの誤りを犯しがちである。ひとつは、不満を露わにしている集団に降伏してしまうことである。一方的な降伏は、民主主義と何ら関係がない。なぜなら、少数の不平分子集団は声高だが、少数の見方を代表しているにすぎないからである。また、スクールリーダーが屈服してしまうことが危険な前例となり、不満をもつ多数の集団が自分たちの利害に好都合な屈服を求めて騒ぎを引き起こす。もうひとつの非民主的な対応は、反対派が消え失せることを望んで、その意見や要望を押しつぶすことである。このような対応によって、より多くの人々がスクールリーダーは応答的でないという結論に達してしまい、不満を広げる傾向がある。イデオロギー対立への最もすぐれた対応とは、関係者間の広範かつ徹底的な討論という民主的なプロセスを展開することなのである（Detwiler, 1993）。

(8) おわりに

かつて、スクールリーダーは価値の問題を無視し、イデオロギーを考慮しないですますことができた。そうした時代は終わった。アメリカにおける政策形成はよりいっそうイデオロギー的で、価値の問題にかかわるものであるし、価値やイデオロギーは政策環境のますます重要な側面になっている。この側面の重要性を見過ごしたり、過小評価するスクールリーダーは、それでは価値対立やイデオロギー対立が生じたときに適切に対応できないことや、ある特定の政策が提案された場合にその理由を理解できないことに気づくことになるはずである。第三のミレニアムが始まった今、観念という、手に触れることも目にすることもできない領域がアメリカの教育政策においてかつてないほど重要な意味をもっているのである。

第3章　教育政策とその環境　107

◆用語解説

スプートニク・ショック（p.71）
　　1957年のソビエト連邦による人類初の人工衛星「スプートニク１号」の打ち上げがアメリカ社会にもたらした衝撃のこと。理数科教育の振興や才能の早期発見のためのカウンセラー配置等を促進する連邦教育援助法である国防教育法制定のきっかけとなった。

マグネットスクール（p.73）
　　魅力的な特別のカリキュラム（例えば、演劇・音楽や理数科教育など）のゆえに、広範な地域から生徒を磁石（マグネット）のように引きつける学校という意味で名付けられた公立学校。学校の人種統合推進策としての側面もある。

オーセンティック・アセスメント（p.73）
　　従来の評価に代わって提唱されている評価である。評価の信頼性を重視するよりも、妥当性の高い評価をめざして、継続的評価、多次元的評価、質的なデータによる評価を行うべきとする教育評価の考え方。

スタンダードに基づく教育（p.73）
　　カリキュラム、教員・管理職の資格・養成など、教育のあらゆる側面に関してスタンダードを定め、その達成に焦点をおいて教育を推進しようとする考え方。

連合規約（Articles of Confederation）（p.77）
　　アメリカ独立戦争において13植民地の相互友好同盟を定めた規約で、アメリカ最初の連邦憲法といわれる。

ロビー（Lobbying）集団（p.77）
　　ロビー集団とは、政府の公共政策に影響を及ぼすことを目的として、議員や政府職員に対して政治活動を展開する、ある特定の政策的主張を有する団体のこと。通常、事務所を構え、ロビー活動に日常的に従事するロビイストと呼ばれる専門家を雇用している。

ポートフォリオ評価（p.96）
　　子ども一人ひとりの学習活動の成果を全て保存するポートフォリオ（書類入れやファイルを意味する）に基づいて行う教育評価。オーセンティック・アセスメントの一種とされる。

演習問題

1. 授業の中で、自分自身のイデオロギーを自己判断して公表しなさい。クラスには、どんなイデオロギーが見られるか。最も多いイデオロギーは何か。クラスに該当者のいないイデオロギーはどれか。クラス全体のイデオロギーの構成をどのように説明するか。
2. 教育委員会会議や職員会議に出席して、参加者が言及する政策価値が何であるかを確認しなさい。どの価値がもっとも頻繁に言及されるか。ほとんど言及されないか、あるいはまったく言及されない価値はどんなものか。
3. 教育に関する論説記事あるいは教育に関する投書を新聞から切り抜き、その価値やイデオロギーを分析しなさい。それにどのように応答しますか。
4. あなたがよく知っている教育上のイデオロギー対立について記述しなさい。その対立はどのように、また、何故に展開されたのか。

賛否両論　教育委員会は廃止されるべきか

賛成論

　教育委員会制度は、19世紀のアメリカにとって素晴らしい制度であった。それは大多数の子どもにとって「3Rs」という基礎学力だけが必要であったとき、そして教師自身が十分に専門的教育・訓練を受けていなかった時代には、適切な制度であった。しかしながら、世界的な競争の時代において、教育委員会制度は時代錯誤である。ほとんどの州は、教育委員が読み書きができること、まして教育について識見があることを要件にさえしない。善意の人ではあっても子どもが何をどう学ぶのかについてほとんど理解していない人に今なお学校に対する最終的なコントロール権限を与えながら、教師や管理職に対してま

すます多くのアカウンタビリティ（説明責任）確保の方策を課すことは、理解に苦しむ。教師と管理職の専門的養成のための基準を向上させながら、他方でそのようにして養成された教育専門家を素人の教育委員会の監督の下に置くことも筋が通らない。もし医者が公選の「医療委員会」の政策的指示に従わなければならないとしたら、医療制度がどのようなものになるかを想像できるだろうか。今こそ、時代遅れの教育委員会を廃止し、教育行政機構を近代化するときである！

反対論

　教育委員会制度は、アメリカにおける民主主義の最後の砦のひとつである。それはまた、公立学校に対する地域社会の支援を構築する重要な方法でもある。教育委員の選出は、地域住民に、自分たちの学区に対する、そして自分たちの地域社会に対する関心を喚起する。それはまた、子どもと青少年に教育サービスを提供するという政府の最も重要な機能に関して、地域の人々が意見を表明する手段を提供するものでもある。さらに、公選の教育委員会は、学校が少数の教育専門家を守る保護区になるのを阻止するのに役立つ。子どもの教育は社会全体の未来に影響を与えるものであるから、それはすべての市民の関心事である。したがって、教育委員を選出することによって学校の管理運営に（間接的ではあるが）参加するという機会をすべての地域住民が持つべきである。教育委員会を廃止することは、教育における民主主義の破滅を招く第一歩となるであろう。そうすることは教育を市民のコントロールから引き離すものであり、多くの市民から教育関心を喪失させることであろう。究極的には、教育委員会の廃止は、公教育にとって相当な財政上の損失を意味することにもなろう。

あなたはどう考えるか。

第4章　主要な教育政策アクター

中心的な問い

・州レベルの政策過程に参加している主要なアクターは誰か。
・最も影響を与えるのは誰か。
・スクールリーダーは、どのように州の主要なアクターを特定し、その情報を得ることができるか。
・スクールリーダーは、州レベルの教育政策形成のありようを、どうすれば理解できるか。

1　政策ドラマの登場人物

　政策過程そのものを検討する前に、誰が積極的にそこにかかわっているかを特定することが重要である。政策論議において、これらの個人や集団は、<u>政策アクター</u>と呼ばれる。これら政策アクターが、政策の形成、決定、実施という休みなきドラマの中で主要な役割とそうでない役割を演じる登場人物(dramatis personae)、つまり、政策過程という舞台の配役ということになる。政策アクターは連邦、州、および地方レベルに存在するが、本章では2つの理由から州レベルのアクターに重点を置く。第1に、教育は合衆国憲法の修正第10条によって暗黙のうちにその権限が各州に留保された領域である。州は数世代にわたって教育に関する多くの権限を地方学区に委任してきたにもかかわらず、この25年の間に、教育政策に関する自らの憲法上の権限の多

くを奪い返してきている(Mazzoni, 1993)。このことは、教育に関しては現在、州レベルの政策アクターが、連邦あるいは地方レベルの政策アクターよりもかなり重要であることを意味する。第2に、政治学の教科書もマスメディアも連邦レベルでの政策形成を強調するため、州レベルについてはあまり知られておらず、理解されていない。本書は、特にスクールリーダーのために編集されたものであるから、この不均衡を正すことは重要である。

　本章の目的は教育政策の主要なアクターが誰なのかを特定し、紹介することにあるので、その活動についてはここでは詳述しない。むしろ、政策アクターが誰であり、何をするのかについての感覚をスクールリーダーが養うことができるよう、政策アクターの役割を簡潔に述べる。つぎの5つの章(そこでは政策過程の各段階をやや詳しく示す)では、政策アクターの行動や相互作用

図表4-1　6つの州における教育政策アクターの影響力ランキング

ランク	政策アクター	平均得点
1	議員個人	5.85
2	州議会	5.73
3	州教育長	5.21
4	教育利益団体	5.14
5	教員組合	5.10
6	知事および知事部局スタッフ	4.88
7	議会スタッフ	4.66
8	州教育委員会	4.51
9	教育委員会連合会	4.18
10	管理職団体	4.00
11	裁判所	3.92
12	連邦政府	3.89
13	非教育者のグループ	3.87
14	市民団体	3.10
15	教育研究機関	2.66

注)C. マーシャル他『アメリカ諸州における文化と教育政策』(C. Marshall, D. Mitchell, and F. Wirt, 1989, p.18)に基づいて作成。許可を得て掲載。

第4章　主要な教育政策アクター　113

のパターンがより明らかになるだろう。図表4-1および図表4-2は、本章の至る所で参照される。これらの図表は、教育政策アクターの相対的な影響力についての2つの研究成果を要約したものである。図表4-1はマーシャルらの調査(1989)に基づいている。彼らは1980年代半ばに、6州(アリゾナ州、カリフォルニア州、イリノイ州、ペンシルベニア州、ウエストバージニア州およびウィスコンシン州)の教育政策過程を研究した。彼らは、プロジェクトの一環として、州の135の政策アクターにつぎのことを依頼した。それは、15の個人または集団が自分たちの州の教育政策にとってどの程度重要なのか、1(最低)から7(最高)まで得点を付けてもらうことである。図表4-2は、Education Week誌による1994年の研究に基づいている。研究スタッフは46(4州が無回答)の州知事部局と州議会の文教委員会に電話をし、5種類の教育関係団体の影響力をランクづけするよう依頼した。

　なお、このEducation Week誌の研究では教育関係団体しか含まれていない(Questionable Clout, 1994)。そのため、両図表に示される2つの研究は必ずしも比較可能ではない。

　本章は、大きく3つの節に分けられる。まず、政府機関の主要なアクター

図表4-2　州レベルにおいて最も影響力のある教育関係団体※

教員組合
州教育省
教育委員会連合会
管理職団体
PTA

"Questionable Clout", *Education Week*, September 28, 1994, p.30に基づいて作成。
※影響力の最も大きい団体から最も小さい団体の順に並べている。

である、政府3部門の公選職または任命職について述べる。つぎに、非政府機関のアクターについて述べる。これには利益団体、政策企画組織およびメディアが含まれる。これらの政策アクターは通常あまり目立たないが、より目立つ政府機関のアクターと同じくらい重要なこともある。最後の節には、特定の状況において重要となる政府機関および非政府機関のアクターを特定し、そのアクターの情報を得るための実践上の示唆が含まれる。

2　政府機関のアクター

(1)　立法部門

①議会：機能と構造

　アメリカ合衆国には51の立法府が存在する。すなわち、連邦議会および50の州議会である。それらは同じような機能を有し、同じような方法で組織化されているため、互いに強い類似性を保っている。あらゆる議会の主要な機能は、いうまでもなく、法の一種である法律を作成し、成立させることである。しかし、議会は同時に他の役割も果たしている。例えば、法案を作成する前に、公的な問題について専門家が証言するヒヤリング（聴聞会）を頻繁に開催する。議会は定期的に、既存の法律を存置するのか、改正するのか、あるいは廃止するのかを決定すべく検討を行う。議会の主要な機能として、政府予算の承認がある。議会はタスクフォースや審議会を設立して政策問題を研究する責任を委ねることもある。また、新しい法律の実施を監督するための特別委員会を設置することもある。そして、時には国政調査権を発動することがある(McCarthy, Langdon, & Olson, 1993)。

　連邦議会および49の州議会は二院制であり、2つの議院を有している。唯一の例外は、ネブラスカ州であり、他の州議会とは違って無党派で構成された一院制の州議会を有している。二院制の議院において、議員定数の少

ない方の議院は上院(senate)と呼ばれる。上院は、いくらか落ち着いた雰囲気がある。というのも、上院議員は通常、任期が比較的長く、ゆっくりと仕事を進める余裕があるからである。州議会に関する1993年の研究によると、14％の上院議員は専業としての議員であり、27％は事業を営み、23％は弁護士、17％は弁護士以外の専門職、残りは他の職業に就いていた。議員定数の多い方の議院の最も一般的な名称は下院(House of Representatives)である。他に用いられる名称としては、Assembly や General Assembly、House of Delegatesなどがある。上院とは対照的に、下院は華やかで、活発で、党派性が強い傾向がある。さらには、ほとんどの議員が2年任期であるため、つねに再選に向けて奔走している。1993年には、フルタイムの議員として働いている者が15％、事業を営む者が29％、弁護士が19％、弁護士以外の専門職も19％、残りは他の職業に就いていた(Patterson, 1996)。1997年の研究では、州議会議員のうち女性は21％であり、アフリカ系アメリカ人は8％であることが明らかになった。そして、ラテン系議員の67％以上が、カリフォルニア州、フロリダ州、ニューメキシコ州、ニューヨーク州、テキサス州の5つの州に集中している(Hamm & Moncrief, 1999)。

　上院、下院には役職が置かれている。州の上院の最も重要な役職は、通常、**議長**(President)と呼ばれる。28の州では、副知事が職権により上院の議長を務めている。それ以外の州においては、議長は上院によって選出された上院議員か、あるいは別の役職によって任命された上で上院で承認された上院議員である。下院の最上位の役職は**議長**(Speaker)である。下院議長は下院の構成員によって選挙で選ばれるが、議長は議会で大きな権力を振るうので、その選挙はしばしば激戦となり、対立が渦巻く。通常、議長は下院で議席の多数派を構成する政党のベテランのリーダーである。

　その他、議会の重要な役職には、多数党の院内総務、副総務、少数党の院内総務、副総務がいる(Patterson, 1996)。

　連邦議会と州議会の双方には、議会の実質的な業務の大半を遂行する多数の**委員会**がある。特定の政策分野で提案された法律を取り扱うものである。

州議会の代表的な委員会は、高速道路、刑務所、福祉、教育および司法といった分野を扱う。また、それぞれの議院には新しい法律に対する財源配分を決定する委員会がある。この委員会は、・歳・入・委・員・会、・予・算・委・員・会、・財・政・委・員・会、あるいはこれと類似した名で呼ばれる。議会のリーダーは委員会の人選をコントロールする。各政党はそれぞれの委員会に委員の議席をもっているが、通常、多数派党がそれらすべての委員会において過半数の票を握っている (Patterson, 1996)。

そして、ほとんどの州議会において、各政党は**議員総会**(caucus)を設けており、それは、その所属する議院にかかわらず、党に加入しているすべての議員から構成されている。議員総会は党が議会で追求する政策課題を推進するがゆえに、重要である。議員総会には、その職務以外議会では大した役割を果たさない議長が主宰するものもあるが、議会の役職者がとりまとめるものもある (Patterson, 1996)。

②議会スタッフ

上院議員および下院議員は比較的目立つ存在である。彼らの名前と写真は新聞に掲載され、そのため知名度が高い。まったく目立たないにもかかわらず、政策過程においてほぼ同じくらい重要なのが議員スタッフである。州議会議員はつねにスタッフをもっていたわけではない。実は、合衆国の歴史のほとんどを通じて、州議会は、その政治的力量よりも州都を訪問する短い期間に豪遊することでよく知られた州の指導的な「仲のよいおやじ連中」の支配する素人くさい機関であった。州議会は現代社会で十分に機能するのに必要なリソースが不足していたため、それ以上のことは何も期待できなかったのである。例えば、1960年代初期という近年に至るまで、マサチューセッツ州議会の240人のメンバーに仕える職員は、秘書室で働く5人のタイピストだけであった。下院議員は州都に事務所を持っていなかったため、議事堂のロビーや向かいのカフェテリアのソファなど人気のない場所を見つけては、そこで自分たちの業務を行わざるをえなかった。彼らへの手紙やその他の

メッセージは、大学の寮にあるものと同じような、一組のメールボックスに置かれていた (Bowman & Kearney, 1986)。マサチューセッツ州は少しも特別ではなかった。これが全国各地で見られる標準だったのである。

　今日、ほとんどの州議会は近代的なオフィスビルと職員を有している。一体、何が起こったのか？　第1に、1962年に合衆国の最高裁判所は、ベイカー事件 (*Baker v. Carr*) で1人1票主義の判決を下した。この判決により各州は選挙区の見直しを余儀なくされ、農村地区の力を弱め、代表性をより反映した州議会を生み出した。第2に、1970年代初期に、「州議会についての市民会議」(the Citizen's Conference on State Legislatures) のようなグループが、州議会をより近代的で、効率的なものにするための改革を提言した。提言された改革の中身は、より大規模なスタッフの配置とこれらのスタッフがよい仕事をするのに十分な事務所のスペースと設備であった。第3に、レーガン大統領の新連邦主義により、政策を発案・実施するためのより多くの責任が州に与えられた。この結果、州議会はより専門職化されるようになった。州議員は、議会の職務を遂行するために次第に相応の報酬を受け取るようになり、フルタイムで議会の仕事を行い、そして、有能な職員を雇うために必要な資金を受け取るようになる。しかし、州議会は各州で、専門職化の程度がかなり異なっている (Bowman & Kearney, 1986；Davey, 1995)。図表4-3は、州議会の専門職化の程度に基づき、州を3つのグループに分けている。専門職化の程度を決めるために用いられた基準は、(1) フルタイムの議員の人数、(2) 議員へ支払われている報酬、(3) 議会スタッフの規模である (Hamm & Moncrief, 1999)。

　州議員は通常、3種類の職員を活用する。**事務職員**は、電話の応対、手紙や書類のワープロ作成、郵便物の用意、スケジュール管理といった、あらゆる事務運営にかかわる職務を遂行する。これらの働き手は若く、賃金が安い場合があるにもかかわらず、しばしばかなりの権限を振るう。特に、議員や**専門職の職員**への接近をコントロールしている。後者は、その名称が示唆しているように、議会の仕事を実務面で手助けする専門的知識をもつ人々であり、通常、政治学、社会学、あるいは法学分野の学位を有している。彼らは、

2 政府機関のアクター

議会事務所に届く文書の山に目を通し、議員のためにその要点をまとめるという職務を果たしている。また、地元の市長が橋梁修理の許可を得るのを手助けする手紙を書いたり、電話したり、また、地域に新しい刑務所を建設することに反対する市民団体の陳情を受けたりというように、有権者と定例的な相談を頻繁に行う。さらに、専門職の職員は、忙しい議員のために予算を検討・分析し、主要な問題について簡潔なレポートを用意する。スクールリーダーは、専門職の職員の権限および影響について過小評価すべきではない。「議会スタッフは、議員や法案作成の中枢部に近接し、また、議員が必要と

図表4-3 州議会の専門職化の程度

高度に専門職化されている	部分的に専門職化されている	大部分が専門職化されていない
カリフォルニア	アラバマ	アーカンソー
イリノイ	アリゾナ	ジョージア
マサチューセッツ	アラスカ	アイダホ
ミシガン	コロラド	インディアナ
ニュージャージー	コネチカット	メイン
オハイオ	デラウェア	モンタナ
ペンシルベニア	フロリダ	ネバダ
ウィスコンシン	ハワイ	ニューハンプシャー
	アイオワ	ニューメキシコ
	カンザス	ノースダコタ
	ケンタッキー	ロードアイランド
	ルイジアナ	サウスダコタ
	メリーランド	ユタ
	ミネソタ	バーモント
	ミシシッピ	ウエストバージニア
	ミズーリ	ワイオミング
	ネブラスカ	
	ノースカロライナ	
	オクラホマ	
	オレゴン	
	サウスカロライナ	
	テネシー	
	テキサス	
	バージニア	
	ワシントン	

注)パターソン(Patterson, 1996)に基づいて作成。

する情報を処理・提供するという重要な役割を果たしているがゆえに、政策形成に大きな影響を及ぼす」とパターソンは述べている(Patterson, 1996, p.194)。そして、事務所で働く事務職員や専門職の職員に加え、議員は通常、州議会全体にサービスを提供している**中央議会事務局**を利用する。議会のレファレンスサービス、あるいは立法考査局と呼ばれることが多いこの機関は、法案のサンプルを起草したり、法律上の問題について調査したり、法案を通そうとする試みの背景にある事情について情報を提供するといった専門的業務を行っている。この機関のスタッフは事務所のスタッフよりも目立たないが、彼らもまた、政策過程においてかなりの影響力を行使しうる立場にある(Bowman & Kearney, 1986；Patterson, 1996, Weaver & Geske, 1995)。

③立法機関の主要アクター

　図表4-1が示すように、マーシャルらは、州議会全体が教育政策との関連できわめて大きな影響力をもっているが、個々の議員はさらに大きな影響力をもっているということを明らかにした(Marshall, et al., 1989)。事実、議員は政策過程全体において最も重要なアクターとして立ち現れた。最も影響力をもっている議員はたいてい**文教委員会**のメンバーであり、その委員長は特に重要である。すべての州議会には最低一つの文教委員会がある。4つの州——ネブラスカ州、コネチカット州、メイン州、マサチューセッツ州——にはひとつしかない。30の州には、2つの文教委員会——一つは下院に、もう一つは上院に——がある。16の州には、3つあるいは4つの文教委員会がある。第3、第4の委員会は合同委員会(上院と下院のメンバー両方を含んでいる)または、高等教育のための特別委員会である。委員会の数や名称にかかわらず、文教委員会はいくつかの重要な機能を発揮するため、委員会のメンバーは州の教育政策に対して大きな影響力を持っている。その機能には、教育関係法の策定、現行法令の検討、教育政策問題に関するヒヤリングの開催がある(McCarthy, et al., 1993)。教育というのは、どの州の予算においても主要事項であるため、財政委員会のメンバー(特に委員長)も影響力を持っている。

有力な議長は、いかなる教育政策が策定されるかについて絶大な影響力を持つもう一人の議員である。議会スタッフは、影響力という点では議会のずっと下にランクされるが、図表4-1は、多くの人々が予想する以上に議会スタッフの影響力が大きいことを示している。事実、議会スタッフは州教育委員会、学区教育委員会、管理職団体および連邦政府よりも高い得点を得ている。マーシャルら(1989)の研究は、教育政策形成における議会スタッフの重要性を確認し、それを見落とすことが重大な間違いであることを示しているのである。

(2) 行政部門

①知　事

　マーシャルら(1989)は、知事が教育政策に対して議会ほどの影響を及ぼさないことを明らかにしたが、それでもなお、その影響力は相当なものである。政策課題において教育を重視している改革推進型の知事は、自らの州の中だけでなく、全国的に大きな影響力をもつ。過去20年間の例としては、アーカンソー州のビル・クリントン知事、テネシー州のラマール・アレキサンダー知事、テキサス州のジョージ・W・ブッシュ知事があげられる。

　知事部局の影響力は州によってかなり異なっている。一般的に、最も影響力の強い知事は北東部諸州の知事で、最も弱いのが南部諸州の知事であることが知られているが、注目すべき例外がある。例えば、テネシー州には強い知事、ニューハンプシャー州には弱い知事がいる(Bowman & Kearney, 1986)。知事の権力はいくつかの要因が作用している。その要因とは、第1に、制度の力、すなわち、州憲法やその他の州法によって知事に認められた権限である。制度の力が最も強い知事は4年間の任期を務めるべく選出され、最低1回は再選でき、数多くの州の役職を任命する権限を持ち、州の予算面を統制し、自らが賛成しない法律の制定を拒否することができる。その他いくつかの要因によって知事の権力は高まる。地滑り的大勝によって、あるいは大差で選ばれた知事は、僅差で選挙に勝った、あるいは前職の死去や辞職によっ

て就任した知事よりも大きな影響力をもつ。州政府機関で経験を積んでいる知事は、州政治をよく知らないまま知事になった人たちに対して強みを持つ。州で最も力のある政党に所属する知事は、少数派政党の知事に比べて強みを持つ。最後に、魅力的なパーソナリティや強力な存在感を有する知事は、面白みがなく輝きのない知事よりも大きな影響力を持つ(Beyle, 2001)。

　知事は、しばしば州の政策形成において「争点を提起する触媒(issue catalysts)」として行動する。教育問題に積極的な志向をもつ知事は重要な問題を選び、演説でそれを公にし、国民や議会をしてそれに注目させる。教育政策はますます知事が特別に好む問題領域のひとつとなっている。知事が関心をもつようになる理由として、ひとつには**全米知事会**(National Govenors' Association, NGA)の活動があげられる。知事会はワシントンD. C. に本部があり、2002年現在、94人のスタッフを持ち、研究部門、ロビー活動部門、州サービス部門を運営している。その研究の最初のものは、公教育に注目したものであった。その研究部門である実践センター(Center for Best Practice)は、新しい政策を開発したり、実施したりすることを望んでいる知事たちに情報提供や支援を行っている。

　センターが関心をもっている領域は5つあるが、そのうちのひとつが教育政策である。例えば、2002年に、センターは連邦政府の落ちこぼれをつくらないための初等中等教育法(No Child Left Behind Act)を実施する州を支援した。全米知事会は重要なフォーラムを提供しており、そこで知事たちは、教育について討論し、可能な政策案についてアイデアを交換することができる。それは、さまざまな州の政策情報を提供することにより、知事とそのスタッフにとって情報センターとしても役立っている(Beyle, 2001, *National Governors' Association Online*, n.d.)。知事の教育改革課題に対する全米知事会の影響力の重要性は、十分に証明されている。例えば、イーデルフソン(Edelfson, 1994)——1980年代後半にセレステ・オハイオ州知事のスタッフで、教育担当官であった——は、知事の改革案に主たる影響を与えたものが知事会であったことを認めている。同様に、カプランとオブライエン(Kaplan & O'Brien, 1991)

は、知事会の年次大会への3回の出席が、サウスダコタ州のジャンクロウ知事に与えた影響について記しており、マゾーニは、改革期のミネソタ州において活動的であった組織のひとつが全米知事会であったことを指摘している（Mazzoni, 1995）。

②州教育委員会

　州教育委員会（State Boards of Education, SBE）は、準立法的機能および準司法的機能の両方を発揮しているが、行政上の重要な役割も果たしている。そして、州教育委員会の3分の2は、知事による任命制である。そのため、州教育委員会は行政部門に含まれてきた。

　州教育委員会は、1800年代初期にアメリカの教育行政機構の一部となった。1900年までに、28の州が教育委員会を有するようになった。今日では、唯一、ウィスコンシン州にだけ教育委員会がない。州レベルの教育政策にかかわる直接的な権限を行使することにおいて、州教育委員会が後塵を拝するのは州議会のみである。標準的な州教育委員会には、9名ないし11名の任命されたメンバーがいて、そのほとんどが教育の専門家ではない。一部の例外を除き、州教育委員会は幼稚園から高等学校段階までの教育（K-12）および職業教育にのみ責任をもっていて、通常、公立の高等教育については、高等教育評議会（board of regents）が同様の機能をもつ。議会が作った法的枠組みの中で、州教育委員会は学校財政以外の分野で教育政策を策定する。州教育委員会の最も重要な政策業務には、以下のものがある。(1)議会で制定された教育法令の施行に際して用いられる規則・規程の策定や承認、(2)幼稚園から高等学校段階の教師および管理職のための任用資格基準の開発、(3)州テストを含む教育評価プログラムの承認とモニター、(4)高等学校の卒業要件の決定、(5)学校認証基準の決定である。加えて、州教育委員会は、幼稚園から高等学校で起こった損害賠償請求の行政訴訟に対して最終的な審判を下す（Madsen, 1994；McCarthy et al., 1993）。

　図表4-1が示すように、マーシャルら（1989）は、調査対象となった州にお

いて、州教育委員会は最も影響力を持つ政策アクターには含まれないことを明らかにした。州教育委員会の行動力が相対的に欠如していることのひとつの理由は、州教育長、州教育省、議会の文教委員会から独立して行動するための、独自の十分な財源やスタッフを持っていない場合が多いからである。しかし、時としてこのようなリソースが与えられると、州教育委員会は教育政策への影響力行使により積極的になる。これに当てはまるケースがテネシー州であり、ここでは、1980年代半ばの行政機構改革によって州教育委員会や教育委員長が刺激を受け、ナッシュビルにおいて重要な役割を果たした(Fowler, 1987)。

③州教育長

1900年以来、合衆国のすべての州には、公教育の管理運営を任せられた**教育長**(Chief State School Officer, CSSO)がいる。教育長は、*superintendent of public instruction*とか、*state superintendent of schools* とか、あるいは *commissioner of education*と呼ばれることが多い。教育長の大半は、数年の行政経験を持つ教育専門家である。教育長は35の州において任命制——ほとんどが州教育委員会に任命されるが、9つの州では、知事によって任命されている——である。この他の15の州においては、教育長は公選制である。教育長の選出方法から、州の教育政策システムについて多くのことがわかる。知事に任命された教育長は、知事の政策課題を受け入れ、その推進に取り組む。彼らはふつう、知事や知事部局と良好な協働関係を持っているが、議会とうまくいく場合もあれば、そうでない場合もある。また、知事に抵抗したり、独自にイニシアチブを発揮したりするのをたいてい躊躇する。他方、州教育委員会に任命された教育長は独自に行動し、時折、知事や議会に異議申し立てを行ったり、抵抗したりする。最も独立性が強いのは、数としては少ない公選によって選出された教育長である。しかし、彼らは、他の人々や政府関係機関と強固なコネクションがないので、州都において孤立し、多くのことを成し遂げられない。

一般的に、教育長の職務は州のすべての公立学校に対する全般的な管理運

124　2　政府機関のアクター

営である。この責任を果たすにあたり、教育長が先頭に立ち、州教育省がそれを補佐するのであるが、州教育省については後で述べる。有能な教育長は、教育政策に対して大きな影響力を持つことができる。マーシャルら(1989)は、教育長が議会に次いで重要なアクターであることを明らかにしている。マッカーシーら(1993)が説明するように、「教育長は法律制定の準備をし、州教育省の課題を設定し、州教育省によって提供された情報をコントロールすることによって、州議会や州教育委員会の検討する諸問題に対し、影響を及ぼすことができる」(p.19)のである。

④州教育省

　どの州においても、最も重要な教育政策アクターのひとつは、**州教育省**(State Department of Education, SDE)である。それは州教育当局(state education agency)と呼ばれることもある。州教育省は、**図表4-1**にそれとして現れていないが、マーシャルら(1989)は、その研究において、州教育省と教育長を一体のものとして捉えた。このことは、州教育省が、リーダーとしての教育長と協働しており、影響力という点で議会のすぐ下にランキングされていることを意味する。図表4-2では、「教育関係団体」のひとつとされているが、その影響力は、教員組合のすぐ下、つまり2番目に位置づいている。これら2つの研究は、州教育省が州の教育政策過程において最も重要なアクターであるという点で一致している。

　州教育省は教育長に率いられ、州都に事務局本部(本局)が設けられているが、そこにはあらゆる議会事務所や他の事務所がある。州教育省の多くの職員が教育専門家であるが、そうでない人々もいる。財政学、会計学、政治学、経済学といった分野で訓練を受けた人々が、州教育省でしばしば働いている。教育政策に対する州教育省の影響力の大部分は、法的に規定された権限から生まれてくる。新たな法律が検討されている間、州教育省の議会担当者はデータや提案された政策がどのような影響を与えるかについての評価を文教委員会に提供する。新しい法律の制定後、州教育省は実施過程で用いる詳細な規

則・規程を策定する。そして、新しい法律が施行されると地方学区を支援し、学区がどの程度それを受け入れているかをモニターするのである。もちろん、州教育省は議会や教育長に仕えるだけの中立的な機械ではない。そこには人間が配置されている。彼らは教育政策に対する独自の見解をもっていて、新たな指示に同意することもあれば、しないこともある。州教育省は法律を無視したり阻止したり、あるいは、施行規則でその法律の趣旨を弱めてしまうことがある。州教育省のなかには、新たな法律に対する学区の対応を積極的に監視するものも、いい加減に監視するものも、あるいは、まったく監視しないものもある(Madsen, 1994 ; Pipho, 1990)。

　マドセンは、その著『州レベルの教育改革(*Educational Reform at the state Level*)』において、つぎのような興味深い話を詳しく語っている(Madsen, 1994)。それは、彼女が3年間働いていた州教育省が、1986年に議会が可決した教育改善法(Excellence in Education Act, EEA)を実質的にどう妨害したかについての話である。この州教育省は明らかに、イデオロギー上の理由で反対したのではなく、改革を実施するのに必要な財源を議会がつけず州教育省職員がとんでもない仕事量を余儀なくされたために反対したのだった。マドセンの話は、政策過程における州教育省の重要性を強調するものである。彼女は、つぎのような結論を出している。「今日、この州では、当初うまく行きそうだったEEAはなきに等しい状況になっている」(p.166)。非協力的な州教育省がもつ潜在的な力とはこのようなものである。

(3) 司法部門

　連邦最高裁判所や下位の連邦裁判所が政策形成上の重要な役割を果たすように、50の州の裁判システムも同じ役割を果たしている。州の裁判システムには2つのタイプがある。2段階のものと3段階のものである。2段階のシステム——地方裁判所と最高裁判所——を持つ11の州は、人口密度が低いか、あるいは面積の狭い州である。その他の39の州には、中間に位置する高等

裁判所が含まれている。高等裁判所がほとんど最終的な判決を下しているため、最高裁判所の業務負担は軽くなっている。地方裁判所では証拠が提出され、訴訟内容は陪審員を前に法廷で議論される。上級裁判所は下級裁判所からの控訴(上告)によってのみ訴訟を受け入れるが、そこでの判決は、事実に関する証拠に基づいてではなく、地方裁判所の法的手続きの正確さやその裁判官の法解釈の妥当性に基づいてなされる。上級裁判所の裁判官が、提出されている証拠が不十分であることを発見した場合、その訴訟を地方裁判所に差し戻して再審理となる。州の裁判システムのどのレベルにおいても、裁判官は弁護士の経験者である。裁判官を選出するための手続きは州によって異なり、任命されるか公選されるかである。しかし、たとえ公選されるとしても、州の裁判官はふつう、世間に対してまったくといっていいほど目立たない。事実、彼らは「最も目立たない」州高官だと言われてきた(Beyle, 2001 ; Jacob, 1996)。

　目立たない存在ではあるが、**裁判官**は教育政策をめぐってかなりの影響力を行使できる政治的人物である。最終的に、裁判官は議会によって制定された法律を解釈し、それをひっくり返すことができる。裁判官が政策過程から「超然としている」と見なすことは、重大な誤りである。明確な政策課題を持った集団や個人は、しばしば裁判所に影響力を与えようとする。そのためのひとつの方法は、自分の主張に好意的な裁判官の任命や選出をそれとなく支持することである。もうひとつの方法は、その訴訟が特定の政策上の争点に関連する場合、原告の法定費用を支払うことである。例えば、連邦レベルでは、1950年代に、全米有色人種地位向上協会(National Association for the Advancement of Colored People, NAACP)がトピーカ教育委員会に対する訴訟を提起した親たちを財政的に援助し、最終的に学校の人種隔離を禁止する連邦最高裁判所の判決を導いた事例がある。同様の援助は、州レベルでもよく行われる。さらに、利害関係をもつ団体は、事案に関する自分たちの立場を記した法廷助言者(*amicus curiae*, friend of the court)としての意見書(弁論趣意書)を提出することができる。これらの意見書は、公式記録の一部となる。要するに、裁判所

は重要な政策アリーナなのである(Jacob, 1996)。1970年代以来、州裁判所は、不満を抱える原告によって異議申し立てがなされてきた学校財政システムを支持したり変更したりすることによって、学校財政政策の形成に主要な役割を果たしてきた。これらの訴訟の原告は、財政上の困難を抱えた地方の教育行政官が多かった。これは、州裁判所を通じて政策に影響力を行使しようと連携し協力するスクールリーダーの好例である。

(4) 地方政府機関のアクター

本書は州の教育政策過程に、したがって州レベルの政策アクターに焦点を当てている。とはいえ、地方政府の職員もこの過程において一定の役割を果たしている。そこで、この節ではその役割について述べる。その目的は、教育委員会や教育長の機能についての詳細な検討を行うことではなく、州の政策過程という広がりの中で彼らが果たす役割について示唆することである。

①地方教育委員会

地方教育委員会は、49の州において重要な役割を果たしている。ハワイは唯一の例外である。法律的には、地方教育委員会は州政府の機関である。その構成、委員選出方法および権限は州法に規定されている。歴史的にみると、教育委員会は教育政策の形成に中心的な役割を果たしてきた。というのも、州政府は伝統的に、教育をめぐる憲法上の権限のほとんどを地方教育委員会に委譲してきたからである。しかし、1960年代の半ばから、州は徐々にその権限を奪い返してきており、州のカリキュラム・スタンダードの設定、州統一テストの実施、そして多くの州では、学区の学業成績データの収集とその「成績通知表(state report cards)」としての公表など、多くの分野の政策策定にかかわることで、州の優位を主張してきている(Fowler, 2000；Kowalski, 1999)。

それにもかかわらず、地方教育委員会はほとんどの州の政策過程において

依然として重要な役割を果たしている。まず第1に、地方教育委員会はつねに、州議会あるいは州教育省によって策定された幅広い政策的枠組みの中で、その学区にふさわしい政策づくりを行っている。例えば、州法は、公立学校の授業日数は最低180日とすることを求めている。地方教育委員会は通常、当該学区の授業日数が最低限の日数を上回るようにするかどうか、そうするとすれば、どの程度上回るようにするか、ということを決定する権限を持っている。また、学校の始業日と終業日も決定できる。同様に、年度途中の長期休暇をいつからにするかも決めることができる。教育委員会の仕事として2番目に重要なことは、州が指示した義務的政策を実施することである。例えば近年では、多くの州議会が州統一テストについて規定した法律を成立させてきている。地方教育委員会には、当該学区の生徒にこのテストを受けさせるか、受けさせないかの選択の余地はない。しかし、テストの準備にどれくらいの重きを置くか、テスト分野の学習指導を強化するために特別の教材を購入するか、また、テストに失敗した生徒に対してどのような補充学習を行うかを決定することができる。地方教育委員会は、州政策の実施への取り組み方いかんにより、その成功あるいは失敗に大きな影響力をもちうるのである。

②教育長

地方学区の最高執行責任者(chief executive officer)としての教育長はほとんど、学区教育委員会によって任命されている。クーパーら(Cooper, Fusarelli, Corella, 2000)が実施した調査によれば、現在、教育長の64.2％が博士号をもっており、そのうち3分の2は50代である。女性はわずか12.2％である。この調査は、回答者の民族的・宗教的背景については尋ねていないが、別の資料によれば、アフリカ系、ラテン系、アジア系の教育長の割合はかなり低い(Kowalski, 1999)。教育長職について、近年出版された本の中心テーマは、教育長の役割にまつわる危機(crisis)である。教育長の平均年齢は以前よりも高く、都市部の学区では在任期間が短くなっており、空きポストへの応募者は減ってい

るのである(Brunner & Bjork, 2001; Cooper, Fusarelli, &Corella, 2000)。

　この危機に関しては多くの原因がある。ひとつは、州政府の増大する圧力、すなわち、しばしば財源の裏づけを伴っていない形で義務的政策(mandate)を実施せよという圧力とアカウンタビリティを果たすべしという圧力である。カーターら(Carter & Cunningham, 1997)によれば、この20年の州主導の改革は、教育長たちに従属的な役割を強い、無力感を抱かせることになった。著者らは、州の政策を実施することが今日の教育長の主要な任務となっている、と論じている。しかし彼らはまた、つぎのようにも論じている。ますます多くの教育長が州レベルの政策形成過程で活動的になっており、政策立案や政策評価について州政府にアドバイスを与えようとしており、また、「学区のリソースを枯渇させてきた州や連邦の義務的政策の止めどない変更に不満をもつにつれて、教育長はこれらの義務的政策に影響を与えようとする試みに自ら積極的に関わっている(p.66)」。このように教育長は、州政策の実施だけでなく、個人としても専門職団体を通しても、政策形成過程全体に対して実質的な影響を及ぼすことが多くなってきている。

3　非政府機関の政策アクター

(1)　利益団体：それは何であり、何をするのか

　利益団体とは、「通常、公共政策に影響を与えることを試みる、公式に組織された個人あるいは組織の連合体である」(Thomas & Hrebenar, 1996, p.123)。ここ数十年の間に利益団体の数は増大し、活動は活発となり、その注意はますます州レベルに向けられてきている。政治学者のトーマスとレベナーは、1987年、1992年および1993年に行った一連の3つの研究において、50の州で最も活動的な団体のタイプを明らかにした。図表4-4はその調査結果を要約したものである。利益団体は通常1人以上のロビイストを雇っている

が、ロビイストは、議会連絡担当(legislative liaison)というわかりにくい肩書きで、議員に接近を試みる人である。そのいくぶんうさんくさいイメージにもかかわらず、ロビイストの多くは誠実で親しみやすい人々である。その職務内容は主として、(1)政府機関の政策アクターとの間にいつでも接触できるような関係を築くこと、そして、(2)自分たちの組織の重要問題についての情報をこれらのアクターに提供すること、である。ロビイストの影響力の主たる源泉は、特定の政策領域についての専門的知識である。彼らの努力の大半は、自分たちの政策問題に関連する州の議員および行政官に向けられている。時として、当該政府機関はロビイストによってかなりの影響を受けるため、彼らが規制をすることになっているはずの業界の言いなりになることがある。このような政府機関は「囚われている(captured)」といわれる(Elling, 1996; Thomas & Hrebenar, 1996)。

図表4-4　州レベルにおいて最も活動的な利益団体

業界団体
　産業・貿易協会
　医療法人
　医師会
　法人企業
　製造業者

政府関係団体
　地方公共団体
　公立高等教育機関

高齢者団体

組合
　公務員組合
　教員組合
　その他の組合

注)トーマスとレブナー(Thomas & Hrebenar, 1996)に基づいて作成。

(2) 教育利益団体

　活動や有効性のレベルが異なるにもかかわらず、多くの州で教育利益団体には同様の傾向が見られる。どの先行研究を見ても、**教員組合**はずばぬけて力のある教育利益団体である。この事実は、マーシャルら (1989) の研究とEducation Week誌の研究 (Questionable Clout, 1994) の両方に現れていた。政治学者もこれに同意している。事実、トーマスとレベナー (1996) は、43の州において教員組合の影響力が最も強いことがわかったため、州レベルでは、教員組合が最も力を持つ集団だと考えた。2つある組合のうち大きい方は、全米教育協会 (National Education Association, NEA) であり、270万人の構成員を抱え、50の州支部と何千もの地方支部をもつ。事実、NEAはアメリカ最大の労働組合であり、ほぼすべての州において一目置かれる一大勢力となっている (About NEA, 2002)。規模の小さい方の組合はアメリカ教員連盟 (American Federation of Teachers, AFT) であり、100万人の構成員がいる。AFTは主として首都圏一帯に集中し、アメリカ労働総同盟 (American Federation of Labor-Congress of Industrial Organizations, AFL-CIO) の傘下に入っており、歴史的にNEAの強力なライバルである。にもかかわらず近年は、両方の組織が歩み寄っている。NEAのメンバーは1999年、合併計画を拒否したが、2つの団体は頻繁に共同戦線を張っている (Archer, 2001, July)。

　その他の教育利益団体は、この2つの組合よりも力がかなり弱い。その主な理由は規模が小さいためである。10万人の構成員を擁する全米教育委員会連合会 (National School Boards Association, NSBA) と、1万5千人の構成員を擁するアメリカ教育行政管理職協会 (American Association of School Administrators, AASA) は、普段、州都においてその存在を見せつけている (Toch, 1996)。PTAに関しては、全米50州、2万6000の自治体における650万人のメンバーがPTAを強力な利益団体にするはずであるが (About National PTA, 2002)、会員構成が、親、管理職、教師、生徒というように多様なので、政策課題について意見の一致が得られないことが多い (Questionable Clout, 1994; Toch, 1996)。

1967年、イアナーコンは州の教育政治パターンの類型論を展開したが、それはこれらの利益団体の相互作用のありようを記述・整理する試みであった。1984年、マクギブニーはこれに修正を施した。この類型論は、州の教育体制(education establishment)が進化・発展する際に通過する、4つの「段階」から構成されている。第1段階：**バラバラな構造**では、教育利益団体は重要ではなく、むしろ、学区自体が州都において自らの利益実現をめざす。第2段階：**一枚岩的な構造**では、州の教育政策形成において、全州規模の教育利益団体が学区よりも重要になる。管理職団体とともに、NEA、NSBA、PTAの支部から構成される教育連合は、州教育省を調整役としつつ、その政策目標の達成をめざす。しかし、州が第3段階：**競争的な構造**に至った場合、こうしたコンセンサスは機能しなくなる。団体交渉法の制定は、しばしばこうした状態に陥らせる要因である。全州規模の教育利益団体は依然重要であり、活動的であるが、しばしばかなりの不信感が漂う雰囲気の中で、協力するのではなく競い合う。1984年の時点で、マクギブニーは、合衆国のどの州も(ハワイは例外の可能性があるが)、第4段階：**全州規模の官僚制化**に到達していると確信していなかったが、ヨーロッパはその段階に至っていると論じた。この段階では、協力関係が再開され、すべての教育利益団体の活動を調整する州レベルの包括的組織の確立によって、その協力関係は公式なものとなる(McGivney, 1984)。いくぶん古めかしいが、この類型論は、州の教育利益団体が相互作用するさまざまなありようを概念化するのに有用である。

(3) 非教育利益団体

ビジネス界を代表する利益団体——しばしば集合的にビジネス・ロビーと呼ばれる——は、どの州都においても最も影響力のある政策アクターに含まれる。事実、トーマスとレベナー(Thomas & Hrebenar, 1999)は、業界団体を、教員組合に勝るとも劣らないほど、州レベルで最も影響力のある利益団体として位置づけている。40州を対象とした1991年の研究において、グレイディ

(Grady, 1991)は、州の政策過程において活動的な業界団体のいくつかの類型を明らかにしている。これに含まれるのは、(1)金融業や農業といった特定の経済部門を代表する商業団体、(2)商工会議所、(3)製造業組合、(4)企業円卓会議(しばしば全米企業円卓会議(Business Roundtable)と提携している)である。業界団体の正確な構成は州によって異なる。農協が有力なアクターであるところもあれば、サービス業界や重工業界が重要なところもある。しかし、業界団体のタイプにかかわらず、グレイディは、それらのすべてが税を低く抑えるという政策目標に意見の一致があることを明らかにした。公立学校は州の税金の主たる受益者であるから、このことは、教育ロビーと企業ロビーがしばしば州議会における政策争点について対立することを意味している。近年、ビジネス界は教育政策に対して鋭い関心をもつようになっているが、それはコストの削減にとどまらない拡がりをもっている。例えば、州政治の動向についての研究で、マゾーニ(1995)は、ビジネスリーダーと業界団体が次第に州レベルの教育改革にかかわってきていることを明らかにした。彼は、企業円卓会議、全米製造業者協会(National Association of Manufacturers)、アメリカ商工会議所(U. S Chamber of Commerce)、全米企業同盟(National Alliance of Business)を特に重要なものとして確認した。

　その他の一般的な利益団体は業界団体ほど影響力がないが、ある州において、あるいは、特定の政策問題に関係して、かなりの影響力を行使する団体がある。特に注目すべきは、**民族的・宗教的基盤を持つ利益団体**である。NAACPやLa Razaのような民族志向の団体——それぞれアフリカ系アメリカ人とラテン系アメリカ人の利益を代表している——は、たいていの教育問題についてはロビー活動を行わないが、身近な政策論争に関しては積極的にかかわろうとする。当然、両者は、人種隔離を拡大する、あるいは自分たちの民族が学校でどのように教えられるのかに関係するあらゆる政策案に対してつねに関心を払っている。さらに、ラテン系アメリカ人の利益団体は特にバイリンガル教育に関心を持っている。同様に、カトリック司教協議会(Catholic Bishops' Conference)、キリスト教徒連合(Christian Coalition)、反名誉毀損同盟

(Anti-Defamation League)のような宗教利益団体は、特定の重要問題が検討中の場合にのみ、動員される傾向がある。さらに、近年では、妊娠中絶に反対する組織のように、**単一の問題を扱うイデオロギー団体**が多くの州で影響力をもつようになってきている(Thomas & Hrebenar, 1999)。不愉快な驚きを避けるためにも、スクールリーダーは、特定の政策上の争点が問われている場合、しばしば大きな勢力を擁する州の諸団体について知っていなければならない。

(4) 政策ネットワーク

　教育政策に関心を抱く団体は、ますます、政策に影響を与えるための広範な活動をとりまとめる政策ネットワークと呼ばれる大きくて緩やかな全国的組織の一部となりつつある。最も重要な教育政策ネットワークは、おそらく、全米知事会によって1966年に設立された**全州教育会議**(Education Commission of the States, ECS)である。ハーバード大学総長であったコナント(James Bryant Conant)によって初めて提唱されたこの組織は、ウェブサイトにおいて自らをつぎのように説明している。すなわち、「州の政策決定者と教育界のリーダーの間で情報やアイデア、経験の交換を促進することによって公教育を改善するという目的で設立された、すべての州を包括する会議」であると(Education Commission of the States, 2002)。49の州とコロンビア特別区、そして3つの地域がECSに属している。ECSは、デンバーに事務局を構え、政府と財団によって資金を提供されている。それは、非党派的な情報収集・蓄積・配信機構として、政府職員にとって教育政策についての重要な情報源となっている。

　州の政策アリーナにおいては、他の政策ネットワークも同様に活動的である。例えば、そのウェブサイトにおいて自らを「教育の卓越性を求める経済界の声」と説明している**全米企業同盟**(National Alliance of Business)は、幼稚園から高校までの初等中等教育、および高等教育双方の教育政策に影響を与えようとする大企業の取り組みを先導する役割を果たしている。5,000名のメンバーには、企業、CEO、経営幹部、教育家、そして州や地方の政治家がい

る。初等中等教育に関する8項目の政策課題には、「スタンダードとアセスメント」「ボールドリッジ基準(Baldrige Criteria)を用いた品質管理」「公教育における競争」等が含まれている。この団体は、出版や会議、ロビー活動を通じて、教育政策に対して大きな影響力を発揮している(*National Alliance of Business*, 2002)。児童保護基金(Children's Defense Fund)やアメリカの子どものための新連盟(New Coalition for America's Children)」といった、子ども問題のためのいくつかの全国的政策ネットワークも、しばしば教育政策上の争点にかかわるようになっている。政策ネットワークは、州と連邦双方のレベルにおける教育政策の形成において、ますます重要なアクターとなっているのである(Kaplan & Usdan, 1992)。

(5) 政策企画組織

①シンクタンクの定義

一般市民にとって、裁判所以上に見えにくいのは、**政策企画組織**(policy planning organizations)である。一般的にシンクタンクと呼ばれるそれは、20世紀初頭に現れ、第二次世界大戦後のわずかな間に人数面においても、活動面においても飛躍的に拡大した。それらは政府と関係があるものもあるが、ほとんどはそうではなく、財団、法人、個人の財政的支援に頼っている。シンクタンクは公式には、公共政策上の争点について経験的データを集め、それらの知見を政府に伝える存在である(Wise, 1992a)。しかし、シンクタンクはそれを通じて政策争点を定義するという点で重要な役割を果たしている。シンクタンクのスタッフは、研究すべき問題を決定し、その情報源を選択し、文書や口頭で研究の結果を要約する過程において、いかなる社会問題が公共政策上の争点と考えられ、それらの争点がどう概念化されるかを、ひそかに決めてしまうのである。政治学者のシャットシュナイダーは数十年前に「代替案の定義は、最高の権力手段である」と主張した(Shattschneider, 1960, p.68)。その意味で、シンクタンクはおそらく政策過程の最も重要なアクターである。

② シンクタンクと政策起業家

　シンクタンクは、本の出版や会議の開催に加え、時に**政策起業家**(policy entrepreneurs)の活動を後援することによって、そのアイデアを広める。シンクタンクの人々は、ヴァウチャー制やSBMのような特定の政策案を率直に提案する者であり、自らが望む政策変更をもたらすための活動に、多くの時間、エネルギー、資金を費やす。彼らはその政策案のために精力的に主張を繰り広げ、ロビー活動を行う。そして、自らの持論を立法化する一瞬のチャンスが現れたときには、しばしば重要な役割を果たすのである。政策起業家はシンクタンクで活動するとは限らない。政府職員や政治家、あるいは研究者であることもある(Kingdom, 1995)。とはいえ、シンクタンクによって資金提供されている政策起業家は、教育政策の刷新に重要な役割を果たしている。1987年から1992年の間に議会が学校選択政策の採用を検討した38州に関する研究において、ミントロム(1997)は、州の活動的な政策起業家の存在が、学校選択政策が承認される可能性をかなりの程度高めたことを見出した。彼はつぎのように結論づけている。

　　政策起業家は革新的なアイデアを政策課題につなげるという点で、重要な役割を果たしている。彼らは、自分たちの政策目標を実現できるように人々との親密な関係を発展させるべく懸命に努力し、また、自分たちの政策アイデアを売り込むための説得力のある議論を展開しようと試みる(p.765)。

(6)　メディア

① その政策的役割

　出版、放送メディア、通信社、オンラインサービス、インターネットなどのマスメディアは、政策問題や政策過程について報告するだけでなく、重要

な政策アクターでもある。新聞記事、ラジオやテレビの番組、あるいはオンラインサービスによって提供される情報は、ただ単に事実を中立的に提示していると見なすべきではない。すべては、選択と再構成という重要なプロセスを経て生まれるもので、それは意識的であれ無意識的であれ、真のニュースとは何か、そのニュースの意味は何か、といった問いについての立場を反映しているのである。メディアは情報をふるいにかけ、選択し、再構成しなくてはならないので、不可避的に政策過程において主要な役割を果たす。メディアは潜在的に政治過程のいくつかの段階で影響力を持つことができるが、**政策課題の設定**（agenda setting）――政策決定者が真剣に検討する公共的問題のリストのなかに政策争点が上がる過程――において最も重要になる。

　編集者は、いかなる話題がメディアで注目を受けるのかを判断し、それによって**メディア課題**というものを設定する。メディアが注目することによって、一般市民や政治家は、当該問題に関心をもつようになることが多い。ここにおいて、争点はメディア課題から**政策課題**へと移行してきている（Mead, 1994）。もちろん、この一連の動きは決して自然に起こるものではない。メディアは、一般市民や政治家の間ではほとんど関心を刺激しない話題を持続的にカバーするかもしれない。あるいは、一般市民が多大な関心をもってその話題に反応するのに対して、政策決定者は、おそらくそれを早急に解決するにはあまりにも複雑であると見て、むしろ、その状況を無視し続けることを選ぶこともある。たいていの人がテレビやラジオの報道を通じて問題を初めて知るようになるが、放送メディアは、政策アクターとしては通信社や新聞ほど重要でない。実際、ほとんどは通信社と新聞がテレビやラジオのメディア課題を設定するのである（Beyle, 2001）。また、通信社と新聞は、相当程度、オンラインサービスやインターネット上のメディア課題も設定する。

②メディア組織

　4つの主な**通信社**（AP通信社、UPI通信社、ロイター通信社、フランス通信社）は、国際的に組織され、世界中の報道各社へニュース記事、背景情報、および

写真を提供している(Fenby, 1986)。テレビのチャンネルやオンラインサービスは、通常、国レベルで組織され、それゆえ国内のニュースに焦点を当てている。**新聞**は、ますます大きな国内・国際企業連合(シンジケート)の一部となっているが、(通信社によって提供された)国内ニュースや、(自社の報道記者によって提供された)地方ニュースに焦点を当てる傾向がある。ラジオもまた、国と地方に焦点を当てている。報道各社は州のレベルで組織されることはめったにない。

合衆国のマスメディアのこういった側面は、ドリス・グラバーが、スイスチーズ・ジャーナリズム(Swiss cheese journalism)と呼ぶものをもたらす(Graber, 1994)。すなわち、多くの重要な公共的な出来事や問題をなおざりにするニュース報道である。チーズの穴の多くは、教育政策形成を含めた州レベルの政策形成に関係している。ジャーナリズムのこの不適切さは、合衆国のメディアもまた、政治的構成単位と何ら関係のない市場で組織されるという事実によって強まる。タッド・ベイルは、州のメディア市場の構造について、3つのタイプがあることを発見した(Beyle, 2001)。第1に、州の中には、州外の大都市圏のメディア市場によって圧倒されているところがある。例えば、ニュージャージー州はニューヨークやフィラデルフィアのメディアによって支配され、ウエストバージニア州は州外の3つの市場——シンシナティ、ピッツバーグ、ワシントンD. C.によって分割されている。こうした州では、州都の出来事についてのすぐれた報道を見つけることはきわめて難しい。

第2にありうるのは、州内に大きな市場が分断されたまま並列する事態である。カリフォルニア州、フロリダ州、ニューヨーク州、ノースカロライナ州、テキサス州はこの類型に当てはまる。ここでは、州政治の報道はいくらかなされるが、十分な報道を行う市場はまったくない(州都を含んでいるところを除いて)。そして第3に、デンバー、アトランタ、ボストンのような州内のある大都市のメディア市場によって、支配される州がある。そのような州では、もし主要都市が州都であれば、おそらく州都の出来事が十分報道されるだろう。そうでない場合、州の政治は、主要都市部の政治に隠れて見えなくなってしまうだろう。

第4章　主要な教育政策アクター　139

　合衆国のこうしたメディア構造は、つぎのことを意味する。すなわち、教育政策や政策形成に関心のある人々にとって、州レベルの政治についての多くのことを見つけ出すことは自分の州に関してでさえ容易ではないということである。この問題を解決するいくつかの方法は、本章の最後の節で示す。

4　政策アクターを特定し、それについて学ぶ

（1）　包括的なアプローチ

　政策アクターとの効果的な相互作用のためには、彼らが誰であり、どこに行けば会うことができるか、特定の問題について誰と接触するべきかについて知る必要がある。このことは、スクールリーダーが、自分たちの州の主要アクターに関する完全で最新のリストを持つべきことを意味している。しかし、スクールリーダーはきわめて忙しく、年々、忙しさが増している。同じことは彼らのスタッフにも当てはまるが、実際のリストの作成は、スタッフにまかせることになる。さらに、自由になる財源が限られているので、情報を求めて遠くまで旅をしたり、遠距離電話を何度もかけたりする余裕のあるスクールリーダーはほとんどいない。そのため、リストの作成にあたっては、以下の原則に従うべきである。

1. 可能なら、政策アクターの総合名簿を作成するために、既存のリストを利用すべきである。
2. まずは、最も費用のかからない情報獲得手段を試すべきである。
3. リストは、直ちにアクセスでき、容易に更新できる形にしておくべきである。理想的な形式は、簡単に修正し、印刷することが可能なコンピュータファイルである。

140　4　政策アクターを特定し、それについて学ぶ

　以下の節に掲げるリストを作成するにあたり、筆者は、これらの原則のはじめの2つに準拠することにした。それゆえ、リストは、最も身近で最も安価な情報源から、最も遠くにあって高くつくかもしれない情報源の順に整理されている。とはいえ、一般的な原則に準ずるために情報源の順序を変更することが、場合によっては、望ましいだろう。

（2）　公選職の役職就任者の所在確認

　図表4-5と4-6のリストは、特定すべき連邦および州レベル選出の役職就任者、およびその役職就任者について集めるべき情報を選んだものである。これらの政策アクターについての事実は比較的見つけやすい。そのため、このプロセスは特に厄介なものではない。情報を探す場所には、つぎのものがある。

1. 選挙区の事務所。おそらく最新のリストを備えているか、改訂を要するやや時代遅れのリストを有している。
2. 電話帳。最初の方に地元の政治家を列挙し、住所や電話番号を記載しているだろう。また、連邦議会や州議会用の電話番号も載っているかもしれない。補足的な情報については、「合衆国政府」や「○○州」といった見出しで、ホワイトページやビジネスページで入手できるだろう。
3. 公立図書館。レファレンス部門において、州政府のさまざまな人名録を見つけることができる。図書館司書が縦型キャビネットやCD-ROMのなかの補足情報を示してくれる。
4. インターネット。インターネットにアクセスする人々は、情報を探し出すために、InfoSeekのような検索エンジンあるいはYahooのような検索ディレクトリを使うことができる。
5. 婦人有権者連盟(The League of Women Voters)。この連盟は、地元選出の政治家について、事実に基づく情報を提供し、広めている。
6. 政治家の事務所。請求があれば、ほとんどの事務所は市民にその政治

家の記録や政策上の立場についての情報を提供するだろう。
7. **新聞**。選挙の時期になると、ほとんどの新聞が候補者に関する情報を伝える。さらに、議会が召集されるときは――通常1月であるが――、州政治についての特集記事を組む。地方新聞のバックナンバーは、おそらく地域の図書館でマイクロフィルムによって利用可能であり、最も身近な大学図書館は、おそらく州の主要新聞をマイクロフィルムの形で所蔵しているだろう。Lexis-Nexis*にはすべての州の主要な新聞の

図表4-5　特定すべき連邦の役職就任者と必要な情報

役　職	必要な情報（一人ひとりについて）
下院及び上院議員	住所
	電話番号
	電子メールアドレス
	FAX番号
	ウェブページ（もしあれば）
	所属政党
	在職期間
	次回選挙運動の年
	前回選挙での得票差
	教育についての立場
	文教あるいは財政委員会の公式メンバーか

図表4-6　特定すべき州選出の役職就任者と必要な情報

役　職	必要な情報（一人ひとりについて）
知事	住所
学区在住の上院議員	電話番号
学区在住の下院議員	電子メールアドレス
下院議長	FAX番号
上院議長	ウェブページ（もしあれば）
下院文教委員長	所属政党
上院文教委員長	在職期間
	次回選挙運動の年
	前回選挙での得票差
	教育についての立場

142　4　政策アクターを特定し、それについて学ぶ

索引があり、その電子版も提供されている。それは多くの大学のウェブサイトを通して利用することができる。

(3)　任命職の役職就任者と団体の特定

これらの政策アクターは、公選の役職就任者ほど目立たないが、見つけ出すことは簡単である。図表4-7は、彼らについての情報を体系化するためのフレームワークを提供している。以下のような情報源がお薦めである。

1. 州教育省の人名録。ほとんどの州教育省では、州の教育行政官の人名録あるいは便覧を発行している。これはオンライン上でも利用可能である。一般的に、そこには州教育省、州教育長および州教育委員会についての情報が含まれている。また、住所や電話番号とともに主要な教育利益団体を列挙していることもある。
2. 州都の電話帳。コピーが地域の図書館にあり、製本、マイクロフィッシュ、あるいは電子版のいずれかの形になっている。調べるべき箇所は、最初の部分にある政府一覧、ホワイトページあるいはビジネスペー

図表4-7　特定すべき任命職の州役職就任者と必要な情報

役　職	必要な情報（一人ひとりについて）
州教育長＊ 州教育委員会委員＊	住所 電話番号 電子メールアドレス FAX番号 ウェブページ（もしあれば） 所属政党 在職期間 誰が任命したか 任期 教育についての立場

＊印を付した役職は、2、3の州においては、公選職である——その場合、図表4-6を用いる。

ジにある州政府機関一覧、イエローページの連合団体のリストである。
 3. 組織の本部。請求があれば、ほとんどの利益団体は自らの団体やその政策上の立場についての情報を記載したビラや小冊子を喜んで提供するだろう。また、ほとんどがウェブサイトを持っており、Alta VistaあるいはExciteで名前を検索することで、それらの団体を見つけ出すことが可能である。

（4） 政策企画組織および関連組織の特定

　これらの組織は、公には目立たないので、最も見つけにくい。しかし、ここで推奨した情報源を1～2年かけてチェックすると、州において活動的なほとんどの団体（全国組織も含む）を容易に特定できるだろう。**図表4-8および4-9**は、これらの団体についての情報を整理するのに役立つ。

 1. 最近の政策レポート。政策企画グループは自らの関心ある問題についてレポートを作成し、それを広める。財団は、研究のスポンサーとなる。政策企画グループが発行する文書は、スポンサーの場合と同様に、そのプロジェクトに参加した人たちについてもたいていリストアップしている。スクールリーダーは、郵便あるいは専門職団体の会議でこのようなレポートを頻繁に受け取るので、学区にいてもコピーは入手できる。
 2. 新聞。ほとんどの新聞が、その地域の革新的な教育事業についての特集記事を掲載することがある。これらの記事は、事業を後援している財団や他の団体についての情報を明らかにしてくれることがある。
 3. Education Week誌。この全国的な教育専門の週刊誌は、シンクタンクや財団のレポートについての記事を伝える。この情報は、特定の教育政策を提唱する組織や、類似の政策運動を進めている組織を特定するときに手助けになる。

4 政策アクターを特定し、それについて学ぶ

図表4-8　特定すべき団体と必要な情報

団体	必要な情報(それぞれについて)
州の管理職団体	住所
州の企業円卓会議	電話番号
州の商工会議所	電子メールアドレス
州教育省	FAX番号
州のPTA	ウェブページ(もしあれば)
州の教育委員会連合会	現在の代表者氏名
	出版物の名称
州の教員組合	メンバーあるいは被雇用者の人数
州で影響力を持つその他の団体	教育についての立場

図表4-9　特定すべき政策企画組織および関連組織と必要な情報

団体および個人	必要な情報(それぞれについて)
活発に活動している、州または全国的な政策研究組織	住所
	電話番号
活発に活動している、州あるいは全国的な財団	電子メールアドレス
	FAX番号
	ウェブページ(もしあれば)
	政党との結びつき
大学を基盤とした政策研究センター	イデオロギーの傾向
財団の援助を受けている政策起業家	資金源
	教育についての立場

4. **インターネット**。政策企画グループの名前がわかってきたら、インターネットを検索してその情報を得ることが可能である。

5 スイスチーズ・ジャーナリズムに対抗する

　州の教育政策形成を理解したいと思うスクールリーダーは、まず、自分たちの地域のメディアによる報道記事の質を吟味すべきである。このような吟味を行うのに格好の時期は、議会の会期中である。報道記事は数週間、モニターすべきである。なぜなら、制定された法律の概要や地元議員の投票結果を、たまにしか掲載しない新聞もあるからである。州都で発行されるあらゆる新聞、そしてニューヨーク・タイムズ（*New York Times*）、フィラデルフィア・インクワイアラー（*Philadelphia Inquirer*）、ロサンジェルス・タイムズ（*Los Angeles Times*）といった州で発行される高級紙の報道記事を評定することも重要である。もし、これらのうちどれかがすぐれた報道を提供しているならば、そのウェブ版を定期的に調べるべきである。もし、新聞報道が不適切である——実際、不適切な場合が多い——としたら、スクールリーダーは、議会の会期中に、議会の最新情報を含んだニューズレターを発行している利益団体を特定すべきである。そういうことを最もやっていそうな団体は、全米教育委員会連合会、全米教育協会、アメリカ教員連盟の州支部である。スクールリーダーは、これらの団体のメーリングリストに加えてもらうことを頼むこともできるし、自分のコピーを喜んで回覧してくれる地方支部の職員の所在を特定できるかもしれない。

　スクールリーダーはまた、州の教育に関連したすべての議会ホットラインを特定すべきである。これらは関連法案の状況を記録した最新情報であり、無料ダイヤルでアクセスすることができる。また、州都を本拠地とする教育利益団体は、このホットラインを維持する可能性が最も高い。州議会も委員会会議や予定されたヒヤリングについての一般情報を提供するホットラインをもっていることがある。そして、ほとんどすべての団体が、ウェブページを立ち上げている。政策案に関係した彼らの活動についての価値ある情報は、たいていそこで入手することができる。

スイスチーズ・ジャーナリズムは、州レベルにおける活動が増大している今となっては、まさに時代遅れである。それでもなお、州の教育政策形成を理解したいと思う人々は、いくつかある情報源を特定し、系統立ててそれを用いれば、理解は可能である。しかし、当分は、メディアが州政府の重要性を認識し、それについてのより完全な報道を提供する日がまもなくやってくることを期待しよう。

◆用語解説

Lexis-Nexis（p.139）
　世界各国の法令、判例、特許、法律関連文献、新聞・雑誌記事、世論調査、企業情報などをオンラインで提供している世界最大級の総合情報データベース。

演習問題

1. あなたの意見では、州議会の専門職化は好ましい傾向であるか、そうでないか。自分の立場を擁護するための準備をしなさい。
2. あなたの州で州教育委員会と州教育長がどのように選出されるのか調べなさい。あなたの州は、本章で検討されたモデルのどれに該当するか。州行政機構の構造は知事、州教育委員会および州教育長の関係にどのように影響を与えるか。
3. あなたの州における最も重要な教育関係およびビジネス関係の利益団体を特定しなさい。それらはどのように相互作用しているか。
4. あなたの地域で手に入る日刊紙における州政治の報道記事を分析し、評価しなさい。

政策分析のためのニュース記事

教育の政治力学：カリフォルニア教員組合、闘いを仕掛ける

カリフォルニア州、サクラメント発
「子どもたちは小型機械ではないし、教室は組み立てラインではない。」
この春、カリフォルニア教員組合(CTA)がサクラメントでその年最大となる教育闘争に乗り出したとき、このような闘いの言葉がラジオから溢れ、州全域を駆けめぐった。教員組合の提案する法案、AB2160は、現在、賃金や手当に限定されている団体交渉の協議事項に教科書の選定、教育課程の編成、学校の施設・設備等の事項を組み込むことにより、教員や組合に前例のない権限を与えるものである。近年の教育改革は、政治家には評判がよいが、教員にはアカウンタビリティと負担を増大させるものであった。この法案はそうした教育改革への応答であり、法律を制定する者が学力目標を設定するのであれば、その目標を達成するための道具(ツール)は自分たちで選択したいと教員たちは主張するのである。

第1回のヒアリングが始まる前に、その法案は論争と厳しい政治的対決を引き起こした。それは教育界を二分した。教育行政当局の側は、賃金交渉の場は教科書や教育課程に関する建設的な意思決定を行うにはあまりにも敵対的であるという。その法案に対して、教員組合による「権力の強奪」という烙印を押す者もいる。

この法案はまた、民主党内部を二分する恐れがある。ゲイリー・デイビス知事を含めて、民主党員の中には、法案のメリットに懸念を表明する者もいるが、法案を支持する圧力は相当なものとなっている。というのも、教員組合は民主党の支持基盤としてナンバー2を誇り、法案の立案者の2人というのが、下院議長のハーブ・ウェッソンと下院文教委員会委員長の女性議員バージニア・ストロム・マーティンであるからである。下院議長の決定的な支持を得て、法案は下院を

通過する可能性が高い。

　しかし、最大の政治ドラマはこの法案がデイビス知事への直接的な挑戦であると考える者がいるという事実である。知事は組合から相当の政治的支持を受けながら、いくつかの鍵となる教育改革について組合と対立してきたからである。選挙の年に教育法案に拒否権を発動することは政治的に困難であるから、法案が知事室に上がってくれば、やっかいなことになるであろう。知事は教員組合のジョンソン委員長とこの4月、3時間にわたり法案について話し合った。これは、他の法案や利益団体であれば望んでも得ることのできない注目度の表れであった。

　教員組合の提案する法案に反対する者は、ジョンソンが組合による政治的操縦を否定するのは「お笑いぐさ」だと言っている。というのも、ジョンソンはつい最近それをやったばかりだからである。「CTAは圧力をかけるのも、好機を捉える戦術にも長けている」と、カリフォルニア州教育委員会連合会事務局長のプロットキンはいう。「CTAの連中はタイミングをはかるのが実にうまい」。カリフォルニア州教育行政管理職協会のロビイストであるジェフリースは「困ったことのひとつは、議員の大多数が組合を支持していることであり」、「この法案は教師の発言権を大きくするものであると思い込まされていることである」と言っている。「教員は間違った標的をめがけて撃っているのではないだろうか」と発言するのは、同州教育委員会連合会会長のウォールデンである。「問題は議会だ。たぶん、われわれはお互いに連携・協力して対処すべき時期に来ているのではないだろうか」。

　L. グレッドヒルの記事（L. Gledhill, "The Politics of Education: CTA Picks a Fight , " *California Journal*, May 1, 2002, p.8 ）より許可を得て改変。

問　題

1. この記事に登場する政策アクターをすべて取り上げ、本章の見出しを

使って分類しなさい。
2. CTA、カリフォルニア州教育行政管理職協会、カリフォルニア州教育委員会連合会それぞれの影響力の源泉を分析しなさい。どこが最も強力か。それは、なぜか。
3. この記事の1行目の文章から判断すれば、アカウンタビリティを確保する諸政策を通過させてきたカリフォルニア州議会のメンバーの支配的なイデオロギーは何か。
4. ウォールデンの示唆に従って行動を起こす場合、カリフォルニア州の「教育界」が直面する課題について討論しなさい。

事例研究
「弱い者いじめをやっつけよう」──アカウンタビリティの政治力学

　1987年、オハイオ州議会はH. B. 231（法）を成立させ、算数科、国語科（読み、書き）、公民科に関する標準的な学力に関するスタンダードを設けた。これが、1993年に始まるオハイオ州の最初の州統一の習熟度テスト、すなわち、合格することが卒業要件となった9学年テストの基礎になった。その後、議会はテスト事業を拡大し、4学年テスト、6学年テスト、12学年テストを実施し、理科分野も加えた。学校の授業はますますテスト準備に焦点を合わせるものとなっていった。教育者は教育課程がこのように狭隘化することに不満で、とりわけ、テストの妥当性については疑念を抱いた。しかしながら、彼らはこの政策を変更しようとはしなかった。というのは、もし変更をせまればアカウンタビリティに反対していると誤解されることを恐れたからである。

　1997年、州議会はそれまでよりはるかに厳しいアカウンタビリティ法制を公にした。それは、ほぼテストの得点だけを基にして学区の成績通知表を作成する仕組みを確立するものであった。この成績通知

表は毎年、メディアに公表され、納税者は学区がどれだけ教育効果を発揮しているか（していないか）を知ることができる。それはまた、「4学年学力保証」の規定を含んでいた。すなわち、読みの分野でテストの成績が合格ラインに達しなかった4学年の生徒は、特別に個別学習プランを立てるか、校長か教師から適用免除をもらうかしなければ、2001年からは、原級留め置きとなる仕組みのことである。

オハイオ州の教育関係者は皮肉たっぷりに、つぎのような冗談を言い合った。近いうちに、4学年の生徒数が爆発的に増え、小学校は車でやってくる10代の生徒のために駐車場を拡げざるをえなくなるだろう。しかし、オハイオ州の生徒の親にしてみれば、4学年の生徒の約42％が合格ラインに達していないことが公表されたとき、そんな冗談に笑うわけにいかなかった。コロンバスの郊外に住む2人の母親、メアリー・オブライエンとテリー・ジーグラーは「オハイオ州統一習熟度テスト反対」の草の根運動を組織し、「弱い者いじめをやっつけよう」というスローガンを採用した。「弱い者いじめ」とは州議員たちのことである。彼女らは、数カ月にわたり、新聞の編集者へたくさんの手紙を書き、テレビに出演し、州教育委員会で証言し、州都で派手なデモを繰り広げた。

オハイオ州の政治リーダーはすぐに反応した。タフト知事はその問題を調査し、2000年の12月に勧告を出すよう、学業成績向上のための諮問委員会を任命した。知事は議会の共和党議員に勧告が出るまで待つように説得したが、議員の何人かが2000年の秋に政策を修正する法案を提出した。

その間に、教育関係者も率直に自己主張を始めた。オハイオ教育協会は州の全域でテストに関する諸問題を討論する33ものフォーラムを開催した。管理職とその団体もテスト、学区成績通知表の両方について公然と批判を始めた。例えば、副教育長のジョイス・バウワーソクは「議員ができるはずと考えている部分の読みができないという理

由で、9歳の子どもに罰を与えているんですよ。愚かなことだと思います」と言い、教育長のデイビッド・マクウィリアムスは「学区間の成績の比較をやることに、納得できません。学区といっても、いろいろなんですから」と言い、オハイオ州教育委員会連合会のジョン・スタンフォードは、学区成績通知表は学区の名声を傷つけ、教育税を決める住民投票についても学区を困難に陥れるであろうと述べている。

12月、諮問委員会はテストの数を減らすことを勧告した。2001年、議会はその勧告を受け入れるとともに、「4学年学力保証」の規定を大きく緩めた。

About Us, n. d; Clark, December 16, 2000; Ebbing, September 6, 2000; *History of Ohio Proficiency Tests*, n. d. ; Hunt, Tortora, & Mrozowski, Septmber 3, 2000; OEA Online News, n. d. ; Sidoti, September 5, 2000; Welsh-Huggins, September 5, 2000; Welsh-Huggins, November 30, 2000に基づいて作成。

問　題

1. この事例研究に登場するすべてのアクターを取り上げ、本章で展開されている分類法に従って分類しなさい。
2. オハイオ州の教育関係者が、親が反乱を起こすまで、このアカウンタビリティ法制に対して攻撃しなかったのは、賢明なことであったか。理由をあげて、説明しなさい。
3. 生徒の親が政策変更に成功したのはなぜか。
4. マクウィリアムス教育長の発言について討論しなさい。

第5章　争点の定義と政策課題の設定

中心的な問い

・政策上の争点はどのように定義されるのか。
・争点の定義はなぜ重要なのか。
・政策課題とは何か、そして政策上の争点はどのようにして政策課題となるのか。
・スクールリーダーはどうすれば政策過程の諸段階に影響を与えることができるのか。

1　政策過程における認知と現実

　科学者であるベノー・ミューラーヒルは、自分の高校時代の愉快な逸話の中で、現実に対する人の認知が他者によってどのように形作られるのかについて実例を示している(Muller-Hill, 1988)。ミューラーヒルの通っていた高校の理科の授業で、先生が望遠鏡を校庭に設置し、生徒たちに一列に並んで望遠鏡を覗くように指示したことがあった。生徒たちは惑星やその衛星を観察するはずであった。最初の生徒は、惑星が見えないと言った。しかし、先生が焦点の合わせ方を教えたので、その生徒は鮮明に見えるようになったと言った。彼に続いて、何人かの生徒が望遠鏡を覗き、惑星と衛星が見えたと言った。しかし、ちょうどミューラーヒルの前にいた男子生徒が何も見えないと大声で主張した。いらだった先生は自分で望遠鏡を覗いたところ、戸惑いの表情

が顔に広がった。先生はレンズからカバーをとるのを忘れていたのであった。一人として惑星や衛星を本当に見た者はいなかったのだった。生徒たちが面倒なことになる(もしくは悪い評価をされる)ことを避けるために惑星や衛星を見たふりをしたのかどうかとか、レンズに付着したほこりやレンズのきらめきを惑星だと思ったのかどうかは、ここでの目的にとってはどうでもいいことである。問題は、自分の認知すべきだと考える現実については、これを認知したいという強い欲求を人間が持っているということである。われわれの周囲にいる人々が受容していて、われわれにも受容することを期待してもいる、これが真実であるとする現実についての定義によらずに現実を認識することは、われわれには途方もなく困難なことである。

こうした傾向は、政策過程の最初の2つの段階である「争点の定義」と「政策課題の設定」において、特に重要である。もし、政策上の争点がうまく定義されていないと、それが重要であると認識されないだろうし、それが多くの人々に重要であると認識されなければ、政策課題に到達するほどの注目を集めることはありえないだろう。政策課題に到達しないのであれば、正式な政策となりえないことは明らかである。政策過程のこれら2つの段階は、重要であるにもかかわらず、スクールリーダーを含めて一般には比較的なじみがない。それはひとつには、これらの段階がメディアの注目を浴びずに静かに進行するからであり、またひとつには、高校の政治経済の授業や多くの大学の政治学のコースでさえ、「政策立案」や「政策決定」というもっと目立つ段階に焦点が当てられており、これらの段階が見逃されているからである。しかしながら、「争点の定義」と「政策課題の設定」はおそらく政策過程全体で最も重要な段階であり、つぎの段階で行われることに決定的に影響を与えるのである。

政策過程のこれら2つの段階に気づいていないスクールリーダーは、教育政策の提案と変更に不意打ちを食らったと感じることがよくある。彼らにとっては、新しい政策アイデアが一見どこからともなく現れ、驚くほどの支持を得ながら、急転直下議会や裁判所に持ち込まれるのである。教育の専門

家はなんとなく自分たちが埒外に置かれ、自分たちのアイデアや経験は誰にも気にかけられていないと感じることがしばしばある。政策過程というゲームがどのようなものであるかを理解しようと努めるよりもゲームを有利に運ぼうと望むリーダーにとって、ここでいう第1段階を理解し、それをフォローする方法を知り、それに対して影響力を及ぼすスキルを持つことは必要不可欠である。

そこで、本章では政策過程における争点の定義と政策課題の設定の段階について述べる。本章の最後の部分では、スクールリーダーがこれらの過程をモニターし、影響力を与える方法を提示する。

2　争点の定義：舞台の設定

(1)　争点の定義とは何か

ある政策上の争点を定義することは、**問題**(problem)を政府が取り組むことのできる**争点**(issue)に変換することにかかわる政治的過程である。それは言説(言葉による表現)の過程であり、文書や口頭によるコミュニケーションを通じて現れてくる。それはまた、世論の支持を得るために争点の魅力的なイメージを創り、アピールするようなシンボルと結びつけることを含む。争点を明瞭に定義することは、政治的な支持を得る可能性を増大させ、反対の可能性を減少させ、政策論争を形づくる。それは、その後に続くより視認性の高い政策過程の局面のための舞台を設定することになる(Anderson, 1984; Baumgartner & Jones, 1993; Rochefort & Cobb, 1994)。

争点の定義を考える場合、**問題**と**政策上の争点**とを区別することが重要である(Best, 1989; Stone, 1989)。世界は問題(すなわち生活を不快にし不便なものにする困難な状況)に満ちている。スクールバスがときどき故障するとか、教師たちの機嫌が悪いことがよくあるとか、子どもたちの心が授業の復習よりも

テレビのアニメのことで一杯であるとかという問題を学校が抱えていることを、すべての教育関係者は知っている。にもかかわらず、多くの教育関係者はこれらの問題を学校生活では避けられない問題として、もしくは日常のたいしたことのない厄介事として受け止めている。彼らは普通は、これらを政府が行動を起こすべき争点として見ることはない。

　図表5-1は、学校においてどこでも見られる問題を5つあげている。ほとん

図表5-1　学校においてどこでも見られる5つの問題

1. 多くの教員や校長はモラールが低い。
2. 生徒たちを学習へと動機づけるのは困難なことがよくある。
3. 多くの生徒が引っ越しによって学年途中に転校する。
4. テレビを見たりコンピュータ・ゲームで遊ぶことに多くの時間を費やす子どもたちは学校をつまらないと思っている。
5. 教育資源は往々にして無駄使いされている。

図表5-2　図表5-1の問題にもとづいた5つの政策上の争点

1. 低いモラールは主要な専門的判断についてコントロールできないことの結果と見なされるため、教員と校長は学校ごとに自律的な意思決定ができるよう権限を付与されるべきである。
2. 生徒が運転免許を取得するためには平均でC評定以上の成績を維持しなければならないとされれば、彼らの学習への動機づけは高まるであろう。
3. 生徒を持つ親が学年途中に通学区域外に引っ越すことは、法的に禁止されるべきである。
4. 18歳未満の生徒には、教育的で動機づけを高めるメディアのみを視聴させるべきである。
5. 生徒を獲得するために学校が互いに競争しなければならないのであれば、学校はより賢明に教育資源を使うであろう。

図5-3　児童生徒の学習に対する動機づけに関する5つの政策上の争点

1. 生徒が運転免許を取得するためには平均でC評定以上の成績を維持しなければならないとされれば、彼らの動機づけは高まるであろう。
2. 体罰がアメリカの学校で復活されれば、生徒の動機づけにおいて劇的な上昇を見るだろう。
3. 全国学力水準テスト（National standards and assessments）は、学校で生徒がより真剣に勉強する動機づけとなるであろう。
4. 教師が生徒にとってもっと有意味なカリキュラムで教え、もっと体験的な学習活動を採用すれば、動機づけの問題は減少するであろう。
5. 生徒が教師やクラスメートともっと親しくなれるような小規模な学校になれば、児童生徒はより動機づけられるであろう。

第5章　争点の定義と政策課題の設定　157

どの教育関係者はこれらが問題であることには同意するであろうが、これらを緊急に対処すべき問題であるとはおそらく感じていないだろう。しかし、図表5-2では、これらの問題が政策上の争点に変換されている。問題とは異なって、争点は論争的であり、それは問題についての解釈や一連の価値判断、そして政府の相応の役割に関する理解を含んでいる。スクールリーダーは、いかなる問題も政策上の争点を生み出しうることを理解すべきである。図表5-3は、図表5-1の2に挙げた生徒の学習への動機づけに関する問題から引き出せる多くの争点の中から、5つをリストアップしたものである。争点の定義の段階においては、1つの問題についていくつかの競合し合う理解が同時に議論されることもある。しかし、最終的には2つか3つの定義が、問題の妥当な定義として受け入れられることとなる。その場合、「勝者」は基本的にその定義の仕方の巧みさゆえに打ち勝ったといえる。

(2) 教育政策の企画・研究コミュニティ

①その特質と構造

　争点の定義は、知的な過程であり、人々の心の中で行われるものであり、その心はある場所に実在する人々に宿るものである。これは、争点の定義が特定のときに、特定の場所で行われる必然性を持つことを意味している。アメリカにおける教育政策の争点はそのほとんどが、**教育政策の企画・研究コミュニティ**（Education Policy Planning and Research Community, EPPRC）と呼ばれる、相互にゆるやかに結びついた一群の機関によって定義されている。政策課題設定の一部もこのコミュニティで行われる。これらの機関は政策過程において重要な役割を果たしているにもかかわらず、その存在はあまり知られていない。ロードアイランド州とニュージャージー州の元教育長であったフレッド・バークは、このネットワークによる争点の定義の過程を「インフォーマルそのもので、公開されておらず、正体がはっきりしていず、気まぐれで、公共政策的な観点からすれば、説明責任を負っていないたぐい

の」(p.11)「準私的なもの(para-private)」であると記述している(Burke, 1990)。このコミュニティを構成する機関として、彼は連邦教育省、公益(非営利)財団、リーダー的な大学の教授や学長、教員組合、教育関係団体とその傘下の団体、そして教科書出版社を挙げている。

図表5-4は、EPPRCと政府およびマスコミとの関係を描いたものである。この図において、財団、大学、政策立案グループ(シンクタンク)そして連邦教育省がEPPRCの核を構成している。アメリカには2万を超える財団、およそ1,000の政策企画組織、そして夥しい数の大学があるが、教育政策の開発

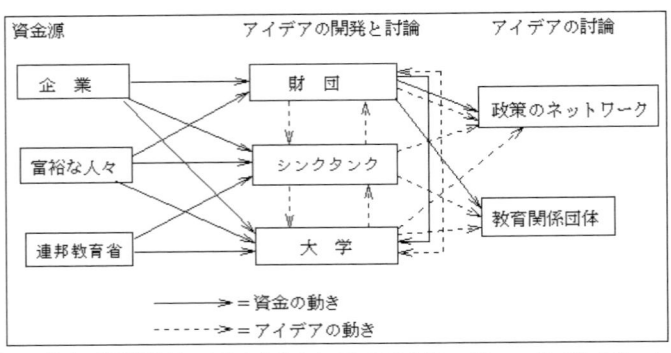

図表 5-4　教育政策の企画・研究コミュニティ

資金源	アイデアの開発と討論	アイデアの討論
企　業	財　団	政策のネットワーク
富裕な人々	シンクタンク	教育関係団体
連邦教育省	大　学	

―――→ ＝資金の動き
-------→ ＝アイデアの動き

注)この図は、ダイの著書『誰がアメリカを動かしているのか(Dye, Thomas R., *Who's Running America?*, 1995)』に基づき、発行元のPrentice Hallの許可を得て手を加えて作成したものである。

図 5-5　教育政策の研究や政策の発案に資金提供をしている財団

ケイシー財団(Annie Casey Foundation)
カーネギー財団(Carnegie Corporation)
ダンフォース財団(Danforth Foundation)
リーダーズダイジェスト基金(Dewitt Wallace-Reader's Digest Fund)
ケロッグ財団(Kellogg Foundation)
リリー基金(Lilly Endowment)
マッカーサー財団(MacArthur Foundation)
ピュー慈善基金(Pew Charitable Trust)
ロックフェラー財団(Rockefeller Foundation)
スペンサー財団(Spencer Foundation)

第5章　争点の定義と政策課題の設定　159

図表5-6　教育政策を研究している政策研究組織（シンクタンク）

エンタープライズ公共政策研究所(American Enterprise Institute)
ブルッキングス研究所(Brookings Institution)
経済開発委員会(Committee for Economic Development)
経済政策研究所(Economic Policy Institute)
ヘリテージ財団(Heritage Foundation)
ハドソン研究所(Hudson Institute)
マンハッタン研究所(Manhattan Institute)
ランド研究所(RAND Corporation)

図5-7　教育政策研究コンソーシアムの構成大学

ハーバード大学(Harvard University)
スタンフォード大学(Stanford University)
ミシガン大学(University of Michigan)
ペンシルベニア大学(University of Pennsylvania)
ウィスコンシン大学・マディソン校(University of Wisconsin-Madison)

においてそれらがすべて重要というわけではない(Nielsen, 1985, Weiss, 1992)。多くは防衛や農業などといった他の政策領域に特化していたり、他の多くは政策開発にはまったく関与していない。教育に重要な役割を演じているのはほんの少数の機関にすぎない。図表5-5は、教育に特にかかわりのある11の財団をリストアップしたものである。図表5-6は、教育政策の研究で知られる8つのシンクタンクであり、図表5-7は、この領域で活躍している5つの主要大学である。これらの5大学は、教育政策研究コンソーシアム(Consortium for Policy Research in Education, CPRE)を形成している。その他の財団やシンクタンク、大学も教育政策の開発に参加しているが、これら24の機関は特に重要である。これらの機関名の多くは、スクールリーダーにとってなじみのあるものだろう。

　これらの24機関は、決して一枚岩的な統一性をもっているわけではなく、互いに意見の一致があるとは限らない。ほとんどの財団やシンクタンクはイデオロギー上の指向性を持っている。例えば、カーネギー財団やランド研究所、経済開発委員会(Committee for Economic Development)はリベラルだが、経

160　2　争点の定義：舞台の設定

済政策研究所はきわめてリベラルである。対照的に、エンタープライズ公共政策研究所(American Enterprise Institute)やハドソン研究所、マンハッタン研究所は、保守的な研究や出版でよく知られている。ヘリテージ財団は、ここに挙げられているグループの中では最も右寄りであるが、決してアメリカで最も保守的なシンクタンクというわけではない(Lagemann, 1989; McGann, 1995; Nielsen, 1985; Peschek, 1987)。このことは、これらの組織がある種の共同謀議で動いているということでは決してなく、争点の定義の過程にかかわる人々に対して、教育問題についての自らの定義を認めさせるべく猛烈に競い合っていることを意味する。

②EPPRCの財源
　すべての組織がそうであるように、EPPRCを構成する組織は自らの事業を推進するために相当な財政援助を必要としている。財源は主に、企業、富裕な個人、そして政府(特に連邦教育省)の3つである。多くのシンクタンクは財団から財政的な援助を得ているが、財団の資金の多くは結局は企業や富裕な個人からのものである。
　これらの機関に対して、いくつかの方法で資金が提供される。企業と富裕な個人は現金による寄付をすることもある。ヘリテージ財団が1973年に設立されたとき、富裕なビジネスマンであったコロラド州のジョセフ・クアーズ(Joseph Coors)が創設基金の多くを提供した。他の資金提供者の中には、富裕なビジネスマンであったリチャード・メロン・スカイフ(Richard Mellon Scaife)やオーリン財団その他のいくつかの企業が含まれていた(Peschek, 1987)。もうひとつの一般的な資金提供の方法は、機関の基本財産に寄付することである。基本財産は投資されて利益分のみを使用するため、安定した収入源となる。アメリカで最も古いシンクタンクのひとつであるブルッキングス研究所は、非常にしっかりした基本財産を持っている。創設基金の多くは鉄鋼王アンドリュー・カーネギー(Andrew Carnegie)によって提供されたものであった(McGann, 1995)。多くの大学もまたしっかりとした基本財産を持っており、

第5章 争点の定義と政策課題の設定　161

ハーバード大学やエール大学はその中でもトップにある (Dye, 1983)。

　これらの機関に資金を提供するもうひとつの方法は、補助金である。むろん、補助金は競争的な資金である。連邦政府や財団が補助金事業によって資金を提供する場合、まず申請要項が作成される。申請要項には通常、どのようなプロジェクトが補助金を受けられるのかについての説明と申請書の記入方法についてのガイドラインが示されている。機関や個人が申請を行い、数件が補助金対象として選ばれる。大学やシンクタンクで行われる教育研究の多くがこの方法で財源を得ている。例えば、CPREは1985年に連邦教育省の一部局である教育研究・改善局 (OERI) から5年間の補助金を受けて創設された。CPREはまた、カーネギー財団やピュー慈善基金を含むいくつかの財団から補助金を受けている (CPRE, n. d.)。

　時として、資金提供は契約の形式をとる場合がある。カリフォルニア州に本部があるシンクタンクであるランド研究所はそのよい例である。連邦政府との契約に基づいて、ランド研究所は1960年代から70年代に連邦教育事業の評価の多くを手がけた。委託研究や出版の委託などは特殊な種類の契約である。カーネギー財団は、クリストファー・ジェンクスの『不平等 (*Inequality*)』やジェームズ・B・コナントの『教育政策の形成 (*Shaping Educational Policy*)』など教育政策に関する数多くの研究や出版を委託し支援している (Lagemann, 1989)。むろん、政策アイデアの開発にかかわってきた多くの機関は、複数の財源から複数の方法で資金を得ている。ブルッキングス研究所はしっかりとした基本財産を持っているが、財団からの支援にも依存している (Smith, 1991)。年間予算がおよそ1億ドルのランド研究所は、その基本財産から財政的な援助を受けているが、同時に政府や財団からも支援を受けている (Weiss, 1992)。大学も、学生の授業料や (いくつかの大学では) 会費・分担金と並んで、政府の補助金や事業契約、企業や富裕な個人からの寄付、財団の資金などいくつかの資金源から支援を受けている。これらの機関すべてにとって、十分な財源を安定的に確保することは絶えざるチャレンジ (達成が困難な課題) である。

162　2　争点の定義：舞台の設定

③新しい着想の開発と議論

　EPPRCは、新しい政策上の着想を開発し、議論し、政策企画グループやマスコミ、政策決定者に伝達できるようにするために複数のフォーラムを提供している(McGann, 1995)。シンクタンクと研究重点大学が、この知的活動の主たる場である。シンクタンクは、研究者や執筆者を雇用し、その指導(首脳)部により設定された研究および出版上の課題を追求する。研究重点大学では、教授たちは研究を遂行してそれを発表し、論文を執筆し、研究に基づいて本を出版するという学者としての仕事(scholarship)がその職務に含まれることを了解した上で雇用される。知識が権力の源泉としてますます決定的になっている世界では、新たな知識の生産は重要である。世界の新しい知識の多くを生産するシンクタンクや大学のネットワークを、アメリカが持っていることは幸運なことである。

④研究による新しい着想

　新しい着想のひとつの重要な源は研究(research)である。シンクタンクや大学に雇用された研究者は、大きく分けて3つのタイプの研究を行う。**基礎研究、応用研究そして統合的(integrative)研究**である。**基礎研究**は、最も理論的であり、最も実践的でない(という者もいる)。しかし、基礎研究の研究者が指摘するように、もともとは純粋に知的な理由から遂行されてきた多くの研究が、重要な実際的応用性を持つようになってきている。教育政策に多大な影響を及ぼしてきた基礎研究の中の領域として、心理学の一分野である学習理論をあげることができる。20世紀の大部分は、心理学理論の行動主義に支配されてきた。スキナー(B. F. Skinner)のような大学の研究者は、ネズミに迷路を抜けると褒美が得られることを教え、ある種の学習は「刺激―反応行動」に基づいており、褒美と罰がその行動を改善させることを示した。この基礎研究の影響の下で、カリキュラム政策が変更された。アメリカの学校では、「行動目標」が採用され、教師は学級経営に報酬制度を使うように奨励された(Ravitch,

1995)。

　しかし、ここ30年の基礎研究によって学習理論は再び大きく変更されてきた。今日の支配的な理論である認知心理学は、人間が学習するときに自分の知識を「組み立てる」という事実および学習の社会的性質を強調している。また、認知心理学は子どもも大人も事実を記憶するよりも正解の複数あるオープン・エンドな問題を解く方がよりよく学習することを示唆している。さらに、認知心理学はカリキュラム政策にも大きな影響を及ぼしてきた。ポートフォリオ評価や小論文形式のテストの復活はこの影響を反映している（Ravitch, 1995）。

　応用研究は、理論を実際の生活場面で検証する。基礎研究に従事する人々が、通常は注意深く統制された実験室のような環境の中で研究するのに対して、応用研究に従事する人々は認知理論に依拠したカリキュラムが学習の改善を導くかどうかを観察するために、学校や教室で研究することがある。ある特殊なタイプの応用研究に評価研究がある。これは、新しい教育政策や施策・事業がどのように機能しているかを評価しようとするものである。大学もシンクタンクも評価研究を行うための契約を結んでいるが、最も影響力のある評価研究のうちのいくつかはシンクタンクによって行われてきた。おそらく、最も有名なのはランド研究所による1970年代に実施された連邦教育事業の評価である（Williams & Palmatier, 1992）。評価研究の知見は、時として大きな政策変更をもたらす。

　最後に、**統合的研究**は、ある単一のトピックについて過去の広範な研究を参照しつつ、それらの研究分野で全体として何が明らかになっているかを統合してひとつにまとめて記述しようとする研究である。統合的研究の例の中には、テキストブック、文献レビュー、ある主題の全体的な概観などが含まれる。ラヴィッチ（1995）は、ブルッキングス研究所の後援により『アメリカの教育におけるナショナル・スタンダード：市民のためのガイド（*National Standards in American Education: A Citizen's Guide*）』を執筆した。この本の中で、ラヴィッチはアメリカにおけるカリキュラムとテストの歴史、ナショナル・ス

タンダードをめぐる動向の歴史的展開や政治的葛藤について記述している。彼女の本のタイトルが示すように、この本は広範な読者がこの主題について概観するのに役立っている。

　基礎研究も応用研究も統合的研究も、新しい着想を提供してはいるが、政策決定者が直ちに研究者の知見を受け入れて、政策に組み入れるだろうと仮定したり、研究者が開発した着想すべてを政策決定者が受け入れると仮定することはあまりに素朴な考え方というべきであろう。逆に、政策研究者は、政策決定者が研究者の仕事に興味を持っておらず、それを用いることを毛嫌いしていることを嘆くこともよくある。しかし、政策開発に関する長い間——おそらく10年以上——の諸研究は、研究の知見が最終的には人々の政策問題についての理解を変化させ、政策開発に影響を与えていることを示している(Sabatier & Jenkins-Smith, 1993)。

⑤イデオロギーに由来する新しい着想

　イデオロギーは、少なくとも研究と同じ程度に争点の定義に影響を与える。ほとんどのシンクタンクと財団は、特定のイデオロギー的な立場を支持しており、大学の政策研究者の多くも同様である。彼らのイデオロギーは、争点の定義に少なくとも2つの方法で影響を与えている。第1に、彼らの基本的な信念は特定の方法で政策問題を分析する傾向を生む(Sabatier & Jenkins-Smith, 1993)。例えば、保守派もリベラル派も子どもたちの学校における低い学力を憂慮しているが、彼らはその問題に対してそれぞれ異なった理解をしている。保守派は、低い学力を子どもたちや教師たちの努力不足や崩壊家族といった個人的な要因の所産であると見なしがちである。そのため、保守派による解決策は、往々にして伝統的価値と基礎教育への回帰を奨励することになる。保守派は、行政機能拡大路線をとる政府への不信感を持っているため、市場化や民営化の路線に基づいた政策供給システムを選択する傾向がある。ある形態の学校選択や個別訪問教育(private tutoring)、あるいは親を家庭にとどめるための経済的な誘因の提供などは、この問題を解決する方法として彼らの思

いつく方策である。対照的に、リベラル派は、この問題を個々の家族や子どもや教師よりも、基本的に社会全体にその原因があると考える。リベラル派の典型的な解決策の中には、貧しい子どもたちの栄養状態の改善、学校による補充学習プログラム、そして親に対する職業訓練などが含まれる。リベラル派は、社会問題への政府による積極的介入を好むため、たとえ政府を肥大させ公的な支出を増大させたとしても、そうしたアプローチに満足するのである。

　第2に、イデオロギーは、研究のタイプとそれを導く問いを決定するのを助ける。財団は、自らのイデオロギー的な立場と一致するプロジェクトを提案する研究者や執筆者に対して補助金を出す。同様に、ほとんどのシンクタンクは、同じ見解を持った人々を雇用している。そのため、多くの研究や著作が現代のイデオロギー的な議論の中心にあるトピックを扱っているのは驚くべきことではない。近年、保守派のいくつかの財団が民間のヴァウチャー事業に財政支援を行い、研究のスポンサーとなっているのは偶然ではない。また、リベラルなカーネギー財団や経済政策研究所が学校選択制を危惧する学者に財政的な支援を提供してきたのも同様に偶然ではない。彼らには教育的な争点の保守派的な定義に反対するグループとして、そうした定義に対抗するための証拠集めをしようとする十分な理由がある (Sabatier & Jenkins-Smith, 1993)。したがって、EPPRCが政策上の争点を定義するために行う研究や著作は、純粋に科学的であるとか偏りがないものとして無批判に受け入れるべきではない。学問研究の高い水準に達しているものもあるが、その質はさまざまである。そしてすべては、イデオロギーが重要な役割を担う政治的過程の所産であると見るべきである。

⑥議論のためのフォーラム

　他方で、大学とシンクタンクは、研究者と執筆者に給与を支払う以上のことをしている。研究と著作を支援するだけでなく、研究を刺激する職場環境を提供しているのである。研究者は、充実した図書館へのアクセス、最新鋭

のコンピュータを備えた施設、事務的な支援、そして研究助手が確保されている。彼らは通常、専門学会に出席したり、同じ分野の研究者を訪問するための旅費を予算として持っている。大学とシンクタンクはまた、研究者が刺激的な講演を聴くことができる機会を用意するためにワークショップやシンポジウムの開催を支援している。

特にシンクタンクにおいて、また大学においても、新しい着想を議論し、洗練させ、探求することのできる刺激的で知的な環境を維持するための努力が相当になされている。パトリック・フォードは、政策研究者が彼らの研究について集まって話し合うことを奨励するために、エンタープライズ公共政策研究所が朝食や昼食、夕食のスポンサーとなっていることについて、「食事は成功するシンクタンクにとって不可欠である」と付言している（Ford, 1992, p.35）。ラヴィッチ（1995）は、ブルッキングス研究所での経験を、つぎのように熱っぽく語っている。

> 「ブルッキングスは、私が勤めた中で最も居心地が良く生産的な環境です。昼食のテーブルを囲んで、また冷水機のそばで、あるいはたびたび行われた昼食を挟んだセミナーでの肩の凝らない会話は、つねに刺激的でした。図書館やコンピュータ・サービスを含む設備は最高水準のものでした。……話すこと、書くこと、議論することに対して公式にも非公式にもいかなる制限もありませんでした。」

そうした環境では、研究者も執筆者も、またEPPRCのその他のメンバーも、社会問題について議論し、その問題を解決するための新しい着想を発展させ、思索と対話とを通じてそれらを磨き上げている。

⑦新しい着想を広めること

もちろん、財団もシンクタンクも、そして大学も、ただ単に研究者たちが仲間うちで議論を重ねるよう刺激することに関心があるわけではない。そう

第5章　争点の定義と政策課題の設定　167

ではなくて、新しい知を広めることに対して研究者に報酬を与える。着想を広める方法はいろいろある。印刷物として公刊されることはそのひとつの方法である。大学教授もシンクタンクの研究者も共に新しい着想を広く利用可能なものとするために、論文や著書を著す。シンクタンクは、特に研究報告書や政策概要、ニューズレターを含むその他のタイプの著作物を刊行している。シンクタンクの研究者の中には、新聞のコラムを書く者もいる。多くのシンクタンクは、ウェブサイト上でも出版物やテキストを利用できるようにしている。

　着想は、話されることによって広められることもある。大学教授や財団の代表者、シンクタンクの研究者は専門学会で報告し、シンポジウムの登壇者となり、招聘されれば連邦議会の委員会や州議会議員の前で証言をすることもある。これらに加え、財団やシンクタンクや大学は新しい着想を聴衆の前で口頭で発表するイベントを支援することもある。CPREは、州や地方の政策決定者に対する教育政策のワークショップ（ダンフォース財団により創設）を支援している。ヘリテージ財団は、ワシントンの本部で頻繁に政策の争点に関する講演会や討論を支援している(Peschek, 1987)。全州教育会議(ECS)は、教育政策構想の情報交換機関として機能している超党派の政策ネットワークであるが、全米から集まった主に州の教育行政官から成る聴衆に対して、学者やその他の人々が政策上の着想を発表する年次大会を開催している。多くの人々が、このECSの大会を新しい政策上の着想を共有し議論する上で「教育分野で最も有益」(Kaplan & Usdan, 1992)と考えている。

　最後に、EPPRCではたびたびあることだが、着想は研究者がある機関から別の機関に異動したとき広まっていく。例えば、ラヴィッチは、長い間コロンビア大学のティーチャーズ・カレッジの教授であったが、その後ブッシュ政権下でOERIの副所長を勤めた。1992年の大統領選でブッシュ大統領が敗北した後、彼女はブルッキングス研究所に招かれた(Ravitch, 1995)。スタンダードに基礎を置く教育改革(SBR)運動の主要なリーダーであるリベラル派のマーシャル・スミスは、もっと多くの異動を経験している。ハーバー

ド大学大学院教育学研究科を修了した後、彼はカーター政権下でいくつかの教育関係のポストを歴任した。1981年にレーガンが大統領になると、彼はウィスコンシン大学に移り、そこでウィスコンシン大学教育研究センターの所長となった。5年後、彼はスタンフォード大学の教育学部長になる。スタンフォード大学在職中にスミスはCPREにかかわり、国立科学財団とも密接なつながりも持った。1993年には、彼は政府機関に戻り連邦教育省の副長官となった(Vinocski, 1996)。これらの事例は、政府とEPPRCとの密接なつながりを示している。研究者たちは社会問題の解釈とその問題への解決策を提示しながら、流動的に異動するのである。彼らがある機関からある機関へ異動することにより、彼らの着想は広まっていく。

⑧ある政策上の着想の普及：学校に基礎を置く経営

　学校に基礎を置く経営(School or Site-Based Management, SBM)の開発と普及は、EPPRCがどのように機能しているかを説明するよい事例である。1990年代のはじめにオガワ(1994)は、SBM開発の動きを追跡する試みの中で、全米的な教育関係団体の論文、学会発表および著作物を分析している。彼は、32人の人々にも面接をしている。彼はSBMの基本的な着想について、1970年代に国立教育研究所に勤めていた研究者にさかのぼって追跡し、その中の何人かがハーバード大学とつながりを持っていることを明らかにした。彼らはSBMを、教職を専門職化させることによってアメリカの教育を改善するひとつの方法であると見なしていた。当時、アメリカ教員連盟(AFT)の会長であった故アル・シャンカー(Al Shanker)はこの着想に興味を持ち、1980年代のはじめに、SBMを規約の中に盛り込むことを交渉するよう3つのAFT支部に説いて回った。

　1985年に全州教育会議の会長は、カーネギー財団の会長に対して、財団が教育と経済の間の関係についての研究にかかわるべきだとの提案をしている。この提案を受けて、カーネギー財団の会長は教育と経済に関するカーネギー・フォーラムを設立したが、このフォーラムが専門職としての教職に関

第5章　争点の定義と政策課題の設定　169

するタスクフォースを創設したのである。このタスクフォースは教職の研究を行い、1986年に『備えある国家(*A Nation Prepared*)』と題する報告書を公刊した。同年、全米知事会(NGA)は『成果の時(*Time for Results*)』と呼ばれる報告書を公刊している。両報告書とも、教職の専門職化への方法としてSBMを提案し、ともに3つのAFT支部を、SBMを積極的に取り入れた事例として引き合いに出している。

　つぎに、カーネギー・フォーラムは、教員組合や教育関係団体さらにはビジネス団体に対して、報告書を紹介・提案する講演者を派遣する、スピーカーズ・ビューローを創設した。また同フォーラムは、これらの講演を地方紙やテレビ局が報道するように手配した。オガワは、こうした1986年の出来事がSBMをめぐる動きの中で「重要な分岐点」であったとしている。1986年以降、アメリカ教育行政管理職協会(AASA)、全米中等学校長協会(NASSP)、全米初等学校長協会(NAESP)および2つの教員組合といった全米的な教育関係団体が、SBMのワークショップを開催し始めた。1988年には、全米知事会がSBMに関する会議の財源としてカーネギー財団の補助金を使っている。1990年までにSBMに関する論文は、学術誌にも実践家のための雑誌にも頻繁に掲載されるようになった。執筆者のほとんどはCPREとつながりがあり、その中にはハーバード大学の研究者もいた。オガワは、「起業家の精神をもつ人々が新たな政策の発案を行い推進する、非公式の政策環境が存在する」(Ogawa, 1994, p.545)と結論づけている。この「非公式の政策環境」とは、もちろんここでEPPRCと呼んでいるものである。

⑨巧みな争点の定義に関する要素

　そのような争点の定義が首尾よく政策課題に載るように影響を与える要因はいくつかあるが、争点を定義するスキルがおそらく最も重要であろう。ここでは、すぐれた争点の定義に関する要素を述べる。この検討の中ではほとんどの事例が、昨今の政策上の争点である学校選択制に依拠している。

クレーム(主張)　ある問題が政策上の争点に変換されていくためには、その

2 争点の定義：舞台の設定

問題についてクレームがなされなければならない。クレームとは、問題とその性質や原因についての広範な解釈から生じてくる主張である。ある問題に対して示されるある主張は、少なくとも何が原因であるかを示しているべきである(Best, 1989a, 1989b)。例えば、図表5-2の5番目にある「生徒を獲得するために学校が互いに競争しなければならないのであれば、学校はより賢明に教育資源を使うであろう」という争点は、2つの主張をその中に含んでいる。すなわち、(1)学校は可能な限り効率的に資源を活用することをしていない。そして、(2)学校間の競争の欠如がそうした非効率性の原因である、ということである。

証　拠　ある問題についての最も重要なクレームの少なくともいくつかを支持する証拠として、説明資料が提示されなければならない。証拠としての最善の形態は、劇的な逸話、残酷物語、そして統計、特に公的な情報源による統計である(Baumann, 1989; Best, 1989c)。例えば、学校の法外な浪費に対するクレームは、ある学区が教育長にメルセデス・ベンツを提供しているとか、学校予算のほんの数パーセントしか実際には教室に届いていないことを、数字の上で政府の報告書から引き出すといった生々しい記述によって支持される。

解決策　すぐれた争点の定義は、特定され記述された問題に対する現実味のある解決策を含んでいる。現実味のある解決策とは、政治的に実現可能であり、財政的に支援可能な解決策のことである(Portz, 1994)。教育により多くの競争を導入し、生徒のより高い学力達成度とより注意深い予算の活用を奨励するための方法として、さまざまな形態の学校選択制が提案されてきた。現在のように保守的な考え方が優勢で増税に対する世論の反発が強い時代にあっては、学校選択制は広く世間に訴えるものがある。

言　説(言語による表現)　すぐれた争点の定義は、その争点を、心に深く根づいた価値観や期待、不安、願いなどと結びつける力強い言葉で表現されている。その争点が軍事上の安全保障や経済成長といった国家的優先課題に対して影響を与えているという主張を含む情緒的な用語や表現は、争点

の定義をより強化させることがある。そのため、問題を記述するためのメタファーが、特に医学、家族、戦争あるいは運動競技から引き出されて使われることがある(Cobb & Elder, 1972; Placier, 1996)。学校選択制は、競争という運動競技のメタファーに向いており、自由と個人主義というアメリカの価値観に容易に結びつけられるという事実が、学校選択制が多くの人々にアピールする理由のひとつとなっている。

広範なアピール力　巧みに定義された争点は、広く聴衆に訴えかける力がある。狭く限定的であるというよりも漠然とした争点であって、国民の大多数にとって重要であり、現在と同様に将来にとっても重要な意味を持ち、さらに専門用語ではなく一般の人々が使う用語で争点が定義されている場合、広くアピールする力がある(Baumann, 1989; Cobb & Elder, 1972)。このような必須条件に照らしていえば、学校選択制という争点はうってつけとはいいにくい。学校選択制は、ここ数十年でかなり在籍者数が減少している学校に通う子どもを持つ親にとっては重要であるという意味において、どちらかといえば限定的な争点である。その将来における重要性は不明瞭であり、ヴァウチャーとか学区を越えた学校選択、チャータースクールといった用語やフレーズは一般国民にとっては専門用語の響きがする。このことが、おそらく過去40年に及ぶ学校選択運動の進捗を手間取らせたことの一面を説明しているのである。

⑩争点の定義に対する制約

　どのような問題も、政策上の争点として定義するための根拠となることができるが、より有望な定義とそうでない定義がある。着想や価値観やイデオロギーは争点の定義にとってとりわけ重要である。というのは、着想や価値観やイデオロギーは、人々が提示したいと思う解決策に対してもそうであるが、人々が問題に対して加えることのできる、もしくは加えたいと思う解釈を決めたり制限したりするからである。ある社会の人々にとって自明である解釈や解決策が、他の社会の人々にとってもそうであるとは限らないし、そ

の逆もある。例えば、アメリカにおいて企業、教会、家族、任意団体等の私的とみなされる領域への政府による大規模な介入は、ほとんど検討の余地がなく、認めがたいことである。図表5-2の3番目にある「生徒を持つ親が学年途中に通学区域外に引っ越すことは法的に禁止されるべきである」という争点と、4番目の「18歳未満の生徒には、教育的で動機づけを高めるメディアのみを視聴させるべきである」という争点は、現代のアメリカや他の大多数の民主主義国家では検討の余地のないありえない争点の定義であるだろう。そのことは、このような国々の大多数の国民にとっては、私生活に対する政府によるあるレベルの統制は耐えがたいものと見なされることを意味している。しかし、今日の多くの全体主義的な国家や欧米でも歴史上のある時期においては、こうした争点の定義は可能であるだろう。

　アメリカにおける争点の定義に対するもうひとつの制約は、合憲性をめぐる制約である。連邦および州の裁判所において、過去二世紀以上にわたって蓄積されてきた膨大な判例のために、いくつかの政策領域は、予測不可能な地雷原のごときものになった。その結果、ある定義が違憲であると判断されることを恐れて、多くの人々が争点のそうした定義を躊躇することになる。教育におけるこうした種類の争点の分野といえば、学校における宗教活動、人種、ジェンダー、図書検閲などがある。

　最後に、争点の定義は大衆的な価値観と政策メカニズムとの間の循環的な動きによっても制約されることがある。1930年代に、政策問題を解決するための最も大衆に受けのよい方法は、規則を制定して、その問題を処理する大規模な行政機構を創設することであった。1980年代と90年代には、解決策を官僚や政府による規制に委ねるような争点の定義は用いられなくなってきた。このことが大衆に受けなくても考えられるだけの多様な争点の定義を提案しようとする気持ちを多くの人々から奪ってしまった。逆に、問題を過度の官僚制化の結果として解釈するような争点の定義を提案する傾向が見られ、規制緩和や民営化、市場的誘因策といったことに解決策を求めるようになっている。

3 政策課題

　EPPRC内部でどれだけ鮮明に争点が定義されたとしても、またどれだけ大学教授が政策変更を支持する研究をしたとしても、政治家の興味を引くことができなければ、象牙の塔における熱い議論が残るだけで、争点は行き場をなくす。実際の政策となるためには、ある争点は「政策課題(policy agenda)」にまで達しなければならないが、そのことは自動的にあるいは容易に起こるものではない。本節では、政策課題を定義し、政策課題のさまざまなタイプについて述べる。ここでは、政策課題となり(そして政策課題であり続ける)ことにかかわる問題を議論し、非決定(nondecisions)についての若干の議論でしめくくる。

(1) 政策課題とは何か

　政策課題は、特定の政策領域に関連して真剣に議論されているすべての争点を含んでいる。最も広い意味において、教育政策課題とは、事情通の教育関係者やマスコミ、世論、政府高官などの間で、専門学会や教育関係の雑誌を通じて議論されているすべての争点を含む(Kingdon, 1984)。しかし、政治学者はいくつかのタイプの政策課題を区別している。ある争点は1つか2つのタイプの政策課題として現れてくるのであって、すべての政策課題としてではない。争点が公式の政策となるためには、最終的には政府の政策課題に到達しなければならない。

(2) 政策課題のタイプ

①社会的政策課題(The Systemic Agenda)
　社会的政策課題は幅が広く、政府の外にいる人々が現に議論しているすべ

ての争点からなる。教育における社会的政策課題がどういう議論によって構成されているかを明らかにするために、スクールリーダーはいくつかの教育雑誌の目次を調べてみたり、Education Week 誌の最新号に目を通したりするほか、マスコミが最近注目している教育問題なら何でも注意を払うかもしれない。

　教育の社会的政策課題には3つのタイプがある。**専門家の注目する政策課題**(professional agenda)は、さまざまな利益団体や教育政策のネットワーク、教育関係団体、事情通の教育専門家の間で議論されている争点で構成されている。スクールリーダーは、学会に出席したり自分の専門分野の最近の文献を読んだりして、これらの争点を知る。これとは対照的に、**メディアの注目する政策課題**(media agenda)は、マスコミ産業の編集者や幹部が強調すべきだと判断した教育上の争点で構成される(Mead, 1994)。ほとんどのスクールリーダーが知っていることだが、こうした政策課題は多くの場合、専門家の注目する政策課題との類似点はほとんどない。マスコミは、読者の関心を引かなければ生き残れない産業であるため、校内暴力や教師による性犯罪のような刺激的な争点に焦点を当てる。最後のタイプは、**一般国民の注目する政策課題**(public agenda)であり、これは世論が実際に関心を持つ教育上の政策課題を含んでいる(Mead, 1994)。この政策課題は、他の2つのタイプよりも寿命が短く、それらと重なることもあれば重ならないこともある。つねにとは言えないが、通常、一般国民の注目する政策課題はマスコミの影響を強く受けている。これらの3つのタイプが社会的政策課題を構成しているのである。

②政府の政策課題(The Governmental Agenda)
　政府の政策課題は、「ある時点で行政官が重大な注意を払っている主題や問題のリスト」(Kingdon, 1984, p.3)で構成されている。政府の政策課題となった争点は、行政官によって真剣に議論され、あるいは施策が講じられることが計画されているものである。教育分野にかかわる多くの政府の政策課題が存することは明らかである。連邦政府にも政策課題があり、50州のそれぞれ

にも政策課題がある。しかも、それらの政策課題はそれぞれ、審議・立法化を予定されている法案、係争中の訴訟、あるいは行政機関の懸案となっている決定などのように、いくつかの要素から成り立っている。

(3) 政策課題の相互関係

　政策課題について理解しておかなければならない最も重要なことは、政策課題に到達するまでには非常に厳しい競争があることである。その結果として、定義された争点のうち、ほとんどが、一度も政府や一般国民やメディアのいずれの政策課題とはならないのである。その理由は簡単である。すなわち、それぞれの政策課題の「伝播力(carrying capacity)」に大きな限界があるからである(Hilgarter & Bosk, 1988)。一般国民はすべての争点について情報を得るのに十分な時間的余裕はなく、ましてや議論する時間はない。新聞やウェブサイトは、文章に割けるスペースに限りがあるし、テレビやラジオは、教育のニュースに割ける時間が限られている。それにもまして、議会や裁判所、行政機関も非常に限られたリソースしかないため、考えられる限りの法案を提出したり、考えられる限りの訴訟を審理したり、すべての論点について意思決定をすることは必ずしもできない。このため、政策課題を構成する争点相互の関係は競争的(competitive)であり、新しい争点が政策課題となれば、古い争点は消え去る。ある政策課題から別の政策課題に争点が移動するとき、そこに選別の過程が起こる。いくつかの争点は、社会的政策課題として長い間とどまり続け、相応の関心を呼び、結果的にこの競争に勝って、政府の政策課題に到達する。しかしながら、ほとんどの争点はわずかな時間しか議論されずに消え去り、競争に負けていく。

　図表5-8は、政策課題を図示したものであり、図中の矢印は最も一般的な動きのパターンを表している。

　通常、教育政策上の争点として専門家の注目する政策課題となっているものの中で、他の政策課題に移っていく可能性のある争点はきわめて少ない。

3　政策課題

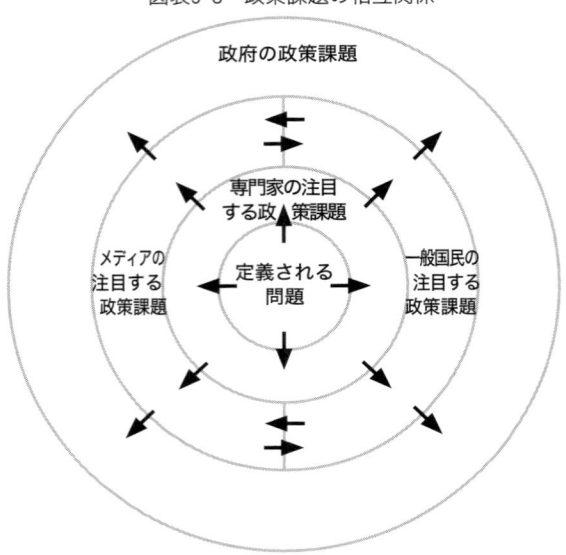

図表5-8　政策課題の相互関係

（図：中心から外へ「定義される問題」→「専門家の注目する政策課題」／「メディアの注目する政策課題」／「一般国民の注目する政策課題」→「政府の政策課題」）

しかし、いくつかの争点は専門家の注目する政策課題からマスコミの注目する政策課題に移り、そこから一般国民の注目する政策課題へと展開する。そして、政策決定者は、通常それら3つのタイプの社会的政策課題を自覚しながら、自分たちが積極的に支持したいと思ういくつかの争点をそこから選び出す。しかし、異なるパターンの動き方もある。例えば、1970年代後半に、いくつかの州の州民は教育税の高騰に激怒して、教育税の上限に関する住民投票をするよう求めた。この「納税者の反乱(tax revolt)」は、一般国民によって争点が定義され、かつ政策課題と化していった非常によい例である。しかしながら、ほとんどの場合、教育政策上の争点は図表5-8に示した発展経路をたどる。

（4）　政府の政策課題への採用

①学校選択制の沿革

新しい着想は通常、政府の政策課題に到達し、立法化され、施策となる前に、長い間棚上げされるものである。学校選択制はそのよい例である。はじめは1962年にミルトン・フリードマンによって本格的に問題提起されたが、1960年代のうちは風変わりな教授が考え出しそうな着想と見なされていた。しかし、提唱者のフリードマンが有名な保守派であったにもかかわらず、1970年代前半までに、その着想は一部の急進派やリベラル派が興味を示すようになっていた。それは、専門家の注目する政策課題であったので、クリストファー・ジェンクス(Christopher Jencks)やジェームズ・コールマン(James Coleman)らは、この着想を、貧困な親の権利を拡大し、その子どもたちに平等な教育機会を保障する方法として取り上げ、提唱したのである。

　1970年代前半に、カリフォルニア州のアラム・ロックで行われた学校選択制の実験プロジェクトに連邦政府が財政援助を行ったため、学校選択制は一時的に政府の政策課題に上ることになった。一般的にはこのパイロット事業は失敗したと言われ、政府の政策課題からは脱落したが、専門家の注目する政策課題としては残った。1980年に保守派のロナルド・レーガンが大統領に選出された。学校選択制がレーガンを支持する多くの保守派グループの専門家が注目する政策課題であったことを推進力として、彼は演説のなかで、私学通学者の親の教育税を免除する制度(tuition tax credits)やヴァウチャー制を提唱して、学校選択制を政府の政策課題に再浮上させた。この2つの選択の形態はすぐに下院で法案として提出され、何度も提出されたが、つねに成立せずじまいであった。しかし、1980年代までにミネソタ州やオハイオ州などの州が、学校選択制を州政府の政策課題としただけでなく、いくつかのタイプの学校選択制を政策として決定した。それ以来、3つの州が公教育にヴァウチャー制度を導入し、37の州がチャータースクール政策を採用するようになっている。こうして、30年の間にさまざまな政策課題が消え去った後に、学校選択制が急速に政府の政策課題に浮上し、20世紀の最後の10年間に公式の政策となったのである(Morken & Formicola, 1999; Viteritti, 1999)。

178　3　政策課題

②公職就任者と政策課題

　新しく定義された政策上の争点から専門家の注目する政策課題へ、そしてさまざまな州政府の政策課題へという学校選択制の動きを追ってきたが、そこには多くの争点がどのような経緯で最終的に政府の政策課題として取り上げられることになったかが示されている。大統領や知事、そして傑出した議員といった主要な政治上のリーダーはしばしば、政策課題の設定において中心的な役割を果たしている(Anderson, 1984)。これらの人々は、頻繁に演説をし記者会見を行うため、争点に対して関心を呼びやすく、関心を集め続けることができる。さらに、彼らが一般国民の前に現れるのは当然マスコミを通じてであり、たやすく争点をマスコミの注目する政策課題へと移すことができる。学校選択制が政府の政策課題としてとどまったのは、1983年の春、大統領の諮問委員会が教育は危機的な状況にあることを指摘した報告書『危機に立つ国家(*A Nation at Risk*)』が公刊されたためであった。この報告書は、学校選択制を提唱してはいないが、教育が危機的であるという主張に信憑性を与えた。争点に対して関心を集める最善の方法のひとつは、現実の、もしくは認知されている危機に関連づけることである(Hogwood & Gunn, 1984; Rochefort & Cobb, 1994)。こうして、学校選択制がすべての政策課題の中で人気の項目となるのである。それは、多くの人々が学校選択制を、費用をかけずに効果的に危機を乗り越える方法と見たからである。

③政策課題への別の経路

　争点は、別の経過をたどって政府の政策課題に到達することもある。それまでほとんど関心を呼ばなかった争点を明確にしたり劇的にしたりする「引き金となる出来事(triggering event)」が起きることがある(Baumgartner & Jones, 1993)。この引き金となる出来事は、特に健康や安全に関する争点を表舞台に登場させる。例えば、多くの州で政策決定者やスクールリーダー、教育関係団体は、多くの学校が老朽化していて、現行の健康・安全規程に照らせば修理を必要としていることを知っている。この争点は、何年もの間社会的政

策課題であり続けたが、対策は何も講じられることはなかった。理由は単純である。校舎の修理には金がかかり、増税を余儀なくするため、多くの政治家が何か別のことを考えようとしたからである。しかし、ひとたび学校の屋根が崩落して50人の子どもたちがけがをしたとしたら、この突然の災害は「引き金となる出来事」として、マスコミの関心を集め、世論の抗議を引き起こし、州議会が対応を迫られることになる。しかし、そうならない場合もある。この屋根の崩落の話が他の全国的なニュースと競り合わなければならないときには、新聞の裏面扱いとなったり、夜11時のニュースで短く報道されるにすぎなくなるかもしれない。特に、教育関係のリーダーが、引き金となる出来事に対してすぐに対応できない場合は、その争点は数日で消え去り、事態は以前のままになってしまうこともある。

　他の社会的諸力が、争点を社会的政策課題もしくは政府の政策課題に押し上げることもありうる。利益団体が主役となることもあり、政策決定のキーパーソンにその争点についての情報を提供したり、手紙を送りロビー活動を行ってその争点についての関心を呼び起こすように持続的な圧力をかけたりする。また、ある争点を政策課題にさせないために同じような戦術を使うこともある (Kingdon, 1984)。全州教育会議や教育リーダーシップ研究所、企業円卓会議といった政策ネットワークもまた、この過程で一定の役割を果たす。彼らは通常、自分たちにとって重要ないくつかの争点に焦点化して、刊行物やプログラム、学会などを通じて繰り返しこれらの鍵となる争点を強調していく。こうしたやり方は社会的政策課題を限定する傾向があるが、自分たちが選んだ争点が結果的に政府の政策課題に到達する可能性を高める (Kaplan & Usdan, 1992)。政策決定者にアクセスしやすい州政府内の官僚が問題を指摘したがために、結果的に政府の政策課題に到達する争点もある (Elling, 1996)。最後に、マスコミの注目する政策課題への移行、さらには政府の政策課題への移行を期待して、多くの政策アクターがある争点に対するマスコミの関心を集めるためのイベントを企画することがある。例えば、州統一テストに反対する親連合 (Parents' Coalition To Stop High-Stakes Testing) と呼ばれるニューヨー

ク州の団体の創設者であるジェーン・ハーシュマン（Jane Hirschman）は、2001年に1500人の親たちを27台のバスに乗せてアルバニーに連れて行き、古くさい州統一テストにニューヨーク州がますます力を入れていることに反対デモを起こしている（Manzo, 2001, May 16）。

④無力の人々の問題

　ここまで見てきたように、争点を政策課題に載せる道は、どれも相当の影響力を使うことと深くかかわっている。政策課題の設定過程の研究者は、一部の人々が他の人々よりも政策課題に対してより大きな影響力をもっているということをかなり前から認識してきている。コブとエルダー（Cobb & Elder, 1972）は、政策課題の設定に関する独創的な研究において、政策課題にかかわる場では、すべての市民が明らかに平等だとはいえないこと、つまり政策課題に対して力のある人々は力のない人々よりも影響が大きいことを証明してみせた。力のない集団は、自分たちの争点に関心を集めようとして、暴力を用いたり、脅しを用いたりすることもある、と彼らは論じている。例えば、学生は自分たちの関心事を知らしめるために、抗議デモや座り込み、ハンガーストライキなどをしてきた。1960年代にアフリカ系アメリカ人は、学校における人種隔離撤廃の遅々とした進捗状況への不満を表すために、同様の戦略をとった。そうした示威行為はある程度の計画や支援を必要とするのであって、それがなければ、極限状況でない限りは現実味のない戦術となってしまう。あまり力のない集団は、多くの場合において、政策課題の設定へのインパクトをほとんど持ち合わせていないのである。

（5）　政策課題としてとどまること

　いかなる政策課題でも、それに到達することは容易ではないが、そこから脱落するのはたやすい。実際、すべての政策課題はかなり不安定であるという特徴を持つ。例えば、1月に議論が沸騰していた争点も、6月には忘れ去ら

第5章　争点の定義と政策課題の設定　181

れているかもしれない。一度消え去ってしまうと、それは時代遅れの争点と見なされるため、関心を再び呼び起こすのは難しい。政治学者の間では、この現象は「イシュー・アテンション・サイクル(issue-attention cycle)」として知られている。つまり、あらゆる政策分野において、争点が突然いくつかの政策課題で大きな注目の的になるが、その後突然すべての人々の思考の中から「滑落(lurch)」していく(Baumgartner & Jones, 1993)。この不安定性は、ひとつにはマスコミが古いことよりも新しいことを好むという傾向の結果である。またひとつには、一般国民が目新しさをより好むという傾向の結果でもある。しかし、何年か政策課題から遠ざかっていても、古い着想が少しだけ違う形態で、また少し新しい名前で再浮上し、再び政策課題に到達することもある。教育界に10年以上いる人なら誰でも、教育政策が周期的な性質をもつことに気づいている。

　イシュー・アテンション・サイクルが気まぐれであるため、特定の政策変更を提唱しようとする者は、いったん政策課題に載ったら、その着想を政策課題にとどめ置くために懸命に努力しなければならない。ある争点をめぐって非公式の政策提案グループが生まれ、政策の新しい着想に対して継続的な支援を行うこともある(Hilgartner & Bosk, 1988)。そのような集団と結びついた「政策起業家(policy entrepreneurs)」ともいうべき人々が、争点についての新しい素材を次々に生み出し、新しいアプローチを開発し、争点を新しく魅力的なものにするために新しい専門用語をつくったりもする。政策通のコミュニティが、学校選択制やインクルージョン(inclusion: 若干形態は異なるが、以前メインストリーミングmainstreamingと呼ばれていたもの)、ナショナル・スタンダードといった教育上の争点をめぐって生まれる。そのような継続的な支援が、ある問題を政策課題として長期にわたりとどめ置くことを可能にし、最終的には公式の政策に至る可能性を高めるのである。

(6) 非決定

　先に述べたように、ある問題への対処を行わない不作為(failure)は、正式に対処することと同じく、間違いなく政策のひとつの側面である。そうした不作為を表現する専門用語が非決定(*nondecisions*)である。ほとんどの非決定は、議会や裁判所や行政機関においてではなく、むしろ争点の定義や政策課題設定の段階において起こる。どこで非決定が起こったのかを正確に特定することはしばしば重要である。それは、どこで非決定が行われたかを特定することが公式の政策のレトリック(official policy rhetoric)をどのように解釈するべきかについて重要な糸口を提供してくれるからである。

　学校財政の平等化は多くの州において、社会的政策課題と政府の政策課題との間で起こっている非決定の例である。カンザス州政治の長年にわたる研究の中で、ルーミスは、学校に対する財源配分の平等化と固定資産税の改革に関連する争点が、社会的政策課題における重要な項目であることを明らかにした(Loomis, 1994)。実際に、カンザス州の教育関係者やさまざまな利益団体は長年にわたり、税制と学校財政制度を変革するために、これらの争点を議論し、知事と議会に対して圧力をかけ続けてきた。カンザス州の政治関係者のほとんど全員が、これらの制度を時代遅れで不公平だと考えていた。しかし、何年経っても何も起こらなかった。政府機関の政策アクターは、これらの争点を真剣に扱えば論争になるだろうということを知っていたがために、固定資産税と学校財政改革を政策課題に載せることを断固として拒否したのである。彼らはまた、意味ある解決策はどれも金がかかることを認識してもいた。学校財政改革が非決定となっているのは、カンザス州だけではない。事実、いくつかの州でスクールリーダーと親たちが組織を作り、法廷で学校財政制度について争った。学校財政改革はいまだに多くのところで非決定である。そのことは、今日の議員が教育税を増税してそれを再配分することにどれだけ消極的であるかを暗示している。

4　スクールリーダーと政策過程の初期段階

(1)　初期段階をフォローする

　当然のことながら、政策過程の第1段階をマスコミが取り上げることはまったくない。また、当然のことながら、政策課題の設定の多くの側面が取り上げられていないので、争点の定義や政策課題の設定をスクールリーダーがフォローすることは難しい。それは不可能なことではないが、専門的な資料を使うことが必要である。それらの資料のうち、つぎの3つが特に重要である。

　スクールリーダーにとって最もアクセスしやすいのは、教育の専門学会の雑誌である。図表5-9は、比較的重要なもののうちのいくつかをリストアップしたものである。これらの多くは、書評と同様、研究に関する定期的な報告も掲載している。争点の定義に関心のあるリーダーは、主要な財団やシンクタンクによって出版されている刊行物に特に注意を払いながら、これらに定期的に目を通すべきである。新たな、もしくは珍しい着想を掲載している記事は、争点の定義をめぐる今日的な議論をベースにしていると考えられる。一連の最新の着想を扱っている記事は、さまざまな政策課題に由来するものである。これらの雑誌の定期購読者は、結果的に、2つの段階で何が起きているのかについて鋭い感覚が身につく。

　第2の価値ある情報源は Education Week 誌である。これは、ワシントンにあるエディトリアル・プロジェクツ・イン・エデュケーション（Editorial

図表5-9　教育関係団体の刊行する主要な雑誌

American School Administrator
American School Boards Journal
Educational Leadership
NASSP Bulletin
The Phi Delta Kappan
Principal

Projects in Education）によって年間を通じて刊行されている教育新聞である。この新聞には Education Week on the Web というウェブバージョンがあり、過去の記事も見られる。この新聞は、教育政策過程のすべての側面をカバーしているが、特に政策過程の最初の2つの段階に関する情報は有益である。例えば、Education Week 誌は主要な財団とシンクタンクの教育に関する報告書についての記事を連載しており、EPPRCでの争点の定義をフォローできる。これらの記事は多くの場合、関連するホームページについての情報を提供し、インターネットを通じてその詳細に簡単にアクセスできるようにしている。毎週、記事の見出しを拾い読みしているだけでも、どの争点が専門家の支持する政策課題で、どれが政府の支持する政策課題かがわかる。ECSの年次大会については、その詳細がカバーされていて、どの争点を政府が議論しているのかについて価値ある情報となっている。Education Week 誌はまた、主要な教育専門家団体の年次大会の分科会やワークショップの概要を掲載している。これらの概要を見ることで、どの争点が現在専門家の支持する政策課題になっているかが特定できる。

　最後に、インターネットにアクセスする人々は、争点の定義と政策課題の設定の両方ともフォローすることが容易になったことに気づくはずである。連邦教育省やいくつかの主要なシンクタンク、そして主要な教育専門家団体はすべて、多くの情報を提供するホームページを持っている。利用可能な資料の中には、政策方針文書、刊行物リスト、会議や学会の報告書、そして各組織のリーダーによるスピーチがある。もっと多くのホームページが開かれ、現在のものも更新されれば、EPPRCの活動はそれを追跡しようとする人々にとってさらに見えやすいものになるであろう。

（2）　初期段階で影響を与えること

①全国的な争点の定義に影響を与えること

　スクールリーダーは、全国レベルの争点の定義が政策過程の中で最もアク

セスしにくい段階であり、そのために最も影響力を与えにくい段階であることをまず最初に認識すべきである。これは重要なことであるが、バークは、この過程とそれにかかわる機関を「準私的」なものであるとしている（Burke, 1990）。これは、EPPRC内部での議論や討論、会議の大部分が一般国民には開かれておらず、ほとんどすべてのスクールリーダーにも閉ざされていることを意味する。たとえそうであっても、その過程に影響を与える何らかの方法はあるのであって、それは全国レベルでも存在する。最も単純な方法のひとつとして、新しい争点の定義に対して文書で意見を述べることが挙げられる。シンクタンクや財団、大学によって刊行された出版物は確認しやすいものであり、図書館の司書もこれらの機関の所在地をすぐに調べることができる。つまり、新しい政策の着想について関心を持っていて、実践者としての視点からこれに意見を述べたいと考えているスクールリーダーは、その争点の定義に積極的に関与している人々に手紙を書くことによって、それができるということである。EPPRCの政策アクターは、選挙で選出される政治家とは異なり、有権者からの手紙を受け取ることはあまりないため、彼らの着想を批判している手紙に間違いなく気づくであろう。インターネットは、文書による回答をする場合のもうひとつのチャンネルとなっている。この点に関して、連邦教育省、シンクタンク、財団さらには教育専門家団体は通常、ホームページ上にチャットルームや掲示板といった丁寧なフィードバックの仕組みを提供してはいない。しかし、Eメールアドレスは示されているから、スクールリーダーは質問やコメントを伝達するために、それらを使って、その機関の提唱する教育上の着想について意見を述べることができる。

②全国的な政策課題に地域レベルで取り組む

　全国レベルにおける争点の定義に影響を与えるのは、普通の教育関係者には難しいが、全国レベルで定義された争点について地域レベルで取り組むことは容易であることを理解すべきである。1980年代にレイとミケルソンは、南部の学区の改革を模索していたある地方ビジネスリーダーのグループに関

する事例研究を行った (Ray & Mickelson, 1990)。公教育の失敗に関する全国的なビジネス界によるクレームを徹底的に吹き込まれた地元ビジネス界の人々は、その学区をより「競争的」にするための方法の研究を行うタスクフォースを設立した。学区の失敗として指摘されている問題に対するビジネスリーダーたちの選んだ解決策は、職業高校を創設して、大学に進学するつもりのないすべての生徒が「生産的な労働者として社会の役に立つようにする (p.127)」ことであった。しかし、タスクフォースが会議を重ねるにつれ、スクールリーダーたちはつぎからつぎへと反証を挙げてビジネス界のクレームをうち崩していった。例えば、スクールリーダーたちは、成功している地元の学校の教育や子どもたちが落ちこぼれる原因となっている社会的条件に関してビジネスリーダーたちに話をする専門家を招聘した。ある重要な会議で、学区事務局の教育行政官が、地元ビジネス界の多くの人々が現実には学校に満足しているとする証拠を持ち出し、そこから「『持てる者と持たざる者』との間の広がりつつある教育格差 (p.129)」というテーマに移っていった。要するに、スクールリーダーたちはビジネスリーダーたちから争点を繰り返し奪いとり、それを再定義したのである。レイとミケルソンは、スクールリーダーたちの行動を以下のようにまとめている。

　　タスクフォースでの討論の最終段階に至るまで、ビジネスリーダーたちは職業高校の必要性について見解を差し挟み続けた。しかし、学区事務局の上級スタッフは、想定されている職業高校の社会的な欠陥や教育課程上の欠陥を最初から繰り返し指摘し、特定の生徒層の学力不振について一貫して繰り返すことにより、そうした見解のすべてに効果的に対応した。低所得層の若者の数が非常に増えており、「どんどん事態は悪くなっている」と学区事務局の上級スタッフは主張した (p.130)。

最終的に、スクールリーダーによる争点の再定義が、優勢となった。タスク

フォースの最終報告書は、貧困について多くの紙幅を割き、職業高校の創設よりも就学前教育プログラムの充実を勧告した。スクールリーダーは、単にある争点が全国レベルで定義されたからといって、それが最終決定であるとか疑問の余地がないことを意味するものではないことをつねに記憶しておくべきである。争点の定義を理解し、言語表現の巧みな人々は、その争点が地域で表面化したときに、多くの場合、それを定義し直すことができるのである。

③政策課題の設定に対して影響を与える：基礎的要件

　政策課題の設定は、争点の定義よりも視認性が高くアクセス可能なアリーナで行われるので、影響を与えるのはより容易になる。通常、政策課題に影響を与えることは、つぎのどちらかを含んでいる。(1)社会的政策課題から政府の政策課題へと争点を移行させること、もしくは(2)社会的政策課題を政府の政策課題にさせずそのままにしておくこと。政策過程のこの段階において有効に影響を与えるためには、インパクトを与えるに十分なだけの個人の影響力を伸ばしておく必要がある。

　影響力の源として、つぎの3つが特に重要である。第1に、知識である。政策課題の設定に対して影響を及ぼしたいと考えているスクールリーダーは、州と連邦の両レベルで教育政策の新しい動向に精通するよう計画的に活動しなければならない。それは、専門的な文献につねに接し、専門学会に参加することを意味している。こうした場で明らかにされた争点をフォローすることによって初めて、スクールリーダーはどの政策上の争点が近い将来に政府の政策課題になりそうかを知るだけの十分な情報を集めることができるのである。第2の影響力の源として必須なのは、協力者たちである。どんな校長も、学区事務局の教育行政官も、教育長も、そうした努力を一人でしようと考えるべきではない。効果的な活動をするためには、専門職団体、州教育省、政府職員、そして学校でリーダーシップをとっている同僚という4つのアリーナで協力者を得ることが重要である。そうしたネットワークは偶然にできるものではない。それは、長い時間をかけ、計画的に、かつ慎重に熟慮しつつ

作っていかなければならない。6章では、さまざまな政策アクターとどのようにして関係を作っていくかについて議論する。そこでなされる多くの提言は、政策課題の設定に影響を及ぼすことにも関連している。第3に、政策課題設定のアリーナでの出来事に迅速に対応するのに十分効果的な組織を構築しておく必要がある。キングドンは、争点が政府の政策課題に移行する機会への窓口は突然開き、突然閉まると論じている(Kingdon, 1984)。つまり、政策過程のこの段階に影響を与えたいと思うスクールリーダーは行動できる準備、速やかに行動できる準備をしていなければならない。

④争点への関心を集める

政策上の争点にマスコミや一般国民や政策決定者たちの関心を集めておくのは、政策課題設定に影響を与える最も重要な方法である(Hilgartner & Bosk, 1988; Kingdon, 1984)。この方法は、連邦レベルでも州レベルでも使うことができる。また、学区レベルでも、教育長が、教育委員にある問題を解決させるために必要な段階を踏ませたいときには効果的に機能しうる。関心を集めるためには、多くの技法がある。図表5-10は、そのうちのいくつかをリストにしたものである。最も緊急な場合を除いて、スクールリーダーはデモや行進を避け、劇的でない技法を用いるべきである。今日、関心を集めるために必須の側面は、マスコミに取り上げてもらうことである。そのため、争点への関心を集めるために計画する取り組みは、最初から広報担当の部局を巻

図表5-10　政策上の争点に関心を集める方法

- 専門家を招聘してその争点について話し合う。
- その争点に関するワークショップを後援する。
- その争点についての小規模の会議を開催する。
- その争点がどのように地元の学校に影響を与えるかを説明する報道発表を行う。
- PTAや教員組合にその争点について会議を開いて議論するよう求める。
- その争点についてマルチメディアによるプログラムを市民団体に提示する。
- その争点を職員研修の議題にする。
- その争点についての論文を議員に送る。

き込むべきであり、リーダーは、マスコミが取り組みの予告と争点についての正確な情報を確実に受け取れるようにすべきである。スクールリーダーはまた、マスメディアが参加しやすい方法を考え、記者たちが外部の専門家やパネリストやゲストスピーカーにインタビューする機会を提供すべきである。ある争点が関心を集め、重要人物がそれを真剣に検討するように説得できるには、一連の注意深く計画された活動が必要である。

⑤ある争点についての関心を減退させる

　時として、スクールリーダーは、ある争点に関心を集めないようにしたいと思うことがある。それどころか、政府の政策課題に到達させまいとして、すでに集まった関心を低くしたいと考えることもある。このねらいを最も効果的に実現する方法は、政策決定者に対して、その政策上の争点を解決したり、提案された解決策を採用したりすると、法外な費用がかかると説得することである。このアプローチを採用する際になによりも必要なことは、注意深く現実的な費用分析をすることである(7章では、政策にかかるすべての費用の決定方法を扱う)。図表5-10にある方法のいくつかは、どのようなコストがかかる可能性があるかについて関心を集める場合に使うことができる。表に挙げた他にも類似する戦略が検討されるべきである。その政策をとれば政府の官僚機構をどの程度肥大させることになるのか、といった現実的な評価を行ってもよいであろう。あるいはまた、当該の政策上の着想が訴訟問題を引き起こしかねない側面はどんな点にあるかを、法律家に尋ねることもできよう。あるいは、当該の政策上の着想に反対しがちである(そして、その着想を支持する政策決定者に投票しない)有識者の中心的な層は誰かを特定することもできよう。争点のマイナス面に着目するこれらのネガティブな分析は、事実に即したものでなければならない。というのは、証拠のない誇張されたクレームは、ただ怖がらせるだけの戦術のように見えるだろうし、裏目に出ることもありうるからである。もちろん、これらの分析を的確に広報することがこの戦略の中心的な要素として含まれていなければならない。

⑥模範的なプログラム

　エドワード・セイント・ジョンは、政策課題の設定にスクールリーダーが影響を与えることのできる最も効果的な方法は、教育問題に地方レベルで取り組むための模範的プログラムを開発することであると論じている(St. John, 1992)。彼によれば、政府高官が教育政策に関する新しい着想が欲しい場合、彼らは「成功事例を探し、その新しい実践がどこか他の場所で発展するのを促進するような政策案を立案する(p.97)」のである。例えば、1970年代後半に、カリフォルニア州のセコイア・ユニオン学区は、学校自体と民間企業からの資金を使って退学防止プログラムを開発した。この協働的な取り組みによって、高校で学業不振に悩んでいる生徒のためにコンピュータ学習と電子工学学習を提供するペニンシュラ・アカデミー(Peninsula Academies)が設立された。このアカデミーは、高い卒業率と就職率を勝ち取った。1980年代後半に、このプログラムは全国で関心を集め、模倣する価値のある中途退学防止策の事例として広く引き合いに出された。

　セイント・ジョンは、この出来事のいきさつを詳しく分析しているわけではないが、セコイア・ユニオン学区のスクールリーダーは、1970年代後半に、高校における中途退学の問題が政策上の争点として定義されているということを承知していたと思われる(Martin, 1994)。おそらく、社会的政策課題として議論され始めたことも知っていたのであろう。彼らがペニンシュラ・アカデミーのために、「地元の財団や企業、そして地方学区や州や連邦の補助金事業」(St. John, 1992, p.98)から資金援助を受けていたという事実は、彼らの着想が当時生成しつつあった社会的政策課題と密接に結びついていることを示している。とはいえ、独自の取組みを地域レベルで開発し、10年ほど成功裡に運営してきたことにより、彼らは連邦政府が最終的に提唱した中途退学防止プログラムの形態にかなりの影響を与えた。この模範的プログラムは、失敗の確率が高いリスクを決して冒そうとしない政策決定者に中途退学防止を政府の政策課題に位置づけるよう促したのである。強力な介入プログラムが退学率を減少させ、その結果、退学防止政策が政府部内の人々に対して実現

可能な政策であると思わせたことを証明したのであった。

　同様にして、生まれつつある政策課題に敏感な情報豊かなスクールリーダーは、多くの場合、自らが支持する新しい争点を推進することができる。専門的文献の動向を把握し、財団が支援している取組みをモニターすることによって、彼らは政策課題の最先端にひとつのプログラムを確立することができるだろう。最終的に、彼らの取組みは模範(モデル)となり、それを政策課題に載せるよう政策決定者を促し、この取組みは州全体の、さらには全国のモデルとしての役目を果たしさえすることになる。しかし、カリフォルニア州のセコイア・ユニオン学区の取組みが、全国的な関心を集めるようになるまでには、10年の歳月を要したことを銘記しなければならない。政策課題の設定では、政策過程の他の段階と同じく、忍耐と持続力が最終的な成功への鍵となるのである。

演習問題

1. 近年の教育問題の定義をひとつ取り上げ、その定義に関する主張とその主張を支持する証拠を明らかにしなさい。その上で、その問題の定義に対して、どうすれば人を納得させるような批判ができるのかを提案しなさい。
2. 近年の教育問題の定義をひとつ取り上げ、その定義に関する主張と、それらの主張を支持する証拠を明らかにしなさい。その上で、その争点はどのように再定義しうるのかを提案しなさい。
3. あなたの学区や州における非決定事項を明らかにしなさい。なぜそれが非決定事項なのか、あなたの意見を述べなさい。その非決定事項は、あなたの周辺における教育政策決定上のどのような制約条件を明らかにしているのか。
4. 企業関係や教育関係の団体によって刊行されている出版物の最新号を概観し、専門家によって支持されている政策課題の中の教育に関す

る争点をリストアップしなさい。その上で、近年の地方紙の記事をいくつか概観し、メディアの支持する政策課題の中の教育に関する争点をリストアップして、それら二者を比較しなさい。どのような違いを指摘できるか。あなたはそれをどのように説明するか。

賛否両論　本当に教育の危機は存在するのか

賛成論

　証拠を直視しようとする者であれば、アメリカに教育の危機が存在することを否定できる者はいない。1960年代に教育のスタンダードが緩められたため、SATやACTなどのテストの成績は急激に下がった。ほとんどの国際比較で、アメリカの生徒はお粗末な結果を示している。最下位ではなく平均レベルであれば教育界は大喜びといった有様である。われわれの学校はもはや安全でさえなく、札付きのワル連中が廊下をうろつき回り誰かを襲おうとしている中で、子どもも教師も生命の危険すら感じている。最近では多くの学校が校門に金属探知器を設置し、生徒が入校するときに武器を持っていないかを探るということさえ行っている。学校はもはや話にならない状況にあり、至る所に落書きがあり、設備は壊れたまま放置されている。そうした状況の中で、どうしたら子どもたちはよく学ぶことができるのか。これらの問題はすべて、アメリカが今日の世界経済の中で競争的な優位性を保持するのに必要な能力に深刻な打撃を与えるものである。

反対論

　今日、アメリカには危機が存在する。しかし、それは教育の危機ではなく、経済の危機である。実質賃金はここ四半世紀、上昇しておらず、中流家庭が家を買ったり、子どもを大学に通わせるのは難しくなっている。貧富の差は広がりつづけている。アメリカは今日、先進諸国

の中で貧困の中にいる子どもの比率がもっとも高い。こうした指標は往々にして見えにくいものであるが、比較的はっきりとした指標を見ることもできる。長年の税収不足により基盤整備が立ち遅れ、都心部は衰退し、誰も喜んで住んだり働いたり買い物をしようとは思わない犯罪センターになってしまっている。かつては誇りであった高速道路網は、穴だらけで傷んでいる。これも、それらを補修する公金が不十分だからである。むろん、これらの問題すべては学校に波及し、学校はただ社会全体を映し出すことになる。政府と産業界のリーダーたちは、(教育者ではなく)自分たちにこそ責任があるのに、われわれ教育関係者が真の経済危機に気づかないことを期待して教育危機について無駄口をたたいているのである。経済を修復せよ、そうすれば学校は改善するだろう。

あなたはどう考えるか。

政策分析のためのニュース記事
学校の生産性を高める

　公式の政府統計は、公教育における生産性を測る試みを行っていない。特に、教育の「成果」をどのように測るかについて、多くの議論がある。

　しかし、テストの得点が教育の成果の合理的な指標であると仮定すると、公立学校は年々、生産性が低下している。ハーバード大学の経済学者であるホックスビー(Caroline M. Hoxby)の計算によれば、1972-73年度には、17歳の生徒1人当たり1,000ドルかけて、全米学力向上アセスメント(National Assessment of Educational Progress)の該当学年の数学テストで63点を「買っていた」。1998-99年度になると、同じ費用で39点しか「買えなかった」。この傾向は、他のテストや他の学年でも同様である。インフレを勘案すると、支出は1,999ドルに相当する。

解決策は何か？　ホックスビーは、親が学校選択を行うようになれば教育の生産性は上がると論ずる。学校選択制が行われれば、学校は生徒数を保持するために生産性を高めざるをえなくなる。例えば、ボストンやピッツバーグのような多くの学区を擁する都市部においては、同じ地域の他の町に転居することで学区を容易に変更することができる。他の地域では、多くの伝統ある私立学校が、公立学校に代わる効果的な選択肢となっている。

　ホックスビーは、学校選択ができる地域とできない地域とでテストの得点を比較した上で、競争があることで公立学校はより生産的になると結論づけている。彼女は、すべての都市部の地域が十分な学区間の競争と多くの私立学校を有するならば、アメリカの学校の生産性は28％は向上すると計算している。彼女はまた、ミルウォーキー市やアリゾナ州のヴァウチャー制度のような学校選択の新しい形態からよい成果が得られているとしている。

注）ビジネスウィーク・オンラインの記事（"Making Schools More Efficient", BusinessWeek Online, May 20, 2002, Paragraphs 1-4, http://www. businessweek.com/magazine）より。ただし、著作権者の許可を得て一部手直しを加えている。

問　題

1. この記事に示されている教育政策上の争点の定義を一文で述べなさい。
2. 筆者はどのような主張をしているか。原因に関する主張を明らかにしなさい。
3. その主張を裏づけるために、筆者はどのような証拠を提出しているか。
4. あなたの意見では、読者はホックスビーの研究に興味を示すであろうとビジネスウィーク・オンラインが考えたのはなぜだと思うか。
4. あなたの知っている別の証拠を用い、異なる解決策を提示しつつ、この争点の定義を批判し、争点を再定義しなさい。

第6章　政策の立案と決定

> **中心的な問い**
> ・政策が言葉で表現され、正式に決定されるのは、政府機構のどの部門においてか。
> ・政策としての必要性が承認されたにもかかわらず、資金の裏づけのない政策があるのはなぜか。
> ・スクールリーダーは、どうすれば政策の立案や決定に影響を及ぼすことができるか。

1　政策過程のなかで最も視認性の高い段階

　政策過程における最初の2つの段階は、非常に静かに経過するため、ほとんど一般国民の目には見えない。しかし、第3、第4の段階——政策の立案と決定の段階——は比較的目で確認できるアリーナで展開される。事実、この段階は、たいていの人が政治という言葉を聞いたときに、思いつく2つの政治過程のうちのひとつである。もうひとつは、もちろん選挙である。政策の立案と決定という主題は、政治学や行政学のほとんどの講義の核心をなすものであり、また、メディアの継続的な注意を引きつける。それは、スクールリーダーが十分に情報を得ることができ、影響を及ぼす可能性の最も高い政策過程の一部である。しかし、そのようなおなじみの領域においてさえ、予期せぬ驚きが隠されている。

1　政策過程のなかで最も視認性の高い段階

　政策が立案され、決定される間には、3つの主要な過程が生起する。まず第1に、これが多くの点で最も重要なのであるが、政策は、法律、行政規則、あるいは判決といった形をとりながら、文字言語で表現される。この過程は、決して単純なものではない。というのも、言葉には意味の広がりがあり、さまざまに解釈されうるからである。政策の文言を検討する人々は、「しなくてはならない」という表現よりも「することができる」という表現を用いるべきかとか、あるいは「一日」をどう定義するか、といった細かい点が、法律の解釈可能な範囲に影響を及ぼす、という事実に十分気づいている。それはまた、政策に対する議会の支持のレベルや、最終的に政策が決定されるチャンスにも影響を与える。政策立案に際しても政策決定に際しても、どの言葉を選択するか、ある表現を含めるか否か、あるいは句読点をどうするかをめぐって、激しい争いがしばしば繰り広げられる。これらの争いは、素人にとっては些細なものに映るかもしれないが、そうではない。主要な政策争点の中身が前置詞やセミコロン次第で変わることもあるのである。

　議会が政策を立案するにあたっては、政策を言葉でどう表現するかという点だけが問題となるわけではない。議会が政府の財布の紐を握っているため、資金の裏づけということが同様に重要で、これが2つ目の過程である。連邦議会も50の州議会も、公式の言葉で表現されたすべての政策に対して財政的裏づけを要求されるわけではない。残念なことに、今日のスクールリーダーにとって、財政的裏づけのない政策はおなじみである。議員は人気のある立法に賛成票を投じることで得られるものが大きい。それは、彼らが故郷へ戻って演説をするときに自慢話の種になるからである。しかし、そのような立法に気前よく財源をつけても、彼らが得るものはほとんどない。気前のよい財政的裏づけは最終的には増税を意味し、有権者にはつねに不評であるからである。その結果、彼らはある政策を（文言の上では）決定しつつも財源の裏づけをしないという安易な方法に逃げる傾向にある。これは、議会において政策の立案と決定はつねに2つの側面——言葉と金（言語表現と財源）——で争われることを意味している。

第6章　政策の立案と決定　197

　3つ目の過程では、文書としての形式をとった政策は公式に政策として決定されなければならない。それは、議会では、両院の多数が賛成し、行政部のトップ(知事や大統領)が署名しなければならないことを意味する。言葉で表現された文書としての政策は、しばしば議会以外の2つのアリーナ——行政機関と裁判所——においても決定される。行政機関は法律を施行するための規則・規程を定める。すなわち、委員会や職員が従わなければならない実務手続きを定める。裁判所では、訴訟を担当する裁判官グループの大多数が、ある特定の文書化された決定を承認しなければならない。司法上の決定というものは、判決の最終的な表現が決められる前に、複数の法廷を通過しなければならないことがある。すなわち、控訴の過程が進行する間、何組かの陪審員によって連続して吟味されるのである。

　この章では、議会・行政機関・裁判所という3つのアリーナにおける政策立案および決定の過程について詳細に述べることにする。それぞれのアリーナ特有のプロセスを記述した後、スクールリーダーが政策過程をフォローし、それに影響を及ぼすことのできる方法を検討する。

2　議会における政策の立案と決定

(1)　保守的な過程

　州議会に影響を及ぼす方法をスクールリーダーに教えるために制作されたビデオテープの冒頭で、オハイオ州のマイク・フォックス議員は、立法過程は保守的であるように設計されている、と強調している。保守的という言葉は、イデオロギー的な保守主義ということではなく、法案の通過を困難にしてしまうほど慎重に構成されていることを意味している。建国の礎を築いた米国憲法の制定者は、政策を唐突に変更するような政府を懸念したために、動きが緩慢で扱いにくいシステムを創り出したのである(Ohio State University

[OSU], 1991)。連邦議会も50の州議会も、18世紀に考案された複雑な手続きをいまだに用いている。それらすべての議会においては、ある法案が法律として制定されるために、多くの障壁を越えなければならない。ローチは、コロラド州議会には、「戦場」と呼ぶべき18もの障壁があるとして、それを「ジャングルの中の戦争である」と述べている(Lorch, 1987, p.240)。コロラド州議会の例にあるような現実はどこにでもあり、何も独特なことではない。この複雑なシステムの結果として、アメリカでは、議会に提出された法案の大部分は法律とはならない。例えば、第105回連邦議会(1997年から1999年までの会期)では、7,732の法案が提出されたが、そのうちわずか1,296(18%)の法案が委員会から報告され、結局、394(5%)のみが両院を通過し、法律となった(Oleszek, 2001)。

　以下の検討においては、50あるアメリカの議会の大半に共通する手続きに重点を置く。連邦レベルおよび州レベルについては、繰り返しをさけるために別々に論じることはしない。だが、それらのレベルのどちらか、あるいは、いくつかの州議会の際立った特徴に注目することもある。

(2) 議案、それはどこから生まれるのか

　政策過程における最初の2つの段階で立案され、検討される政策案は、通常、法案、法律、そして最終的に公式の政策となっていく前に、**議案**になる。議案というものは、現在あるいはその次の議会(会期)における政策変更のための重大な提案である。それは政策立案の第1段階であると考えることができる。それはたいてい文書という形式をとって、スタッフに宛てた知事のメモや、ある利益団体の最新の立法計画、あるいは上院議員が所持する、今国会でスポンサーを引き受ける新しい法律のリストとして存在する。まだ正式の法案になっていないものの、議案は社会的政策課題の域を優に越えており、法律として起草される寸前にある。そのような議案は、さまざまな所から議会へと上がってくる。いうまでもなく、議員は議案の生みの親であり、それ

によって公約を果たし、有権者の要求を叶え、大切にしてきた政策目標を推進するのである (Anderson, 1984; Lorch, 1987)。

　だが、議員だけが議案を作成すると考えることは誤りである。議案の最も一般的な出所は、大統領や州知事などの行政機関の長である。行政機関の長とそのスタッフは、議会の会期中に提出すべく、いくつかの議案を作成する。もちろん、議員たちは議案がホワイトハウスや知事官邸から出ていることに十分気づいている。議員は、強力な後ろ盾がある議案にはより注意深く検討を加える傾向にある (Anderson, 1984)。もうひとつの議案の出所は行政機関である。行政機関は、既存の法律の抜け穴をふさぐために、かなり頻繁に新しい法律を提案する。行政機関は政策実施に中心的にかかわっていることから、もともとの法律にどのような「欠陥(bugs)」があるのか、それを除くにはどうするのが最もよいかを知る上で有利な立場にいる。例えば、州統一テストを規定した法律の下で、それを5年間実施した後に、州教育省は、試験日を変更する必要があるとか、第3学年と第10学年のテストから新しい情報がほとんど得られないため、それを廃止すべきだと認識するかもしれない。それゆえに、州教育省は、現在の法律を改善するために、新たな立法を提案するというわけである。

　議案の第3の出所は、利益団体である。多くの利益団体は変更を望んでいる政策についての長大なリストを持っている。彼らは、機が熟したと判断すれば、それを適当な議案へと発展させる (Anderson, 1984)。例えば、多くの教員組合は、州の団体交渉法をどうすれば強化できるか、教員手当はどこを改善すればよいかなどについて、一定の見解を有している。彼らは毎年、さまざまな長期的立法目標を推進することを期して、それに対応する議案を作成する。教育政策に関して提案を行う利益団体の典型は、教員組合、管理職団体および教育委員会の連合組織、企業団体である。財団やシンクタンクも、政策過程のこの段階においてはますます活発となっており、学校選択制や教育の民間委託、教育スタンダードの高度化、といった特定の政策転換を主張する「政策起業家(policy entrepreneurs)」を通じ、連邦議会や州議会で活動して

いる (Mazzoni, 1993)。

　だが、議案を作る議員とそれ以外の者との間には大きな違いがある。議員は議案を作成し、法案として起草し、それを自らの所属する議会の議院に直接提出することができる。一方、行政長官や行政機関、利益団体の代表などは議案を作り、法案として起草はできるが、議会へ直接提出することはできない。彼らは、自分たちの法案を代わりに提出し、棚上げされないよう保護してくれる、少なくとも2人の議員——両院に各1名——を説得して、立法過程を通じてその法案を「後押し」するスポンサーとなってもらわなくてはならない。もちろん、議会には、彼らと親密に働き、議員の表現を借りれば、法案を「運んで」くれる協力者が存在する。

　ミネソタ州において、1971年から1991年の間に表面化し、最終的に州の法律になった20の教育政策の争点に関する研究で、マゾーニは、政策案の発議者が誰かを確認した。図表6-1と6-2はその知見を要約したものである。図表6-1に示されるように、およそ3分の1の議案は、個人あるいは1種類の政策アクターによって提出されていたが、通常は、複数のアクターが提携することによってその議案を発展させていた。議会に政策転換を抑制する仕組みがあることを考えれば、この方法は戦略的にすぐれており、議案が広い支持基盤を持って立法過程に入っていくことを保証しているといえる。図表6-2は、タイプ別アクターの関与の相対的な頻度を表している。これを見ると、議会や議員の中核的な重要性が明確に現れており、また、知事や利益団体が議案の発議に重要な役割を演じていることも明らかである。スクールリーダーは、教育利益団体が相対的には重要でないことが誇張のない、ありのままの現実であると気づくであろう。教育利益団体の影響に関する事例のどちらにも教員団体がかかわっていたことも、それ以上にいつわりのない現実であると気づくであろう。非教育関係団体は、そのほぼすべてが企業団体、もしくは、政策研究コミュニティのメンバーを代表する「政策起業家」のどちらかであった。しかも、それらはしばしばお互いに手を組んで動いていた。州教育省は——他のアクターと比べて関与の度合いが希薄であるが——、この世界に精

図表6-1　1971年から1991年にわたるミネソタ州における
20の教育政策議案の発議者

発議者	20の議案に占める割合
議員	15%
利益団体	15%
知事＋利益団体	15%
州教育省	10%
議員＋利益団体	10%
知事＋議員	10%
知事	5%
知事＋州財務省	5%
利益団体＋議員	5%
州教育省＋議員	5%
議員＋州教育省＋利益団体	5%

マゾーニ（Mazzoni, 1993）に基づいて作成。

図表6-2　マゾーニの研究で明らかにされた
政策発議における政策アクターの累積的関与度

アクター	関係する政策案の割合
議　員	50%
知　事	35%
利益団体	35%
（教育関係）	10%
（非教育関係）	45%＊
州教育省	20%

マゾーニ（Mazzoni, 1993）に基づいて作成。
＊ある議案について、教育関係団体と連携して行動した非教育関係団体がある。

通していない多くの人が予想する以上にはかかわりを持っていた。スクールリーダーは、議会の政策形成における州教育省の潜在的な重要性を、過小評価すべきではない。

(3)　法案はどのように起草されるのか

　政策立案における第2の段階は、議案から法案への転換である。議案は素人の言葉で表現されるが、議会に提出される法案は特定の形式に則って法律

用語で表現されなければならない。法案を書くことは高度に専門技術的なプロセスであり、ほとんどの人はそのための方法を知らない——法律家や議員たちでさえも——。そのため、議会には通常、法案を起草するために要求される特殊技能をもった法律家を擁する法案作成事務所がある。議員は、議案を法案へと正確に編纂するこの事務所へ、議案の草稿を提出する。この仕事の一部として、法律家は、新しい法律が制定された場合、現行の法律がどのように影響を受けるのかを確定するために、連邦と州の法典をチェックする。これは、かつては時間のかかる過程であった。しかし今日では、連邦政府や各州のすべての法典が電子化されているので、法律家は関連する法令をつきとめ、影響を受けるかもしれない部分を確認しながら、法律のデータベースを迅速に検索することが可能である (Anderson, 1984; Lorch, 1987)。

　頻繁に立法を提案する人々や団体は、たいてい自らの法案作成事務所、あるいは議案を法案にする専門的な法律スタッフを抱えている。大統領や多くの知事は法案作成事務所を持っている。行政機関や利益団体は、この目的のために法律家を雇うことが多い。スタッフとして法律家をもっていない団体は、通常、その団体の議案を、スポンサーとなることに賛成した議員に提出し、議員が団体に代わってそれを議会の法案作成事務所に提出する (Lorch, 1987)。

　法案は特定の形式に則らねばならない。図表6-3は、法案の基本的な構成要素を示している。多くの法案は一般に数字(例えば、H. B. 70)やニックネーム(例えば、"the Grab'Em by the Keys Bill")、あるいは頭字語(例えば、KERA)によって参照されるが、それらはすべて公式のタイトルを持っている。例えば、1985年に下院議員チャールズ・ヘイズが下院に提案した中途退学者の

図表6-3　正確に起草された法案の主な構成要素

1	タイトル
2	本文
3	中心的な用語の定義
4	施行日
5	現行法典のうち、潜在的に影響が及ぶ部分のリスト

ための法案に選ばれたタイトルは、「中退防止および再入学に関する法律(The Dropout Prevention and Re-entry Act)」(Martin, 1994)であった。法律の条文は明らかに重要であり、──立法過程という「ジャングルのなかの戦争」の焦点であるが──キーワードや施行日も重要であり、法案が最終的に立案され、決定される前に多くの論争を巻き起こすこともある(Rosenthal, 1981)。

(4) 法案はどのように議会を通過するか

多くのスクールリーダーは、フォーマルな組織とインフォーマルな組織の違いをよく知っている。フォーマルな組織は、公式の構造と権力関係から成り立つものであり、コミュニケーション・システムや規則、組織上の手続きを含む。インフォーマルな組織は、その構造の中で育まれた人間の文化である(OSU, 1991)。多くの人々が認識しているように、実際の権力関係は必ずしもフォーマルな組織図と同じではない。そして実際の活動は、必ずしも公式の政策マニュアルと一致しない。この点に関して、連邦議会も他の組織とまったく同じで、フォーマルとインフォーマル両方の顔を持っている。この節では、法案を法律にするために踏まなければならない**公式の手続き**について述べることにする。次節では、公式の手続きの周辺に生ずる**非公式の政治的慣行**について述べる。この両方を理解することが重要である。**図表6-4**はカリフォルニア州議会において踏まれている公式の手続きを示している。連邦議会や他の49の州議会のうちの48の議会において踏まれている手続きは、それとほとんど同じであって、違う点があるにしても、それはとるに足らないことである(例外は、一院しかないネブラスカ州議会である)。以下に述べる手続きは、一般的な手続きである。アメリカの議会はどれも、いくつかの些細な点で異なっている以外は、ほぼこの全体的な概要に一致する。

あらゆる法案は、それが提出された議院のメンバーの誰かが**スポンサー**とならなければならない。このスポンサーは、新しい法案の処理に責任をもつ職員──しばしば「秘書官」とか「書記官」と呼ばれる──に法案を提出する。

2　議会における政策の立案と決定

図表6-4　カリフォルニア州議会における立法過程

下　院	上　院
メンバーが法案を提出	メンバーが法案を提出
立法審議会が法案を起草	立法審議会が法案を起草
第一読会開催	第一読会開催
↓	↓
議事運営委員会によって常任委員会に付託	議事運営委員会によって常任委員会に付託
↓	↓
常任政策委員会の活動	常任政策委員会の活動
↓	↓
歳入予算委員会の活動	予算・財務委員会の活動*
↓	↓
第二読会	第二読会
清書と記録	清書と記録
↓	↓
第三読会	第三読会
下院総会での審議と投票	上院総会での審議と投票

↓
両院協議会**
↓

| 下院の投票 | 上院の投票 |

↓
知事の署名あるいは投票

　*　財政と密接な関係があれば、法案はこの委員会に送付される。
　**　上院と下院の決定が一致しなかった場合に開催。
　注）J. W. ラマール『カリフォルニアの政治』(J. W. Lamare, 1994, p.120)より引用。

　この人物が法案に識別のための数字を割り当てるが、それは2つの部分から成っている。(1)法案が導入された議院を示す文字、そして、(2)その会期中に提出された法案の順番を示す数字。連邦議会では、下院の法案には「H. R」という文字があてられ、上院の法案には「S」という文字があてられる（*Congress A to Z*, 1999）。文字を書き入れるさまざまなシステムが、アメリカでは利用されている。例えば、オハイオ州では、下院の法案は「H. B.」と記されるのに対し、上院の法案は「S. B.」という接頭語を付ける（OSU, 1991）。秘書官や書

記官はまた、法案が印刷され、議院全員にコピーが配布されていることを確認する。

　つぎに、その法案は、委員会——しばしばそれは付託委員会と呼ばれる——へと移る。付託委員会は、法案に関するヒアリング、審議、文言の修正、手続きを進めるべきかどうかの判断を行うために、該当する常任委員会に法案を割り当てる。その常任委員会が、その法案に対して好意的な判断を下せば、その法案は、議事運営委員会と呼ばれるもうひとつの委員会へと移る。この委員会は、下院での審議と議院全体での投票のための予定を組む。この審議の間に、法案は修正されることがある。

　両院でその法案を通すとすれば、4つの通し方がある。①めったに起こらないことではあるが、「**姉妹法案**」（他の議院で同時進行してきた類似の法案）も当該議院の法案の最終的な形と同じ形式で通過した場合、その法案は直接、大統領や知事といった行政長官に送られる。②姉妹法案がない場合は、同様の過程を経るためにもう一方の議院へ送られることになる。③姉妹法案が、この法案と異なる形式で作成されていれば——たとえ一言一句の違いであっても——、その違いは解消されなければならない。これは、ほとんどの場合、非公式な交渉を経てなされる。④だが、非公式な交渉でうまくいかない場合、両法案は**両院協議会**（Conference Committee）へ持ち込まれる。そこは両院からの同数のメンバーで構成されている。この協議会の仕事は、お互いが合意可能な単一の法案を作るために、対立する文言上の表現を解消していくことである。両院協議会が成功すれば、修正された法案は最終承認の投票を行うために両院へと戻される。

　両院が同一の形の法案を受け入れるべく投票した場合、その法案はその是非を決定できる——拒否権を持つ——行政長官へと送付される。その法案が行政長官に承認されれば、それは法律となる。拒否されれば、その法案は両院に戻され、その決定を再審議し、無効とするかどうかの投票(override vote)——両院で通常三分の二以上の賛成多数で成立する——にかける。行政長官の決定が覆され無効とされれば、その法案は法律になる。しかしそういうこ

とはめったにない。

　法律となるためには、法案は一会期内（通常二年区切り）においてこの手続きを完璧に踏まなければならない。そうできなかった法案は、「死んだ」と言われる。しかし、同じ法案や似たような法案を、次回も含め、後の会期に提出することができる。その場合、最初からすべての手続きを繰り返さなければならない。

(5)　政策の決定に至るまでの政治力学

　立法過程は、あらゆる潜在的な法律が越えなければならない一連のハードルとして理解できる。したがって、立法で成功するためには、政治的スキルや妥協する姿勢も必要である。現在の文言上の表現を改めることはできないという頑なな考えで法案を提出する者は誰もが、失敗する運命に見舞われる。政策の決定における非公式の過程には、法案を決定するよう投票してもらうために、一連の政策アクターと交渉することが含まれており、それらの交渉次第で、政策が立案される方法が違ってくる。議会を通過する際、法案は再三改訂され修正される。最終的に出てくるものは、もともとの議案とも最初に提出された法案とも、かなり異なるものになる。文言表現のやり直しは多くの時点で起こるが、以下の検討においては、2、3の特に重大なハードルに焦点を当てる。

①スポンサーシップ

　議案を持っている人は、注意深くスポンサーを選ばなければならない。議員は誰でも法案を自分の所属する議院に提出できるが、議員は誰もがよいスポンサーとは限らない。当然のことであるが、スポンサーというのは、提案されたものと同様の政策を支持するはずと知られている人でなければならない。高校卒業要件として数学の単位を増やす法案を希望する企業団体は、おそらく過去に学力水準の向上を支持したことのある議員の中からスポンサー

を探すだろう。彼らは一定の基準を満たす議員に注目する。理想的なスポンサーは、与党の一員であり、かつ法案が割り当てられる可能性の高い常任委員会のメンバーである。そのスポンサーは、その委員会のメンバーとも、議会議長や与党の代表や予算委員会委員長のような議院の要職にある者とも、仕事上、良好な関係を持っている。そのような議員は、賛成票を獲得するのに必要な妥協をしつつ、立法過程を通じて法案を守ることによく適している。もちろん、そのスポンサーは、スポンサーになるための条件として、多少は議案の変更を主張するかもしれない。つまり、ここが、議案の最初の手直しが起こる局面である (Martin, 1994; OSU, 1991)。

②付託委員会

　提出されると、法案はつねに、付託委員会、すなわち法案を付託すべき常任委員会を決める委員会または下院のリーダーに送られる。法案は常任委員会において最も重要な修正を受けるのであるから、付託委員会の決定は重要である。事実、大部分の法案はそこで廃案になる。この決定は非常に重大なので、議会の政策アクターは成り行きにまかせることはしない。公式であれ非公式であれ、議会の指導部がつねに法案をどこに送るかを決める。もし下院のリーダーが法案に強く反対しているならば、彼らはその法案を、二度と耳にすることのないように、「法案つぶしの("killer" or "death")」委員会として知られる自分たちにとって都合のよい委員会のひとつに送るだろう。いつもより長期にわたって付託委員会に留めて置かれることで、その法案がより小さな程度の反対がある法案であることがわかる。結局、常任委員会に送られるのが遅れるほど、その法案は会期の終わりに消滅する確率がそれだけ高くなる。あるいは、廃案にさせられたり、つぎの委員会に報告される前に広範囲にわたって修正されたりする、そういう可能性の高い常任委員会に送られることもある。他方、下院のリーダーが支持する場合は、法案が唐突に付託委員会から提起され、その法案に賛意を示す者が多数を占める委員会に割り当てられる。

③常任委員会

　米国議会の典型的な常任委員会の議題となるよう押し寄せてくる洪水のような法案には、さまざまな運命——たいてい悪いものである——が待ちうけている。不運な法案は、「棚晒し」(審議に入らないで、遅延されるということ)にされたり、もとの法案を識別できないほど修正されたり、無期限に延期されたり、他の委員会に送られたりすることがある。輝かしい未来のある法案には、ヒアリングが予定される。ヒアリングは、通常、一般国民に開かれた会議であり、専門家が常任委員会のメンバーの前で、法案の実質的な内容について情報を提供したり、質問に答えながら証言したりするものである。ヒアリングは議事堂の中、あるいはその近辺で開催されることもあれば、外部で開かれることもある。外部で開催される場合は、「現地ヒアリング」と呼ばれる。例えば、中退防止と再入学に関する法律については二重のヒアリングが開催され、ワシントンでのヒアリングを補完するために、シカゴで現地ヒアリングが開催された。ヒアリングが終了すると、委員会はたいていその法案を、専門家の証言から得た情報を用いながら広範囲にわたって修正する。法案の再構成に際してのこの徹底ぶりは、ワシントンにおいては、・マ・ー・ク・・ア・ッ・プ(mark-up)というニックネームに示されているが、そのニックネームは、印刷された法案に付けられる広範囲の編集記号にちなんでいる。編集記号を付けた法案を委員会の多数が承認をすれば、その法案は委員会報告として報告され、つぎの段階へと移行することになる(Martin, 1994)。

④議事運営委員会

　初心者ならつぎのように想像するかもしれない。すなわち、最終的に常任委員会から多数の投票を得ることができ、多くのつまらない法案の中の勝利者となった法案にとって、残りの過程は順調な航海になるだろうと。だが、そうではない。常任委員会に入ってきたときに比べれば、法律になる見通しははるかに明るいものになったものの、法案は議事運営委員会、あるいは議事運営委員会を担当する事務官個人という、もうひとつの手続き上のハード

ルに直面しなければならない。議事運営委員会は、議会の交通警官と呼ばれてきた。なぜなら、審議や投票を受けるべく総会へと流れていく立法の流れを規制するからである(Oleszek, 2001)。その際、議事運営委員会は、それぞれの法案ごとにある「ルール」に基づいて「交通整理」を行い、両院の総会に回ることが予定されている他の法案との間での優先順位や、どのくらいの期間、審議が可能かというその長さや、修正されうる範囲などを決めるのである。法案の支持者は、高い優先権を与えられること、審議が短くすむこと、修正の可能性が限定されることを望み、そうなるように働きかけるが、法案に反対する者はその逆である。多くの法案は議事運営委員会で自らの運命を目の当たりにする。なぜなら、議事事項として議事日程の後ろに組まれてしまったり、総会での長い審議の末に、それらが見る影もなく修正されてしまったりするからである。にもかかわらず、議事運営委員会が両院に送る大部分の法案は可決される。しかし、法案の可決と法律の制定とは混同すべきでない(Lowi & Ginsberg, 1994; Oleszek, 2001)。

⑤両院協議会

多くの法案が越えなければならない最後の大きなハードルは、両院協議会である。もちろん、当初、同じ法案が両方の議院に提出されたとしても、数カ月後それぞれの議院の審議を経た後では、それらはもはや同じものではない。しかし、法律になるためには、同一の法案が両院の承認を得なければならない。しばしば、この課題は非公式に解決されるが、論争的あるいは重要な立法については、速やかに両院協議会に回されなければならない。この協議会は、両院の決定の不一致を処理するところである。第103回連邦議会において、法案の13％は両院協議会に回った(Oleszek, 2001)。州議会もまた、対立を解消するために両院協議会を利用する。ミネソタ州の立法過程を分析したマゾーニ(1993)は、彼が研究した20年の間に、両院協議会の重要性が高まってきたことを見出している。

両院協議会は、両院からのメンバーによって構成されているので、両院

に受け入れられる可能性のある法案の内容(version)をすり合わせようとする。協議会の全体会議は連邦レベルや多くの州において公開されてはいるが、実際には、激しい折衝が秘密裏になされている。不幸にも、ワシントンと州都の両方の地で、両議院の出席者が互いに自らの主張の正当性を示して固い決意をゆずらない場合、その折衝過程はしばしば両院の間での権力争いへと堕落する(Martin, 1994; Oleszek, 2001; OSU, 1991)。多くの法案が、この両院協議会において、両院間の内容にかかわる意見の違いのためではなく、こうした権力争いのために消滅するのである。このことは、35年以上前に、ある上院議員がつぎのように述べていることから明らかである。

> 私は、この議院での経験が長いので、誘惑的な声で「私に修正案を両院協議会に持って行かせてくれ」と言う委員会委員長には警戒する。なぜかといえば、その言葉は、議会ではつぎのように言っているに等しいからである。「私に子どもを塔へ連れて行かせてくれ。そうすれば、彼を絞め殺してやるよ。」(R. F. Fenno, Jr., *The Power of the Purse* [Boston: Little, Brown, 1966], p.610；オールゼック(Oleszek, 1996, 275)より重引)

両院協議会を通過する法案は、法律になるチャンスが大きい。たしかに、法案は過半数の投票を得るために両院に戻されなければならず、また、承認してもらうために行政長官の手にわたらなければならないが、そういった手続きはめったに命取りにはならない。両院協議会の審議を経た法案は、すべての主要なハードルを乗り越えた選りすぐりの法案に属する。それは今や、困難なマラソンの最後の直線コースにいるのである。しかしながら、それらに財源の裏づけがなされないこともある。

(6) 財源の獲得

法律の言葉による表現とその財政的裏づけは、アメリカの法律制定におい

第6章　政策の立案と決定　211

ては別々の立法によって決定されるため、どんな政策であれ、新しい政策のための争いは言葉による表現と財源という2つの場でなされなければならない。例えば、1989年から1990年の中退防止および再入学に関する法律の改正に関する事例研究において、マーティンは、法律を2年間延長することについて議会承認を得るため、複雑な立法上の争いがあったことを詳しく説明している。しかも、1990年3月6日に改正された法案が法律となった後でさえ、彼女はミルウォーキーの技術カレッジで中退プログラムの責任者をしているという一人の女性から、逆上した電話のメッセージを頻繁に受け取った。そのメッセージはいつも同じで、「予算はどうなっているんですか」というものであった(Martin, 1994, p.78)。マーティンは、「その施策が改めて法制化されたのはすばらしいことであるが、財源の裏づけがなければ何の意味もない」ということを、この教育者から思い知らされたのである(p.78)。つまり、法律制定後も、財源獲得のための闘いは依然としてなされなければならず、それは、法律の内容のための闘いよりも激しく骨の折れるものであった。新しい政策を提唱する者は、望ましい法律の内容のために活動することと、その施策のために資金が充当されるように闘うことを同時に行わなければならない。これについては、つぎで述べることにする。

①予算編成過程

　次期財政年度の政府予算は、議会の会期中に可決される最も重要な法律のひとつに含まれる。最も表層的なレベルにおいては、予算案は、政府がどれくらいの歳入を見込むのか、またその歳入をどのように使う計画なのかについての詳細な声明である。より深層のレベルにおいて、それは、政策選択や真の政策的優先事項を明らかにしつつ、政府の全体的な政策の方向性を言明することである。幼稚園から高校までの教育に対する州の政策が本当は何なのかを知りたいと思っているスクールリーダーは、政府が「自ら言明したことを行動で裏打ちする」かどうかを見定めるために、法律(の文言)と予算に同時に目を通すべきである。議員はよく、法律は可決させても予算の獲得に

失敗する。こういうことがあるから、政策を提唱する者は予算および予算配当の過程で用心深くなければならない。そうしなければ、懸命になって闘い、決定した法律が、中身のない言葉に変えられるかもしれない。これらの過程は、基本的に会計士や税理士しか興味をもてない退屈な手続きであるとして無視することは許されない。「多くの政策決定は予算過程を通じて裏づけを得なければ意味がないがゆえに」、議会での財政上の政策決定は「政治の、特別に重要なアリーナである」(Rubin, 2000, p.283)。

②連邦レベルの予算編成過程

連邦予算は、大統領と議会の双方が重要な役割を発揮する過程を経て、1年ごとに決定される。議会部門に提出する予算案を作成するのは行政長官の責任であるが、実際の仕事の大部分は、行政管理・予算局(Office of Management and Budget: OMB)によって実施される。OMBは、大統領府を構成する14の部局および常設機関のひとつであり、大統領より行政管理と予算編成にかかわる仕事を委任されている。その過程の最初のステップとして、OMBのエコノミストはその後2年間の予想される経済の動向や連邦政府の税収を見積る。現行の予算案とともに、これらの見積りを新しい予算編成の準拠枠として利用することによって、予備的な予算案の概要を作成する。この

図表6-5　連邦政府の予算過程における重要な締め切り

日　付	締め切りとなる事項
2月の第1月曜日	大統領が予算案を議会に送付
2月25日	上院及び下院委員会が法案の見込み経費を予算関連委員会に送付
4月1日〜15日	予算関連委員会が予算決議を提出
6月10〜15日	歳出予算委員会がすべての予算案(appropriations bills)を報告し、議会は調停案(reconciliation bill)を通過させる
6月30日	予算案の採択
10月1日	会計年度の開始

ロウイとギンスバーグ(T. J. Lowi and B. Ginsberg, *American Government*, 1992, 1993, 1994, 1995, 1996, 1998)に基づいて作成。

仮の予算案は、予算要求のための指針（ガイドライン）づくりに役立つが、その指針は連邦政府のすべての省や部局に送付される。省や部局が次期会計年度の予算要求を送付してきた後で（そうするためにOMBの指針を使うのであるが）、OMBは、各機関にとって適切な金額だと同意が得られるまで、各機関の代表者と折衝し、交渉し、議論する。そうしてOMBは、大統領やそのスタッフと緊密に協力しながら、最終的な予算案を作成するのである（Oleszek, 2001; Rubin, 2000）。

現行の連邦法は、予算案を2月の第1月曜日（「予算の日」として知られる）に連邦議会に送ることを大統領に求めている。それには議会の一連の予算編成作業の最終期限も明記されているが、それは図表6-5に要約してある。予算案は、議会にあるいくつかの専門委員会に回され、専門委員会は予算案のさまざまな部分を検討する。まず、それは両院の予算関連の委員会へ回され、そこで、次期会計年度における連邦政府の歳出や歳入、政府の借り入れ金または余剰金の総額を確定しつつ、調和のとれた予算決議を行う。この決議が両院で決定された後に、下院歳入予算委員会と上院財政委員会は予算案の歳入面について検討し始め、一方で両院の歳出予算委員会が歳出面に焦点を当てる。もちろん、最終的には全員が同意しなければならないし、すべての数字のつじつまが合ってなければならない。連邦議会のような一筋縄ではいかない組織において、これらの目的に到達するために使われる複雑な手続きは、それにふさわしく、調停と呼ばれる。それは多くの政治的連合・提携の形成を必然的に伴う。多くの取引がなされ、議会における最も激しい闘いのいくつかが遂行される。だが、成立が遅れる年があるものの、最終的には予算は成立する。この予算は、もちろん大統領やOMBによって提出されたものとは本質的に異なっているが、その基本的枠組みは変わらない（Oleszek, 2001; Rubin, 2000; Wildavsky, 1988）。

スクールリーダーは、この予算編成の過程が前節で記述した政策の立案および決定の過程と同時に進行していることを理解しなければならない。つまり、立法を通じて新政策の決定に働きかける者は、両方の過程を同時に追い

かけ、影響を及ぼそうとしなければならない。スクールリーダーはたいてい、予算と政策内容それぞれに対して、注意深く練られた異なる戦略をもっている。新しい教育政策のための財源を得るという試みは、最終的に大統領の提案として具体化してほしいという希望をもちながら、当初の予算要求に新しい政策のための財源を含めるよう、連邦教育省やその内部部局を説得するところから始まるであろう。大統領の提案に組み込まれなくても、すべてが失われるわけではない。つまり、財源の配分について、歳出予算委員会に対してロビー活動する余地が残っている。しかし、歳出予算委員会は、悪名高いほどけちで、自らを「財務省の番人」と見なしている(Martin, 1994, p.78)。たいていは、安定した選挙区出身の有力議員によって構成されているので、これらの委員会は委員以外の議員と敵対的な関係にあり、けちという評判を高めるのである。望ましい財源を獲得することは、たいていは、望ましい政策を実現することよりも困難である(Martin, 1994)。

　そうであっても、財源の獲得は可能である。中退防止と再入学に関する法律の継続的財源は、1991年の会計年度における大統領の予算案に含まれなかったので、議会の新人スタッフであったマーティンは、遅ればせながら政策のための財源確保に取り組み始めた。議会の専門家は彼女に「その施策のために財源を得ることはほとんど無理だ」と警告した(p.79)。それにもかかわらず、彼女と他のスタッフは、議会の内外において財源を得るための広範囲な超党派連合を設立し、(上院歳出予算委員会での劇的な敗北の後で)上院の総会で加えられた修正案を通じて何とか財源を獲得できた。別のよく練られた戦略が効を奏し、両院協議会の審議で修正案が生き残り、中退防止のための施策に資金が提供されたのである。マーティンは、その最終的な分析において、自分たちの成功は、予算過程に影響を与えるべく力を合わせた地道な努力の成果であったことを示唆している。彼女の事例研究は、財源を得るための闘いの難しさだけでなく、やり方によっては政府の予算過程に比較的簡単に影響を及ぼしうるという事実をも例証しているのである。

③州レベルの予算編成過程

連邦政府と同様に、各州政府はその財政活動の目安となる予算案を決定するが、連邦政府の予算過程と50州の州都における予算過程の間にはいくつかの相違点が存在する。最も重要なのは、州政府は超過支出(赤字予算)を許されないということである。予算の歳入面と歳出面は調和がとれていなければならない。もうひとつの相違点は、連邦政府は予算を毎年決定するが、すべての州がそうとは限らない(2年ごとに予算を決定する州もある)。そして、多くの知事は大統領と違い、議会によって承認された予算項目を削除する権限(line-item veto)を行使することができる(Gargan, 1994; Rosenthal, 1981; Rubin, 2000; Wildavsky, 1988)。

予算過程は州ごとに異なっている。用いられる手続きには、知事が支配するトップダウン型、議会が支配するボトムアップ型がある(Rubin, 2000)。オハイオ州はトップダウンの方法を用いている。その2年ごとの予算は、OMBによって編成される。知事部局と密接にかかわりながら動くOMBは、将来の歳入を見積もり、この見積もりを使って州の行政機関のための概算要求のガイドラインを作る。州の行政機関はこのガイドラインを用いて、つぎの2年間の財源を要求する。予算をめぐる多くの交渉は、OMBの開く公式・非公式の会議の際に起こる。結局、OMBが知事と一体となって動きながら、州議会に回される予算案を作成するのである。議会のメンバーは、この予算案を法律として制定するときに、修正することができ、また、実際そうするのであるが、トップダウンの過程は彼らの予算獲得のための策略の余地を厳しく制限している(Gargan, 1994)。その対極にあるのがテキサス州であり、この州の予算過程は、議会が中心となる。知事は州の歳出についてシーリングを決定する権限を有するが、議会は予算案の作成にあたって主導権を握る。この分権化された過程で利益団体が大きな役割を演じ、結果的に相当の影響を及ぼしている(Rubin, 2000)。この四半世紀における財政難のために、州の予算編成の傾向は知事が中心的役割を演じるトップダウン型に向かっている。この方法はボトムアップの方法に比べてあまり参加型であるとはいえないが、

歳出の抑制と税金を低く据え置くことが容易になる(Rubin, 2000)。

　州の政策に対して予算を得ることは、政策を法制化するより難しい。ワシントンと同じく、州においても、財源の裏づけのない義務的事務・事業がこの10年間で急増してきている。問題の一部はコスト意識の強い歳出予算委員会にあって、そこは公的負担をもたらすようなあらゆる施策にしばしば偏見の目を向ける。彼らの態度は、中西部出身の政治的経験の豊富な人物によって見事に表現されている。彼は、早くも1981年に、州の教育政治についてつぎのように批判を展開している。

　教科書採択や能力に基づく教育その他の多くのことに関する下院および上院の教育論議では、議員たちは充実した時を過ごすことができる。ところが、論議したことについてたいしたことは何も起こらない。費目に至る隅々まで予算を支配しているのは、お金をコントロールする委員たちなのである(Rosenthal, 1981, p.291)。

　ワシントンと同様、州都においても新しい教育思想のために予算を得ることは難しい。政策の変更を提唱する者は、自らの戦略の中に、望ましい法律を制定するための戦略のみならず、十分な財源を得るための綿密な計画をつねに組み入れなければならないということである。

3　行政機関における政策の立案と決定

(1)　規則の制定

①なぜ規則が必要とされるのか

　連邦議会は曖昧な内容の法律を制定するので、行政機関は規則・規程や政策上のガイドラインを作成することにより、その法律の詳細部分を充填しな

ければならない(Kerwin, 1994)。図表6-6は、子どもに対する統合的なサービスの確立を意図した1994年テネシー州教育法の本文の一部分である。テネシー州議会は、州教育省と精神衛生・知的障害局が協働するようはっきりと命令しているが、他方で、どんなことにどう取り組むかに関する相当の権限を、州教育省および精神衛生・知的障害局に付与している。そのため、州教育省と精神衛生・知的障害局の職員は、関係諸機関の責任を確認したり、予算配分について詳細に説明したり、対象集団を定義したりするなど、数多くの文書を作成しなければならない。これらの文書が州教育委員会によって承認されれば、それらは規則となり、法としての効力を持つことになる(Kerwin, 1994)。

図表6-6 テネシー州教育法

49—6—6101 サービスの改善および調整——州教育省および精神衛生・知的障害局は、行動障害及び情緒障害の子どもに対するサービス改善とその調整のために、つぎのような活動を行わなければならない。これらの活動の結果として必要となる政策変更については、それを再検討・承認に付するため、州教育委員会に提出するものとする。

(1) 州および地方の機関それぞれの責務の明確化。
(2) 関係機関、特にテネシー州の精神衛生、知的障害、教育にかかわる州および地方の機関の間での合同の計画立案と訓練の開発。
(3) 関連する一連のサービス・オプションのための財源を確保する体系的な手続きの開発。
(4) 対象集団の定義の開発。
(5) 継続的なニーズ・アセスメント手続きの開発。それはつぎの事項を扱う。
　(A) 子どもとその家族の複雑で多様なニーズ
　(B) 学校、精神衛生・知的障害関係施設、公的・民間機関それぞれのリソース
(6) 既存のサービス・オプション、周知の公的・民間機関、家族に関する一覧表の準備。
(7) 診療ないし治療の目標に関連した介護計画に含めるべき原則についての、諸機関間の協定の締結。介護計画にはつぎのものを含む。
　(A) 発達段階から見て妥当な子どもの関与
　(B) 測定可能な効果
　(C) 介護計画をモニターする機関の特定
　(D) 家族の関与
　(E) 独自の文化的ニーズに対する敏感さ
(8) 不登校防止に関する諸機関相互の訓練計画の開発。　［Acts1994, ch. 985, §4］

注)『1995年度版テネシー州行政規則・追補集』より許可を経て転載。

3　行政機関における政策の立案と決定

　行政上の規則は、3つの異なった機能を果たしうる。第1は、おそらく最も重要なことであるが、行政上の規則は、議員が認識していなかったり、議員が政府機関の専門家に任したりした法律の隙間を埋めるということである。規則の第2の機能は、1つの法律、あるいはある特定領域にかかわる法律本文の中心的な用語を定義することである。例えば、州教育省はしばしば教師や学校、中等教育といった用語の公式の定義を創り出す。また、規則制定の手続きを含め、行政機関内部の手続きを明確化した規則を作成する(Anderson, 1984; Kerwin, 1994)。図表6-7は、学区改善計画まで含めた『2002年版オレゴン州行政規則集(Oregon Administrative Rules, 2002 Compilation)』の一部である。これらの規則は、制定法を補いつつ、学区がどのように自らの計画を策定するか、また、それらと関連づけながら踏まれる諸手続きについて詳細に説明している。

図表6-7　オレゴン州の教育行政規則

アセスメントと評価
581—022—0606
学区改善計画
各学区は
(1) テスト結果や他の評価情報(例えば、人口統計データ、生徒の学業成績に関するその他のデータ、生徒による教育機会の活用度、教職員の特性など)を含んだ自己評価を行うことによって、学区および学校レベルにおける生徒の学業成績を改善するための学校と学区のニーズを特定する。
(2) 規則(1)で述べられている自己評価に基づき、学区および各学校が文書化された改善計画を作成し、実施する。そこには必要に応じて、つぎのような計画が含まれる。
　　(a) 持続的な、短期および長期の教職員研修
　　(b) 安全な教育環境を実現する施策・事業
　　(c) リソースをよりよく活用する各地域の能力と努力
(3) 2年ごとに学区改善計画を改定、更新する。
(4) 学区の改善計画に基づくテスト結果と進展度を毎年、評価し、当該地域に報告する。
(5) 公的文書として学校および学区改善計画のコピーを保存する。
(6) 要請があれば、教育省に学区の改善計画を提出する。

Stat Auth:ORS326. 051
Stats. Implemented:ORS 326. 051

注)『2002年版オレゴン州行政規則集』より、州当局の許可を得て引用。

②規則はどのように書かれるのか

　規則の制定にあたって行政機関は、通常、(1)情報収集を行うこと、(2)市民参加の場を確保すること、(3)提案された規則を指定された個人や委員会に提出し承認を受ける、という3段階の手続きを踏む。行政機関の職員は、規則制定の準備をする際に、いくつかの情報源にあたる。例えば、類似の立法に関して、他州で制定された規則を研究したり、別のところにおいて類似の政策がどう実施されているかについての研究報告に目を通したり、その政策に関連する現場の人たちと、可能な規則について非公式に議論したりする (Hall, 1988; Kerwin, 1994)。規則制定に市民が参加することは、誰しもが理想と考えているが、必ずしも尊重されていない。ほとんどの行政機関は、最低限、ある種の通知を公表するが、その通知は、利害関係者に特定の規則がいつ作られるのかを知らせたり、また、何らかの形の参加を求めるためのものである。この参加の形にはさまざまなものがある。行政機関は、提案された規則ついて文書によるコメントを求めたり、ヒアリングを開催し、そこで利害関係者が規則について質問したり、初期段階における規則制定を手助けする諮問委員会を設立したり、あるいは、関係のある主要な利益団体と規則をめぐってすり合わせをしたりする。これらの活動に個人が参加することもあるが、最も頻繁に参加するのは、規則によって影響を受ける利益団体や企業代表者、組織のリーダーである。教育の分野では、教員組合、管理職団体、教育委員会連合会、経済団体が参加する傾向が最も高い (Hall, 1988; Kerwin, 1994; Madsen, 1994)。

　規則制定にあたって行政機関はかなりの裁量権限を持つことが多いが、作成過程の外部にいる人からそれらを承認してもらわなければならない。テネシー州のように、教育関係規則 (education rule) はしばしば州教育委員会の投票によって決定される。あるいは、新しい規則を審査する上級職員からなる特別委員会がそれらを承認しなければならない。あらゆる法律と同様、行政規則も司法上の審理に服することになっているので、裁判所において異議申し立てができる。事実、規則をめぐる訴訟はきわめて日常的なことであ

る。このように、行政機関は規則の作成および決定にあたって幅広い裁量権限を持っているが、その権限に対しては相当な抑制が働いている(Hall, 1988; Kerwin, 1994)。

③なぜ行政規則の制定は役立つのか

　行政機関(州教育省を含めて)とその規則制定機能は、革新主義運動*の時代である1887年から1917年の間に発展したことから、革新主義的改革者による、専門家のもつ「科学的」知識への信仰や、行政機関は政治的、党派的な闘争から超然とすべきという信仰を反映している(Kagan, 1986;Sabatier, 1975)。20世紀の展開とともに、行政機関はより強大になり、ますます規則を制定・公布するようになったために、リベラル・保守の両派からの攻撃を誘発した(Hall, 1988)。最も一般的な批判は、行政機関とそれによる規則制定は非民主的であるという不満(例えば、Lowi, 1979を参照)であり、非能率で硬直しているという非難(例えば、Wilson, 1989を参照)である。たしかにこれらの批判の多くは正鵠を射ていた。現代の多くのスクールリーダーであれば、「法令の形式的な遵守や文書主義、無意味な法的手続き」など多くの例を挙げることができるだろう(Kagan, 1986, p.65)。たとえそうであっても、行政機関による政策の立案および決定には、消極的な面とともに、積極的な面もある。行政機関の多くの職員は、規制の対象としている企業や専門的職業に従事していた経験をもつ。また例えば、連邦教育省も州教育省も、教師、管理職、大学教授といった職歴をもつ者を雇用している。彼らは教育に精通しているので、一度も教育界で働いたことのない議員よりも教育政策の細かい部分をうまく発展させることができる。このように、行政機関の規則制定は、専門職的知識・技術による政策形成の場としての意味もある。学校や学区で現在働いている人々が、意味ある方法で規則制定の過程へ参加が許されると、専門職的知識・技術の影響はさらに拡大する(Kerwin, 1994)。

　行政上の規則制定には、この他に2つの重要な機能がある。まず、新しい政策をよりすばやく柔軟に実施できる。もし、議会が詳細な法律を制定した

場合は、所定の手続きで修正するには数年を要するし、そのために、不備が認識されても欠陥のある施策がいつまでも続くことになる。規則を変えることは法律を変えることよりも簡単なので、新しいテスト事業や教員資格の新しい基準づくりに取り組んでいる州教育省は、政策の実施中に問題が生じたときには規則を改正し、政策的指針を明らかにすることができる。つぎに、ある政策立案の権限を行政機関に委譲することは、議会の負担を軽減することになる。これが、もうひとつの機能である。アメリカのあらゆる議会は、法案その他の仕事に負担がかかりすぎているために、詳細にわたる政策の立案機能を連邦教育省や州教育省のような機関に移管して立法過程を合理化し、より効率的にしているのである。政府の官僚機構に対する広範な批判はあるが、行政機関は、今後しばらくは政策の立案や決定において、一定の役割を果たしつづけるだろう。事実、政策開発における州教育省の重要性は1980年以来、増大している(Madsen, 1994)。

④連邦政府の規則制定

　1946年、連邦議会は、連邦機関における規則制定手続きを標準化するための「行政手続きに関する法律」を可決した。この法律は行政機関に対して、規則が政策アリーナについての情報に基づくことと、規則制定の目的を情報公開することを求めている。また、規則制定への市民参加——これは文書の形で意見を提出することから大規模なヒアリングを開催することまで、さまざまな形を取りうる——を促進することも求めている(Kerwin, 1994)。

　他の連邦機関と同様、連邦教育省は、ほぼ毎週ペーパーバックの形で公表される『連邦議事録(Federal Register)』に規則制定の目的についての通知を載せている。インターネットやマイクロフィッシュでも利用できるこの議事録は、規則制定の目的を公表したり、規則制定の根拠法令の条文を確認したり、提案された規則の一般的趣旨を要約したりしている。何らかの形での市民参加はつねに行われている。最も一般的なのは、利害関係者が締め切りまでにコメント付きの文書の提出を求められることである。だが、時には、よ

り広範な参加も可能である。例えば、2002年1月18日、連邦教育省は初等中等教育法(1965年)の改正(更新)法である、2001年の「落ちこぼれをつくらないための初等中等教育法」に伴う規則のために、「助言と提言」という形で文書でのフィードバックを求めた。それは、親、教師、管理職を含めて、いくつかの特定のカテゴリーの利害関係者に意見を求めるものであった(『連邦議事録』2002年1月14日)。6週間後、教育省は個人や団体から100におよぶ意見をもらったことを発表し、提案されている規則を再検討するグループの実施する5つの公開ミーティングの時間と場所についての情報を公表した。また、広範な聴衆にフィードバックの機会を与えるために、全国各地で、4つの地域会議を開催するとした(『連邦議事録』2002年2月28日)。教育省は、新しい規則の制定にあたって、これらのコメントを利用する義務はないが、そうすることがしばしばある。教育省によって決定された最終的な規則は、一般から受け取ったコメントについての分析や、そのコメントがどう利用されたか(使用されなかったか)の説明とともに、『連邦議事録』に公表されている。規則の最終版は、棚を埋め尽くすほどのボリュームを誇る『連邦規則・規程集(Code of Federal Regulations, CFR)』で利用できるし、インターネット上でも利用可能である。ほとんどの教育関係規則は、タイトル34という表紙のついた3つの巻に掲載されている。ただし、異なった見出しのものに掲載されている規則も少しある。

(2) 州における規則の制定

　予想される通り、規則や規程を制定するために用いられる手続きは州の間でかなり異なる。しかし、教育政策のための規則制定は、一般的には州教育省の責任である。そして州教育委員会によって公式に承認、決定されることが多い。マドセンは、ある中西部の州で州教育省職員として働いた3年間を描いた著作で、州の1985年学力向上法(Excellence in Education Act)に伴う規則制定について多くの章を割いている(Madsen, 1994)。州教育省で彼女はさま

ざまな規則制定の手続きを観察した。例えば、教員免許課の課長は単独でキャリア・ラダー施策・事業のための規程を作成し、その施策・事業を学区が実施するときに使用するハンドブックを用意した。「彼はキャリア・ラダー政策に関して、単独で多くの決定を行った」とマドセンは記している。そして、「この課長は、施策・事業の解釈（意味づけ）に多大な影響を与えた」と結論づけている(p.150)。州教育長もまた、単独で多くの規則を決定した。

　それにもかかわらず、教育関係団体が参加して制定された規則もあった。法律そのものも諮問委員会に規則制定への参加を要請しているのだが、州教育長は法律には規定されていないいくつかの諮問委員会を設立した。各委員会のメンバーの数は15名から30名の範囲であった。州教育省は教師、管理職、教員養成関係者、組合代表、議員、親を含めた教育関係者だけなく、地域や学区規模のバランスに配慮しつつ、メンバーを注意深く選んだ。委員会は月1回開催され、州教育省で用意される昼食をとりながら、終日、会議が行われた。教育長はこれらの会合のほとんどに参加し、州教育省の職員はいつも出席していた。委員会によって作成された規則は、その賛否を審議、決定すべく州教育委員会に送られた。最終的には、人々が意見を述べられるよう、その規則に関する公聴会が州内のいくつかの場所で行われた。そうした過程を経て、多くの不満を持たれていた規則は改正された。

　マドセンの見解によれば、州教育省が規則の制定過程を支配している。事実、彼女は、州教育委員会は「深く吟味せず形式的に判を押すのと同然」と述べている(p.103)。とはいえ、規則の中には、教育者などによる有意義な参加を可能にする方法で制定されたものもある。

4 裁判所における政策の立案と決定

(1) 政策アクターとしての裁判官

　一段高いところに鎮座し、慣例的に「Your Honor」と呼ばれる黒い法衣を纏った裁判官は、ほとんどの人々に、畏敬の念を引き起こす。事実、この伝統的な象徴表現の目的は、職務を遂行するに際して多くのやっかいな、また危険でさえある人々を扱わねばならない裁判官に対して畏敬の念を引き起こし、権威を高めることにある。しかし、畏敬の念や尊敬に気をとられて、客観的な現実をあいまいにしてはならない。裁判官は、アメリカの政治システムにおける重要な政策アクターである (Baum & Kemper, 1994; Cronin & loevy, 1993; Frohnmayer, 1986; Kirp, 1986; Lowi & Ginsberg, 1994)。これをいまだ理解していない人々にとって、2000年の大統領選はその事実を余すところなく明瞭にした (Tapper, 2001)。

　裁判官は、政治に無縁なアクターでない。任命制や目立たない選挙による選出、長い任期、審議の非公開といった仕組みによって、政治的喧噪という醜悪な現実から隔離されているとはいえ、裁判官は議会のメンバーや知事と同じくらい政治的人物である。裁判官の多くは、主要な政党のどちらかとつながりを持っており（そうでなければ裁判官には決してなれない）、ほとんどの場合、裁判官がどんなイデオロギーの持ち主かは法曹界では周知の事実である。裁判官が任命されたり、選挙で選ばれたりする背後には、通常、「正しさ」をどう定義するにしろ、その裁判官なら裁判官として「正しい」決定を下すであろうという、選出した側の政策アクターの当該裁判官への熱い期待が控えている (Abraham, 1986)。もちろん、時として、裁判官として仕事を始めた途端に自主独立的なふるまいをして、任命した者を驚かせることもある。にもかかわらず、裁判官の政治的スタンスは――彼らが自分の思想的態度を変えるかどうかにかかわらず――、重要である。なぜなら、裁判所は「司法機関以

上の存在で、主要な法律制定機関でもある」(Lowi & Ginsberg, 1994, p.189) からである。

　審問した事例について判断を下す際、裁判官は議会で可決された法律や行政機関によって制定された規則を解釈するという重大な政治的役割を担っている。彼らは、**判決理由**(opinion)という形で自らの解釈を書くが、そのうち最も重要なものは法律書として集成されて出版され、将来、他の裁判官や弁護士が法律を解釈するための**先例**となる。裁判官によって書かれた意見は**判例法**を構成し、立法と同様、法律の一部となる。さらに、裁判官は、議会で可決された法律や行政機関で制定された規則を、自分たちが違憲であると思えば、**司法審査権**を行使して、それらを無効にすることができる (Abraham, 1986; Lowi & Ginsberg, 1994)。

　裁判には、司法上の先例や議会に相当な敬意を払い、抑制された態度をとるものもあるが、政策の方向性をつくる上に先導的な役割を果たす司法積極主義で知られるものもある (Hagan, 1988; Porter, 1982; Porter & Tyree, 1991)。連邦レベルでは、1950年代および1960年代のウォーレン法廷が司法積極主義で知られ、1954年に学校の人種隔離を違憲とし、他の公民権の領域に新たな足跡を切り拓いた (Hudgins, 1970; Kirp, 1986; Tyack, 1986)。州の裁判所は、他の政府部門が行動を起こすよう圧力をかけることを先導するという点で、しばしば連邦裁判所よりも司法積極主義的である。例えば、ニュージャージー州の最高裁判所のある裁判官は、学校財政制度の改革を含めて、議会を特定の政策的方向へと駆り立てるよう意図的に判決を下した、と公言している (Porter, 1982)。実際、ニュージャージー州最高裁判所は、学校財政の専門家の間では、**ロビンソン対ケーヒル事件第一次訴訟**(Robinson v. Cahill I) において、その州の学校財政制度をひっくり返した裁判所として知られ、また、ホラー映画のように番号の付いた、**ロビンソン対ケーヒル事件の第二次訴訟から第六次訴訟**(Robinson v. Cahill II-VI) という一連の裁判において、州議会が立てた計画をことごとく拒否した裁判所として知られている (Unfulfilled Promises, 1991)。ニュージャージー州だけではない。すなわち「多くの州裁判所は、連邦裁判

所がめったに入り込まないような政治的藪の中に入るのである」(Porter, 1982. p.18)。このために、スクールリーダーは、教育政策の立案と決定における裁判官の重要性を決して看過できない。つまり、多くの教育政策の問題は、議会ではなく、裁判官によって決定されるのである。そして、遅かれ早かれ、たいていのスクールリーダーは、気がつくと裁判所と向き合っていることになるだろう。

(2) 事件を法廷へ持ち込む

　司法部門は、政府機構における他の2つの部門とは異なり、能動的というよりもむしろ応答的である。たとえ、ある一部の法律は違憲であるとか、ある特定の住民の人権が侵害されているといったことを信じたとしても、裁判官はこの事実を公的に言明することはしないし、裁判で異議申し立てをしようとする市民を捜し出すこともしない。代わりに、誰かが不当な扱いに対する法的救済を求めるのを待たねばならない(Beatty, 1990)。

　裁判については法律上の原則があり、誰が法廷に訴訟を持ち込めるかを規律している。法が犯されているとか、法令や慣習が違憲であると抽象的に信じているだけでは、不十分である。何かによって実際に損害を被った個人または集団だけが、いわゆる「訴訟当事者適格」を手にし、裁判に持ち込めるのである。この侵害は、身体的なものであることもあるし、精神的、あるいは経済的なものであることもあるが、原告は、司法制度を通じ、成功裡に救済を求めるため、実際に被った損害を実証できなければならない。それに加えて、そこに実際の利害の対立が存在し、**対立相手を被告として訴えなければ**ならない(Alexander & Alexander, 1998; Lowi & Ginsberg, 1994)。例えば、子どもの進級が人種差別によって妨げられていると信じている親は、ただ単に一般的な不満について訴訟を起こすことはできない。彼らはまた、責任を有する個人あるいは集団——おそらく教育長や教育委員会——を特定しなければならず、これらの個人や集団はその親と意見を同じくしないというものでなけれ

ばならない。被告が告訴に同意し和解を申し出たならば、たとえ原告が一般的な論点を公開したいとして裁判に持ち込もうとしても、この場合、対立は存在しないこととなり、それゆえ、事件はないことになる。このことは、抽象的で仮定に基づいた空論的な事件はアメリカの裁判所では審議されないことを意味している。もし、このような事件が法廷に持ち込まれたとしても、それらは審理過程の早い段階において却下されるだろう(Abraham, 1986; Lowi & Ginsberg, 1994)。

とはいえ、どんな組織でも、政策変更を引き起こす広範な戦略の一部として、**試訴**(test cases)を法廷に持ち込むことで特定の理念の実現を前進させることができる。通常、そのような集団は、——しばしば十分な根拠があって——自らが求めている政策上の変更を議会部門で得る機会はほとんどないと結論づけている。それゆえ法廷に目を向け、徐々に政策を変化させるための試みとして、何年にもわたり、多くの事件を裁判に持ち込むのである。そのような集団(すべての訴訟当事者も)がしなければならない判断は、連邦、州のどちらの裁判所で救済を求めるのかである。この2つの裁判所は異なった管轄権を有しているために、どちらを選ぶかの判断はたいていは自明である。だが、訴訟の中には、連邦と州の両方の管轄権に該当し、そのため選択を迫られる場合がある。州裁判所の判決は州内でしか拘束力がないが、その判決は広く読まれ、しばしば広範な影響を及ぼす。例えば、他州において下された判決によって、ある州議会が訴訟を恐れて行動を起こすことを促されることもある(Porter, 1982)。もちろん、それぞれの事件は、原告適格、当事者、論争点についての法的基準を満たさなければならないし、このような集団の弁護を引き受ける弁護士は、そうした法的基準を満たしているかどうかを確かめなければならない(Abraham, 1986)。

(3) 裁判官はいかにして政策を立案し、決定するか

州および連邦両方の司法制度における最も下級レベルの**予審裁判所**(trial

court）では、一人の裁判官が事件の証拠を審理する。教育政策を大きく変えるような事件では、通常、陪審員は出席しない。だが、予審裁判所の裁判官は証拠を比較検討し、個々の事件に法を適用しようとする場合に、独善的に活動することはまったくない。彼らは、同様の事件において他の裁判官が下した先例に従うことになっており、また、控訴された場合に、自らの判決の的確さを他の裁判官に評価されることも認識している。このように、彼らが自らの専門家としての評判に関心をもつことで、予審裁判所の裁判官が常軌を逸した、信じられないような裁決を避けることにつながる（Abraham, 1986; Lowi & Ginsberg, 1994）。

　予審裁判所より上のレベルでは、複数の裁判官が各々の事件を審理する。**連邦最高裁判所**においては、この一団は9人のメンバーから構成されている。多くの州の**最高裁判所**は、7人である。また、多くの**上訴裁判所**（appellate court）では、3人となっている。このため、意見の一致に至る手続きが必要となる。裁判官の審理は秘密であるため、この政策立案・決定の過程を観察できる市民はいないが、一般的にどのようなことが行われているかはよく知られている。

　数人の委員から成る法廷には、その非公開の会議を主宰し、意思決定を促す**裁判長**がいる。いくつかの申し立てについて聴聞を行った後、裁判官は**会議**（conference）を開き、事件について検討し議論し合う。そのような会議は、多くの場合紛糾する。カリフォルニア州最高裁判所の裁判官はかつてこのように述べたことがある。「[会議]は……対立する哲学が至近距離で衝突する戦場に似ている」（Abraham, 1986, p.204）と。法的判断についての仮投票が、定期的に行われる。ある特定の事件について、多数派の立場が明確に浮かび上がってきたときに、最終投票が行われ、その結果が記録される。それから、裁判長は多数派の一人に対し、判断とその理由を述べた判決理由を書くよう命じる。判決の最初の草稿は、コメントや示唆を得るために他の裁判官の間で回される。法廷のメンバーは、特定の論点、表現、論旨の展開を含めるか否かで、互いに協議することもある。多数派の意見に同意しない裁判官は、**反対**

理由(dissenting opinion)を書くことができる。この手続きは長時間にわたることもある。ウォーレン法廷では・ブ・ラ・ウ・ン・判・決(Brown v. Board of Education, 1954)を決定し、それを草稿にするまでに1年以上を要したが、これは、学校の人種隔離事件という論争的な争点に対して、裁判長が満場一致の判断と単一の判決理由を求めたためである。多くの裁判が結審すると、高等裁判所はそれらをオピニオン・デイ(Opinion Day)と呼ばれる指定された日に一般に公表する。その時、判決理由を書いた者はそれを――もしくはその要約を――裁判所に参集した聴衆に対して声を出して読みあげる。その後、これらの判決理由は判例時報(reporters)と呼ばれる法律書に公表され、弁護士や裁判官が参照する判例の一部となる(Abraham, 1986)。

(4) 裁判官による教育政策形成の例

①州裁判所の場合

　19世紀初頭、ホレース・マンによって提唱されたコモンスクール運動の当時より、州裁判所の裁判官は、教育政策の形成に重要な役割を果たしてきた。裁判官による教育分野の法律制定に関する歴史研究の中で、タイアックは、19世紀の州裁判所で下された教育に関する判決の90％が行財政を取り扱ったものであることを見出した(Tyack, 1986)。例えば、1882年のイリノイ州裁判所は、州の就学義務法が合憲であるという判決を下したし、1886年のインディアナ州裁判所は、特定のカリキュラムに基づく授業を要求する権限を教育委員会に認めた。他の重要事件においては、公教育に税金を使用する州の権限を支持したし、建物の建築資金を得るために債券を発行する教育委員会の権限を支持した(Alexander, 1998)。もちろん、ある州において下された判決は、他州までをも拘束はしない。だが、たとえそうでも、早くから学校制度を確立した州において出された判例は、他の州に強く影響を及ぼすと、タイアックは結論づけている。

　21世紀に入った今でも、州裁判所はいまだ学校財政政策について重要な

図表6-8 州別に見る学校財政訴訟の概要（1971～1997年）

成功した訴訟	不成功の訴訟	継続中の訴訟	中止もしくは休止中の訴訟
アリゾナ	コロラド	アラバマ	デラウェア
アーカンソー	ジョージア	アラスカ	ハワイ
カリフォルニア	アイダホ	フロリダ	インディアナ
コネチカット	メイン	イリノイ	アイオワ
ケンタッキー	ミシガン	ルイジアナ	カンザス
マサチューセッツ	ミネソタ	メリーランド	ミシシッピ
モンタナ	ネブラスカ	ミズーリ	ネバダ
ニューハンプシャー	ノースダコタ	ニューメキシコ	オクラホマ
ニュージャージー	オレゴン	ニューヨーク	ユタ
オハイオ	ロードアイランド	ノースカロライナ	
テネシー	ヴァージニア	ロードアイランド	
テキサス		サウスカロライナ	
ワシントン		サウスダコタ	
ウェストヴァージニア		ヴァーモント	
ワイオミング		ウィスコンシン	

注）イリノイ州立大学教育学部のホームページ「学校財政の合憲性をめぐる訴訟の現状」（1997年6月19日）に基づいて作成。

判決を下しつづけている。図表6-8は、1971年から1997年の間に法廷闘争に持ち込まれた学校財政制度の合憲性について州裁判所が下した判決をまとめたものである。ある州における判決がいかに他州の類似の訴訟を促しうるか、ということを鮮やかに例証している。事実、訴訟は、ほぼすべての州——正確には44州——に持ち込まれている。ただし、次のような事実は、表に示されていない。すなわち、2、3の州で財政制度が破綻したことにより、他の州議会は（それを他山の石として）訴訟を事前に防ぐか、あるいは、法廷に持ち込まれても強固な立場に立てるように、自らの州の学校財政の運営方法を調整するようになった。

②連邦裁判所の場合

19世紀終わりまで、教育問題を扱った事件のうち連邦最高裁判所まで進んだものは、わずか7件であったが（Tyack, 1986）、第一次世界大戦後、連邦

裁判所の裁判官は、教育政策において重要な役割を果たし始めた。例えば、1923年、連邦裁判所は、幼稚園から中学2年までの授業で英語以外の言語はすべて使用禁止としたネブラスカ州法を違憲とした。その2年後には、すべての子どもたちが公立学校に就学することを要求するオレゴン州法が違憲であると宣言した。これら2つの判決は、20世紀全般を通じて連邦裁判所が教育政策上の役割を果たす前兆であった。その役割とは、教師、生徒、さまざまなマイノリティの権利を保護することである(Hudgins, 1970)。この役割は、「連邦裁判所の役割に革命をもたらす引き金となった」1954年のブラウン判決によってかなり強化された(Jensen, 1985, p.18)。その後20年にわたって連邦裁判所は、公民権や法の下の平等を擁護し、積極的に教育政策の形成にかかわってきたが、同時に、かなりの論争を生み出した(Kalodner, 1990; Kirp, 1986)。

州裁判所と同様に、連邦裁判所もしばしば、議会部門の行動に影響を及ぼす波及効果のある判決を下す(Frohnmayer, 1986)。その格好の事例が1971年の事件である。この、ペンシルバニア知的障害児協会(Pennsylvania Association for Retarded Children)対ペンシルバニア州という事件では、親の連合団体がペンシルベニア州に対して、州は障害を持つ子どもたちに公教育を保障する法的義務を履行していないと主張して、連邦地方裁判所に訴訟を持ち込んだ。法廷でたった1日だけ証言がなされた後、州は敗北を認め、ペンシルベニア州では精神面で障害を持つ6歳から21歳までの子どもにも「無償で適切な公教育」を受ける権利があることに同意したのである(Jensen, 1985, p.29)。その後の3年間で、障害児の権利に関連した899の法案が州議会に提出され、200以上の法案が通っている。その上、連邦議会は1973年と1974年にはそれに関連した法案、そして1976年には、P. L. 94-142すなわち全障害児教育法を制定した(Alexander, 1998; Jensen, 1985)。このように、裁判官は判決という形で直接、教育政策の形成に関与するだけでなく、議会の行動に刺激を与えるという形で、間接的にも教育政策の形成に関与しているのである。

5　政策の立案と決定に対して影響力を行使する

(1)　一般原則

①プロセスを知る

　教育政策に影響を及ぼしたいと願うスクールリーダーは誰でも、政策過程を理解しなければならない。さもなければ、愚かな過ちを犯し、価値ある資源(リソース)を浪費することになるだろう。例えば、立法過程に無知な者は、しばしば、まさに法案が最終審議と投票段階に進む時、議会の代表者と接触する。その時点で、阻止されたり修正されたりする法案もあるが、そこは介入すべき最善の時点ではない。むしろ、早めに介入すればするほど、それだけ一層効果がある。さらに、自分たちの望む法内容となるようにまじめに取り組んではいるものの、財源の裏づけを得るための闘いも必要ということの認識もないうちに制定をみた法律も少なくない。本章の最初の部分は、立法過程の全体像を示すものであり、また、それについて的確に考えられるような十分な情報を含んでいる。しかし、スクールリーダーは本書を読むことで過程を完璧につかめるとは期待すべきではない。スクールリーダーは、学習の目的をあらかじめ知らなければならない。そうすれば、本書や他の書物は、つぎに何が起こるがわからないときに、頼りにできる有用な情報源となることであろう。

②政府の活動を追跡する

　本章の最初の方で明らかにしたように、政策の立案と決定の過程は、数多くの公式の締切日を含む一定の時間の枠内で作用する。つまり、これらの過程に影響を及ぼしたいと願う者は、何が起きているかに気づかなければならないだけでなく、時機を逃さずに対応しなければならない。もちろん、すべての政府機関は、そのスケジュールや動向に関する記録を公表している。こ

れは大きな図書館で利用可能であるが、インターネットでも利用できるようになってきている。しかし、たいていのスクールリーダーは、それよりも、政策の立案と決定をモニターする自らの専門職団体のリソースを活用する方が簡単だと気づくだろう。

　アメリカ教育行政管理職協会（AASA）や全国中等学校長協会（NASSP）や全国初等学校長協会（NAESP）のような団体はそれらの州支部と同様、政策関連の出来事についての情報通でいられるようにする3つの重要なリソースを提供している。第1に、政府の活動——特に立法部門——についての情報を公表している。連邦議会や州議会の会期中はたいてい、月刊誌だけでなく、毎週、議会の最新情報を発表している。すべてのメンバーにその情報を送るわけではないが、要求があったメンバーをメーリング・リストに加えるであろう。これらの最新情報の利点は、教育に関連した立法だけが含まれ、特に重要な争点について特集されており、しばしば、やや詳細な説明が加えられていることである。もし主要な事件が裁判所で審理されていれば、その最新情報には裁判経過についての情報も含まれている。それらの団体が日常的に提供する2番目のサービスは、インターネット上のウェブサイトである。ウェブサイトの一部では、通常、団体の立法課題や議会に提出された主要な法案や他の重要な政策関連の出来事に関する情報を集中的に流している。そして、専門職団体の事務局には、たいてい1名もしくはそれ以上のスタッフを持つ対政府関係部署がある。対政府関係の専門家はたいてい、その団体の出版物やウェブサイトからでは十分で詳細な情報を得ることができないメンバーに対して、追加情報を積極的に提供している。

③協　働
　スクールリーダーは自由に使える時間がほとんどないくらい多忙であるということを本書の読者に説明する必要はないだろう。政策の立案と決定に影響を及ぼすことはリーダーシップの基本部分ではあるが、それは一人で行う必要はなく、実際行うべきでない。なぜなら、「一匹狼」は政治においてほと

んど効果がないからである。大きな学区の事務局のスタッフは、地方、州、連邦レベルの政府職員とのつながりをつくり、それを維持する責任がある。そのような対政府関係の専門家は、学区全体の政策活動を計画し、調整する。大きな学区のスタッフは、政策上の主要な関心事を伝えたり、可能な限り学区のリソースを用いたりしながら、政府機関の職員と仕事上の良好な関係を築くべきである。

　より小さな学区においては、通常、対政府関係の専門家を雇う余裕はない。にもかかわらず、政策に影響を及ぼすため政府関係者と協働することは、小さな学区においても重要である。教育長、事務局スタッフ、校長は、誰もが州や連邦の教育政策の主要な動向に自覚的になり、時には積極的に働きかけることが必要であると理解できるような、政策関連の情報にあふれた環境を創出するよう努力すべきである。政策の展開を、日々モニターするという仕事の大部分は、最も直接的な関係者に任せることができる。例えば、多くの学区において、タイトルⅠに基づく連邦事業は、学区の資金や補償教育カリキュラムの重要なソースである。すべての連邦施策・事業と同様、タイトルⅠは定期的に更新され、改めて財源をつけなければならない。さらに、タイトルⅠに適用される規則はしばしば変更される。これらは、小さい学区にとっては重要な政策問題であり綿密に追求されるべきであるが、教育長や校長はそれに対して大きな責任を引き受ける必要はない。むしろ、タイトルⅠの担当者やその施策・事業の下で働く教師が、学区で決定された一般的なガイドラインの範囲内で仕事をしながら、日常の追跡評価を行ったり、必要に応じて連邦職員と接触したりする方がいいだろう。こういった方法で、スクールリーダーは同僚との間に、政策を自覚し政策にかかわっていくための幅広い基盤を築くようにすべきである。

④優先事項の設定

　いつの年にも、教育に関連した多くの法案が連邦議会や州議会に提出される。そこで多くの規則が制定され、改訂される。また、関連した判決もいく

つか下される。それらすべてに影響を与えられるようなスクールリーダーや学校、学区は1つとして存在しない。そのため、活動に明確な優先順位を付け、重要度の低い政策問題は無視することを学ぶことが大切である。優先順位の付け方はいろいろありうる。例えば、大都市の学区の対政府関係部署には、事務局のスタッフによって綿密に練られた優先事項に関する文書リストがあるが、それは、最優先事項(First Tier Policy Priorities)、第二次優先事項(Second Tier Policy Priorities)、第三次優先事項(Third Tier Policy Priorities)という3つのカテゴリーに分類されている。その正反対に、小さな片田舎の学区では、教育長がつぎのようなリストを頭の中に浮かべているかもしれない。「第1に、学区財源を守ること。第2に、職業教育としての農業科を拡張すること。第3に、学校給食に関するより現実的な規則を定めること。」リストの形式やそれを作成する過程はさまざまであるが、優先事項を明らかにして、それを大切にしなければならない。そうでないと、政策に影響を及ぼすという試みは、雲散霧消してしまい、効果のないものになる。

(2) 議会と行政機関に対して影響力を行使する

①3つのアプローチ

　政策の立案と決定に影響を与えるためには、一般的に3つのアプローチがある。対政府関係活動、専門職団体を通じた働きかけ、そして「ロビー活動」である。これらのアプローチは、互いに排他的というよりも、相補的なものである。力量のあるスクールリーダーは、これら3つのアプローチすべてを利用する。すなわち、他の公職にある人と強固で親密な信頼関係の基礎を築くこと、専門職団体への参加およびそれを通じたネットワークの構築、そして必要なときに、特定の法案や規則について職員と接触して「ロビー活動」を行うことである。多くのスクールリーダーは最初の2つのアプローチを無視するというミスを犯している。つまり、提案された政策変更がひどく腹立たしいときにはいつでも、何とかして影響を及ぼそうと、少しのつながりもない議

員や行政機関の職員に対しても積極果敢に「ロビー活動」をしてしまうのである。このアプローチは、効果がないというより逆効果であり、強い影響を及ぼしたいと意図している当の本人をかえって敵にまわしてしまう(OSU, 1991; Turner, 1995)。だから、「ほとんどの議員は教育者を、何かものが欲しいときだけ、(たいていは多くの資金が欲しいときだけ)、泣き言をいう人たちとしか見ない」(Turner, 1995, p.1)のである。したがって教育者は、公職にある人たちと関係を築くという、よりすぐれた方法を学ぶべきである。この節では、組み合わせることでよりすぐれた方法になる3つのアプローチについて詳細に述べることにする。それぞれのアプローチの議論の冒頭には、そのアプローチが、実際どのように用いられているのかについての具体的事例を示すことにしよう。

②対政府関係活動

これは、以下において明らかになるように、他の2つのアプローチを進める上で不可欠の土台となるものである。

事例1 教育におけるテクノロジーの必要性を主張する 小学校校長であるジェニファー・オマリーは、コミュニティと協力的な関係を築くことの重要性を固く信じており、コミュニティを、学区選出の下院議員とともに地方政府や州政府の職員を含むものと解釈していた。校長は、そういったあらゆる人に対して、学校便りのコピーや、卒業式および12月の祝日のページェントなど特別な学校行事への招待状を送った。

何年か過ぎ、校長はこういった人々と面識を持ち、彼らも校長のことを知るようになった。州の下院議員でこの地域を選出基盤としている女性のシンシア・ヘルナンデスと特に親しくなった。ジェニファーとシンシアは、ソロプティミスト・クラブの同じ支部に所属しており、時々、クラブのディナーで同席した。校長はかつて、自分の学区教育委員会が主催した州の新しい卒業要件についてのパネル・ディスカッションにシンシアが参加するよう手筈を整えたこともあった。校長は、また、下院議員としての彼女の特別な関心

事のひとつであるインクルージョンに関する専門雑誌の記事を送ったこともあった。

　ソロプティミスト・クラブが開催されたある晩、校長とシンシアが座っていたテーブルにいた誰もが、昨今の嘆かわしい教育事情について話し始めた。校長は偏った発言はしないように、また、不合理な批判から学校を守ろうと、一生懸命に努力した。そうした会話の最中、シンシアが叫んだ。「私って、どうしてこんなにしゃべっているのかしら。子どももいないし、6年生を終えてから、小学校に行ったこともないというのに！」校長の口から思わずつぎのような言葉が飛び出た。「それじゃあ、私の学校に訪ねていらしたら？」

　2週間後、シンシアが学校を訪ねる予約を入れる電話をしてきたので、校長は驚いた。訪問日の午前中、校長は彼女を校舎やグラウンドの巡回に連れて行き、教師や事務職員に紹介し、1年生のあるクラスが彼女のために作成した大きな挨拶状をプレゼントした。校長室でコーヒーを飲みながら、シンシアは尋ねた。「ジェニファー、小学生の子どもたちにもコンピューター教育は必要なの？」「そうよ！」校長は答えた。校長は、なぜ子どもたちがコンピューターについて学ぶ必要があるのか、いかにコンピューターが基礎教科の授業をサポートしてくれるのか、そして、小学校教師への徹底した専門職能開発の重要性について説明し続けた。シンシアはいくつか質問をし、Principal誌のコンピューター教育特集号のコピーを受け取った。

　数カ月後、校長は、全国初等学校校長会の州支部が出している最新の議会便りで、シンシアが幼稚園から高校3年までのコンピューター教育により多くの資金を提供する法案の共同提案者となっていることに気づいた。その法案には、積極的に専門職能開発を行うことも含まれていた。校長はすぐに、シンシアがそのような重要な立法のスポンサーとなったことに感謝する短いメモをしたためた。2年後、法案が最終的に法律となった後、ソロプティミスト・クラブでシンシアが校長に微笑みながら言った。「あの法案はフォックス、ヘルナンデス、オマリー法案と名付けられるべきね。だって、私はコンピューター教育について、あの日のあなたの知恵を拝借したんだから。」

関係構築を通じて影響を与える　20世紀で最も熟達した政治家の一人であったリンドン・ジョンソン大統領は、「友人をつくるべき時は、友人が必要でないときである（友人が必要になってからでは遅すぎる）」という諺が好きであった(Turner, 1995, p.1)。しかし、政治に関するこの基本原則を無視し、不満があったり資金が欲しいときだけ政府の職員と接触するスクールリーダーが多すぎる。何よりも、議員や行政機関の職員、裁判官も人間である。あらゆる人々と同じように、彼らも必要とする時だけ近づいてくるような者に対しては疑い深くなるし、逆に継続して自分たちに関心を示してくれる者には信頼を寄せ、好感をもつ。このように、政策に影響を及ぼすための必要不可欠な基礎は、関係を構築することである。スクールリーダーは、スクール・コミュニティには、生徒、教師、親、教育委員会、学区の納税者のみならず、学校や学区の教育に直接影響を及ぼす政府関係者も含まれるというように、その概念を広げる必要がある(Turner, 1995; Wiget, 1995)。図表6-9は、スクール・コミュニティの幅広い概念に含まれる主な公職就任者をリストアップしたものである。

　関係は、日常的な双方向のコミュニケーションを通じて築かれる。政府関係者とのコミュニケーションの経路を開く最も簡単で時間のかからない方法は、彼らに学区や学校の人名簿を送ること、一般向けに作成されたニューズレターその他の文書を受け取れるようにメーリングリストに彼らの名前を載せておくことである。政府関係者に送る最初のメールに、スクールリーダーは短い紹介文をしたためるべきだろう。その他の方法として、招待状を送付

図表6-9　対政府関係活動に際して念頭に置くべき公職就任者

・市長	・連邦議会議員
・市会議員	・州教育省の一部の職員
・郡長	・連邦機関の一部の職員
・郡行政委員会委員長	・地方裁判官
・州議会の下院および上院議員	・当該地域在住の高等・最高裁判所裁判官

＊市長、市会議員、郡長、郡行政委員会は、財政自主権のない学区 (fiscally dependent district) の場合、特に重要。

する範囲を広げる方法もある。**図表6-10**は、政府関係者と交流し、学校に関与させる方法をまとめたものである。すぐれたコミュニケーションとは、政府関係者にメッセージを送る意欲とともに、メッセージを進んで受け取る意欲も含むことに注意すべきである。したがって、図表6-10には、われわれが政府の公職就任者の発言に耳を傾ける提案も含まれている。スクールリーダーは自らこういった会議に出席するか、会議で何が話され聴衆がどう反応したかを報告できる適切な代表者を会議に送るべきである。イベントの前後に、公職就任者に直接会って、自分のことや自分の所属を明らかにするのがよい。また、スクールリーダーは、イベントに公職就任者が参加し、進んで意見を聞いてくれたことに謝意を表すべきであろう。

　スクールリーダーには、たいてい州教育省の職員や他の行政機関で働く人の意見を、彼らが主催する会議やワークショップにおいて聴く機会が数多くある。教育者はこれらの場を単に規則の変更や新しい書類事務を学ぶための

図表6-10　公職就任者と交流し、学校に関与させる方法

公職就任者に情報を提供する。
・学区・学校の要覧
・学区・学校のニューズレター
・学区が関心を寄せている立法上の課題
・学校・学区の特別の施策・事業や行事についての新聞の切り抜き
公職就任者から情報を受け取る。
・市庁舎の会議で
・議会のヒアリングで
・市民レセプションで
・地域の後援会で
公職就任者を学校に関与させる。
・学校訪問の調整
・学校・学区の特別の行事への招待
・学校開放への招待
・教職員、学区事務局のスタッフ、教育委員、学級に向けた講演の依頼
・卒業式や表彰式での賞品贈呈の依頼

注）ターナー（Turner, 1995）、ウィゲット（Wiget, 1995）に基づいて作成。

場としてではなく、行政機関の職員と友好な関係を築き、職員の考え方をよりよく理解するための機会として捉えるべきである。

時間の経過とともに、関係の構築は多くの成果をもたらす。政策に直接影響を及ぼす機会は、ジェニファー・オマリーのような結果を生むかもしれない。いうまでもなく、教育問題や実践について疑問を抱く議員たちは、会ったこともないスクールリーダーよりも知り合いのスクールリーダーと接触する可能性が高い。同様に、州教育省や連邦機関の幹部職員は、問題を研究するタスクフォースや新しい規則に関する諮問委員会を設立しようとしている場合、たいてい、すでに知り合いのスクールリーダーを委員として招き入れる。教育関係事件の難しい判決について熟考している裁判官でさえ、対政府関係活動に自分たちを含めてきたスクールリーダーとの接触やコミュニケーションを思い起こすであろう。かかわりを持たなかった他の多くの学校や学区のことなど思い出すはずがない。

また、時が経つと、別の表現しがたい微妙な結果が生ずることがしばしばある。スクールリーダーは自分たちがつぎのような公職就任者たちとつき合っていることに次第に気づくだろう。すなわち、以前よりも学校をよく理解し、教育者の仕事により共感を示し、さらに、自分たちが学校に通っていた頃からすると学校や子どもたちは変わってきたのだと認識している、そんな人々である。すぐれた対政府関係活動は、それに関与した政治家をも教育するのである。ターナー（1995）はつぎのように述べている。「議員はあなたがいてもいなくても法律を作る。あなたがいればもっとよいものが作れるだろう。もし教育に関してあなたからの情報が得られなければ、他の誰かから得ることになるだろう」(p.2)。

だが、政治家は教育されるだけの存在ではない。もっと表現しがたい微妙な結果とは——ひょっとしたらそれが最も重要かもしれないが——、対政府関係活動を実施するスクールリーダーが政策過程とそれに関与する人々について多く学ぶことである。彼らは「政治家は誰でもへそまがりだ」とか「役所と闘っても無駄」といったような、単純で無知な態度から脱却し、政策形成のゲー

ムについてより多くの正しい理解(とその技術)を得るだろう。政治過程に対する敬意が育まれ、スクール・コミュニティ全体に対し、情報豊かで活動的な責任ある市民性の模範を示し始めるだろう。こうした理由から、優れた対政府関係活動は、資金や時間の健全な投資に他ならないといえるのである。

③専門職団体を通じた働きかけ
事例 II：数学教育のスタンダードをより高めるための働きかけ　ブルース・ジェンセンはハイスクールの数学教師として9年勤めた後、自分の住む郊外の大きな学区の数学教育の指導主事として選任された。ブルースは、数学教育に広く影響を与えることのできるこの機会をとても喜んだ。なぜなら、教室で過ごした日々の間にいくつかの重要な問題を認めていたからだ。彼の懸念したことは、小学校教員免許の取得に要求される数学の単位数が少ないことと、高校教員免許を取得していないにもかかわらず、高校の授業を行っている者の割合が高いこと、そして州の数学カリキュラムにおいて丸暗記が強調されていることであった。これらの問題は学校や学区のレベルでは扱いえない問題だと彼は認識していた。実のところ、彼の中では、これらを解決する一番の方法は、全米数学教師協会(National Council of Teachers of Mathematics, NCTM)によって開発されてきた数学教育のスタンダードを州が公式に採用することだという結論に達していた。

　ブルースは、数学教育の専門家として、この政策変更が自分の義務であると信じていたのだが、学区を通じてそうすることをためらっていた。NCTMのスタンダードは学区の掲げる立法上の課題にそぐわなくはなかったが、そのひとつとして言及されてもいなかった。さらに、最近では、全国的なスタンダードそのものに反対を表明する教育委員会のメンバーがいた。学区という経路を通して自分の使命を追求することはあまり効果がなく、また、ひょっとしたら倫理に悖るとも考えて、ブルースは専門職団体のひとつ、州数学教師協会(state Council of Teachers of Mathematics, CTM)に活路を見出そうとした。彼は、CTMの対政府関係委員会委員に自ら進んで就任した。ブルースの学

区は効果的な対政府関係活動で知られており、そこである程度の経験を積んでいたので、CTMのリーダーは喜んで彼を委員会に迎え入れた。

　その後3年の間に、ブルースはこのグループのリーダーになった。彼は委員会のために研修会を設定し、委員会によるはじめての議案を起草するのを助けた。手紙による請願運動の先頭に立ち、多くの州議会のメンバーや州教育省の職員を訪問した。3年経ち、彼は下院の文教委員会で証言するために招かれた。彼は、学区の数学教育の指導主事である事実を隠さなかったが、すべての証言において、自分がCTMで働いており、その立場を代表していることをはっきりと述べた。

　ブルースは、今なお、自分の州でカリキュラム政策を変更すべく闘っている。だが、彼は時間を無駄にしてきたとは感じていない。今や、政策決定者を教育する広範な努力が、そのような重要な政策変更に先行しなければならないということを認識している。また、政策的な勝利は粘り強い人にもたらされるということも理解している。ちょうど今、ブルースは州の政策決定者への教育がほぼ完璧になされたと信じており、NCTMのスタンダードが採用される日を心待ちにしている。

専門職団体——強力なリソース　1つあるいはそれ以上の専門職団体に加入するには、多くの理由がある。政策過程に影響を及ぼしたいと考えるスクールリーダーにとって、そうした団体所属は重要である。加入すべき最善の団体を選択することは、注意深い分析と熟考を要する重要な決断である。図表6-11はアメリカで活発に活動するいくつかの主要な教育団体を表している。これは、すべての団体ではなく代表的なもののリストである。図表6-11では団体を3つの大きなカテゴリーに分類している。(1)職能別教育行政・管理職団体、(2)教科領域別団体、(3)その他の一般団体、である。あらゆるスクールリーダーは、自分の職務に最も適した職能別教育行政・管理職団体に加入すべきである。さらに、もう1つか2つの団体に加わることも考えるべきである。例えば、事例Ⅱのブルース・ジェンセンのように、スクールリーダー

は自分が教える教科に強い関心をもち、それに関する政策形成にかかわり続けたいと望むだろう。教科領域別団体に所属することは、そのためのひとつの方法である。一般団体のひとつに所属することもまた、利点がある。それらの団体はさまざまな教育専門家たちをメンバーとして受け入れ、広範な政策問題に関心を持っているからである。例えば、教育指導行政・カリキュラム開発協会(Association for Supervision and Curriculum Development, ASCD)は、管理職、教師、教育学部の教授を含むあらゆるタイプの教育者を会員として迎え入れている。同様に、ファイ・デルタ・カッパ(Phi Delta Kappa)のようなギリシャ文字で表される団体——プレステージの高い教育関係団体である——は、職能別管理職団体や教科領域別団体よりも広範な教育関係者を受け入れている。そのような団体はさまざまな教育専門家との会合や協働の場を提供している。いくつかの州の全米教育協会(National Education Association, NEA)は管理職が会員になることを拒絶しているが、他の州(特に南部)ではそのようなことはない。管理職をメンバーとして広範に受け入れている州では、特に大学教授も受け入れていることから、NEAは活動的な、最も影響力のある一般的教育団体かもしれない。どの団体に加入するかを決断するにあたっては、スクールリーダーは専門家としての責任や関心、各団体のリクルートや活動の性質を含めて、多くの要因を比較考量しなければならない。唯一最善の選択があるわけではない。

政策形成に影響を及ぼしたいスクールリーダーに専門職団体が与える利

図表6-11　代表的な教育専門職団体

管理職およびその関連団体	教科領域別団体	一般団体
アメリカ教育行政管理職協会	全米職業教育協会	教育指導行政・カリキュラム開発協会
全米初等学校長協会	心身障害児協会	
全米学校事務職協会	国際読書学会	Delta Kappa Gamma
全米中等学校長協会	全米幼児教育協会	Kappa Delta Pi
全米教育委員会連合会	全米学校カウンセラー協会	全米教育協会
全米学校広報協会	全米社会科協議会	Phi Delta Kappa
	全米国語教師協議会	Pi Lambda Theta
	全米数学教師協議会	
	全米理科教師協会	

益は、非常に多い。まず、それらの団体は情報や専門的意見の宝庫である。5章で検討したように、ほとんどの団体は雑誌を発行しており、その多くが、政策形成について定期的に特集を組んでいる。また、これらの団体の多くはワシントンや州都で働くロビー活動家を有している。なかには立派な対政府関係担当部を持っているところすらある。最も活動的な団体は、最新の有用な政策情報について──ニューズレターやインターネット、直通電話、特別なメールを使って──その動向を定期的に公表している。それらの団体は、通常、州や全国の会議において、情報提供のための政策セッションを後援している。4章で記したように、定期的な出版や放送メディアは、特に州レベルでは、教育関連のニュースを常時カバーしているわけではない。そのため、教育政策に対して巧みに影響を及ぼそうとするのであれば、これらの情報源が必要不可欠であることがわかるだろう。

　また、専門職団体は、スクールリーダーが政策的関心を共有し議論する人々と出会うことのできる価値あるフォーラムを開催している。そのような相互作用が政策上の立場を明らかにし、強固にするのである。こういった相互作用が、スクールリーダーの孤立感をなくし、時に、組織の内外における共同活動につながっていく。専門職団体の多くは、連邦議会や州議会のそれぞれの会期において自分たちが推進しようとする公式の議題を持っている。ブルース・ジェンセンのように、スクールリーダーの中には、自分の視点と一致した議題を見つける──あるいはその展開を助ける──者がいる。ひょっとしたら組織内部での活動が団体を分裂させてしまうという理由で、組織外の活動の必要性に気づく者もいるかもしれない。たとえそうであっても、組織内部で仲間を見つけ、それを新たなネットワーク構築のために利用することもある。例えば、いくつかの州では、もともとAASAの州支部を通して知り会った教育長が提携して、学校財政制度に対する訴訟を行っている。他の多くのスクールリーダーが、進行しつつある財政危機について不満を共有していることを学ぶことで、教育長たちは、裁判を通して解決策をもたらそうと共に取り組んだのである。彼らはAASAという所属する団体の外部で活動

することが賢明だと考えたが、AASAこそが教育長たちが努力を結集するための土台を提供することになったのである。

④「ロビー活動」
事例Ⅲ　財政的損失の回避　ビジネス・マネージャーのスザンヌ・マツオが駆け込んだとき、教育長のハリー・レビンソンはEメールの返事を打っているところであった。

「ご覧になりましたか、ハリー。」彼女は、全米学校事務職協会(National Association of School Business Officials, NASBO)の州支部が発行している「議会の警報(legislative alert)」を教育長の手に押しつけながら、尋ねた。

教育長はそれを見た。ある箇所に鮮やかな赤い色でマルがつけられていた。それは、先週、州議会の両院に提出された姉妹法案に関するものであった。その法案の規定のひとつは、バス送迎の生徒に対する州の補助金を減らすものであった。すなわち、補助基準となる最低限の通学距離を1.5マイルから2マイルに変更するというのである。

「どれくらい損をするんだ？」教育長は尋ねた。

「63,000ドルと見積ってます。」彼女は答えた。「しかし本当の問題は、サンペドロのほとんどすべての子どもたちの生活に影響が出るということです。私たちは、何としてでも子どもを送迎しなくては。」

サンペドロは山の中腹に位置する鉱山の町で、急なカーブが多く、険しくて細い道を利用して行くしかない。サンペドロは何十年にもわたって独立した学区であったが、いくつかの鉱山の閉鎖によって学区が財政難に瀕した後、州はその学区をハリー教育長の学区に統合したのであった。

「サンペドロまでどれくらいあるかな。」彼女に尋ねた。

「バス路線をテッドにチェックさせたところでは、小学校の児童は1.7マイル、高校生は1.9マイルでした」

教育長は唸った。「うーん、幸いにも、法案は提出されたばかりだ。法案を修正するための時間はたっぷりある。」

その日の午後、教育長はロビー活動の計画を練った。彼は、自分の学区選出の上院議員に手紙を書き、その法案の修正を促した。その上院議員は文教委員会の委員だったので、教育長は議員の地元事務所を個人的に訪問することにした。上院議員のブラックストーンと過ごした20分の間、彼はサンペドロの状況について説明し、スザンヌが前日まとめた財政上の事実を示す1頁のシートを提出した。ブラックストーン議員は自分にできることはやるつもりだと述べた。またハリーは、仕事の上で良好な関係を築いている2人の州教育省の人物と近隣の何人かの教育長に電話をして、支援を求めた。

5月、議会をかろうじて通過した法案は相当程度修正されていたが、それには、困難な問題を抱えている学区が「2マイル要件」の適用除外を申請できる規定が含まれていた。これは、正確に言えば、ハリーの望み通りではなかったが、彼は新しい法律が例外的なケースを認めたことを喜んだ。翌年、ハリーの学区は、サンペドロに対する「2マイル要件」の適用除外を申し入れ、受け入れられた。

いかなるときに「ロビー活動」をすべきか 読者の多くは、おそらくロビーという言葉が、括弧つきであることに気づいていたであろう。そうした理由は、専門的なことをいえば、連邦法や多くの州法の下では、自らの仕事に直接影響を及ぼす問題について、職務上の資格で議員あるいは行政機関の職員と接触する公職就任者の活動はロビー活動とはいえないからである。彼らは自らの職務上の責任の基本部分を遂行しているのである。しかし、公職就任者以外の他のほとんどの人にとっては、ロビー活動とは、行政機関あるいは立法機関の高官と、法令や規則の立案、決定、あるいは修正について、口頭あるいは文書でコンタクトをとることを含んでいる（deKieffer, 1997）。スクールリーダーは、自分たちの職務にこのような接触・交流が含まれていることを心得ておくべきである。例えば、事例Ⅲでは、ハリー・レビンソンは、学区に配分されるはずの州補助金の一部を失うか、あるいは、子どもたちにひどい道路を通学させることを余儀なくさせて子どもの生活を危険にさらすかの

どちらかであった。この問題が学区やその学区の生徒の最善の利益に関連していることはいうまでもない。レビンソンが教育長としての自らの責任で議員や行政機関の高官と接触したのは正しい判断であった。

　しかしながら、問題はつねに明確とは限らない。個人の信念と子どもにとっての最善の利益との間にある境界線はしばしば曖昧である。括弧つきの「ロビー活動」はいとも簡単に真のロビー活動と見分けがつかないものへと変質しがちである。ところが、真のロビー活動というものは、さまざまな法律によって厳しく規制されている。それゆえ、特定の法案や規則について政治家と接触する前に、スクールリーダーは、率直に自問自答すべきである。図表6-12は、自問すべきいくつかの問いを要約したものである。もし、リーダーが答えについて何らかの疑問をもっているならば、リーダーは慎重に行動し、公認のロビイストとともに専門職団体を通じて働きかけることを考えるべきである。もちろん、学区が独自のロビイストを持つ可能性も考えられる。いずれにしても、スクールリーダーは、ロビー活動には登録と多くの書類事務を必要とし、それは、かなり制限された政治活動であることを理解しておくべきである。したがって、特定の規則や法律について専門職員と積極的に接触するスクールリーダーは、ロビー活動を規律している連邦や州の規則を理解しておくことが不可欠である。ウィゲットが警告するように、「どんなに誠実であっても、動機がどんなに純粋で、主義主張がどんなに強固であっても、従わなければならないルールがある――特にロビー活動に関しては――」(Wiget, 1995, p.37) というわけである。

書面によるコミュニケーション　公職就任者への「ロビー活動」については最も効果的な方法が3つある。書面によるコミュニケーション、電話、そして個人訪問である。書面によるコミュニケーションについては、ここで論じ、電話と個人訪問については、そのあとに論じる。

　手紙を書くことは、政府高官と接触を持つ最も伝統的な方法であるが、それはやはり最も効果的な方法であり、特に電報やファックス、Eメールによっ

図表6-12 「ロビー活動」の前に自問するべき問い

- この問題は明らかに自分の職務上の責任と関係があるか、あるいは、この問題に対する関心は、実際には、個人的な嗜好あるいは価値観の問題であるか。
- 教育委員会は、この問題についてこの職員と接触することを自分の職務の一部と見なしているか？ 親はどうか？ 地元の新聞の編集者はどうか？ 教員組合はどうか？
- この活動が自分の職務といかに関係があるかを誰かに説明するのに、どのくらいの時間が必要か。

て簡単にできる。最も効果的な手紙はユニークで、手書きのものである——すなわち、政府高官が受け取る、ただ1つしか存在しない手紙である。ユニークなワープロ文書によるコミュニケーションもまた効果的である(deKieffer, 1997)。こういった手紙はおそらく読まれるであろうが、政府職員に読まれるのではない。通常、政府高官のスタッフが記録日誌に記載する前に目を通し、手紙の中で提起されている問題や差出人の見解を書き留めるのである。手紙の概要は、最終的に政府高官の手に渡る。このような手紙に対しても、しばしば返事がなされる。ただし、返事はほぼ確実に、コンピューターで作成されたものである。

連邦議会および州議会のメンバーはずいぶん前から、Eメールのアドレスをもっており、それはたいてい所属する議院のウェブサイトに掲載されている。もちろん、Eメールは議員が受け取ってきた多くの「従来の手紙(snail mail)」に取って代わってきている。Eメールは、一定の配慮を忘れなければ、政策アクターと連絡をとるための効果的な手段である。Eメールのメッセージは手短か——手紙よりも手短かに——であるべきで、それには添付ファイル(attachment)を含めるべきではない。多くの議会スタッフは、添付ファイルを含んだEメールを定期的に削除している。たとえその文書が電子化されていても、送信者の住所は含めておくべきだ。議員はつねに、有権者と非有権者とを識別したがっている。そして、そのEメールは1つのアドレスに送るべきである。多くの受信者に宛てたメッセージは効果的ではない(Casey, 1996)。

大量生産された手紙——例えば、50名全員、同じ手紙を一人の政府高官に送るといった場合のように——は、あまり効果がない。通常、それは読まれることはない。ただ量られるだけである(deKieffer, 1997)。このような手紙

を50〜60部作成し、さまざまな人々に署名してもらっても、時間とお金の無駄でしかない。とはいえ、数百、数千もの手紙を送ることは、インパクトはあるだろう——少なくとも、数の多い手紙は相当な重さがある。

　図表6-13と6-14は、議員へ手紙——Eメールも含めて——を送る際のきまりを列挙している。教育の専門家は、さらにもうひとつのきまりを心に留めておくべきである。すなわち、いうまでもないが、綴りや文法が完璧な手紙だけを送るということである。提案された規則に関するコメントとしてなされる、行政機関への文書によるコミュニケーションに際しては、特別なきまりが適用される。通常、これらのきまりは、提案された規則制定に関する公的な通知の中に書かれている。教育の専門家は、そのきまりには文字通りに従うべきである。そうしないと、行政機関の職員は、おそらくそれらをロビー活動の文書とは見なさないだろう。

電　話　特に時間がないときに、議員と接触する最も効果的な方法は、電話である。電話は首都所在の議員事務所か、選挙区の事務所にかけることができる。いうまでもなく、多忙な議員はめったに事務所の電話に応じない。秘書あるいは応接係が応じる。議員スタッフのメンバーはしばしば特定の政策領域を専門としているので、電話をかける人は、適切なスタッフに問い合わせてもらえるよう、電話をかけている理由を告げるべきである。図表6-14で示されていることは、電話をかけるときの心構えとして、また電話での問い合わせを組み立てる点で役立つ。手紙と比べ、電話は短い時間——5分から10分以上はかからない——ですむ (Bootel, 1995; deKieffer, 1997: Wiget, 1995)。

　電話は、スクールリーダーが行政機関と接触するのに最もよい方法である。行政機関の職員は、自分の所にかかってきた電話に出ないことが多いが、たいてい好んで返事はくれる。議員にかける場合と同様に、電話をかける人は職員に検討してもらいたい規則の番号を告げるか、問題としている分野を確認できるよう準備しておくべきである。質問事項や説明を求める事項、新しい政策や規則についての苦情をあらかじめ用意して職員と連絡をとるとよい。

図 6-13 議員に効果的な手紙を送る際の留意点

・封筒と手紙に自分の名前と住所を含める。
・1つの政策問題あるいは法案を扱う。
・手紙は短く。1頁が望ましい。
・第一段落から、どの法律についての手紙かを明確に。
・自分の専門と経験について触れながら、自分の立場・考えを明言し、その理由を説明する。
・議員に自分の立場・考えを擁護してくれるよう依頼する。
・相手に好感を与え、礼儀正しく接すると同時に、建設的な意見を述べる。
・署名は手書きでする。
・議員が自分の立場・考えを支持してくれたら、感謝の手紙を書く。

注) ブートル(Bootle, 1995)、ディキーファー(deKiefer, 1997)、ウィゲット(Wiget, 1995)に基づいて作成。

図表 6-14 議員に電話をする際の留意点

・電話をする前に、やってもらいたいことの要点を短くまとめた概要を準備する。
・電話した際、最初に自己紹介を行い、また自分がどこに住んでいるかを明らかにする。
・関心のある政策問題が何であるかをはっきり述べる。概要とともに、法案の番号によってどの政策問題かを確認する。
・自分の立場・考えを告げ、その理由を説明する。
・議員の支援を要請する。
・相手に好感を与え、礼儀正しく接すると同時に、建設的な意見を述べる。
・時間が許せば、後で手紙を書いて送る。

注) ブートル(Bootle, 1995)、ディキーファー(deKiefer, 1997)、ウィゲット(Wiget, 1995)に基づいて作成。

自分の専門分野で新しい規則の制定に役立ちたいと申し出てもよいだろう。職員はしばしば、新しい政策の実施に関する計画立案に役立ちうる誠実な申し出を高く評価する(Bootel, 1995)。

個人訪問 時には、面と向かって議員と話をすることが望ましい。このような個人訪問はかなり効果的である。アポイントメント(訪問予約、アポ)はつねに前もってきちんと取っておかねばならないが、スケジュールがいっぱいになってしまう会期の後半よりは前半のうちに計画しておいた方が賢明である。アポは、議員秘書に手配してもらえる。議員スタッフは訪問の目的について尋ねるであろう。その質問には十分かつ正確に答える必要がある。

議員とのアポは、通常15分ほどしかない。そのため、訪問から最大の価値を引き出すには、注意深く計画する必要がある。つまり、言うべきことを正確に把握し、それを説明する準備をしておくことである。重要な論点についての簡単な骨子を準備しておくのもよい。また、議員に渡すべき情報をまとめておく人も多い。これらの情報の中には、しばしば自分の立場・考えとその理由をまとめておくフェイス・シートが含まれる。議員とのアポには時間通りに到着しなければならない。しかし、議員は個人的にアポを守ることができず、スタッフが代わって対応するように調整していることもある。もちろん、これは残念なことではあるが、スクールリーダーはそれを侮辱だとか、関心の欠如の表れと解釈すべきではない。むしろ、このことは議員が限られた時間の中で過大な負担を処理し、予測しえないような議会の仕事をやりくりする方法のひとつなのだ。訪問者は、議員の代わりであるスタッフに対して、議員に話をするのと同じような姿勢で話をすべきである——何しろ、スタッフとは、訪問者との話のやりとりを議員に報告する人なのである。議員との面会においても、スタッフとの面会においても、ノートをとることが適切である。手紙や電話と同じように、訪問するときの姿勢は礼儀正しく建設的でなければならない。

　訪問の後、スクールリーダーは、アポを守り面会してくれたことへの謝辞を含めたお礼の手紙を議員とスタッフに対して書くべきである。この手紙は、会話に関連する事実を思い出してもらうような内容であるのがよい。特に、もし議員やスタッフが関心をもっていることを表明した事項があれば、それに関する情報を伝える上で、この手紙が格好のタイミングということになる（Bootel, 1995; deKieffer, 1997: Wiget, 1995）。

司法機関に影響を及ぼすことに関する特別のコメント　司法機関の政策の立案と決定の過程に影響を与えようと試みることについては、政府の他の2つの部門との関係においては起こらないような、いくつかのデリケートな問題がある。スクールリーダーは、対政府関係活動計画の中に裁判官を含めるべ

きであるが、裁判官に対して「ロビー活動」を行うべきではないこともまた、理解しておかなければならない。裁判官には、専門職業的規範として、法律、判例、そして法的論法の公明正大な適用を通じて判決を下すべきことが命じられている(Abraham, 1986)。それゆえ、彼らは、裁判官を動揺させるような民間人のいかなる試みも、その司法的特権の侮蔑的侵犯と見なす。スクールリーダーは、公的行事において頻繁に裁判官と出会うかもしれないが、法廷で係争中の教育関連の案件については何であれ、それを話題に持ち出すことを注意深く避けるべきである。裁判官が話題に持ち出した場合、スクールリーダーは、裁判官に会話の主導権をゆずりながら、注意深く話をするべきである。

しかし、このことは、重要な案件について意見を表明してはいけない、ということではない。裁判官に意見を表明する公式の制度化された方法は、訴訟事件の**法廷助言者**としての、訴訟事件に関する準備書面(brief amicus curiae)の提出である。それはつまり、「外部の個人や集団——訴訟当事者ではないが、支持する側への好意的な判決にかなりの関心をもっている——によって提出される一定の政治的な立場に基づく訴訟事件摘要書」(Abraham, 1986, p.248)である。このような文書には、一般的に、その立場を擁護する、法律用語で言い表された論旨が述べられている。法廷助言者の訴訟事件摘要書を利用するにあたっては重要な限界がある。訴訟を起こしたいと思っている個人や集団は、関連する所定の裁判所に申請をしなければならないが、その許可が必ず下りるとは限らない。この方法を採用しようと思っているスクールリーダーは、弁護士や専門職団体からアドバイスを求めるべきである。

⑤危険——ご用心!

政策過程に影響を及ぼすことは、世間知らずで情報に無知な人ができる活動ではない。どんな類の政治活動であっても、それにかかわることになった人は法律の落とし穴に気づく必要がある。その主なものをここで検討する。

党派的活動 スクールリーダーの多くは、政党に所属している、あるいは、

少なくとも、そのシンパである。しかしながら、スクールリーダーの立場では、行動は慎重で非党派的でなくてはならないことを理解すべきである。政党所属やイデオロギー志向にかかわりなく、すべての政策決定者と関係を築かなければならない。学校関係者と意見が合いそうな公職就任者だけでなく、多様な見方を代表している公職就任者を招待するようにしなければならない。スクールリーダーはひとつの政党あるいは派閥を好まないようにするか、政治的選好が明らさまにならないようにしなければならない。多くの州には公務員の政党活動を規制する法律がある(Wiget, 1995)。規則を知り、規則に従って活動することが重要である。

キャンペーンへの寄付　遅かれ早かれ、大部分のスクールリーダーは、選挙活動への寄付を要求される。いうまでもなく、学校の資金を政治目的で寄付に用いることは許されない。つまり、すべての寄付は個人の資産でなされるべきものである。だが、教育の専門家はめったに余裕のある資金を持ち合わせていない。また、あるキャンペーンへ寄付をすると、他のキャンペーンにも寄付しなくてはならない。不幸にも、これに関して守るべき普遍的で厳格な規則は存在しない。政治はそれほど単純ではない。しかし、つぎの助言は役立つはずである。

　意欲的で新任のスクールリーダーは誰でも、寄付を要求される前に、寄付に対してどのように対応するかの決断をしておくべきである。考えるべき重要なことは、法律とその地域独自の規範の2つである。所属する専門職団体では、連邦や州の法律に関する情報を提供している。法律のガイドラインを要約したパンフレットを出版していることもある。意欲的で新任のスクールリーダーはまた、学区の現職リーダーに、当該地域の規範がどうなっているかを尋ねるべきである。これらは法律よりも厳しい場合がある。例えば、ある州ではキャンペーンごとに100ドルまでの寄付は合法とされていても、ある学区ではまったく寄付をしてはならないと決められているかもしれない。近隣の学区では、商品券か何か——おそらくは5ドル程度——まではいいこ

とになっているかもしれない。新任のリーダーが、その地域独自の専門職の規範が法律に違反していると気づいたときは、特別な状況が生じる。そのような場合は、外部の情報源を調べて、まずは問題となっている慣習が実際に非合法であるかどうか確認すべきである。非合法と確認されたら、難しい選択をしなければならない。

贈り物　キャンペーンに対する寄付と同じく、政治家に対する贈り物も厳しく規制されている。1995年の連邦法の下では、連邦政府の職員に対してはつぎのようなガイドラインを適用することが適切だとされている。一般的に、昼食代を支払うこと、自分が関心を寄せる政策問題と関連する本を贈ること、記念の盾などの褒賞を申し出ること、ペナントや文鎮のような5ドル以下の小物を贈ることは認められている。より大型で高価な贈り物はおそらく拒絶されるだろう。この領域は、連邦法（による規制）が急速に進展しているところであり、頻繁にチェックすべきである。州にも贈り物を規制する法律がある。スクールリーダーは年ごとに最新の情報を手に入れながら、関連する法律をフォローすべきである。例えば、大部分の州では、州の下院議員や州教育省の職員を昼食に連れ出すことは認められている。自分の学校や学区に明らかに関連した小型の贈り物——帽子やバンパーのステッカー、ポスター、装飾のあるマグカップなど——は、おそらく許容範囲内であろう。だが、高価なウォームアップジャケットや高校のフットボール試合のシーズンチケットといった贈り物をする場合には、それが許容範囲かどうかを事前に慎重にチェックすべきである。

6　おわりに

　スクールリーダーの中には今、政府機関の公職就任者との接触・交流を避けたい気持ちになっている人もいるかもしれないが、最後の数段落がそんな思いを抱かせるほど当惑させるような内容でなかったことを願っている。ス

クールリーダーは政策の立案と決定の過程から逃れることはできない。スクールリーダーの責任は公職にある者として、学校にとって考えうる最善の政策を獲得すべく働くことである。そして、スクールリーダーの責任の中には、民主主義社会における有能な市民とは何かについて手本を示すことが含まれている。教育政策がしばしば非現実的であったり、有害でさえあるという理由のひとつは、多くのスクールリーダーが政治を避けてきたからである。しかし、政治を避ければ政治の犠牲者になり、学校や子どものことをほとんど知らない人々によって効果的でない政策が次々と学校に押しつけられることを目撃することになる。政策の立案と決定に影響を及ぼすことは難しい、危険なことの多い仕事である。しかし、スクールリーダーでありたいと考える人にとって、それは仕事の一部なのである。

◆用語解説

革新主義運動(progressivism)(p. 218)
　20世紀初頭から第一次世界大戦までのアメリカで展開された政治改革運動。政党色を一切抜きにした「非党派性」の選挙、住民投票制度や住民発案制度に代表される直接請求制度など、州政・市政改革に大きな影響を及ぼした。今日の教育委員会制度の基本的なパタンも、この運動の影響の下で形成された。

演習問題

1. あなたの州で、州議会の活動についての情報を提供している3つの情報源を特定せよ。それらと連絡をとり、あなたの得た知見について授業で議論しなさい。

2. あなたの州の州教育省と連絡をとり、規則の制定に教育関係者を参加させる規定があるか、あれば、どんな規定かを確かめなさい。あなたの得た知見について授業で議論しなさい。

3. 公立図書館か大学図書館を訪れ、コレクションの中で見つけることのできた政策文書の中で、あなたの州の政策立案・決定に関する最も有用だったものを一覧表にしなさい。

4. あなたの学区・学校と、政策立案・決定にかかわっている地域の政府職員との間によりよい関係を構築するためのプランを作成しなさい。

事例研究

うるさ型(The Gadfly)と呼ばれた教育長

　教育長のジャック・ドナートは、中西部のある州で退職まであと10年という時期にさしかかった頃、教育政策の趨勢に不満をつのらせていた。彼の学区には景気のよいショッピングモールがあり、財政難とは縁のない学区であり、彼自身、心地よく仕事をしていた。しかし、その周囲には破産寸前の学区があり、貧困家庭の子どもの比率の増加も目にしていた。そんな事態の中で、州や連邦レベルでは、政治家は教育者を非難し、テストの高い得点に褒美を与え、低い得点に罰を与えるという政策を立案していた。

　ドナート教育長は退職する7年前、州議会が競争によって学校を改善しようとする学校選択制を導入する教育改革法を成立させたとき、最初の攻撃を仕掛けた。彼は州教育長協会の支部と協力して、州議員、州教育省の代表、州外の学校選択制批判論者を招いて、学校管理職に対して学校選択制について語ってもらうため、その新しい法律に関するワークショップを開いた。つぎに、別の教育長を説得して自分と一緒に州を相手に裁判を起こした。すなわち、その法律がすべての学区に対して生徒の年齢、性別などの個人データとテストの成績を州教育省に送付するように義務づけているのは、プライバシーの侵害に当たるとして、提訴したのである。こうした活動のおかげで、彼は州都で「うるさ型」というあだ名を頂戴することになった。しかし、ドナートは気にもとめなかった。

　裁判には敗訴したが、彼は運動を続けた。政治家や経済界のリーダーが教育問題を定義するやり方に疑問を提起するために、ブレイシー

（Gerald Bracy）、バーリナー（David Berliner）、ビッドル（Bruce Biddle）といった全国的に有名な人物を招待して講演会を連続で主催し、公教育とその諸問題に対する新たな展望について語ってもらった。

　退職する年も、彼は州議会で提案されているヴァウチャー制に関する情報を教師に流し続け、それに関する教師の意見を議会に知らせるように働きかけた。もちろん、教師は彼が強く反対していることをよく知っていた。「うるさ型」が退職しても、州議会は依然としてヴァウチャー制について審議していた。しかし、彼はいい闘いをしてきたと納得している。

問　題

1. ジャックが断固たる立場をとることができたのは、その個人的、職業的状況のどんな側面のおかげであったか。違った状況に置かれたリーダーなら取り組まなければならなかったであろう、もっとやりにくいキャンペーンについて述べなさい。
2. 　政策の立案と決定の3つのアリーナすべてに影響を及ぼそうと、ジャックはどんな試みをしたのか、また、連携や連合関係をどう活用したかについて述べなさい。
3. 　ジャックは、政策過程の中で自分が介入すべき最良の段階をどの程度計算して選んだか。もっと初期の段階であれば、彼はどのように政策過程に影響を及ぼそうとしたであろうか。
4. 　ジャックの活動に関して、法的、倫理的問題としてどんな問題が提起されるだろうか。

　注）　ジャック・ドナートは著者が個人的に親しくしている教育長が基になっている。

賛否両論　教育サービスは民営化すべきか

賛成論

　公立学校はたくさんのサービスを提供しているが、そこには、給食、安全管理、輸送など、教育とあまり関係のないサービスも含まれている。民間部門の方が、柔軟性に欠けた官僚制的に組織された公共部門より効率的であることは誰もが知っている。であれば、教育と直接関係のないサービスの部分をなぜ民営化しないのか。市場にその魔法を操ってもらい、サービス提供者にできる限り低価格で良質のサービスを提供するよう動機づけるべきではないか。そうすれば、すぐにでももっとビジネスライクな雰囲気が生まれ、顧客とそのニーズへの関心がもっと高まるであろう。市場の動きに敏感に応答しなければ、生き残れないだろう。であるから、民営化は子どもの教育を改善すると同時に、納税者のお金を節約するのである。

反対論

　教育サービスの民営化賛成論は証拠に基づいているというより、イデオロギーに基づく議論である。民営化、とりわけ、学校経営の民営化に関して蓄積されつつある研究知見は、民営化は教育を改善することもなければ、税金の節約にもならないことを示唆している。事実、民間部門はある特定分野の活動についてはまったくふさわしくない。すべての子どもへの平等な教育サービスの提供は、そうした活動のひとつである。その根拠は明白である。すなわち、子どもはあちこちに輸送される荷物でもなければ、飼料を与えられるのを待っている牛でもない。学校教育は、そのすべてが何らかの形で教育にかかわっている。であるから、学校教育を支えるサービスを、何よりも利潤の確保に関心がある民間企業のコントロールの下に置いてはならない。

あなたはどう考えるか。

第7章　政策の手段と費用対効果

> **中心的な問い**
> ・スクールリーダーは、新しい政策をめぐってどのような政治力学が展開されるかについて、どうすれば予測することができるのか。
> ・スクールリーダーは、政策の目的を達成するために、どのすれば最善の手段を選択することができるのか。
> ・スクールリーダーは、政策の正確な費用どうすれば見極めることができるのか。

1　公共政策を分析する方法を学ぶ

　スクールリーダーにとって、政策の争点から政策課題への発展、政策立案、政策決定について知るだけでは、あるいはまた、さまざまな政策アクターの役割について知るだけでは、十分とはいえない。綿密に政策を分析し、吟味する方法も身につけるべきである。この分析の過程で、ある政策がどれだけ首尾よく作用するかの手がかりを得ることができ、誰が政策を支持(または反対)するのかをいくぶん正確に予測できるようにもなる。スクールリーダーがこれらの技法を身につけなければならないのは、つぎの2つの理由からである。まず、管理職として政策自体を展開していかなければならないからである。校長は、学校が子どもたちに対しプラスに作用する学習環境となりうる政策を決定する責任がある。教育長は、多くの問題に関して政策案を立案

し、教育委員会に対して提言しなければならない。服装規定、不登校、学力を向上させる方略、カフェテリアでの目に余る生徒の行動等々の分野で、校長は、しばしば自分たちが政策を立案していることに気がつく。しかし、政策のとりうる形態をよく知らなければ、おそらく、すべての問題に対して、罰則を伴う規則の制定といった同じ政策で対処しようとするだろう。時には、そのような罰則を伴う規則も最善の政策となることがある。しかし、いつも最善とは限らない。いくつかの政策上の選択肢についてリーダーが理解を深めると、問題とそれが生じた状況にふさわしい政策を選択することができるようになる。第2に、今日のスクールリーダーは、しばしば、他人によって展開された政策を自分たちが実施していることに気づく。そこで、つぎの8章では、政策実施について綿密に検討する。しかし、巧みに実施するための第一歩は、政策の構造を理解することである。この政策は、どう機能するのか。さまざまな利害関係者はどのような反応を見せるか。どのような問題が最も起こりやすいか。そして、実際のコストはどのくらいか。政策を分析することで、これらの問いへの答えを得ることができる。

　そこで、この章では、自ら立案した政策および他者から提示された政策について、スクールリーダーが批判的に吟味するための3つのレンズを紹介する。これらの分析的なアプローチはそれぞれに異なるとはいえ、相互補完的である。3つのレンズは、政策構造の微妙に異なる点に焦点をあてる。それらのレンズを組み合わせることで、教育政策を厳密に吟味するための強力な装置となる。他の章とは異なり、本章では、読者が各フレームワークを具体的事例に利用できるように、各節のすぐ後に演習のコーナーを配置している。

2　ローウィの制御の技法としての政策類型論

　1964年の論文でローウィ (Theodore Lowi) は、政策には(1)配分的政策、(2)規制的政策、(3)再配分的政策の3つのタイプがあり、それぞれに特有の政治的

第7章　政策の手段と費用対効果　261

アリーナを生じさせているという命題を提起している。30年後、ローウィとギンスバーグ(Benjamin Ginsberg)は、上記の論文を若干推敲し、その政策のタイプを制御の技法と名づけ、配分的政策を改称し、促進的政策とした(1994)。ここでは、1964年および1994年の論文のアイデアに依拠するが、用語は広く通用しているという理由から1964年のものを用いる。

(1)　配分的政策

①その定義

　配分的政策は、市民に贈物を授ける。それらは、モノであり、サービスであり、特典であるかもしれない。政府が贈物を与えるという着想は、不思議に感じる人もいるだろうが、実際に古くから行われていた。古くは、王が家来の忠誠心を得るために贈物を用い、勢力を確立するために用いていた。アングロサクソン語の叙情詩『ベオウルフ』では、王の同義語として、指輪を授ける者、もしくは財宝を配分する者という言葉が使われている(Abram et al, 1962)。今日の政府は宝石を与えることはないが、他の方法で、富や恩典を配分する。ローウィとギーズバーグは、配分的政策をつぎの3つに区別している。すなわち(1)補助金、(2)契約、(3)非規制的なライセンスである。

②補助金

　補助金は、「現金、モノ、サービス、もしくは土地から成る」(Lowi & Ginsberg, 1994, p.389)。例えば、連邦と州の両政府は、道路の建設や修復に補助金を支出する。道路に空いた深い穴を舗装する必要のある郡政府は補助金を得るために、さらに上のレベルの政府に働きかける。申請が通れば郡の職員は狂喜する。彼らは、郡の住民に自分たちの働きかけがいかに有効であったかを誇り、建設地に標識を立て、そのプロジェクトで獲得した金額を公表さえする。

③契　約

　契約は、配分的政策のもうひとつの形態である。契約を交わして、企業は政府に対して、商品やサービスを一定額で供給することに同意する。ローウィとギーズバーグ(1994)は、一般的に、民営化と称される多くの政策は、実質的には行政契約の形態であると論じている。通学バスや施設の維持管理、学校財務にまでにもおよぶ昨今の教育部門の民営化という提案は、このカテゴリーに入る。学区と契約関係に入った企業は、贈物との交換に仕事を請け負わなければならないが、学区が企業に現金という価値を伴う特典を授けていることに変わりはない。

④非規制的ライセンス

　「ライセンスとは、それがなければ違法と見なされるような、あることを行うことができるという政府から与えられる特典である」(Lowi & Ginsberg, 1994, p.391)。ライセンスは、いくらかの手数料を支払うことで、多くの要件を満たさなくても、得ることができる。例えば、たいていの州では、ある年齢に達した人は、難なく狩猟の許可を得ることができる。いろいろなライセンスによって、その保有者は本来であれば法律違反に問われる行為を行うことができる。政府は、ライセンスを通して、ライセンスをもたない人に許されない特典を配分するわけである。最近では、非規制的なライセンスが教育部門で用いられることはまれである。

⑤制御としての配分

　古来、領主は家臣の忠誠を確保するために宝石や領土を与えたが、それ以外の方法で家臣の行動を制御しようとはしなかった。今日、政府が配分的政策を用いるときは、もちろん、広範な公共的目的を意図している。政府は、行動に影響を及ぼすことを目的として、配分的政策を用いる。例えば、1946年に始まった学校給食事業は配分的政策である。一部の子どもは、家族の状況に応じて、「無料」もしくは「減額」で給食が支給される資格を与えら

図表7-1　教育における配分的政策の例

補助金
　・多くの専門職能開発事業
　・通学バスのための州補助金
　・学校のコンピューター技術を向上するための州の事業
　・資本的経費を支援する州の事業
　・学校給食事業
　・州または連邦の一括補助金
　・学校財源の一部としての均一補助金
　・州の財源を学区に割り当てる一部の平衡交付金制度
契　約
　・州もしくは学区と教科書会社との契約
　・州もしくは学区とテスト業者との契約
　・通学バス、施設整備およびカフェテリアサービスの外部委託
　・学校施設の設計および建築に関する契約
非規制的ライセンス
　・生徒への駐車許可の発給
　・職員への駐車許可の発給
　・学校図書館を使う地域住民への図書カードの発行

れているが、すべての生徒（および学校の職員も同じように）が、政府からの補助金による一定の給食助成を受けている。この事業は、この50年間、特に貧困層の子どもの栄養摂取を向上させるのに役立ってきたが、そのことは中流階級の子どもに対しても当てはまるであろう。州レベルでは、政府は、バス通学のようなサービスに対しては、在籍者数に基づく均一の補助金を配分することが多かった。こうした補助金は、学区がこれらのサービスを供給することを促進するが、他方で、それが打ち切られると、サービス供給が行われないということにもなる。図表7-1では、教育部門で用いられたいくつかの典型的な配分的政策を列挙している。このリストにより、配分的政策によって行動を制御するさまざまな方法が示唆されよう。

⑥配分の政治力学

　上記の領主と家臣の関係という比喩に戻るならば、配分の政治力学によって生じる政治的アリーナの本質が明らかになる。古来、支配者は、戦争の際、

家臣の支援を必要としていた。そして、家臣が反乱を起こさないことを願っていた。これらの目的を達するには、贈物の配分が最善の方法であった。支配者が気前よくかつ公平であれば、家臣は領主の権力に挑むことに関心をもたない。賢明な配分の実施により、家臣は、他の家臣へ関心を注ぐのではなく、領主との関係を強めることに専念する。家臣の間で相互に干渉することは、ほとんどない。賢明な配分が、不満による反乱を抑止する力となっている。満足している家来は、反乱に加わることから得られる利益をつねに計算しており、そのコストは利益を上回ると判断しているからである。もちろん支配者は、つねに賢明な配分ができるわけではなかった。そのような場合は、贈物を与える政策は、配分というよりは、再配分という性格を帯びる。後で見るように、再配分の政治力学は、別の政治的ゲームを生み出す。

　現代アメリカの政治では、配分的政策は、賢明な領主と家臣の関係の織りなすものと類似した政治的アリーナを生み出している。政府が補習教育やバス通学のための補助金のような「贈物」の配分を行う場合、それを受ける人々の関心は関係する政府機関に向けられ、お互いのことに向けられない。政府機関が首尾よく配分を行えば、政治的アリーナは安定し、ほとんど争いにはならない。もちろん、すぐれた配分には、平等、首尾一貫性、公平、均一性、先例、節度といった価値への絶えざる配慮が必要である（Schattschneider, 1935, p.88）。政治家が補助金を伴った政策を好むのは、まさに、そうした政策が配分的であり、自分の選挙民の中での対立を減少させ、その結果、次期選挙で自分をおびやかす存在のやる気をそぐことになるからである。

（2）　規制的政策

①その定義

　規制的政策とは、一般的な言葉で表現され大多数の人々に適用される公認された規則である。それは、規制を受ける人々の選択肢を減少または拡大する。規則には、政府による強制と、それに違反する者への罰則という意味合いがある。規制的政策は、歴史的に早い時期に出現したが、ローウィとギースバー

グ (1994) によると、19世紀までは、政府はそうした政策に強く依存することはなかった。理由は明白で、政府が規則を強制する力は最近まで限られていたからである。しかし、通信と情報の発達によってこの状況は変化している。

②規制的政策のタイプ

ほとんどの規制的政策は、一定の行動を明示的に要求あるいは禁止する法律の形式や行政規則の形式をとる。規制的政策の特別のタイプが**規制的ライセンス**である。規制的ライセンスの下にある職業の場合、政府によって定められた特定の要件を満たさないでその職業に従事することは違法になる。教師と管理職の免許は、規制的ライセンスの例である。

教師はしばしば、自分が規則の海を泳いでいるように感じる。図表7-2を見ると、そのように感じるのも無理はないことがわかる。免許をとるための教員養成課程に入ったその日から、教師は政府の規則とつきあうのである。多くの連邦補助金事業には、受領者に対するきわめて多くの規則があり、それゆえに、ローウィとギースバーグ (1994) は、そうした事業を配分的政策としてよりも規制的政策として分類している。州政府は、規制的政策を優先す

図表 7-2　教育における規制的政策の例

規制的ライセンス
・教師の資格認定
・管理職の資格認定
法律、規則、規程、および指針
・卒業要件
・州または学区のカリキュラムの枠組み
・州または学区の教科書の採択
・州または学区の年間授業日数に関する規則
・服装規定
・火気と安全に関する規程
・義務教育の出席要件
・校則
・使途に関する詳細な指針を伴う連邦または州の補助金
・犯罪記録簿の必須事項
・教員評価の手続き規程
・州の財源を学区に割り当てる一部の平衡交付金制度

る傾向が相当に強いように見える。州政府は、法律や規則を用いて、年間の授業日数、必須教科、教科書の選定、建築基準、および教師の解雇条件等を定めている。学区レベルでは、教育委員会と教師が上級行政機関の例にならう。禁煙政策、服装規定、生徒指導ハンドブック、学級運営規則(teacher's classroom rules)などはすべて規制的政策である。

③規制の政治力学

　規制的政策は、配分的政策によって生み出されるものとは異なる政治的アリーナを生み出す。利害の対立する社会集団は、つねに規制的政策に関心を向けている。例えば、ある州議会で、年間の授業日数を延長する提案があったとすると、いくつかの集団がこの法案に関心をもつ。教師や管理職の集団は、仕事の日数が増えるのに給料が上がらない可能性を危惧する。教育委員会は、授業日の増加によって支出が増えることを危惧する。それは、州よりも学区に負担がふりかかるからである。企業グループのなかには、スタンダードを引き上げ、新入社員研修の必要性を減少させるかもしれないとして、法案を支持するグループもいる。しかし、旅行産業はその法案に反対する。なぜなら、夏期休暇中の若者の安い労働力をあてにしているからである。親のグループは、おそらく二分されよう。自分たちの子どもの通学日数(そして学校に面倒をみてもらう日数)が増えるのを支持するグループと、家族旅行やキャンプを経験するチャンスを失うことを懸念するグループである。これらのすべての集団を満足させるような規制的政策というものはない。このようなアリーナでは、アクターは、競争したり同調者を探したりしながら、お互いに多大なる関心を払う。このアリーナは、不安定で、対立に満ちている。政治的連携は形成されるのも速いが、崩壊するのも速い。参加者は互いに折衝し交渉する。しかしながら、これらの対立は概してイデオロギー的なものではなく、ほとんどの参加者は取り引きするために進んで譲歩し合う。

(3) 再配分的政策

①その定義

再配分的政策とは、リソース(資源)または権力をある社会集団から他の社会集団へ移動させるものである。それにより、政府は「行為の条件を変更したり、環境を操作することを通して、間接的に行為を制御しようとする」(Lowi & Ginsberg, 1994, p.397)。この政策の目標は、購買意欲を刺激するために中流階級の収入を増加させる場合などのように、経済的な性質を持つ場合がある。それはまた、社会不安が問題として顕在化しないよう、失業者にある程度の収入を提供するといった場合のように、社会的・政治的な性質をもつ場合もある。

②再配分的政策のタイプ

再配分政策は、2つの大きなカテゴリーに分類される。経済的リソースの移動と、権力の移動である。政府はふつう、課税や金融システムを操作することによって物的リソースを移動させる。格好の例としては、社会保障がそうである。それは保険や老齢年金の一形態ではなく、むしろ、課税による収入の再配分である。連邦政府は、アメリカのほとんどの労働者が手にする給与から特定の税金を差し引き、その財源を社会保障にまわして、老人、障害者、該当する子どもたちへ恩恵を与える。したがって、社会保障は「高所得者から低所得者へ、労働者から退職者へ、富を再配分する」(Lowi & Ginsberg, 1994, p.401)。再配分的政策はまた、通常、大きな社会集団に新しい権利を与えることで権力を移動させることもある。

再配分的政策は、教育ではしばしば活用される。図表7-3は、過去から現在までの主な再配分的政策のリストである。これらは、明らかに教育政策において注目される話題といえる。

1960年代と1970年代の再配分政策は、リソースと権力を支配的社会集団から奪い、抑圧されてきたもしくは抑圧を感じてきた集団に、移動させた。アフリカ系アメリカ人、南部やスラムの居住者、貧困層、女性、および障害

図表7-3　教育における再配分的政策の例

- 積極的差別是正措置事業
- 人種隔離の撤廃
- すべての障害児に教育の機会を与える法律
- 学校経営の民間委託
- 特定の教科指導の民間委託
- 学区の財政能力を均一化する学校財政制度
- 州の財源に全面的に依存する学校財政制度
- 学校(現場)に基礎を置く経営(SBM)
- タイトルⅠ(貧困層に対する補償教育事業)
- タイトルⅨ(男女平等)
- ヴァウチャー制度

者が主な受益者であった。予想された通り、これらの再配分政策は多くの論議を引き起こし、多くの批判の的となった。今日、ほとんどの再配分的な教育政策は既成の教育体制内部の権力移動である。ヴァウチャー制度は生徒(および州の財源)を学校に割り当てる権限を再配分し、その権限を教育行政官から親へ、移動させる。学校(現場)に基礎を置く経営(SBM)は、権限を教育委員会から個々の学校に移譲する。レーガンの新連邦主義は、教育をめぐる多くの権限を連邦から州レベルへと移譲した。これまでの再配分的政策と同様、それは対立と激しいイデオロギー論争を巻き起こした。

③再配分の政治力学

　再配分的政策は、つねに論争的であり、「いかなる政策にもまして、社会階級の区分にそって展開される」(Lowi, 1964, p.707)。それゆえに、対立に彩られる政治的アリーナが形成される。まさにこの対立ゆえに、関係する集団は(通常、大規模な連合体であるが)安定した2つの連合戦線を形成し、対峙する。自分たちのみが正しいとそれぞれが考えているため、彼らは交渉も行わず「歩み寄ること」もしない。そのアリーナにおける関係者の態度や対話は、相当にイデオロギー的である。再配分の政治的アリーナでは、政府が仲裁者および審判の役割を担うことが多い。1960年代、例えば、公民権運動とそれが法案通過を迫った法律は、再配分的政策のアリーナを形成した。全米黒人地

位向上協会（NAACP）とその支持者が、アフリカ系アメリカ人の平等な権利と尊厳を求めて、一方の陣営を築いた。もう一方には、南部の白人と多くの北部の人々が陣取って、それに負けない情熱をもって、州権とその伝統の保持を求めたのである。この衝突はしばしば、暴動に発展した。その間、その舞台裏では、両方のグループにこの対立を解決するための合法的な取り組みを受容させるべく説得する方法を政府高官が見つけ出そうと努力した。多くの再配分政策が暴動に火を付けないまでも、すべての再配分の政治アリーナは、先鋭的対立とイデオロギーの強烈さによって特徴づけられる。

（4）ローウィの政策類型概念は政策の複合性と矛盾しないか

ローウィの類型概念をある特定の政策にあてはめようとすると、それらの政策は必ずしも特定の類型としては捉えきれないという感じがしばしばする。例えば、学校給食事業といった純粋に配分的政策であると考えられるものでも、慎重に分析すると、規制と再配分の側面が明らかになる。給食内容を規定する規則は、カフェテリアの職員の行動を規制する作用がある。補助金の助成を受けた給食を生徒に提供することで、公共の財源を農業従事者に再配分することになる。事実、これは、その政策本来の目的のひとつであった。ローウィ（1964; Lowi& Ginsberg, 1994）は、こうした批判を予測して、これらの類型概念が長期間にわたる政策の特徴よりもむしろ、短期間のそれを記述するものとして理解されるべきと論じていた。多くの市民と政治家は短いスパンでしか物事を判断したり行動したりしないため、この概念は短期的スパンで認識された限りの政策の特徴を記述するためのものである。長期的なスパンで見れば、すべての政策が規制的かつ再配分的となる。

（5）スクールリーダーとローウィの類型概念

①政治的状況を予測する

ローウィの政策類型は、政策が決定される前と後で、政策をめぐって展開

する政治的環境を予測する方法を教えてくれる。しかも、制御の技法と政治アリーナとは密接な関係があるため、学区レベルでの政策変更をうまく進める方法を知ることができる。ローウィの概念枠組みを使うことにより、政策過程に影響を与える戦略を組み立てることが容易になる。本節では、ローウィの概念の効用を順に検討していく。

②政策変更をうまく進める

　ローウィの政策類型論を用いて政策案を分析することは、学区レベルのリーダーが数年にわたって政策変更に取り組む際に役立つ。一般に、同じタイプの政策を極端に多く、同時に実施すべきではない。とりわけ、その変更が再配分的である場合はなおさらである。この原則は、つぎの例を見れば明らかである。

　多くの議論を重ねて、この先数年、多くの政策変更が必要と合意に達した教育委員会、教育長、学区事務局のチームがあったとしよう。この政策変更の合意には、つぎのようなものが含まれる。

1. 授業計画を校長に提出することを教師に求める
2. 校舎を修復するために多額の積立金を用いる
3. 統一的な生徒服装規定の決定
4. 第3学年までの学級規模を15人学級とする
5. 運動競技活動で使用料徴収政策の実施
6. 中退防止を支援する補助金の申請
7. 就学前教育への連邦補助金の要請
8. コンピューターの講習に出席するための職務専念義務の免除
9. 学区内での学校の自由選択制への移行
10. 州の統一テストで点数の低い生徒の担任教師に対する頻繁な評価の実施

これらの政策を分類するために、ローウィの概念を用いると、上記の2、6、7、8が配分的で、1、3、10は規制的、4、5、9が再配分的であることが明らかである。数年にわたる政策変更にどう取り組むかを計画するにあたって、学区のリーダーは、生じるであろう政治的アリーナについて、特に、どのような個人や集団がその政策変更に積極的に反応を示すかについて熟考すべきである。例えば、4と5の変更を同時に実施することは、おそらく、中学校の教師、コーチ、親の関心をかき立てるだろう。彼らは連携して、中学校の不公平な処遇という問題に関して共同戦線を張るであろう。再配分的政策に焚き付けられたこのような連携は、どんなリーダーでも手に負えない一触即発の状況を形成するおそれがある。これほど劇的ではないにしても、同じような政治的損害が生じる可能性があるのが、1と10の規制的政策を同時に実施しようとすることで、それは、教員組合を刺激することによって、憤った教師たちの見たこともないパワーを醸成しかねない。一見すると、いくつかの配分的政策を一挙に実施することには政治的リスクはないように見える。しかしながら、そのような認識は間違いである。配分的政策はしばしば、利益供与と呼ばれるという事実が、その理由を示唆する。そのような政策を過度に用いすぎると、よくても効果は薄く、悪ければ害を及ぼす。このような状況もまた、避けるべきである。

　一般に、賢明なスクールリーダーは、政策の類型を慎重に組み合わせながら、一歩ずつ政策変更に取りかかるべきである。とりわけ、つぎのことを避けるべきである。(1)同じ類型に属する政策変更を矢継ぎ早にやり過ぎること、(2)同じ個人や集団を同時に刺激するような政策変更をやり過ぎること、(3)政策アリーナにいるきわめて多くの個人や集団を同時に刺激するような一連の政策変更を行うこと。

③影響を及ぼすための戦略を立てる

　6章で示唆したように、スクールリーダーは専門家としての自らの知識を活用し、関心のある問題にその影響力を及ぼすように、政策の立案や決定に

おいて積極的な役割を担うべきである。しかし、政策内容によって生じる政治的アリーナが異なるため、スクールリーダーは、それぞれにふさわしい戦略を選択する必要がある。ローウィの類型概念は、それを行う方法を示唆する。

例証として、州議会で審議されている3つの法案に強い関心をもち、それを支援しようと考えている教育長がいるとしよう。その法案はつぎの3つである。

1. 各学校にコンピュータを設置する法律案
   この法案は、予定外の税収である2億5千万ドルを、州全体の学校のコンピュータ・システムの改良に使うことを提案する。予算は、在籍者数に比例して計上される。学区レベルではその資金を使って、古い校舎の配線をやり直し、ハードとソフトを購入することができる。
2. 法律案203
   この法案は、教師の資格要件を変更し、より多くの実習経験と多様な教育現場を経験することを命じるものである。また、全国的標準テストで評価対象となる学習内容に関して高い学術的素養を求めている。
3. 家族の教育上の選択を拡大する法律案
   この法案は、州全体を対象とした学校選択の自由化を制定する。親は、子どもの入学を州内のどの公立学校にも申請することができる。州の平衡交付金は、子どもを受け入れる学区に配分される。学校は、人種、性別、障害、母語で、差別することは許されない。

政治家に影響を及ぼす取り組みの第一歩として、教育長は、ローウィの類型概念を用いてこれらの法案を分析すべきである。この分析によって、「各学校にコンピューターを設置する法律案」は基本的に配分的、「法律案203」は規制的、「家族の教育上の選択を拡大する法律案」は再配分的であることがわかる。州の政治状況に攪乱要因が存在しない限り、この法案は異なる種類の政治アリーナを生じさせる。したがって、教育長はそれに応じた戦略を立てるべきである。

配分のアリーナへの戦略　配分的政策は、ほとんど対立のない安定したアリーナを生じさせる。「恩恵」にあずかる人々はお互い同士よりも配分を行う者に注意を向けるからである。したがって、政策が立案される段階では、教育長は、法案が実施された場合に自分の学区がどのように不公平な扱いを受けるかという情報を議員に知らせることに集中すべきである。必要であれば、学区に一層有利になるように法案を修正する方法を提案すべきである。初等中等教育の関係者の内部に、この法案をめぐる対立が生じてはならない。州立大学や刑務所のようなその他の州のアクターから、その法案が再配分的であるとして、反対意見が表明されることであろう。したがって教育長は、他のグループから最も影響を受けている議員と接触して、法案の通過を支持する自分の意思を伝えてしかるべきであろう。法案が可決した後、教育長は、州教育省によって明文化される規則が、自分の学区にとって公平かどうかを見極めることに注意を向けなければならない。教育長は、その施策を執行する州職員との良好な関係を発展・維持するようにも努めるべきである。

規制のアリーナへの戦略　一方、法律案203は規制的政策である。それゆえに、そこに生じるのはおそらく競合的なアリーナではあるが、ほとんどのアクターが初等中等教育の関係者で占められる実益優先の(pragmatic)アリーナであろう。したがって、教育長は、まず、予想される競合者とその立場を見極めなければならない。教員組合、教科別教員団体、管理職団体、および教員養成大学がこの政策に最も強い関心をもつ、と仮定できよう。それぞれの集団は、実現したい課題が異なるとしても、連携と交渉をいとわないであろう。つぎに踏むべき第2段階は、教育長が自分の属する専門職団体と接触してその団体の立場について情報を収集し、また、本法案に関係するロビイストと議論することである。教育長は、最終法案が管理職の関心を反映しているかどうかを見定めようとしている専門職団体の手助けを申し出ることもありうる。法案が公共政策として立案・決定されると、今までの取り決めが消滅し、同盟関係が崩壊することもあることを予測しておくべきである。そし

て、裏切った人々を批判することで自分や他の誰かの時間も無駄にしてはいけない。これは、実益優先のアリーナであって、イデオロギー的なアリーナではないことを理解すべきである。ここでは、頑な姿勢は場違いである。そして、法案の通過後もそれへの関心を切らしてはいけない。法律に影響を与えようとするグループは、それに付随する規則にも影響を与えようと競い合うからである。規則が公式に決定されて初めて、教育長やその専門職団体は警戒心をゆるめるべきである。

再配分のアリーナへの戦略　「家族の教育上の選択を拡大する法案」は、再配分的政策であり、どの学区のどの学校に子どもを入学させるかという決定権を行政機関から親へ再配分する。また、どんな理由であれ学区外から生徒が通学する場合、その分、一定の州の平衡交付金が学区に再配分される。この政策提案は、おそらく、対抗する勢力が現われる激しいイデオロギーのアリーナを生じさせるであろう。このアリーナにかかわる第一歩として、教育長は、誰がそれぞれの側に加わりそうかを見分けなければならない。支持する側は、おそらく、生徒を獲得したい学区、子どもの転校の幅を広げたい親、企業、保守グループを含んでいる。反対の立場には、生徒の減少を危惧する学区、州都の利害を代表する団体、そして、リベラルなグループなどである。アフリカ系アメリカ人は、法案を支持するスラム在住者と法案に反対する者に分かれるかもしれない。大規模な農村地域など、この政策によって大きな影響を受けないことが予測される学区は傍観者に徹するであろう。

　このような分析により、教育長は、立場を同じくする個人や集団がどこに行けば見つかるかを知ることができる。その個人や集団は特定の目的のための包括的な組織を形成し、その法案の支持者をすべて糾合することを検討するかもしれない。そのような組織が結成されれば、支持者の力を拡大し、異なる経歴を持つ人々同士が協力できる手段となる。強力な連携を構築するには、適切なスローガン、ビラ、ニュースの発行、講演といった多くのイデオロギー的な作業が必要であることを教育長は理解すべきである。また、教育

長は、イデオロギー的な論争では、一般市民の支持を得た側が勝利することも理解すべきである。最後に、教育長は、この政策を決定させるには数年にわたるキャンペーン活動が必要なことを知っておくべきである。支持者は議員や市民に啓蒙的情報を与え、有効な組織を形成し、取り組みを支える資金を集めなければならないからである。長期にわたるねばり強さが再配分的政策を通過させる鍵となる。

政策類型論に関する演習

1. つぎの政策は配分的政策、規制的政策、再配分的政策のいずれか、分類しなさい。

    a 貧困層の子どもを対象とした連邦の就学前教育事業

    b 退学手続きを厳格化する教育委員会の方針

    c スラム地区での中退防止事業のスタッフとしてマイノリティーの教師を雇用するという法的要件

    d 6学年までのすべての子どもがドラッグの危険性を学ぶことを求める法案

    e 12学年までの全主要教科の学習内容のスタンダードの開発を求める法律

    f 補助教員に対する資格認定手続きを求める法案

    g 運転者教育に登録した生徒数に応じて1人あたり100ドルを高校に供与する州の事業

    h 新任教師を指導・育成する事業を実施するために学区に補助金を出す州法

    i 女子の運動競技活動の予算に男子のそれと同額の予算計上を求める連邦裁判所の判決

    j 民間の学校運営会社に学区内の5つの学校の運営を委託契約しようとする教育委員会の計画

2. a、d、f、hの政策について、それぞれの政策によって生じることが予測される政治的アリーナの特質を述べなさい。付随して起こる対立の特徴とともに、予想される支持者と反対者を述べなさい。
3. c、e、g、jの政策について、あなたは支持するか、支持しないか。つぎに、あなたが望む方向に政策過程に影響を及ぼすための戦略を述べなさい。
4. 問1の政策のいずれかに複数の制御技法を含む特徴をもつものはあるか。あるとするならば、それはどれか。これらの複合的な特徴は、政策を取り巻く政治的アリーナにどのように影響を及ぼすか。

3　マクドネルとエルモアの政策手段論

　マクドネルとエルモア(1987)によれば、4つの「代替的な政策手段、すなわち、政策目標を具体的な行為に変換するメカニズムが存在する」(p.134)。これら4つの手段とは、(1)命令(mandates)、(2)誘導(inducements)、(3)能力形成(capacity building)、(4)制度改革(system change)のことである。7年後、マクドネルは、この概念枠組みに5番目の手段を追加した(1994)。奨励的政策(hortatory policy)、つまり説得(persuasion)である。ローウィの3つの制御技法は政策の社会へのインパクトに着目した概念枠組みであったが、マクドネルとエルモアは、各政策手段が「意図された効果を生み出す可能性がもっとも高くなる条件」という観点から、政策手段に関する概念枠組みを開発した(McDonnell & Elmore, 1987, p.133)。ローウィの概念は政策を吟味する広角レンズとしてとらえることができ、社会全体を視野に入れる。マクドネルとエルモアの概念は接写レンズに喩えられ、特定の政策類型がどのように機能するかという、その細かな観察を可能にする。本節では、まず、それぞれの政策手段を検討する。図表7-4が示しているのは、この議論の要点をまとめたものである。そのつぎに、カリフォ

図表7-4　マクドネルとエルモアの政策手段論

政策手段	構成要素	最適な文脈	費用(コスト)	主な欠点
命　令	1. 要求される行動を記した文言 2. 罰則	1. 画一的行動が望まれている 2. 強力な政治的支持の存在	1. 強制 2. 遵守 3. 回避	敵対的な関係
誘　導	1. 短期的な資源の移転 2. ガイドライン	多様な行動が望まれている	監視	極端な多様性
能力形成	1. 長期的な投資 2. ガイドライン	既存の機関に応答する能力がない	1. 投資 2. 運営	短期的な結果の曖昧さ
制度改革	権限移譲	既存の機関に応答する意思がない	抵抗に遭遇する	予測できない結果
奨励的政策	1. 情報 2. シンボルやイメージ 3. 価値へのアピール	対象集団が情報に基づいて行動する可能性が極めて高い	情報を広める必要がある	大衆操作の危険性

注）マクドネルとエルモア（L. M. McDonnell and R. F. Elmore (1987), "Getting the Job Done: Alternative Policy Instruments, " Educational Evaluation and Policy Analysis, 9, pp.137 & 141）およびマクドネル（McDonnell, 1994）に基づいて作成。

ルニア州における1983年から1994年までの教育改革を取り上げながら、これらの多様な政策手段がどのように活用されているかを例示する。最後に、スクールリーダーがマクドネルとエルモアの着想を活用する方法を探る。

(1) 命　令

　命令とは「個人や機関の行為を制御する規則」（McDonnell & Elmore, 1987, p.138）である。通常、命令は2つの構成要素から成り立つ。(1)ある特定の社会集団に属するすべての人に求められる行為を記述した文言、(2)規則に従わなかった者に対する罰則である。これらの構成要素は法律、施行規則、判例、教育委員会の方針、学校・学級の規則といったさまざまな形態をとる。命令を説明する格好の例としては、義務教育法がある。こうした制定法は、学齢児童の親に子どもを就学させるかホームスクーリングを施すかを求めている。たいていの学区には、就学者数をチェックし不就学の子どもを調査する担当行政官が置かれている。昔は不登校取締官と呼ばれていたが、今日ではもっと響きのよい肩書きになっている。この行政官は、親に警告を発することから始め、必要に応じて、裁判所へ出頭させ、罰金を科す手続きをとることもある。

命令は、特定の条件下でのみ適切な政策手段といえる。命令が最もよく機能するのは、ある集団全員に同じような行動をとらせたい場合と、命令が強制可能な場合である。また、命令には強力な政治的支持が必要でもある。義務教育法は、この2つの要件を満たしている。すなわち、平均的市民も政治リーダーもほとんどの人々が、子どもは教育を受けるべきであり、就学は容易に強制できると考えている。しかしながら、すべての政策手段と同様、命令にも費用(コスト)が伴う。それは、命令を実行する費用、命令に服従する費用、服従を回避する費用を含む。学区は、就学義務を履行させる職務に就いている職員に給料を支払い、事務所を用意し、事務職員を配置し、自動車を使用させる。家庭もまた費用を伴う。就学する場合には、ふさわしい服装、必要な授業料、教材のための費用が必要となる。また、家庭には家庭内の働き手を失い、年長の子どものもたらす補助的な収入を失うことになる。一方、就学させないことにも費用が生じる。頻繁に引っ越しをする、家族をかくまってくれる友人や関係者を説得する時間など、不登校取締官の目を巧みに逃れるために費用がかかるのである。

　命令という手段の理想とする結果は、社会的に望ましい類の画一的な行動が広範囲に確保されることである。義務教育法は、ほぼすべての人が何らかの教育を受ける社会を生み出してきた。しかし、望ましくない結果を生むこともある。命令は、多様性が好ましい状況に、画一的な行動を生じさせることもありうる。最後に、命令によって、強制する側と強制されたくない側の間に敵対的な関係が生まれることが多い。学校をさぼる子どもの、不登校取締官の追及から逃れようとするこっけいな動作は、大衆文化のおなじみの主題である。すなわち、それは命令をめぐって発展しうる敵対的な関係を面白可笑しく例証している。

(2) 誘　導

　誘導とは、「モノやサービスの対価として個人や機関に金銭(もしくは同種の

補助金）を移転すること」(McDonnell & Elmore, 1987, p.137-138) である。誘導は2つの要素から構成されている。(1)移転されるべき金銭、サービスあるいは同種のモノと、(2)それらの使用法を明記したガイドラインである。一括補助金の場合のように、ガイドラインが大まかな場合もあれば、使途特定補助金の場合のように、細かに規定される場合もある。誘導を意味する文言は、法律や施行規則の中に現れる場合が最も多い。しかし、理論的には、教育委員会の方針や学校・学級の規則にも含まれる。教育に関して誘導が用いられた好例のひとつに、1965年初等中等教育法のタイトルⅠがある。それは、ジョンソン大統領の掲げた「貧困撲滅の闘い」政策の一部として成立したもので、名称がタイトルⅠからチャプターⅠに変わり、また元に戻るという変遷を経てきている。タイトルⅠは、30年以上にわたって補償教育のために、公立学校にも私立学校にも連邦補助金の交付を行っている。ガイドラインは年を経るに従って変化してきているが、学校や学区もしくはその双方に、補助金獲得の要件として一定の割合の貧しい子どもたちへのサービスを絶えず求めている (Spring, 1986)。

　しかしながら、誘導は、一定の状況にのみ適切な政策手段である。第1に、誘導を受容するかどうかは自発的な意思によるから、すべての者が行うべき望ましい行動を奨励するような場合には誘導という手段を用いるべきではない。例えば、義務就学を実行する場合においては、ふさわしくない政策手段である。つまり、この手段がふさわしいのは、多様な行動が期待される場合もしくは少なくともそれが許容される場合である。第2に、潜在的に実施者となりうる多くの者がその実施に意欲を見せてはいるが、そのための財源がない場合、誘導は最もよく機能する。第3に、誘導という政策手段を採用するには強力な政治的支持を必要としないため、命令や制度改革や能力形成といった手段が使用しがたい場合、誘導は最も理想的な政策手段となる。タイトルⅠは誘導を適切に用いた代表事例といえる。その主な目的は、貧困層の子どもたちに教育上の支援を提供することであったが、貧困層の子どもがほとんどいない学区や学校も多くあるため、貧困層の子どもに対する補償教育分野

では多様性のある対応が許容されたのである。さらに、公立学校の教師たちは一般的に補償教育を行うことには前向きであったが、学区には財政支援がなければ教師を増員する余裕はなかった。最後に、1965年のタイトルⅠの議会通過をめぐっては賛否の激しい論争があったため、この政策を立案した人々は、命令よりも誘導なら議会が承認する傾向が強いだろうと考えたのである。

当然のことながら、誘導には費用が伴う。補助金として、あるいは、教材やテストといったモノの提供という形で、金銭が供与されなければならない。ガイダンスが遵守されているかを確認するためには監視が必要であり、費用なしにはできない。補助金の受益者は、たいてい、ある施策に対して何らかのリソースを充当することを期待されている。少なくとも、スペース、設備、運営費などがそれである。補助金に対応する自主財源を準備しなければならないこともある。タイトルⅠは、連邦政府が補助金を供与し、地方学区は教室、備品、教材、監督、その他の有形無形の自らのリソースで貢献するという費用の伴う事業である。

誘導の究極の目的は、多様性が許容される政策領域で、多様な行動を確保することである。学区や学校により人口構成が異なるがゆえに、異なったニーズが存在する。誘導によって、地方の実状に合わせた応答的な事業を展開する機会が生まれる。しかし、過度の多様性は問題を引き起こすことがある。誘導は、適用範囲の広い、首尾一貫した政策目標を進めるために用いられるべきである。さもなければ、関連性がなく矛盾する事業のつぎはぎが生まれるだけである。

(3) 能力形成

能力形成とは、「物的・知的・人的リソースへの投資に金銭を投入すること」（McDonnell & Elmore, 1987, p.134）と定義できる。誘導と能力形成との主たる違いは、投資という言葉で表すことができる。能力形成という政策手段は、個人または組織の能力に重大で恒常的な変化を引き起こすことが意図されてい

る。ゆえに、能力形成という政策手段は長期的な投資を意味し、影響の全容は数年では現われてこない。能力形成の主たる要素は、補助金としてもしくは使途特定財源の充当として、実施機関に与えられる多額の金銭である。もうひとつの主な要素は、投資のガイドラインである。能力形成の格好の例として、オハイオ州のベンチャーキャピタル事業がある。この事業では、各学校が州に対して毎年25,000ドルの補助金を最大5年間申請できる。この補助金の直接的な目的は、特定の事項に焦点をあてた長期的な学校改善の取り組みを支援することである (Ohio Department of Education [ODE], 1995, p.1)。より広範な目的は、教員の専門職能開発による「組織能力の構築」(p.6) である。ガイドラインによれば、学校はその補助金を使って11の定評ある学校改善事業から1つ選択するか、もしくは州の承認を得た上で独自の学校改善計画を推進することにより、組織能力の開発に取り組む。

　能力形成という政策手段は、既存のスタッフや組織では能力に欠くため、望ましい政策を実行することができない状況に適している。こうした能力欠如は、不十分な研修、適切な経験の不足、不十分な設備、あるいはこれらの要因の複合に起因することが多い。オハイオ州のベンチャーキャピタル事業は、能力形成という政策手段の適切な活用事例である。オハイオ州教育委員会は、「学習環境が適切」(ODE, 1995, p.1)な学校というビジョンを掲げているが、教師が協働することに慣れておらず、学校改善モデルの訓練も受けていないことを数年前に認識した。そこで、この長期的なビジョンを実現すべく、補助金を交付することで「専門職能開発の基盤」(p.6)の構築を州全体にわたり推進しようとしている。しかしながら、能力形成には大変な費用がかかる。『オハイオ州の公立学校におけるベンチャー・キャピタル：学校再生のためのコミットメントと能力の形成 (*Venture Capital in Ohio Schools: Building Commitment and Capacity for School Renewal*)』(ODE, 1995) の数字によると、1994年から1995年までの補助金だけで867万5千ドルが支出されている。この事業を運営し広報することにも支出が伴う。

　能力形成という手段の理想的な結果とは、望ましい新たな施策・事業を個

人や組織が実行できるようになることである。しかし、能力形成には大きな欠点がある。費用がかかり、結果が出るのに時間がかかるというそれだけの理由で、十分な能力形成が行われる前に政治的支持が打ち切られる可能性があることである。オハイオ州教育省のパンフレットではつぎのように警告している。「州の基本方針は、年2万5千ドルを5年間にわたって各学校に投入することである。この方針の成否は、1995年以降の議会の資金提供にかかっている」(ODE, 1995, p.54)。

(4) 制度改革

制度改革とは、「公式の権限を個人や機関の間で移動させる」政策手段である(McDonnell & Elmore, 1987, p.139)。その中心的な構成要素は、ある特定の意思決定分野に対する個人もしくは機関の権限を縮小または剥奪すると同時に、権限を異なる個人または機関に移譲する法律、施行規則および教育委員会規則である。制度改革はその副次的な影響として、財源を再配分する。しかし、本来の制度改革の場合、財源の移動は権限の後に続くものである。ヴァウチャープランは、制度改革のよい例である。多くの議論を呼んだ『政治、市場、アメリカの学校(*Politics, Markets, and America's Schools*)』の中でチャブとモー(Chubb & Moe, 1990)は「就学費(scholarship)」と呼ぶ、ヴァウチャーの活用を提言した。このプランでは、州は、子どもをどの学校に就学させるかの決定権限を州や地方教育行政機関から親に移譲する。親による選択が行われた後、州政府は入学者数に応じて就学費として学校に交付金を給付するのである。このように、親は個人的に子どもの学校を選択するのである。結果的には、市場原理に基づく活動によって、親が学校の受け取る州交付金の額を決定するのである。

新しい行動が求められているのに、現スタッフや既存の機関が改革の要求に応答しない場合、制度改革は適切な政策手段である。チャブとモー(1990)は、制度としてのアメリカの公立学校が子どもに質の高い教育を提供できない理由

を詳細に説明し、制度改革の必要性を説く。ヴァウチャーの支給によって学校間の競争が刺激されるという理由で、ヴァウチャー制度を教育改善の最良の方法であると考えている。制度改革の提唱者たちは、自分たちの提唱する政策は出費を削減する、すなわち、より効率的なリソースの活用になると考えていることが多い。しかし、制度改革には高い費用が伴う。制度改革によって権限や財源(もしかするとその職)を失う見込みのある人々は、改革が生じればそれを傍観することはないだろう。そういった人々は、おそらく、提案された改革に抵抗する。そして、改革が開始されれば、妨害を企てるかもしれない。このような抵抗は、制度改革がモラールおよび生産性の低下というコストを必然的に伴う可能性を示している。1990年の時点で、チャブとモーは自らのプランに対する教育界からの強い反対を予想していた。それ以来、ヴァウチャー法の発議された州における反応は、チャブとモーの予想を実証している。

　制度改革のめざす理想の成果は、新しい要求に応えることのできる能力と意欲をもった抜本的に新たな制度の構築である。その主な欠点は、結果が予測できないことにある。権限が移譲された後の個人や機関は、改革前の個人や機関同様に新しい要求に応えることができないこともありうる。予想外の結果が生じる可能性もあり、改革前の制度に存在した問題と同じもしくはより深刻な問題が生じることもある。ヴァウチャーの反対論者はヴァウチャーの予測不可能性を議論の中心に据えている。彼らは、親には的確に学校を選択する能力がないこと、学校間の競争は、人種隔離の復活と「ゴミ捨て場のような学校」の増加によって、勝者と敗者を生むと主張している。

(5)　奨励的もしくは説得的政策

　奨励的もしくは説得的政策は「特定の目標や行為に対して、政府が高い優先権を与えているというシグナルを送る」(McDonnell & Elmore, 1994, p.398)。説得を意図しているがゆえに、奨励的政策は本来的に言葉による伝達であり、市民をある価値に基づいて行動させるために、シンボルやイメージを用いて

当該の価値をアピールする。奨励的政策の主要な構成要素は、情報を伝え、ある一定の行動をすべきことを示唆する、文書や口頭によるテキストあるいは図示されたテキストである。広く知られた例としては、子どもたちでゴミのリサイクルを進める運動や薬物に反対する教育活動などがある。単に一般市民に情報を流すだけでも奨励的な役割を果たす。多くの州では、学区または学校ごとのテストの成績をメディアに公開している。これは、教師たちにテストを重要視させ、必要があればカリキュラムを改善させる1つの方法となる。クリントン政権では、第4学年の読解力と第8学年の数学の学力を評価するために、受験を強制しない全国テストを提案したが、これは奨励的政策の一例である。受験するしないは自由であるため、その有用性を疑う声もあった。しかしながら、これらの懐疑的な意見は、この全国テストが潜在的に説得的政策の本質をもっていることを見過ごしていた。テストの成績によって、州間、学区間、および学校間の比較が可能になり、親は、子どもがとったテストの得点と他の地域の平均得点とを比較することができる(Lawton, 1997)。このような情報が広く流布した場合、よい成績がとれるように自分たちの指導方法を改めることを一部の教師に促すことになる。ノースキャロライナ大学の心理学者、ライル・ジョーンズは「特に、テストの結果が公表されることを教師や校長が知っている地域では、テストされる内容を教えなければならないというプレッシャーは、きわめて強くならざるをえない」(Hoff, 1997, p.34)と指摘している。

　奨励的政策が適しているのは、望ましい変化がシンボルや情報とすぐに結びつけられる場合や、人々が新しい情報に基づいて行動する見込みがある場合である。奨励的政策は、特に、行動を段階的に変化させるために設計された一連の政策の第一歩にふさわしい。政治的支持が弱い場合、奨励的政策が採用される可能性のある唯一の政策である場合が多い。クリントン政権の提唱した受験を強制しない全国テストは、これら3つの基準に合致する。教育の卓越性というレトリックとテストの得点とを結びつけるのは容易であり、事実、教師はテストに対応して教育実践を変更する傾向が非常に強い。最後

に、全国テストには少なからぬ反対意見がある。全国テストを批判する集団にはイーグルフォーラムとキリスト教連合があり、テストが教育の中央集権的統制につながる政策課題のひとつであると恐れている(Lawton, 1997)。このような状況では、奨励的政策が政治的に実行可能な唯一のものであった。

　奨励的政策の主な費用は、情報の普及にかかわる。奨励的政策は通常、ポスター、ラジオとテレビのコマーシャル、印刷広告など、いずれも高価な広報手段を含む。さらに、これらのものを配布するためにも費用がかかる。奨励的政策の理想の結果は、対象とする人々の行動変容を促すことである。その主たる欠点は、説得がプロパガンダやある種の政治的操作に陥る可能性があることである。

(6) 政策手段を組み合わせる

　マクドネルとエルモアは分析のために5つの政策手段を区別しているが、スクールリーダーは、実践では、政策手段はしばしば組み合わされることを理解しておかなければならない。実際に、ひとつの政策の中でいくつかの政策手段を組み合わせることは、改革を実現する上にきわめて効果的に作用する。クリスピールス(1997)は、1983年から1994年までのカリフォルニア州のカリキュラム政策を分析する枠組みとして、マクドネルとエルモアの概念を用い、政策手段の組み合わせの一貫したパターンを発見した。この研究では、授業をより「意味中心的」(p.466)で、より学際的にするための改善をめざす、12の新しい州政策が確認された。カリフォルニア州では、この10年間、政策手段のすべてが用いられていて、政策ごとに2つないし3つの手段が同時に用いられているが、命令という手段が優先して採用されてきたことが明らかになった。事実、州全体に対して新しいスタンダードを指示した813号法案を成立させることから、カリキュラム改革が開始された。それには高校卒業要件の厳格化、年間授業日数の延長、および教科書採択の新しい基準が含まれていた。しかし、この最初の立法でさえ、命令は単独で存在したわけではなかっ

た。813号法案では、州は他の3つの政策手段も採用していた。誘導、奨励的政策および能力形成である。例えば、この法律は州教育省に教科別のモデルカリキュラムを開発することを求めていたが、学区はこれらを採用する義務はなかった。むしろ、モデルカリキュラムが説得的な役割を果たしたのである。その法律はまた、専門職能開発という形の能力形成に関する規定も含んでいた。

　政策手段を組み合わせるこのようなパターンは、研究対象となった時期全体を通じて見られた。カリフォルニア州は複数の政策手段を含んだ法律を、何回も成立させた。クリスピールスは、このアプローチは「政策推進の多様な手段とスクールリーダーの用いる共通言語をつくり出した」（p.471）がゆえに、成功を収めたと結論づけている。さらに、異なった政策手段が首尾一貫して用いられたため、すなわち、それらの手段は同一の大きな政策目標を達成することをねらいとしていたため、政策手段の組み合わせを用いることで教師と校長によるカリキュラム改革の実施を促進した。クリスピールスのもうひとつの結論は、能力形成は改革への取り組みの重要な要素であるというものである。能力形成政策がなければ、命令としての政策変更を実行する最善の方法を理解できなかったであろう。また、教師は誘導という手段を有効に活用することもなかったであろう。

　教育界ではよくあることであるが、クリスピールスによって詳細に記録された10年間のカリキュラム改革は、1994年に突然の中止に追い込まれる。この年、知事は、この改革の中心的な構成要素である「カリフォルニア学力達成度評価制度(CLAS)」の実施を継続するのに必要な予算案に拒否権を行使した。しかし、3年後でも、州の教師の多くは、面接の中でこの制度が意味あるものだとクリスピールスに回答しているように、依然としてこの評価制度の重要な部分を活用し続けた。公式の認可がないにもかかわらず、政策への継続的な支持があったことは、多様な政策手段の首尾一貫した組み合わせには教師の信念と実践の両方を変える力があることを証明したと、クリスピールスは断定している。

（7） スクールリーダーとマクドネルとエルモアの理論

①政策手段の多様化

　ベンベニスト（1986）は、政策決定者が罰則を伴う命令を多用しすぎることにはさまざまな理由があると論じている。彼らは、そうした政策の方が簡単であると見なし、政策が実施される文脈を無視し、罰則を伴う命令の考案に安易に頼ってしまうのである。ベンベニストは、こうした政策手段の多用こそ、教師に多く見られるバーンアウトや教師の間に蔓延している「全般的な沈滞ムード」（p.151）の原因であるとして、非難している。命令を多用するのは連邦や州の官僚だけではない。教育長や教育委員会、校長も問題に直面したとき、まず第一に命令を検討し始める。

　マクドネルとエルモアの政策手段に関する理論は、政策の代替案を概念化することに道を開き、また、それらのおおよその有効性を評価するための基準も示唆する。例証のために、低学年のいくつかのクラスで読解力がきわめて低いことを発見した教育長の場合を考えてみよう。この問題に対応するために、教育長は、すぐさまいくつかの命令を思いつくであろう。すべての低学年の教師たちに読解授業の指導案（密案）を校長に提出させる、読解授業の時間数を増やす、そして読解授業の新しい音読法を指示するなどである。しかし、マクドネルとエルモアの概念枠組みにしたがえば、このようなアプローチは不適切である。まず第1に、改善を要するのは一部の教師であり、教育長は低学年の教師全員の行動を改善する必要はない。さらに、もともと自由に使える時間が少ない校長に、今以上に多くの指導案に目を通すことを求めることは、校長の他の重要な職務の無視やモラールの低下につながるだけに、コストが高くなるといえる。最後に、このアプローチは当初の政策目標さえ達成できないおそれがある。つまり、読解指導の適切な方法を教師が知らないのであれば、すべての教師に指導案を提出させ、読解の時間を増加させ、音読法の教材を使用しても、根本的な問題に取り組むことにはならないのである。

　マクドネルとエルモアの枠組みを用いて、この問題をさらに深く検討する

と、能力形成がより適切な政策手段であることがわかる。事例の教育長は、指導力に問題のある教師個人を特定し、その教師に研修日を読解指導に関する特別研修にあてることを命じることができる。教育長は読解指導に関する新しい論文を言語系分野担当の指導主事に探させ、読解指導が苦手な教師との集団討議の際に、それらの論文を使用させることができる。教育長は、読解指導に関するビデオソフトを購入し、問題の教師たちにビデオを繰り返し見るように勧め、指導を改善するために使用させることができる。このアプローチは、教師の能力形成に貢献するはずである。副次効果として、他の低学年教師たちに読解指導の授業への問題を自覚させることになろう。同僚の補充的な研修活動を見て、来年自分が同じような特別研修を受けずにすむよう、教師の多くは読解指導に多少なりとも大きな注意を払う決意をすることは間違いない。

②スクールリーダーと政策手段の組み合わせ

　マクドネルとエルモアの枠組みは、特にクリスピールス（1997）によって例証されたように、最大の効果を上げるために、スクールリーダーは政策手段をどう組み合わせればよいか、その方法を示唆している。いくつかの手段の効果的な組み合わせは、その**首尾一貫性**にかかっている。すなわち、すべての政策手段は、同一の大きな政策目標を達成するために用いられなければならない。この原則を無視すると、個々の政策手段の効果を損なうような、混乱した政策の寄せ集めになってしまう。

　一例として、ある中学校の校長を取り上げよう。校長は校舎をもっと清潔にし、もっと魅力あるものにしたいと願っている。しかし現実は、廊下は雑然とし、食堂付近の床は汚れ、生徒用トイレの中も机の上も落書きだらけである。このどうしようもない状態に対して、校長が最初に行うことは、いくつかの新しい罰則命令を発して、断固たる処置をとることであろう。ゴミを散らかしたり、食べ物をこぼしたり、学校の施設・設備を破損した生徒は、即刻、居残り処分にされてしまうことになる。ただ、もう少し深く検討すれば、この対処方法の問題点が明らかになる。生徒の処分を行うのは教師であ

るから、教師と生徒の間に好ましくない敵意が拡大するおそれがある。さらに、この対処方法は罰則適用上の問題を引き起こすことになるかもしれない。生徒たちは大人の前ではゴミを散らかしたり、食べ物をこぼしたりといった比較的軽微な違反をすることが多いが、学校施設の破損といった重大な違反行為は、ふつう、密かに行われるものである。したがって、厳格に対処することによって軽微な違反は処分対象となり、重大な違反には罰が与えられないという、きわめて不公平は事態に陥ることもありうる。もちろん、中学校の生徒たちは、このような不公平な状態を直ちに察知し、糾弾するであろう。

　もっと効果的な対処方法は、長期戦略の下で、政策手段を組み合わせることである。この戦略は、奨励的政策から始まる。例えば、始業式に校長は、今年度を学校美化年にする、と宣言するのである。特別集会の実施、廊下でのポスターや横断幕の掲示によって、校長のメッセージを一層効果的にできる。明示的な目標に注目が集まっていれば、ゴミを散らかしたり、不注意で食物をこぼしたり、些細な破損行為をすることが学校美化への障害となっていることが自ずと明らかになる。そのつぎに、校長は誘導策を利用する。中学生は奨学金の申請書を書くことは好きではないが、コンテストは好きである。毎月、クラスごとに校舎のある部分を美しくする計画を提出する。コンテストで選ばれたクラスには、その企画を実行するための自由時間が与えられ、それが達成されると、ピザパーティーが催され、それを讃える広報がなされる。校長は、能力形成も忘れてはならない。用務員の配置やその知識・技術に問題がある可能性を考えなければならない。廊下には十分な数のゴミ箱があるか、それらは適切な位置に置かれているか、用務員が仕事を進める方法や汚れや落書きの落とし方についての訓練が必要であるのか、これらすべての可能性について検討しなければならない。

　2カ月から3カ月経ってから、校長は命令を発するのである。このときまでに、命令への支持は、不意の取締まりを行った場合よりも、より大きくなっているはずである。もちろん、理想的には、違反への処罰は、より大きな政策目標の達成に役立つはずである。30分間居残りさせ教室で座らせておく

代わりに、ゴミを散らかした生徒には教室のゴミ拾いをするように、落書きをした生徒には洗剤の入った容器を渡し落書きを落とすように指示するのである。生徒のほとんどは、このような罰の公正さを理解し、憤りを静め、反発的な態度を軟化させるであろう。

校長は、学校の外観を美しく改善することを目的として、いくつかの政策手段を慎重に組み合わせることによって、終業式には、始業式に比べてより快適な校舎を実現することができる。おそらくもっと重要なことは、校長が、生徒に重要な環境問題に気づかせ、学校の雰囲気を改善したことである。カリフォルニアの事例と同様に、学校においても、いくつかの政策手段を同時に用いることで、問題解決のための多様な手段や共通言語をつくることができる(Chrispeels, 1997, p.471)。

政策手段論に関する演習

1. つぎの政策目標を達成するための、3つの政策を考案し、その内容を簡潔に述べなさい。それぞれの政策は異なった手段を用いるものでなければならない。
    a．州統一テストにおいて、学区の成績を向上させる。
    b．州全体の学校でコンピューターの活用を拡大させる。
    c．技術者養成教育に登録する若い女性の数を増加させる。
    d．高校での生徒の遅刻を減らす。
    e．学区内の生徒たちに数学への関心をより高めるよう働きかける。
2. 問1の政策目標のうち2つについて、5年間でその中心的なねらいを達成するための首尾一貫した長期的政策を考案しなさい。
3. 学校便覧や教育委員会の政策手引き書を分析せよ。そして、そこで用いられている5つの政策手段について、述べなさい。
4. 議会が最も頻繁に用いる政策手段と最も用いることの少ない政策手段を特定するために、最新の州議会で提出された教育立法を分析しなさい。

第7章　政策の手段と費用対効果　291

4　費用分析と費用対効果分析

(1)　費用について考える

　スクールリーダーは、学校の財源を思慮深く使わなければならないというプレッシャーを日々感じている。しかし、資源の最も有効な使い方は、必ずしも自明ではない。『費用対効果分析(*Cost-Effective Analysis*)』の中で、レビンとマッキーワン(Levin & McEwan, 2001)は、数学の達成度テストで生徒の得点を向上させるための4つの方法に関する1987年の研究について紹介しているが、それは(1)一日の授業時間を増やす、(2)コンピューターを用いた教育を行う、(3)上級生や成人によるチューターを活用する、(4)1学級あたりの子どもの数を減少させる、の4つである。学習支援事業は他の選択肢に比べて費用がかかるが、より効果的な方法である。実際、費用対効果の数値を割り出すために費用を効果で除すると、チューターの活用が授業時間増加の10倍以上の効果を上げていることが明らかになった。この事例は重要な問題を提起している。多くのスクールリーダーは、費用も費用対効果も分析することなく、新たな政策を立案・決定している。このことは、乏しい教育効果だけではなく、時間と金の無駄遣いにつながる。したがって、スクールリーダーは、教育上の選択肢の中から賢明な選択をするためには、費用分析を行う必要がある。

　本節では、**費用分析**と**費用対効果分析**の双方を教育者の使うべき道具として紹介する。これら両タイプの分析について検討するには、費用(cost)と便益(benefit)という用語を理解しなければならない。費用を支出と同義であると考える人が多いが、これは誤りである。**費用**は**便益**と緊密な関係にある。**便益**とは、ある特定の行為をとることで手に入れる何ものかである(Coplin & O'Leary, 1981, p.129)。**費用**とは、この便益を得るために、手放さなければならない何ものかである(Coplin & O'Leary, 1981, p.129)。ゆえに費用は、支出と、一連の行為で失われうる便益との両方を含んでいる。例えば、ある部屋を生

徒のラウンジに改装する場合、費用には、色の塗り替えや机や椅子を揃えることに伴う支出だけではなく、他の目的にその部屋を使う余地を失うことも含まれる。後者は**機会費用**という。費用と便益の双方とも**有形**のものもあれば**無形**のものもある。有形の費用や便益は、数量化可能なものである。テストの得点をより向上させることや中退率を減らすことなどは、有形の便益の例である。コミュニティからの強力な支援は無形の便益である。有形の費用の例には、ある施策に注がれた予算や時間の量が含まれる。無形の費用には、教師のバーンアウトや生徒のモラールの低さなどがある。ある政策に伴う潜在的な費用と便益を検討する際には、有形と無形両方の費用と便益を考慮に入れることが不可欠である(Coplin & O'Leary, 1981)。

(2) 費用分析

①レビンとマッキーワンの構成要素法

レビンとマッキーワン(2001)は、ある政策や施策・事業の有形の費用を算出するための体系的方法を提唱している。それは、人員、設備、備品・用具、受益者の負担およびその他の負担という5つの構成要素にかかわる支出と機会費用を算出するものである。これらの構成要素について、以下で解説する。

人員には、常勤であれ、非常勤であれ、有給であれ、無給であれ、事業に関係して働くすべての人を含む。それぞれのサービスへの費用は金額で表されなければならない。有給の雇用者に対しては、この数字は給料プラス手当から算出される。非常勤の場合は、この数字の一定の割合が計算される。無給のボランティアの仕事に関しては、市場におけるその費用に照らして一定の価格が割り当てられなければならない。

設備には、オフィスや教室など、事業に対して供されるあらゆるスペースが含まれる。割り当てる価格は、実際のリースの費用もしくは類似した設備をリースした場合に想定される費用である。設備は通常、必要なオフィス機器、視聴覚機器、机や椅子などの**備品・用具**が配置される。年間費用を計算

するために、実際の価格を使用予定の年数で除さなければならない。したがって、5年使用できる500ドルの顕微鏡の場合、1年間の費用は100ドルである。

受益者に求められる負担を忘れてはならない。この要素は、参加者またはその親に課せられる費用を示す。新たな交通手段が必要となるとき、その費用を見積もらなければならない。すなわち、親が送り迎えする時間を見落としてはならない。この他に、購入すべき図書、教材、衣服、特別の行事に寄贈される食べ物などがこれに含まれる。**その他の負担**は、前述の4つのカテゴリーに分類しがたいものである。共益費、維持費、運営費、追加の保険料などがこれにあたる。

②構成要素法を応用する

図表7-5と7-6は、ある中学校に新しいコンピューター教室を設置するための費用と支出を分析したものである。この仮想のケースの学校には、5学年から8学年、700人の生徒が在籍している。校長、副校長、28名の教師、2名の事務員、5名の給食室職員、3名の用務員が配置されている。すでにこの学校にはコンピューター教室がひとつ設置されており、7年生と8年生は、この教室で毎週2時間のコンピューター科学の授業を履修することになっている。学区としては、州のテクノロジー補助金を利用して、2つ目のコンピューター教室を設置して、毎週2時間のコンピューター科学の授業を5年生、6年生の350人も受けられるようにしたいと考えている。視聴覚設備を収納している空き教室を使い、メディアの専門家を教室の運営と授業のために新たに雇用することになっている。

計算を行うにあたって、つぎの手続きをがとられた。人件費は、1年間の給料に手当ての23％を加えた額である。親ボランティアの費用は、教員助手の給料を基に計算する。生徒アシスタントの費用は、手当てなしの最低賃金で計算される。パソコンとプリンターは、平均5年間の使用を見込んでいる。机や椅子については、生徒用は、平均10年、教師用は20年として計算する。コンピューター教室の運営費、維持費、施設費は、学校のすべての費

用の2%が必要であると仮定して計算される。

このような費用分析の有用性は、明らかである。第1に、これは重圧のかかった管理職にとっておそらく最も重要なことであるが、費用分析によって予想外の支出を減らすことができる。このような手続きは、ある新しい事業

図表7-5　コンピューター教室の費用分析　　　　（単位：ドル）

構成要素	年単位の合計費用	1年目の合計費用	学区にかかる費用	他の政府機関にかかる費用	寄付	受益者の負担する費用
人件費						
メディアの専門家	47,350.00	47,350.00	47,350.00			
学区の技術支援(5%)	1,906.50	1,906.50	1,906.50			
2名の親ボランティア（週5時間）	3,751.20	3,751.20			3,751.20	
5名の生徒アシスタント（週5時間）	4,635.00	4,635.00			4,635.00	
施設費						
800平方フィートの教室	3,600.00	3,600.00	3,600.00			
備品・用具費						
30台のパソコン	7,200.00	36,000.00	10,000.00	20,000.00（州補助金）	6,000.00（学区の企業）	
5台のプリンターと20個のインクカートリッジ	299.95	1,499.75	1,499.75			
10台のテーブル	200.00	200.00	200.00			
30脚の生徒用の椅子	225.00	225.00	225.00			
1台の教師用の机	12.50	250.00	250.00			
1脚の教師用の椅子	5.00	100.00	100.00			
1台のファイルキャビネット	6.25	125.00	125.00			
252点のリーム紙	998.00	998.00	998.00			
受益者の負担						
350冊のワークブック	3,500.00	3,500.00				3,500.00
3500枚のフロッピー	900.00	900.00				900.00
その他の負担						
運営費	3,665.40	3,665.40	3,665.40			
維持費	2,000.00	2,000.00	2,000.00			
共益費	500.00	500.00	500.00			
追加保険料	250.00	250.00	250.00			
合　計	81,284.80	115,560.85	76,774.65	20,000.00	14,386.20	4,400.00

図表7-6 学区の支出分析　　　　　　　　　　（単位：ドル）

構成要素	1年目の年間合計支出	2年目以降の年間合計支出
人件費		
メディアの専門家	47,350.00	47,350.00
備品・用具費		
パソコン	10,000.00	
プリンター	1,499.75	
インクカートリッジ	280.00	280.00
テーブル	2,000.00	
生徒用椅子	2,250.00	
教師用机	250.00	
教師用椅子	100.00	
ファイルキャビネット	125.00	
用紙	998.00	998.00
その他の負担		
共益費	500.00	500.00
追加保険料	250.00	250.00
合　計	65,602.75	49,378.00

の財政的影響がどうなるか、その可能性を正確に言葉で表すことを容易にし、政策決定者がそれに応じた計画を立てることを可能にする。第2の利点として、節約する方法を容易に見出すことができる。例えば、机や椅子を学区のどこかで手に入れるとか、閉店セールの店から低価格で購入するとかに気づかせるのである。最後に、費用分析は、起こりうる潜在的な問題についてリーダーの注意を喚起する。前述のコンピューター教室は、管理職、事務員、用務員の負担だけでなく、学区の技術支援スタッフの負担を増やすことになるであろう。これらの勤務時間にいくらかの余裕時間がある場合、これは問題にはならない。しかし、教職員に勤務時間外の仕事が増加するようであれば、負担の再検討が必要である。追加的な責任が繰り返し特定のポストに加わるならば、ゆくゆくは教職員の増員が必要であろう。このような状態を察知して早急に対処しなければ、教職員のモラールの問題に発展する。また、他に生じうる問題としては、生徒の負担がある。このコンピューター教室を使った授業計画では、5年生と6年生がさらに15ドルを授業料として追加して納めなければならない。学区によっては、この追加授業料が家庭にとってあり

図表7-7　コンピューター教室の予想される費用と便益

	有形	無形
費　用	76,774.65ドル	1. 一部の教職員への過剰な負担 2. 一部の教職員のバーンアウト 3. 親の授業料への不満
便　益	1. 生徒の情報リテラシーのレベル向上 2. 外部認証評価の得点の上昇 3. 第5、第6学年教師のための打ち合わせ時間の増加	1. 住民の学校イメージの向上 2. 第5、第6学年教師のモラールの向上

えない負担になることもある。学校や学区のリーダーは、そのような要求を課すことが賢明なことかどうか十分に配慮すべきである。

③有形、無形の費用と便益の分析

　レビンとマッキーワンの構成要素法(2001)を補完するものとして、スクールリーダーはコプリンとオレリー(1981)の提唱する有形・無形の費用および便益の分析も行わなければならない。図表7-7では、コンピューター教室の費用・便益の分析を示している。この種の分析の意味は、その文脈の中で解釈されなければならない。多くの学区では、こうした無形の費用が重要視されなければならない。教職員の入れ替わりが頻繁な場合や親が学校に不満をもっている場合、スクールリーダーが検討すべきことの中で、無形の費用が占める比重が高くなる。一方、教職員に不満の兆候もなく、また授業料が安い場合、スクールリーダーはこの無形の費用に関心を向ける必要は特にない。便益もまた、文脈の中で理解されなければならない。学校に対する地域住民のイメージを改善したり、外部認証評価の得点を上げることは、どこでも重要な問題というわけではない。そのような分析は、つぎの中心的問いに答えるために、ある特定の文脈と関連づけて行うべきである。この政策の採用で生じうる潜在的な便益は、潜在的な費用を上回るのか。その答えがイエスであれば、その政策は採用されるべきものとなる。コプリンとオレリーはつぎのように警告している。「ある計画が実施されるべきであるとすれば、それは、その便益が少なくとも費用と等しい場合のみである」(p.130)と。

(3) 費用対効果の分析

①効果について考える

　費用があまりかからない政策であっても、**効果的**でないという可能性が考えられる場合、その政策は採用すべきではない。また、実施されている政策の効果が上がっていないことが判明したときは、それを変更するか中止すべきである。**効果的な政策**とは、読解力の習熟度テストの高い得点、高い出席率、親の参加の増加など、意図した結果を導く政策のことである。**費用対効果分析**とは、費用と効果の見地から、同じ目標に達するための複数の選択肢＝方法を比較する系統的な方法である。最も望ましい選択肢とは、政策目標を達成すると同時に費用が最もかからないものである。費用対効果の分析をしなければ、スクールリーダーは、往々にして、最も費用がかからない政策や施策を優先的に選択するという過ちを犯す。政策の効果が上がらなければ、その費用がたとえ少なくても、それは高くつくことになる。

②費用対効果分析の諸段階

　レビンとマッキーワン(2001)は、適切な費用対効果分析の踏むべき段階を概説している。まず、最も重要な段階は、真の政策目標を正確に確認することである。これは、予想以上に難しいことが多い。予算を削減しなければならないという、よくある問題に直面した、教育委員会や教育長を事例にして考えてみよう。ほとんどの場合、彼らは早まって予算削減を政策目標としてしまうが、真の目標は教育活動の効果を損なわない方法で予算を削減することでなければならない。誤った目標からスタートしてしまうと、すべての代替案や本当の費用を見極める力を制約することになる。結果は、小規模校の閉鎖といった、効果的でない政策の選択に終わってしまうことがよくある。

　第2段階は、手元にある代替案の効果を測る適切な尺度を選ぶことである。この尺度として、支出の節約もあれば、学校の雰囲気の評価結果もあれば、中退率もありうる。これを行った後、理想をいえば、どんなアイデアでも受

け入れる集団ブレーンストーミングを用いて、すべての代替案が吟味されるべきである。そのような会議では、教育の質を向上させる大きな可能性を含んだ、創造的な代替案が生み出されることがある。例えば、小規模校の閉鎖に代わる、費用削減の代替案は少なくとも3つある。(1)小規模校間で教師と管理職を併任させること、(2)近隣のコミュニティカレッジと施設・設備等を共有すること、(3)高齢者団体などの団体に校舎の空きスペースを有料で貸し出すことである。

　すべての実行可能な代替案が確認された後、各代替案の徹底的な費用分析が行われなければならない。この分析は、有形および無形の費用双方について検討されるべきである。小規模校を閉鎖しても、経費の節約が予想したほど大きくならない場合がある。経費の節約は、スクールバスの費用が増加することで相殺されてしまうのである。さらに学校の統合は、親の協力を鈍らせ、ボランティア活動などの貢献を減少させることが多い。長期的に見ると、小規模校を閉鎖した学区では、学校を失った地区の憤慨した住民が反対したことで学校債の発行が否決され、財政的には失敗に終わってしまうケースが多いのである。

　つぎに、それぞれの代替案の効果が慎重に検討されなければならない。それぞれの代替案に関する調査を、すでに選ばれている効果の尺度に関連するかどうかに注意しながら入手する必要がある。広範に採用された数多くの政策に関する調査は、予想外の情報をもたらすことがある。例えば、先行研究は、小規模校の閉鎖に関する教育上の効果について重大な疑問を提起している。学校統合は、生徒の学習、教師のモラール、学校の雰囲気、教科外活動への参加などを危険にさらすように見える(Levin & McEwan, 2001)。学校の閉鎖を検討する際には、これらの無形の費用を重要視しなければならない。最後に、各代替案の費用と効果を慎重に比較した後で選択が行われなければならない。最良の選択は最も費用のかからない代替案であったり、もっとも効果の高いものであるとは限らない。むしろ、政策が実施される文脈を考慮しつつ、費用は効果とバランスをとらなければならない。

5 おわりに

　スクールリーダーたるもの、行動を起こす前に省察(reflection)が必要である。すなわち、いろいろと多角的に思考をめぐらすべきである、と強調する人々が近年、多くなっている。政策を立案する、あるいは政策を実施する際、省察や慎重な分析が特に重要となる。政策上の過ちを犯すことは容易い。8章で明らかにするように、多くの政策実施が失敗に終わることが多い理由は、政策の立案あるいは実施の計画に責任を持つ者が自らの意思決定について十分に検討しなかったからである。本章で提示したのは、ローウィの制御の技法としての政策類型論、マクドネルとエルモアの政策手段論、費用分析および費用対効果分析という3つの分析手法であったが、これらはスクールリーダーの省察に際しての指針となる有用な道具なのである。これらを合理的に使いこなすスクールリーダーは、政策変更と政策実施の両方を円滑に進めることができることを発見するであろう。

費用分析と費用対効果分析に関する演習

1. 中西部のある州議会では、すべての学区は78項目にわたる、人口統計上、財政上、教育上の変数(要因)に関するデータを集め、特別のコンピュータープログラムにデータを入力し、毎春、州教育省にモデム経由で送付するように求める法案が可決された。議会は、この法案について、1ドルも必要としないことを新聞に誇らしげに強調した。しかし、学区のスクールリーダーは、この計画に費用がかからないなどとは思わなかった。レビンの構成要素法を用いて、学区がこれを実行するためにどうしても必要な費用を計算せよ。
2. 南部のある学区の教育委員会は、州の読解力テストで落第した3学年のすべての生徒に原級留置を求めるという政策を検討中である。た

だし、2年目の3学年で落第した子どもは、4年生に進級させるものとする。毎年、学区に2000人いる第3学年の生徒のうち、毎年10%落第し、それらすべての生徒が学区内で12学年を修了すると仮定する。学区は1人の生徒に年間、平均3千ドルの予算を費やすことも仮定条件に加える。そのような政策を20年間実施した場合に学区が負担しなけらばならない費用について、費用分析をしなさい。

3. 2万5000人の生徒の在籍する東海岸のある大規模学区は、州が行う12学年の学力テストの得点が最も低い。教育委員会は、この2年間で成績を向上させたいと考えている。費用分析と費用対効果分析を用いて、この目標を達成するプランを3つ立案して、教育委員会に提案しなさい。

4. 南西部の大規模学区では、新しい発電プラントによってもたらされる税収によって、毎年の予算の新しい歳入として100万ドルを得ている。この教育委員会では、この財源を生徒の学習の改善に使うために、つぎのような方法を検討している。(1)教師の給与を増額する、(2)12学年までの平均的学級定員を25名から21名に減らす、(3)現行の5歳児を対象とした終日保育に4歳児の半日保育を追加する、(4)教師への出来高払い(メリットペイ)制度をつくり、学級の得点が標準テストで上位25％に入った担任教師に相応の給与の増額を行う。先行研究を参照にしながら、子どもの学習の改善のための費用対効果の最も高いプランとして、あなたはどの代替案を提案しますか。

第8章　政策実施

> **中心的な問い**
> ・新しい政策の実施は、なぜ困難であるのか。
> ・政策実施に関する研究は、成功した実施や失敗した実施に関して何を語るのか。
> ・スクールリーダーは、どうすれば成功の可能性を高めるような政策実施を計画することができるのか。
> ・自分自身や重要な利害関係者が反対するような政策の実施を期待されるスクールリーダーには、どのような行動の選択が可能であるのか

1　政策実施に伴う驚くべき困難

　『大統領の権力(Predidential Power)』の中でリチャード・ニュースタットは、アイゼンハワー将軍が大統領就任時に経験しなければならなかった軍事的リーダーシップから政治的リーダーシップへの移行について、トルーマン大統領が非常に楽しそうに話した様子について語っている(Neustadt, 1960)。「トルーマンは(大統領執務室の机を軽く叩きながら)よく言っていた。『アイゼンハワーはここに座ってね、きっと「これをしろ、あれをしろ」と指図するよ。で・も・、何・も・起・こ・ら・な・い・さ・。かわいそうだよ、アイクは。ここは軍隊と似たところなんて少しもないのだから』」(p.9)。経験豊かな政治的指導者としてトルーマンは、大統領や議会あるいは裁判所が政策を公表したからといって、それ

1 政策実施に伴う驚くべき困難

は、それら政策上の命令がただちに実行に移されることを意味するものではないことを知っていたのである。実際、多くの公式の政策がまったく実施されないこともあり、部分的にのみ実施されたり、政策意図とは異なる形で実施される政策も多い。政策というものは必ず実施されるものだと前提することはできないのである。政策過程の他の段階と同様に、政策の実施に責任のあるスクールリーダーは、自分がしようとしていることについて熟考し、慎重に計画を立てなくてはならない。

　政策過程のすべての段階の中で、実施の段階は、スクールリーダーが決して避けては通れないものである。おそらく、スクールリーダーは、州議会のメンバーと接触しなくても、また、争点の定義や政策課題の設定に注意を払わなくても、何の支障もなく仕事ができよう。しかし、リーダーとしての地位に1年いるだけで、必ず政策の実施を求められるのである。実際に、スクールリーダーの職務は、かなりの部分、政策実施という言葉に集約することができる。教育委員会が決定した新しい就学奨励政策であれ、州議会で可決された学区を越えた学校の自由選択制度であれ、職業教育のための連邦補助金であれ、これらすべての政策は他の人々が選択した政策であるが、スクールリーダーにとっては実施しなくてはならない政策である。今日では特に、州議会でなされた政策変更が驚くべき速さで地方学区に降りてくるため、スクールリーダーは新しい期待に応えるために改革するというしばしば困難な仕事を遂行すべく、学区、学校、教師に対してリーダーシップを発揮する用意ができていなければならない。

　そこで本章では、政策の実施について究明する。多くの政策は実施が容易である。少し変更しただけの規則や、実施が容易な規則の場合は、新しい規則でも、ほとんど問題は生じない (Murphy, 1990)。したがって、この章では、リソースの再配分、能力形成、あるいは制度改革といった手段を用いた政策に伴う、より困難な実施状況に焦点を当てる。まず、1970年代初頭から今日に至るまでの政策実施に関する先行研究を提示するとともに、これらの先行研究がスクールリーダーにとっていかなる意味をもつかを論じる。つぎに、政策実施に役立つ

実践的なガイドラインを提示する。そして最後に、スクールリーダーがしばしば直面するディレンマ、すなわち、不評な政策や異論の余地のある政策とわかっていても、それを実施しなければならない困難な状況に焦点を当てる。

2 政策実施に関する研究

(1) 政策実施とは何か

　政策の実施とは、政府機関によって公式に採択された政策が、実行に移される政策過程の段階である。それは「公共政策に含まれる公式の指令を遂行する過程である」(Nakamura & Smallwood, 1980, p.1)。政策の実施というアリーナの主要なアクターは、**実施者**(implementer)である。**公式の実施者**とは、新しい政策が実施されるのを見極める法律上の職責を持つ職員のことである。教育政策に関する公式の実施者は、多くの場合、連邦教育省や州教育省で働く教育行政官である。しかしながら、学区教育委員会が新しい政策を決定した場合には、公式の実施者は、教育長や学区事務局の教育行政官ということになる。**仲介者**(intermediaries)とは、公式の実施者が実施を補佐してもらうためにその責任が委任される実施者のことである。それは、公式の実施者と政策が影響を与えようとしている対象集団(通常それは生徒であるが)との間に介在して活動するすべての個人および集団のことである。連邦教育省が政策を実施している場合の仲介者としては、州教育省、学区教育委員会、学区教育長、そして、最も身近には学級担任教師がいる。州レベルにおいて生まれた政策の実施の場合は、学区の専門家(教育行政官と教師の両者)が仲介者である。学区で開発された政策は、校長と教師が仲介者となって実施される。

　実施の成功は、仲介者の**意欲**と**能力**の両方を開発し維持することにかかっている。まず、政策の実施に協力すべき個人や機関は、実施に協力する理由がなければならない。換言すれば、政策を実施する意欲(自発的意思)がなけ

ればならない。動機づけはさまざまな方法で高められるが、公式の実施者は動機づけを当然視してはならない。さらに、動機づけは、円滑な実施の必要条件ではあるが十分条件ではない。政策を実施しようとする世界中の意欲を集めたとしても、能力の欠如、つまり政策が必要とする事柄を成し遂げるための能力の欠如は克服できない。公式の実施者は、仲介者の意欲とともに、仲介者の能力にもつねに心に留めておかなければならない(McLaughlin, 1987)。

(2) 急速に成長している政策研究の領域

グロスらは、1971年の事例研究『学校革新への道(Implementing Organizational Innovations)』の序文において、「計画的な組織変革の過程において、実施という局面は……これまで、社会諸科学や教育学ではほとんど注目されてこなかった」(Gross, Giacquinta, and Bernstein, p.v)と述べている。しかしながら、その30年後、フラン(Fullan, 2001)は、『教育変革の新しい意味(The New Meaning of Educational Change)』の第3版の序文で、「『(実施に関する)知識基盤』はより強固になりつつあり、それは、いつでもどこにも存在している革新と改革という事態に取り組むために不可欠なものとなっている……。政策の実施に関係する人々は、変革のプロセスに関する知識で武装しなくてはならない……」(p.xii)と断言することができた。この30年間に研究者は、教育分野において、どのように政策を実施するべきかについての多くの新しい知識を生み出したのである。今日われわれは、誇張なしに、政策過程のすべての段階のなかで政策実施の段階が、政策評価の段階についで最もよく理解されている分野ということができる。

政策実施の研究は、実践的な関心から生じた。1950年代と1960年代において連邦政府は、理科教育カリキュラムの改訂や、不遇な条件の下にいる子どものための補償教育といった多くの教育改革のために新しい資金を提供した。当然、連邦政府は、これらの何百万ドルもの資金が意図された結果を生み出したかどうかを知ることを望み、施策の定量的な評価を求めた。その結果は、

驚くべきもので、統計的調査の結果の多くは研究者を当惑させるものであった。そのことが研究者に対して、施策を実施する現場で実際に何が起こっているのかを観察することを決意させた。換言すれば、定性的な(質的)調査方法を用いて政策実施の過程を研究する必要性を認識したのである。研究者は、統計的調査の結果が奇異なものとなった原因として、連邦施策・事業の多くが実施されていなかったことを発見した。政策実施の現場では、何も起こっておらず、したがって、何も変わっていなかったのである。この発見が、実施それ自体に関する研究を促すことになった(Firestone & Corbett, 1988)。

政策実施についての研究は、2つの世代に分けることができる。第1世代は1970年代初頭に始まる諸研究であり、第2世代は1970年代後半からの研究である。政策実施研究の両世代は、異なった時代に生まれながらも何十年も共に生活し続ける家族を形成する世代のように、今日なお、どちらも、いたって健在である。

(3) 第1世代の研究──実施の困難性──

①概　観

実施研究の第1世代は、政策実施の困難性(ある場合には、不可能性)に焦点を合わせる。研究者は、実施の極端な困難性をさまざまな原因に帰している。例えば、マーフィは、1965年初等中等教育法のタイトルⅠに関するいくつかの研究知見を統合した上で、政治と連邦政府の官僚機構が、補償教育プログラムの実施を妨げたと結論づけた(Murphy, 1971)。マーフィは、連邦教育局(当時、保健・教育・福祉省の一部であった)は人員が不足していたこと、また、タイトルⅠの実施を監督するのに十分な人員がいたとしても、おそらくイデオロギー的な理由で補償教育の目標を支持しなかったであろうことを見出した。彼の中心的な結論は、「連邦制は……、連邦政府の官僚が施策・事業に優先順位をつけることをほとんど不可能にして、政府の意図する改革を回避し骨抜きにすることを許容するだけではなく、それを促進さえするのである」

(p.35)という悲観的なものであった。

　第1世代のその他の研究には、政治的な障壁よりも文化的な障壁に焦点を当てたものがある。1971年に初版が刊行され、1996年に再版された『学校文化と変革の問題 (*The Culture of the School and the Problem of Change*)』において、シーモア・サラソン (Seymour Sarason) は、ほとんどの教育改革が失敗するのは、改革者が学校文化を考慮に入れていないからであると論じた。改革者は、新しい政策を、1世紀以上にわたる文化的な伝統を帯びた制度的環境のなかで実施されるというよりも、あたかも真空のなかで実施されるかのように設計する。サラソンのあげる見当違いの改革事例のひとつが、1950年代と1960年代の「新しい算数・数学」政策である。(学校文化とは異なる制度上の文化を持つ)大学において開発された新しい算数・数学のカリキュラムは、学校生活の基本的な特徴の多くと整合しなかった。この改革の失敗は予測できたものであった。サラソンの命題は、文化がどのように実施の取り組みと相互作用して、実施上の困難さを生み出すかを検討するように後代の研究者を刺激した。

②典型的な研究の詳細な検討

　1960年代後半、グロスら (1971) は、ニューイングランドのとある市のスラムに位置する小学校にある政策変更を導入する試みに関する1年間にわたる事例研究を行った。改革は、教師に教授方法と学級での役割を改めるよう求めていた。それは、教師中心の学級運営をやめ、教師が「触媒としての役割」を果たす学級運営への変更であった。「触媒としての」教師とは、「子どもが、教室で、一日中、自分の興味に従って学ぶことを支援する」存在である (Gross et al., 1971, p.12)。子どもたちの活動は、たくさんの「楽しみ」学習キット (fun learning kits) やゲームを含むことになっていた。

　グロスらは、フィールド調査を始める前、改革への主要な障害は教師の抵抗であろうと予想していた。しかし、予想に反して、調査対象校のキャンバイア小学校 (Cambire School)(仮名)の教師は全員が、もともと支持していたオープン・エデュケーションの理念と相通ずるという理由で、その改革を支

持した。にもかかわらず、教師は年度の終わりまでに改革への熱意を失っていた。ほとんどすべての教師が、改革以前の教授方法に逆戻りしたのである。ある教師は年度末に近い5月の面接で、つぎのようにコメントしている。

　　　私は、以前ほど懸命に改革に取り組もうとはしていないことを認めざるをえません。というのは、私には、改革の前提や価値について、また、改革の進展のもたらす子どもへの効果について疑問があるからです (Gross et al., 1971, p.120)。

こうした状況を分析するなかで、グロスらは、効果的な実施に対する5つの障害を見出した。最後の障害は、他の4つの要因によって引き起こされたものである。

1. 教師は、実際には改革の本質を理解していなかった。
2. 教師は、新しい教授技術をどう活用すべきか知らなかった。
3. オープン教室を成り立たせるために必要な教材が手元になかった。
4. 学校固有の文化と組織は、新しい政策の要件と整合的でなかった。
5. それゆえ、教師は落胆し、改革を実施しようとする意欲を失った。

グロスら(1971)は、もっと多くの研究が必要であると、その著書をしめくくったが、つぎの数十年に、数百人もの研究者がその呼びかけに応答した。

③第1世代の研究が示唆するもの

第1世代の研究の示唆する主要な教訓は、政策実施には困難がつきまとうということである。政策実施に関する初期の研究が現れる以前には、多くの人々は、トルーマンが皮肉を込めて誇張して描いたアイゼンハワーのように、正式の政策的指示を受け取ったら、その指令に従うことは当然のことと仮定していた。このような仮定ほど、真実からかけ離れたものはなかった。政府機関が新

しい政策を打ち出したという事実は、その政策が実施されることを意味するものではない。政策の実施者は、その新しい政策に従うことを望まないかもしれないし、それができないかもしれない。さらに、変革は厄介なものであり、現状維持は快いものである。政策は、公式の実施者と仲介者が政策を実行に移すために懸命に働く意欲と能力とを備えている場合にだけ実施される。

　第1世代の研究はまた、政策の実施がなぜ失敗することが多いのかも示唆している。事実、1971年のキャンバイア小学校に関する調査報告は、後続する研究が明らかにした、政策が失敗する主要な理由のすべてを、萌芽的ではあるが含んでいる。第1に、実施者は往々にして、自分が何を求められているかを理解していない。教育政策の変更は通常、学年はじめの簡単な研修だけで導入されることが多い。不安げな教師と校長に有用な教材を分配することよりも、コンサルタントによる激励が優先される。このような政策導入のあり方は、仲介者を不安にさせるものである。キャンバイア小学校の教師は、「触媒として」教えるという形態の学習指導を経験したこともなければ観察したこともなかった。したがって、どう振る舞えばよいのかわからなかった。当然のことながら、教師は「触媒として」振る舞うことができなかったのである。

　第1世代によって明らかにされた第2の問題は、政策実施のために必要とされる仲介者の知識とスキルの欠如である。オープン教室の効果的な運営は、偶然に起こるものではない。それは高いレベルの計画性と組織的な能力を必要とした。しかし、誰一人として、キャンバイア小学校の教師にその技術を教えようと思わなかったのである。

　第1世代は、第3に、実施におけるリソースの決定的な重要性を強調する。教材・教具と時間が2つの鍵となるリソースである。キャンバイア小学校の教師は、オープン教室を運営するのに不可欠な豊富な教材と教具に欠けていた。問題は二重であった。教師は十分な教材・教具を持っておらず、しかも持っていた教材・教具は質の悪いものであった。公式の実施者は、計画の段階で教材・教具の中心的な役割を明確に認識していたけれども、教材・教具を利用できるよう配慮しなかった。グロスら(1971)は、その理由を説明していないが、最もあり

そうな理由は、教材・教具、特にゲームとキットが高価であるということである。実施の前に事業の正確な費用は計算されていなかったのである。

　7章で指摘したように、時間は教材と同じくらいに重要であり、同時に、費用の要因でもある。キャンバイア小学校の教師は、多くの新しい仕事を同時に引き受けるように要求された。彼らはまた、多くの追加的な事務的業務も要求された。その結果、給料は増えないのに、勤務時間だけが長くなった。当然ながら、多くの教師が、実施から3カ月経ったころには、見るからに「疲れ切っていて、いらいらしていた」(Gross et al., 1971, p.180)。疲労と過重負担は、必然的にやる気を削いだ。つまり、これは、不十分な人員を埋め合わせるためなら教師は勤務時間以上に働くであろうという仮定に基づいて強行される実施のもたらす無形の費用といえる。

　第1世代による政策実施研究の教訓が利用可能になってから、すでに30年以上が経つ。研究者としては、政策決定者と実施者は、もう過去の間違いを繰り返さないほどに、それらの教訓を十二分に学んでいると報告できると思いたいであろう。残念なことに、それは事実ではない。現代の教育政策の多く(たぶん、そのほとんど)で、1960年代後期にキャンバイア小学校で犯されたのと同じミスが重ねられている。第1世代による政策実施研究が今日なお有意義であるゆえんである。

(4)　第2世代の研究——失敗と成功の分析——

①概　観

　政策実施研究の第2世代は、成功裡に終わった実施と失敗に帰した実施の双方を研究し、完璧に実施される政策がある一方で、そうではない政策もまた存在する理由を解明することを試みた。このタイプの研究で最もよく知られている初期のものは、バーマンとマクラフリン(Berman & McLaughlin)が中心的な役割を果たしたランド研究所(Rand Institute)の『変革の担い手に関する研究』(Rand Change Agent Study)である。ランド研究所の研究者は1973年に

連邦教育局(現連邦教育省)との契約をもとに、18州293の連邦教育事業の実施に関する複数年にわたる研究を始めた。研究チームは第1世代の研究者と同じく、総じて否定的な結論を導き出している。「ほとんどの事例において、連邦政府によって資金を供給されたイノベーションは根付いていない」(Berman and McLaughlin, 1978, p.12)。とはいえ、293の事業の中にいくつかの成功例を見出している。連邦教育局への公式の報告のなかで、バーマンとマクラフリンは、成功した事業と失敗した事業の間の相違を説明しようと試みている。その中で彼らは、成功した実施は、政策「料理本」のレシピに従うような機械的なプロセスではなかったと結論づけた。成功した事業では、「相互適応(mutual adaptation)」が起こっていた。相互適応には、実施者の行動と細部にわたる政策設計双方の変更が含まれており、その変更とは、政策の実施される地域の状況に合わせての修正であった(McLaughlin, 1976)。政策の実施というものは、困難ではあるが、可能でもあることをランド研究は見出したのである。まもなくして他の実施研究者が、同様の知見を報告し始めた。

第1世代の研究は、ジョンソン政権下の貧困との闘いがスローガンとなっていた時期に実施された教育政策が、学校に対してほとんど影響力を持たず失敗であったことを示唆していた。しかしながら、1980年にカーストとユング(Kirst & Jung)は、この結論に異議を唱えた。彼らは、初等中等教育法の成立から13年後に、タイトルⅠの補償教育プログラムの実施に関する研究を行っている。二人は、1970年代後半までに相当数にのぼる政策実施が実際に(成功裡に)行われていたことを発見した。彼らは、短期的な実施研究が失敗例の割合を増大させていると結論づけ、政策実施の研究者は10年以上のタイムスパンで研究を行うべきであると論じている。数年経って、ピーターソンら(Peterson, Rabe, & Wong, 1986)は、カーストらの命題をさらに洗練した。彼らは、タイトルⅠの実施は、それが再配分的な政策であったために実施に長い時間を要したことを示唆した。タイトルⅠの実施は、その初期の段階では円滑に進まなかったが、政策の趣旨が浸透するにつれてその実施の質は、際立ってよくなっていた。ピーターソンらは、再配分政策は複雑なも

のであるので、その事業をリードする立場にいる人間が高い知識・技能を有する場合に限り成功裡に実施されると論じている(Peterson et al., 1986)。

1990年にマーフィー(Murphy, 1990)は、これまでとは別種の教育政策、すなわち卒業要件の強化等の1980年代の改革の実施について報告している。多くの政策研究者は、主として第1世代の実施研究に依拠しつつ、これらの改革の失敗を予測していた。しかしマーフィーは、1980年代の改革についての大量の調査結果を分析した上で、それらの改革は素早く実施され、すでにアメリカの学校に影響を与えていると結論づけた。マーフィーは、この成功を政策設計のもたらした成果であると解釈した。最も重要なことは、1980年代の政策は規制的政策であったという点にある。規制的政策である1980年代の政策は、60年代や70年代の政策に比べてその実施が容易であった。さらに、規制的政策は、既存の公教育の構造を前提としており、その「量的な拡大を強調する」(Murphy, 1990, p.35)ものであった。マーフィーによるこの画期的な研究や、80年代、90年代に行われた他の多くの研究が、政策実施の理解に関する強固な土台を築いた。

②典型的な研究の詳細な検討

1970年代終わりから1980年代始めにかけて、ヒューバーマンとマイルズ(Huberman & Miles, 1984)は連邦教育省の資金提供を得て、さまざまな「学校改善」政策の実施に関する3年間の研究を行った。全体では146の学校を調査したが、12の学校を選択して、より綿密な比較事例研究も行っている。その著書『間近から見た教育革新――学校改善はどのように行われるのか――(*Innovation Up Close: How school Improvement Works*)』(1984)では、この12の学校に関する調査結果が報告されている。12の学校は「メイン州からカリフォルニア州に至る10州の、農村、都市、郊外」(p.1)に位置しており、各学校の改善度は一様ではなく、一定の幅があった。ヒューバーマンとマイルズは、これらの調査対象となった各学校の学校改善に関して、2校が非常に成功しており、別の2校は惨めな失敗であり、残りはその両者の中間のどこかに位置し

ていたと結論づけた。しかしながら、彼らは成功の度合を詳しく記述することだけでは満足せず、その著書の執筆目的を「これらの学校改善への取り組みの過程に何が起こったのかを示すこと、また、なぜそれが起こったのか説明すること、そして、今後どこかで行われるであろう学校改善にとっての意味合いを示唆すること」としている。

　第1世代の研究者の調査結果と同様に、ヒューバーマンとマイルズは、実施が特にその初期段階においては、困難を伴うことを見出した。教師によって報告された共通の問題はキャンバイア小学校で15年前に観察された問題と類似していた。しかしながら、実施が成功した学校において、実施初期の厳しい段階はやがては終わったことも見出している。変革の内容に習熟した後、教師は誇りと自信を感じた。不成功の学校では、まったく異なる感情が支配した。すなわち、落胆と燃え尽き症候群(バーンアウト)がしばしば報告されたのである。実施の最終段階において、5つの最も成功した学校では、政策変更は制度化されていた。つまり、政策変更は各学校に定着したのである。他の学校では、さまざまなシナリオが展開された。プロジェクト・リーダーの交替、管理職によるサポートの欠如、予算の削減が失敗に終わった政策を停止に導いた要因であった。

　ヒューバーマンとマイルズ(1984)は、比較事例研究を行った12の学校をつぎの4つの「群」に分類した。
　(1) 学校改善が大成功に終わった学校群
　(2) 学校改善が比較的成功した学校群
　(3) 学校改善が比較的不成功に終わった学校群
　(4) 学校改善が失敗に終わった学校群
　それぞれのグループがたどった政策実施の道筋は、教訓に満ちている。

　学校改善が大成功に終わった2校における政策実施では、新しい事業に対して非常に献身的な学区事務局のスタッフがイニシアティブをとっていた。その2校の事業は、教師に教授活動の実質的な変化を求める野心的なもので、多くの変化を要求するものであったが、学区に適合し、その教育理念と整合

するものであった。改革を支持した学区事務局のスタッフは、校長と教師に改革実施の圧力をかけたが、同時に実施過程全体を通して教材、研修、専門的助言という形で力強い支援を提供した。ヒューバーマンとマイルズは、2校について、つぎのように評価している。「学区のスタッフは、力ずくの面もあったが、親身な助言と優しさも伴っていた」(Huberman and Miles, 1984, p.277)。

　学校改善に比較的成功したグループの4校は、異なる道筋をたどった。新しい政策はこれらの学区でよく認識されていた問題にかかわるものであったので、改革の雰囲気は教師の間に浸透し、教師は、問題解決のために、その事業を活用することに強くコミットした。政策実施への学区事務局の支援もリーダーの準備も適切であった。しかし、その事業が成功するための本当の鍵は、新しい技術をマスターするために長時間でも働くことをいとわない多数の教師の意欲であった。学区のスタッフは圧力をかけることも支援を提供することもほとんどしなかったけれども、教師は大いに助け合った。しかしながら、時間が経つにつれ、多くの教師は燃え尽き症候群を経験し、改革への取り組みの手を緩めるようになったのである。

　学校改善が比較的不成功に終わったグループの4校は、学校側として大きな努力をする必要のほとんどない控えめな政策変更を採用していた。それらの学区のリーダーは、初めは支援を行っていたが、政策実施が始まるとすぐに興味を失った。彼らは、ほとんど援助を提供しなかった。そして、校長と教師が事業規模を縮小するための許可を申請したとき、学区のリーダーは簡単に同意した。「学区スタッフの行った最大の『支援』は、改革を学校の自由裁量に任せたということであった」とヒューバーマンとマイルズ(1984)は述べている(p.265)。しかし、その結果は、政策変更が実際に実施されることは決してなかったということであった。

　ヒューバーマンとマイルズは、2つの学校における改善事業を惨めな失敗と考えた。その2つの事業のどちらでも、学区レベルのリーダーは個人的なキャリア開発のためのより広い戦略の一部として政策変更に着手していた。その事業設計はずさんであり、リーダーが実施に興味を持っているとは決し

て言えなかった。実施のための準備を慎重に進めることもなかったし、校長や教師への援助もしなかった。政策への相当な抵抗が展開され、校長がその先頭に立った。まもなく政策の実施は終息した。しかしながら、ヒューバーマンとマイルズ(1984)は、政策変更に非協力的な校長を批判せず、つぎのように結論づけている。「2つの『失敗』事例は、ある意味で、ずさんなアイデアから自分たちの学校を守ろうとする現場の校長と教師による努力が功を奏した事例と見ることができる」(p.269)と。

③第2世代の研究が示唆するもの

　第1世代の研究と同様に第2世代の研究もまた、政策実施が困難であることを示唆している。多くの政策(いや、おそらく政策の大部分)は、実際に実施されることはない。実施されない政策の中で、生き残るのは往々にして骨抜きにされた部分である。何も変化が起こらないこともある。このことは、政策実施に責任を持つ人々は、校長や教師はその政策を実施することになっているから政策を実施するであろうということを当然のことと思ってはいけないことを意味している。

　しかしながら、第1世代の研究とは異なり、第2世代の研究は政策の実施は可能であることを示唆する。成功した実施においては、「相互適応」のプロセスが生じて、政策設計と実施者の行動の双方を変えてしまうけれども、新しい政策の核心とその精神は実際に効果を発揮する(McLaughlin, 1976)。実施の成功には、相当の努力と圧力が必要である。実施者の中には燃え尽きてしまうものもいる。しかし、政策実施の成功は可能であり、実際に起こる。

　最も重要なことは、第2世代の研究が、失敗する政策実施がある一方で、成功するいくつかの事例があることの根拠を示唆していることである。第2世代の研究は、慎重に組み立てられた定量的かつ定性的調査の設計を活用して、強力な実施に共通して見られる特徴と脆弱な実施に共通している特徴を抽出した。その結果、どのように計画を立てて改革を実行に移すかについて、スクールリーダーに具体的な助言をすることは、今や可能である。この章の

残りの部分では、第1，第2世代の研究に依拠しながら、新しい教育政策を実施するにはどうすればよいのか、そして、何を避けるべきかを示唆したい。

3　新しい政策をどう実施するか

　政策実施は、スクールリーダーの最も重要な職責のひとつである。さらに、これまで明らかにしてきたように、学区事務局のスタッフや校長は、実施過程で決定的な役割を果たしている。彼らの支援なしでは政策実施は失敗する可能性が高い。そこで、本節では、新しい政策を実施する際のいくつかの一般的なガイドラインを提示する。実施のための準備から始め、実施そのものに移り、最後に新しい政策の制度化に至るまで、時間を追って実施のプロセスを記述する。ここでは基本的に、スクールリーダーとその他の中心的な実施者は、政策を支援するか、あるいは受け入れるということを仮定するが、最後の部分では、より実施困難な状況、すなわち、リーダーやその他の実施者が反対する政策をめぐる問題を扱う。

(1)　実施のための準備

　準備(mobilization)は、おそらく政策実施の最も重要なステップである。ここで重大な過ちを犯すと、施策・事業は、ほとんどつねに失敗を運命づけられる。そのため本節は、他の2つの節と比べてより詳しい論述になるが、それは、準備というステップに時間とエネルギーを注ぎ込むことが重要であるという著者の信念による。したがって、永続的な変化を引き起こすことを望むリーダーは、政策の決定、計画の作成、リソースの調達といった準備の各ステップに深く注意を払うべきであり、また、準備が短期間ですむ局面ではないことを理解すべきである。ヒューバーマンとマイルズ(1984)は、準備が一般的には、14〜17カ月の長期に及ぶことを見出している。

3 新しい政策をどう実施するか

① 新しい政策の決定

　多くの読者はこの見出しに間違いなく驚くだろう。政策の決定については6章の多くの部分で扱ったからである。しかし、多くの新しい政策は学区の外部で決定され、実施のために各学区に降りてくるけれども、学区や学校レベルでも新しい政策が決定されるのである。例えば、学区事務局のスタッフは、学区の中学校をミドルスクールに再編するよう教育委員会に提案することを決定するかもしれない。あるいは、学校が、相互学習プログラム(peer-tutoring program)の実施を決めるかもしれない。州あるいは連邦レベルで発案されても、その採用は学区や学校の裁量に任される政策もある。誘導に基づくほとんどの政策がこのカテゴリーに属する。例えば、学校や学区は、評価方法を伝統的な評価からオーセンティック・アセスメントと呼ばれる新しい評価へと変更するための助成金を州教育省に申請するかもしれない。そうした場合のすべてで、学区や学校レベルでの(ある政策を実施するという)政策決定がなされなければならず、それは、上級機関の少人数のグループによる決定以上のものとなるはずである。決定プロセスに問題があると、実施全体が影響を受ける。事実、政策決定のプロセスの拙さは、失敗に終わる実施において共通に見られる原因である。したがって、ある政策の決定を考えているスクールリーダーは、3つの鍵となる問いに肯定的に答えられなくてはならない。もしそれができなければ、政策変更の計画を見直すか、断念すべきである。つぎに、この鍵となる3つの問いについて考察する。

新しい政策を決定する動機　第1の、そして最も重要な問いは、新しい政策を実施するかどうかを決定するための十分な理由があるかどうかである。政策実施の研究は、政策の決定に適切な理由と不適切な理由があることを示唆している。政策決定の理由のなかでも最悪のものは、リーダーが自分のキャリアのために、革新者としての評判を高めることを望んで政策を決定する場合である。典型的な事例として、政策がキャリア形成の一部として決定され、中心的なリーダーが政策の実施の真っ只中で、他からのオファーを受けて転

任してしまう場合がある。そうなると、実施は失敗に終わり、後には幻滅だけが残ることになる。リーダーが待望しているオファーがないときでも、そうしたリーダーの下では、実施はずさんに計画されるため、中身よりもイメージが優先してしまう（Berman & McLaughlin, 1978; Fullan, 2001）。新しい政策を決定するもうひとつのお粗末な理由は、新しい政策を決定すれば、進歩的という評価が得られる、つまり時代の最先端をいく学区として評判を高めるだろうという考えである。革新のための革新が往々にして失敗に終わるのは、その新しい政策がその年だけの一時的流行にすぎないと実施者自身が気づくからである。結果として、政策の実施者はその政策を真剣に受け止めないし、それどころか革新のための革新は、他のすべての変革への猜疑の雰囲気をつくってしまう（Fullan, 2001）。専門家は、これらのお粗末な理由で新しい政策を決定するのであれば、政策変更を試みない方がましなことに気づく。

　新しい政策を実施するという決定に際して、適切な理由が2つだけある（Berman & McLaughlin, 1978）。第1の理由は、新しい政策の決定が正真正銘の、誰もが認める問題の解決に役立つということである。例えば、リーダーが思春期直前の子どもの疎外状況に取り組むために、中学校をミドルスクールへ再編することを選択するとする。リーダーがこの本物の問題を明確化でき、そして提案する政策変更がその問題にどのように取り組むのかを説明できれば、新しい政策決定のための支援体制を構築することが比較的容易であることに気づくはずである。このような支援体制は、実施が成功する可能性を高めるであろう。新しい政策を実施するという決定に関する第2の申し分のない理由は、他の変革を実質的に導入できるようにするために実施者の能力を形成するためというものである。それは例えば、教育長が、教師のより強力なリーダーシップスキルの開発を奨励するために、SBM政策を導入すべきであると決定するといったことである。自律的な意思決定を繰り返し経験をすることで、教職員は、チーム・ティーチングや新任教師に対する指導助言といった、他の変革に取り組むための能力を身につけることが期待できる。

3 新しい政策をどう実施するか

新しい政策の妥当性　リーダーが新しい政策を実施するという決定をする前に考慮すべき第2の問いは、この政策は、自分の学校や学区にとって適切であるか、である。学校の直面する課題をどう解決するのかについての新しいアイデアを見出すことは、それほど難しいことではない。教育雑誌、教育研究協議会、政策講演会のどれも示唆に富んでいる。困難なことは、示唆された政策変更が自分の置かれた特定の文脈に適合的であるかを見極めることである(Fullan, 2001)。

　図表8-1は、考慮されるべき主要な問いをリストアップしたものである。すべての問いが重要であるが、なかでも2つの問いが特に強調に値する。まずひとつ目は、スクールリーダーの中には、政策変更の計画がまるで社会的な真空の中で機能するかのように計画を練る者がいるという問題である。スクールリーダーは、ニューヨークやサンフランシスコで劇的な成功をおさめた刺激的な施策・事業について学ぶと、南西部の農村部やニューイングランドの小都市といった他の環境でその事業を実施に移すことに飛びつく。もちろん、そうした政策の移植がうまくいくこともある。しかし、それらは、その地域社会特有の価値を無視することで住民の怒りを買い、うまくいかないことが多い。マイレル(Mirel, 1994)は、イリノイ州でのそうした実施の事例

図表 8-1　政策が特定の文脈において適切であるかどうかを見極めるための問い

- 提案された政策は、学校や学区のヴィジョンや理念と整合的であるか。
- 提案された政策は、学校や学区のニーズと一貫しているか。
- 提案された政策は、学校や学区の優先事項と整合的であるか。
- 提案された政策は、リソースの顕在的・潜在的な利用可能なレベルと釣り合っているか。
- 提案された政策は、地域社会の文化と整合的か。
- 提案された政策は、つぎのような観点から見た生徒集団の特徴に対して効果的である証拠はあるか。
    - —年齢
    - —人種もしくは民族的な背景
    - —男女の構成比
    - —社会・経済的階層
    - —英語の習熟度
    - —生活経験

を詳しく語っている。ベンセンビル学区は、「伝統的な学校形態を打破」するニュー・アメリカン・スクールと称される事業の計画と実施のために、150万ドルの交付金を与えられた。しかしながら、教員組合と地域から噴出した論争によって次第に明らかになったのは、当の学区が伝統的な学校形態の打破に何ら関心を持っていないということであった。その結果、交付金を辞退する羽目になったのである。

　もうひとつの共通して見られる誤りは、学校や学区のリソースレベルと釣り合わない政策を実施しようとする決定である。新しい政策を実施し、それを長期間にわたって継続するために必要なリソースは何かを分析することは必要不可欠である。7章で論じたように、必要なリソースは資金だけではない。時間的余裕、ボランティア、空間等が利用可能かどうかが熟慮されなければならない。組織のリソースレベルに釣り合わない政策が決定されたとき、通常、つぎの2つのうちのどちらかが起こる。不釣り合いが非常に大きい場合は、実施は最初から失敗する。プレスティンとマックギル (Prestine & McGreal, 1997) は、この種の政策実施の最近の事例を記述している。4つの学校が、オーセンティック・アセスメントという新しい評価を実施するように求められた。しかしこの新しい政策は、各学校の状況に照らすと適切なものではなかった。多くの問題があったが、そのひとつは教師の過大な授業負担であった。教師はそれぞれに平均130人の生徒の指導を行っており、そのため、授業の準備をし、終日授業をし、なおかつ130人もの生徒にオーセンティック・アセスメントという新しい評価を実施するには時間があまりにも不足していた。結果として、教師の大部分は、実際には新しい評価を実施しなかったのである。

　しかし、このような実施においても、交付金によって追加的なリソースが提供される限りは、すべてがうまくいく場合もある。ただその場合でも、追加的な資金提供がストップすると、新しい政策も終了してしまう。実施者には虚しさだけが残り、今後の新しい改革に対して時間やエネルギーを注ぎ込むことに躊躇する気持ちだけが亢進する可能性がある。

3　新しい政策をどう実施するか

　政策が自分の学校や学区に適切であるかどうかを見極めようとするとき、スクールリーダーは、いくつかの情報源にあたるべきである。ERICを検索することで、新しい政策が試みられている他の地域で、実施に伴って何が起きたかに関する論文や報告を見出すかもしれない。州教育省や専門職団体は有用な情報を持っているかもしれない。当該政策が既に実施されていて、なおかつ、自分の学校や学区と似ているところを訪れることは、特に役立つだろう。これらの情報源を探索することによって、リーダーは、新しい政策が自分自身の環境に適切であるかどうかを見極めるための十分な情報を集めることができるはずである。

　適切な支持　リーダーが自分自身に問うべき第3の問いは、**実施が検討されている政策は主要な利害関係者から十分な支持を得られるか**である。政策の実施は、立法のアリーナにおける政策の立案と決定と同じくらいに政治的なものである。このことは、政策が、敵対的な委員会であっという間に葬り去られることがありうるのと同じくらいに、その政策を好まない利害関係者によってその実施が棚上げにされることもありうることを意味している。したがって、実施することが提案された政策への支持レベルがどれほどかの見込みを立てることは重要である（Berman & McLaughlin 1978；Fullan, 2001）。とりわけ、主要な実施者の支持のレベルを考慮することは不可欠である。もし、学区事務局のスタッフが新しい政策の決定を主張するのであれば、その政策の実施に従事する校長や教師が政策を受け入れることを確実にする必要がある。なかでも校長は、実施において非常に重要な役割を果たす。理想的には、どのような新しい政策に対しても、校長の強力な支持が必要不可欠である。教師は、改革の価値を確信する校長を後押しする存在であるから、その支持は校長からの支援を得ることほど決定的ではない。とはいえ教師が当該の政策に強く反対する場合には、たとえ校長が強く支持していても、抵抗が起こる可能性が高い。したがって、新しい政策が教師の大部分に受け入られることを確保することは重要である。バーマンとマクラフリン（Berman &

McLaughlin, 1978）は、トップダウン型の実施が「総じて学校レベルで無関心や抵抗に遭遇した」（p15）ことを発見している。

　他方、学校レベルの教育者が政策の主要な提唱者である場合、支持がどれだけあるかを彼ら自身が判断することがきわめて重要である。学校レベルの教育者は、計画に対して学区事務局や教育長の強力な支持を得ることを、とりわけ確実なものにする必要がある。研究は、管理機関の反対に直面した政策変更は、その実施がほとんど不可能であることを示唆している。このような政策変更は通常、ほとんど学区事務局の支持を受けられず、「学区の中で孤立無縁」の状態になってしまうのである（Berman & McLaughlin, 1978, p.15）。そのような政策はまた、予算縮減の最初の犠牲者となる可能性が高い。提案された政策の中身によりけりであるが、親や社会福祉機関、教員組合、生徒といった、さまざまな利害関係者の支持を得ることが必要な場合もある。

　支持レベルの見込みを判断する際にスクールリーダーは、単に推測だけに頼るべきではない。決定に際しては、実施において何らかの役割を求められたり、あるいは実施を棚上げできるような個人や集団との不断の対話がなされるべきである。政策に十分な支持を得るためには、その何人かを説得する必要がある。その多くは、改革をそのまま受け入れることはせず、改革の修正を提案するであろう。このような交渉は、決定過程の重要な構成要素である。リーダーは、その政策のことは自分こそが最もよくわかっているという考えをいったん脇に置いて、他の利害関係者の主張を慎重に聞くべきである。フラン（Fullan, M., 2001）は、つぎのように述べている。

　　改革がどうあるべきかに関する自分の考えが、実施すべき、あるいは実施できる唯一の改革だと決めてかかってはいけない。それとは反対に、実施過程の主な目的のひとつは、実施者との相互作用を通して、自分があるべきとしていることの実体を見直すことであると考えるべきである（p.108）。

提案された政策変更がこの修正の過程を通過するまでは、リーダーは、政策変更の正式の決定へと動くべきではない。

②実施のための計画づくり

　新しい政策の実施を決定した後、リーダーは、その実施計画を作成しなくてはならない。計画づくりは不可欠であるが、研究知見が逆説的に示唆するように、リーダーが計画過剰に陥ることもあり得る (Fullan, 2001; Louis & Miles, 1990)。詳細な長期計画は、ほとんどつねに1人あるいは少人数グループのアイデアを表すものであるので、そのような柔軟性に欠く計画が成功する可能性は高くない。しかし、だからといって、リーダーが思いつきで「どうなるか見てみよう」という姿勢で政策実施に着手すべきというのではない。むしろ、リーダーは、ルイスとマイルズ (Louis & Miles, 1990) が、・状・況・適・応・的・計・画・づ・くり (evolutionary planning) と称するものに従事すべきである。リーダーは、必ず計画を持つべきであり、特に政策実施の中で決定的な意味を持つ最初の数週間のための計画は不可欠である。しかし、リーダーは、実際に動き出してから変更が必要となった場合、その計画をいつでも修正する用意ができているべきである。つまり、スクールリーダーは、事業を展開するなかで、実務上の進展に対応するだけではなく、リソースレベルの変化や政治的状況の推移のような環境の変動にも対応して、それらに適応する形で当初の計画を修正していくべきなのである。

誰が計画づくりに参加すべきか　政策実施の計画づくりに誰が参加すべきかについては、2つの考え方がある。ひとつのアプローチは、プロジェクトに関心を持つすべての利害関係者が参加する大規模な運営委員会を設置することである。このような運営委員会は、管理職、教師、親、支援スタッフ、地域住民の代表、地方政府の職員、そして可能であれば、生徒や社会福祉機関の代表者から構成される。もうひとつのアプローチは、事業に自発的に取り組んできた人々と事業に強力にコミットしている人々から成る小規模な運営委員会

を設置することである。どちらのタイプの委員会でも、成功する可能性はある。しかしながら、大規模で広範にわたる関係者から構成される運営委員会は、利害関係者が教育政策についての一般的なコンセンサスを共有し互いに協調して活動する環境において、最も効果的である。歴史的に対立を繰り返してきた状況下では、より小規模の運営委員会が最もよく機能するであろう。

　いずれの形式が選択されるかにかかわらず、計画づくりには2つの主要な利害関係者の代表を含まなくてはならない。すなわち、校長と教師である。校長と教師は第一線の実践者であり、彼らの考えやアイデアを取り入れることは不可欠である。もし彼らの代表が最初の計画づくりのグループに参加していない場合は、計画がもっと具体化された後に、そのメンバーに加えられるべきであろう。他のどの関係者よりも、彼らこそが政策変更がもたらすチャンスと潜在的な困難を理解しているからである。教育委員会と地域の代表が最初の計画づくりのグループに含められていないのであれば、計画実施の開始時点で、彼らと計画づくりの責任者との間に対話のための組織的なチャンネルを構築し、実施の期間中、それを維持すべきである。そうしなければ、運営委員会が秘密裏に計画づくりを行っていると思われるであろう(Louis & Miles, 1990)。

Forward Mappingによる計画づくり　計画づくりに責任を持つグループは、実施を始めるための主要な前提要件のすべてを、あらかじめ予想するようにつとめるべきである。しかし、これは容易ではない。新しい政策を実施しようとする場合には、最初に、資材、設備、研修担当者 (trainers)、助言者 (consultants)、適切な空間といった、さまざまなリソースを集めることが必要である。施策・事業に何が必要不可欠であるかは、計画づくりの段階で必ずしも明確なわけではない。しかしながら、実施の初期段階では、リソースのわずかな欠如が致命的になる場合もある。したがって、スクールリーダーは、可能な限り多くのことを予想しておくことが賢明である。

　実施において必要とされるものを確認するためのひとつのテクニックは、将来に向かってのForward Mapの作成である (Weimer & Vining, 1992)。Forward

3　新しい政策をどう実施するか

図表8-2　シナリオとそれに関わる実際的な問い

> シナリオ
> 　校長*である(1)スミスは、(2)時刻を確認し、(3)定例の会議を開催することを宣言する。ほとんどすべての(4)代表者は出席しており、(5)会議用の大きいテーブルの周りに座っている。(6)「メープルグローブ小学校評議会(Maple Grove Elementary School Council)の会議を開催します」と彼女が宣言して、つづける。「(7)最初の議題は、前回の会議の議事録です。議事録は先週中に各委員に配ってあります。それらは承認されたものとしてよろしいでしょうか」。(8)「異議なし」と教師は答える。この動議は即座に支持されて、満場一致で承認される。しかし会議は、計画作成期間の変更という議題で行き詰まる。(9)高学年の教師と低学年の教師は、この問題で対立して、時折その点について激論を交わし、30分以上を費やす。しかしながら、最終的にはすべての人が受け入れる。(10)妥協案に達する。この時点で彼らは、残った議題を論じるために、改めて会議を開催することを決め、この会議を中断する採決を行う。

＊「実際的な問い」にかかわる部分は、シナリオの中で傍点をつけている。

Map作成の第1歩は、新しい政策が完全に実施されたときどのような事態になるのかを記述したシナリオを作成することである。シナリオは、計画グループの全員で作成することもできるし、あるいは一人のメンバーが試案を書き、それをグループで批判的に検討して作成することもできる。シナリオに関して合意に達すれば、関係者は、シナリオを、それにかかわる実際的な問いを発する基盤として活用できよう。図表8-2は、SBM政策を記述した短いシナリオであるが、SBM政策の実施が生み出すかもしれない問題のいくつかをリストアップしている。

> 実際的な問い
> 1. 校長は会議の議長を務めるべきか。
> 2. 会議はいつ開催されるべきか。
>   職務専念義務を免除する時間を設定すべきか。
> 3. 会議は、どれぐらいの頻度で開催されるべきか。
>   会議の開催数が、基本労働契約に違反することはないか。
> 4. どのようなグループを評議会に出席させるべきか。
>   代表者はどのように選出されるべきか。
> 5. すべての学校は、評議会が開催できるだけの大きさの部屋をもっているか。

そして、その部屋の設備は参加型の意思決定を促進するものになっているか。
6. どの程度校長は会議の正しい手続きを用いることを学んだか。
7. 会議を準備するために、どれだけの事務処理の時間と資材が必要か。
8. どの程度教師は合議の手続きを学んでいるか。
9. どの程度教師は自己主張を貫いたり、対立を解決したりすることを学んでいるか。
10. どの程度教師は、お互いの意見の相違をすりあわせることを学んでいるか。

　これらの問いは、計画――といっても、詳細な青写真というよりも一般的なアウトラインであるが――を作成するために使用されることになる。図表8-2に記載されているシナリオと実質的な問いに基づいたひとつの計画づくりのサンプルが、図表8-3である。このような仮の計画案が、実施に関係するであろう、すべての校長と教師の代表に提示されるべきである。校長と教

図表8-3　SBM政策を実施するための計画

ガバナンスに関する問題のための計画づくり
1. ガバナンスに関連する諸条件について教育長と話し合う。
2. ガバナンスに関連する諸条件について教育委員長と話し合う。
3. (1)と(2)に基づいて、ガバナンス委員会を開催する。
4. ガバナンス委員会は、評議会の構成、会議の開催頻度、議長職、選任プロセスなどについて記述した、あるべきガバナンスに関する文書を提出する。
研修にかかわる問題のための計画づくり
1. 議事進行の手続き、自説の主張、対立の解決、意見の調整などについて研修するための講師を人選する。
2. 実施前に行われる研修会の予定を組む。
3. 実施後に行われる研修会の回数について話し合う。
職場環境を改善するための計画づくり
1. それぞれの学校で利用可能な部屋と設備を確認する。
2. 教育長および契約マネジャーと会議の回数について話し合う。
3. 職務専念義務を免除する時間や共通の計画のための時間(あるいはその双方)の設定は可能であるか。
4. 主任や秘書と学校事務の意味合いについて話し合う。
5. 必要に応じて事務用品のための予算額を増やす。

師は、第一線の実施者であり、政策実施の実際の文脈を他の誰よりもよく知っていて、現実的な助言ができるであろう。その助言が計画の修正に活用された後には、その計画は準備のつぎの(そして最終)段階の有用な案内書となろう。それはまた、実施それ自体の間になされる必要のある事柄に関しても手掛かりを提供するであろう。

③実施のためのリソースの調達

政策実施の準備における第3の局面は、リソースの調達である。**図表8-4**が示すように、実施における問題の多くは、リソースの不十分さによって引き起こされている。実際、ルイスとマイルズ(1990)の研究の中で、校長が言及した中心的な問題のうち3分の2(時間の欠如、資金の欠如、不適切なスタッフ研修、貧弱な施設)までもが、そして、周辺的な問題のうちのひとつ(技能の欠如)がリソースに関連していた。さらに、他の問題のいくつかもリソースの不足によって引き起こされたか、リソースの不足によって悪化したものである。実施を失敗に導く最も多い原因は、リソースの欠如ないしその不適切な配分である(Fullan, 2001; Louis & Miles, 1990; Miles & Huberman, 1984)。このことは、真の政策変更を望むリーダーは、どんなリソースが必要かを慎重に分析し、実施前と実施期間中の双方で、必要なリソースを手に入れるべきであることを意味している。

図表 8-4　校長によって認識された実施上の問題

主要な問題*	その他の問題*
教師の時間とエネルギー	スタッフの技能の欠如
資金	遅々とした進歩
スタッフの職能開発のための条件整備	目標をめぐる意見の相違
コミュニケーション	関心の持続
施設・設備の不足	野心的すぎる事業
教師のモラールと抵抗	予期せぬ危機
	他の新しい事業との競合

*問題は、最も重要なものから順に並べてある。ルイスとマイルズ(Louis and Miles, 1990)に基づいて作成。

資　金　資金は、他のリソースを得るために使用できるという点で重要である。多くの政策実施は、政府や財団からの補助金によって支援される。いうまでもなく、スクールリーダーは補助金を得る機会を徹底的に探るべきである。しかしながら、それ以外の資金源が利用可能であることがある。例えば、学校あるいは学区予算の一部を再配分することで、資金使用上の制限から解放されることになる。その地域の企業の存在もまた見過ごされるべきではない。地域の企業、特に学校や学区とパートナーシップを構築している企業は、学校や学区に資金を進んで提供することがある。

　一定量の資金というものは必要であるが、スクールリーダーの多くは、財政上の豊富なリソースの重要性を過大に見積もる傾向がある（Berman & McLaughlin, 1978）。利用可能な予算全体の大きさよりもさらに重要なのは、資金の使途である。研究が示唆する資金の最もよい使途は、実施者に対する継続的な支援や事業を指揮する人材の雇用のために使用することである。実施に関与した多くの人々へのわずかばかりの給料の補填や手当の支給は効果的な使用ではない（Louis & Miles, 1990）。

時　間　時間はもうひとつの重大なリソースである（Fullan, 2001; Louis & Miles, 1990; Prestine & McGreal, 1997）。すべての政策変更は必然的に、すべての関係者に多くの時間を要求する。その理由のひとつは、新しい行動を遂行することは型通りに行動するよりも時間がかかるからである。改革の事業をすすめるに際して、毎週のように規定外の勤務時間を実施者に期待することは間違ったことではない。しかしながら、政策の実施のために、1日に12時間から15時間、あるいは週末も休暇期間も働くことを期待するのは適切ではない。この種の極端な要求は、確実に失敗へとつながる。よって、リーダーがリソースを調達するときには、教師と校長に、もともと忙しい勤務日に規定外の時間を期待するよりも、政策実施のためにより多くの時間が確保できるような処置をとらなくてはならない。

　そのような時間の確保は、いくつかの方法で可能である。方法のひとつは、

中心的な実施者に職務専念義務を免除する時間を提供することである。非常勤講師や代替教員の雇用もひとつの方法である。その他、教師が会議や計画作成の時間として自由に使えるような柔軟な勤務日程を工夫するやり方がある。スクールリーダーは、最低賃金の労働者でも容易にこなせる仕事を割り当てるようなことで、熟練したスキルをもつ教職員の貴重な時間を無駄に使うといったことは避けるべきである。つまり、教師や校長には、会議室の準備、珈琲を入れること、封筒詰め、空港への出迎えなどの型通りの煩わしい仕事を要求してはいけない。理想的には、資金のいくらかは、こうした仕事を担当する非熟練者の雇用に使われるべきであるが、(もし利用可能であれば)ボランティアを使うこともできる。時間に関する問題の解決は常に困難な課題であるが、現実を見据え創造力を働かせれば、リーダーはそれを解決できよう。

人　員　多数のスタッフを雇う余裕のある政策実施はほとんどないが、ほんの少しの改革を達成するためにさえ、ある程度の人員は必要である。重要な人事案件の1つは、事業のディレクター職や事業のコーディネーター職の人選である。大都市の高校における政策変更の研究でルイスとマイルズ(1990)は、実施の成功要因は、事業に関する主要な責任を引き受けた人物の存在であったことを見出した。この人物は、改革の進展度合のモニター、コミュニケーション問題の処理、問題解決への先導的な取り組みといった不可欠な仕事を行ったのである。ルイスとマイルズは、事業のディレクターが勤務時間の半分を実施の調整に使用できるように提言している。それが実行できない場合でも、特別にディレクターに対して職務専念義務を免除する時間を保障することが望ましい。他に必要な人員は、実施者に対して研修その他の支援を提供する人々である。州教育省や専門職団体や大学は、研修会の講師や助言者の有用な供給源である。こうした人々は予定が詰まっていることが多いので、活動してほしい日時について早い段階で連絡をとっておくことが賢明である。研修は、実施の開始直前にも、実施過程を通じても必要である。ゆえに、招聘計画の中に、1日以上の日数が予定されるべきであろう。

図表8-5 スペースのニーズを算定するためのチェックリスト

1. 教室は新しい教授方法を実施するための十分な広さがある。
2. 教室／オフィスには、新しい備品や資材用の十分な保管所がある。
3. 教室／オフィスで、電気機器が使用可能である。
4. 適切なオフィススペースがある。
5. 新しい設備のための安全な保管場所が確保されている。
6. 施設が適切に維持管理されている。

スペース ルイスとマイルズの1990年の研究では、調査に回答した校長の3分の2が、「学校の施設・設備の制約」（p.146）を実施期間中の中心的な問題としても周辺的な問題としても認知していた。このような制約は多くの形態があり得る。教室数の不足、狭すぎる教室、点検の不備、スペースの欠如などがある。例えば、ある高校では、政策変更に伴って9人の新しいカウンセラーを雇用したのに、スペース不足のためカウンセラーの部屋がなかった。この調査結果は、政策実施を監督する立場にあるスクールリーダーは、スペースの問題を些細な問題と見なすべきではないことを示唆している。スペースが不十分であったり不適切であると、実施の質は大きく低下するのである。スペースの必要性を算定する際、スクールリーダーは、できるなら第一線の実施者に、政策実施にかかわる学校を訪問させるべきである。もし可能であるなら、類似の政策が成功裡に実施された学校を訪問して、どのようにスペースが使われているかに注目することも役立つであろう。図表8-5は、既存のスペースが事業にどのくらい適切であるかを査定し、それをどの程度変更する必要があるかを決定するためのチェックリストである。

設備と機材 キャンバイア小学校において新しい教授方法の実施が失敗に帰したのは、一部には教材・教具がなかったためであった（Gross et al., 1971）。政策変更はしばしば、特定の設備と教材・教具の有無に大きく左右される場合がある。例えば、コンピュータ支援の教授（CAI）を含む政策は、コンピュータの使用を必要とするであろう。実際、それは、多数のコンピュータを必要とし、レンタルするか、購入するか、他の事業から借用するかしなければな

らないであろう。新しい事業において必要な教材・教具は、それほど自明ではないこともある。直接体験を重視する理科のカリキュラムは、実験用の導線、バッテリー、試験管、種々の化学薬品を必要とするであろう。しかしながら、リーダーの中には、生徒が実験用紙のコピーを毎週使わなければならないという事実に気づかない者もいるであろう。この事業の特徴は、実験のための資材に加えて、多くの余分の紙とコピー機のトナーが注文されるべきことを意味している。コピー機の耐久性も見落とされるべきではない。熟練した実施者は、追加の紙とトナーカートリッジを注文して、さらにコピー機のメンテナンスのための資金も確保する手だてをとるであろう。さもなければ、実験用紙のコピーができなくなり、事業そのものが1年目の途中で中止になってしまうこともありうる。

(2) 厳密な意味の実施

　厳密な意味の実施は、準備期間の間に強固な基盤が築かれた後に初めて開始されるべきである。新しい政策を実施するのに論理的に最もよい時点は、通常、学年や学期のはじめである。本節では、2つの視点から実施を検討する。第1は、時系列という見地である。政策実施の研究者は、通常、実施の前期と後期という2つの段階を区別することから、まずこの前期・後期という見地から実施を記述する。つぎに、実施の前期と後期の両者に関連した横断的な諸問題について論じる。

①実施の諸段階

実施前期　教育政策の実施に関する12の比較研究を行ったヒューバーマンとマイルズ(Huberman & Miles, 1984)は、どんな政策の実施であっても、その最初の何カ月は混乱したものになることに気づいた。十分な準備があれば、それがなかった場合に比べていくぶん順調な実施が可能になるが、周到に準備された実施の事業でも重大な問題に遭遇することがある。その理由は、第一

第 8 章　政策実施　　331

線の実施者が新しいやり方で行動する方法を学ばなくてはならないからである。たとえ第一線の実施者が十分に訓練されるとしても、求められる新しい行動に一日中実際に従事しなければならないわけではない。実施者(通常、授業担当の教師)は学んでいる途中であるがゆえに、仕事の負担が大きく、疲れて、不安で、どうしてよいかわからないように感じる可能性がきわめて高い。多くのミスをするだろうし、自分が失敗しているのではないかと悩む。やる気を失い、意気消沈するかもしれない。ヒューバーマンとマイルズの研究で、ある教師はつぎのように述べている。「私は政策の実施に取り組んだが、挫折し、自分で自分を奮い立たせなくてはならなかった。そんなことが何回もあった。私は今やっと歩き始めたばかりである」(p.73)。とはいえ、ヒューバーマンとマイルズは、教師が実施前期の困難を乗り越えて、いくばくかの成功を経験し始めるのにいくつかの要因が役立ったことに気づいた。驚くことではないが、このうちの2つは準備の段階に由来する。「用意周到さの度合と、リソースと教材・教具の供給」(p.88)である。同じく役立ったのは、政策実施の前期段階を通しての継続的な研修とその他の支援である。

　不幸なことであるが、この厳しく、つらい期間を切り抜けるのに役立つ、あまり望ましくない方法もある。いくつかの学区では、スクールリーダーは必要な政策変更の規模を縮小することによって苦情に応答した。決定された政策に対するこの修正は、真の相互適応ではなく、ヒューバーマンとマイルズが政策の矮小化(midgetizing)と呼んだものであった。政策変更を縮小することによって、リーダーは政策変更の意義と価値を下げたのである。彼らはつぎのようにコメントしている。「このような『政策の矮小化』は、潜在的な頭痛の種の大部分を除去したが、他方では、得られる可能性のあった見返りの大部分も捨ててしまった」(p.88)。そして、実施の初期段階が順調であることは、実際には「よくない兆候」であると結論している(p.273)。波乱含みの開始が最終的な成功を約束するものでは必ずしもないが、順調な開始は、たしかに、ある種の失敗、つまり本物の変更が「目立たない、取るに足らない事業」に変質するときに生じる失敗の前兆である(p.273)。最終的な成功の前

兆には、3つの要因が重要である。(1)開始時の厳しさ、(2)新しいアプローチの持続的な試みに対するリーダーの圧力、(3)さまざまな種類の継続的な援助。要するに、政策変更と実施者双方が無傷のままで政策実施の前期を切り抜けるための鍵は、圧力と支援の賢明な組み合わせである。

実施後期 当然のことであるが、実施の後期がどうなるかは、実施の初期段階が成功裡に進展する度合に左右される。この場合の成功とは、めざすべき教育政策の変更を実現することを意味する。前述したように、多くの政策実施が失敗する。したがって、2つのシナリオの概要をここで述べる。(1)失敗に終わった政策実施の後期、(2)「矮小化された」政策と成功した政策の実施の後期である。

　政策実施が失敗すると、悲観的な感情が残る。悲観的な感情とそれに伴う行動が、実施の後期の開始を告げるシグナルとなる。一般的に、失敗に終わった実施は多くの失望と落胆によって特徴づけられる。例えば、燃え尽き症候群が現れる。政策実施者はこの時点で、時間とエネルギーを注ぎ込むことを控える。これまでの実践をいったんは実際に捨て去るとしても、多くは以前の実践に逆戻りする。悲観的な感情の生まれる共通した原因は、政策変更に対する資金供給の停止である。その他の原因としては、ずさんな設計の事業への怒りや、リーダーに対する怒りがある。いろいろな点で、事態は次第に現状へと戻るが、重要な点で現状よりも悪化する。リーダーがつぎに新しい政策の実施を提案するとき、おそらくシニシズム（冷笑的態度）に遭遇するであろう。それは失敗した実施につきものの負の遺産である（Gross et al., 1971; Huberman & Miles, 1984; Louis & Miles, 1990; Prestine & McGreal, 1997）。

　矮小化された実施は、実施開始の5、6カ月後には実施の後期段階に入ることが多い。本当に成功した実施は、通常約18カ月が経過するまでこの（後期）段階に達することはない。けれども、両者には類似した現象がある。実施者は新しい政策に心地よさを覚えて、政策が必要とする新しい行動をとる自分の能力を確信する。また、物事を自分たちが動かしているという誇りを持つ。

この段階で、彼らは通常、政策を洗練し政策の問題点を改善し始める。いくつかの効果的でない要素が排除され、その代わりに多くの効果的な要素が導入される。実施者は、独自に開発したルーティンのいくつかを記述したマニュアルを作成することもある。それまでの政策対象とは異なる生徒層に政策を適応させることも、カリキュラムの他の部分でその政策の特徴のいくつかを活用し始めることもある(Huberman & Miles, 1984)。しかしながら、このときまでにすべての問題が解決されているはずであると思うべきではない。実施の前期に比べれば、問題の数も深刻さも減りはするが、なくなるわけではない。そのようなことを期待してはいけない。ルイスとマイルズ(1990)が警鐘を鳴らすように、「重大な変革を実施することは…多くの問題をはらんだ営みである。事業それ自体の問題は解決することが最も容易である。『人』の問題がつぎに解決しやすい。そして、構造と手続きを『設定』する問題が解決が最も難しい問題である」(p.272)。

こうしてスクールリーダーにとって、実施の後期は、たとえうまくいっている場合であっても、気を緩めて祝杯をあげるときではない。取り組むべき問題がまだ存在するのである。つぎに見るように、もし政策を継続するか、制度化するのであれば、ほとんどの場合、リーダーはいくつかの重大な問題を解決しなくてはならない。

②実施の前期と後期に共通する問題

多くの先行研究が、成功した実施を初めから終わりまで貫いて働く3つの要素を確認している。(1)モニタリングとフィードバック、(2)継続的な支援、(3)問題への対処である。

モニタリングとフィードバック　教育界には、生きるも死ぬも自分の努力次第という慣行が古い伝統としてある。多くの場合、新任の教師は自分の教室までの道を教えられ、生き残るよう努力せよと放り出される。それと同様に、新しい校長は学校の鍵を手渡され、「今日からこの学校はすべて君のものだ」

と告げられる。したがって、実施の責任を負ったとき、多くのリーダーがこのやり方を採用することには何の不思議もない(Louis & Miles, 1990)。このような慣行は、新任教師に対する初任者研修の効果的な方法ではないが、政策実施をマネジメントする効果的な方法でも断じてない。

　成功した実施は、継続的な**モニタリングとフィードバック**に依存している。したがって、誰か(理想的にはプロジェクトディレクターであるが)が、実施過程を綿密にモニターし続けることに責任をもつべきである。このモニタリングの責任には、実施にかかわる学校を頻繁に訪問し、実施者である教師と頻繁に会話を交わすこと、モニタリングから得た情報を学区事務局のスタッフに定期的に伝えることが含まれるべきである。それに加えて、優れたプロジェクトディレクターは、問題を解決するための活動を調整する。例えば、ディレクターはコンサルタントを招き入れて、困難に直面している教師への支援を依頼する(Fullan, 2001; Louis & Miles, 1990)。

　プロジェクトディレクターは日々、事業を細部にわたってモニターするべきであるが、管理職も実施の現場から離れるべきではない。研究知見は、成功した政策変更において、上からの圧力が重要な役割を果たしたことを示唆している。これは、校長や学区事務局のリーダーは、単に事業の成り行きについて熟知すべきということだけではなく、それ以上に実施が行われている学校現場において目に見える存在であるべきことを意味する。彼らが存在し実施の進捗状況について質問したり激励の言葉をかけることは、実施者に対してその取り組みの重要性について重要なメッセージを伝達することになるのである(McLaughlin, 1987)。

　最後に、管理職を巻き込むもうひとつの理由がある。それは、校長や学区事務局のリーダーは、適切な実施を特徴づける状況適応的な計画づくりの過程に積極的にかかわるべきであるからである(Fullan, 2001; Louis & Miles, 1990)。状況適応的な計画づくりには柔軟性と実験的な態度が求められるが、それは、現場で何が起こっているかについての正確な知識にも依存する。このような知識は、机に座っているだけでは得ることができない。その知識は、実施者

の話を直接聞くことや現場を頻繁に訪問することによってのみ得ることができる。実施を肌で感じているリーダーだけが、実施の展開とともに必要とされる変更に対応しつつ、古い方法を修正し新しい方法を開発することができる。抽象的な政策が実施の具体的な場に遭遇するとき出現するジレンマに対応するリーダーの能力は、事業の矮小化や失敗を回避し、相互適応を確実に引き起こすことに貢献するであろう。

継続的な支援 実施の成功には圧力が不可欠であるが、支援もまた不可欠である。そして、支援の最も重要な形態は援助(assistance)である(Berman & McLaughlin, 1978; Fullan, 2001; Louis & Miles, 1990)。「教育改善に関する最近の研究の最も明白な知見のひとつは……、援助からもたらされる便益がきわめて大きいことである」とルイスとマイルズ(1990)は述べている。事業が始まる前の週に行われる研修プログラムだけではたしかに十分ではなく、活動の新しい方法を学ぼうと苦労している人々は援助を必要とし、その援助は「集中的で、地域のニーズに基づき、バラエティ豊かで、継続的で」あるべきであ

図表 8-6　実施者に対する援助の 17 のタイプ

- 実施開始前の研修
- フォローアップのための会合
- 外部コンサルタント
- 内部コンサルタント
- 外部トレーナー
- 内部トレーナー
- 他校訪問
- 校外での会議
- 他の実施者との定期的な会合
- 資料の印刷
- スケジュールの緩和
- 授業補佐員
- 実地指導会
- 教材や実施のコツについての意見交換会
- ワークショップ
- 形成的評価
- 共感的態度

る（Louis & Miles, 1990）。その援助はまた、実施の前期から後期まで、そして、実施が制度化されるまで、実施の全体を通じて継続されるべきである。いつ援助を必要としているか、その援助はどのような種類のものであるべきかを、リーダーが知るための唯一の方法は、上述したように、事業をモニターして定期的なフィードバックを行うことである。学校・学区レベルのスクールリーダーは、第一線の実施者がへまをしたり混乱し始めたらすぐに、援助が受けられるようにするべきである。この援助は、多くの形態をとりうる。図表8-6は、よく使われる援助をリスト・アップしたものである。援助の最もよいタイプというものはない。重要なことは、実施者が直面している課題にとって意味ある援助を提供することである。

問題への対処　あらゆる政策実施には、それぞれに固有の問題がつきまとう。ルイスとマイルズ（1990）によれば、それらの問題は3つのカテゴリーに分けられる。(1)施策に関するもの、(2)人員に関するもの、(3)場に関するものである。図表8-7は、それぞれのタイプによく見られる問題を要約している。研究知見は、施策に関係した問題が解決が最も容易であるのに対して、場に関係する問題が最も解決が困難であることを示唆している。しかしながら、すべての実施の最終的な成功は、リーダーがそれぞれのタイプの問題をどれだけ的確に識別し、その問題にどれほどうまく対処できるかにかかっている。

　実施上の問題に関しては、2つの一般的なアプローチがある。ひとつは、発生した問題を、もともと問題など存在しなかった世界への歓迎されざる侵

図表8-7　最もよく見られる実施上の問題

施策に関連する問題	人員に関連する問題	場に関連する問題
不十分な調整	手ごたえのない対象集団	他組織との競合
遅延行為	技能の欠如	外部の圧力
対立	悲観的態度	予期せぬ緊急事態
計画の欠如	抵抗	重要な決定に影響力を行使する機会の欠如
矛盾した目標	懐疑心	物理的な環境 不十分なリソース

注）ルイスとマイルズ（Louis & Miles, 1990）に基づいて作成。

入者と見なし、危機レベルに到達するまで問題として認識しない(対処することはなおさらしない)態度である。もうひとつのアプローチは、問題が予期せざる侵入者ではなく、実施過程にごく普通に見られるものと認識する態度である。後者のように認識すれば、実施の最も早い段階において問題がないかを探るために、熟練したリーダーは実施の場を積極的に調べることを促される。つまり、中心的な実施者と毎日話を交わしたり、会議を開かれたものとして率直な論議を引き出すことによって、リーダーは問題の有無や所在を把握できるのである。リーダーは新しい問題を探り当てるとすぐに、それを解決するために動き始める。問題をずるずると先延ばしにしたり、責任を負わせるべき人物を探し回って時間を浪費したりしない。事業を縮小することによって問題を解消するようなこともしない(Fullan, 2001; Louis & Miles, 1990)。

　リーダーは、実施上の問題に的確に対処する多くの方法を見出すことが可能である。ルイスとマイルズ(1990)は、最も成功した事業のリーダーは、広範囲にわたる対処方略を用い、より深い問題分析を基に行動を選択していたことを発見した。彼らはまた、自分が取り組んでいる特定の問題に適合的なアプローチを選んでいた。図表8-8は、問題に対処する方法をいくつかリストアップしている。その方法は、3つの大きなカテゴリーに分けられる。技術的方略は、問題領域を慎重に分析し、そこに必要なリソースを集中的に投入する方略である。政治的方略は、人々が望ましい方法で行動するように促す力を結集する方略である。文化的方略は「問題にとって鍵となるような、共有された信念や価値やシンボルに焦点を合わせる」方略である(Louis & Miles, 1990, p.272)。この3つのアプローチのうち、技術的な方略が通常最も効果的であり、政治的方略と文化的方略は、通常そこそこの成功を収める。有能なスクールリーダーは、3つの方略のすべてを思慮深く組み合わせて用いる。

(3) 制度化

　実施の最終段階は、制度化(institutionalization)、つまり「ある革新的な取り

図表 8-8　実施上の問題に対処するための方法

```
技術的方略
  事業の細分化
  問題領域に取り組むためのタスクフォースの設置
  実施の段階的な実行
  研修スタッフの研修
  スタッフのニーズに合わせた研修の実施

政治的方略
  問題に対処するための代表制のタスクフォースの設置
  スタッフの参加の義務化
  参加を奨励する誘因の活用
  非協力的な職員の異動
  実施を地域社会の圧力から隔離

文化的方略
  会合での事業に関する頻繁な論議
  実施者との頻繁な非公式の論議
  目標についてのコンセンサスの確保
  施策・事業に関する広報
  組織風土の改善
  動機づけのテクニックの使用(例えば、スローガン、Tシャツなど)
```

注)ルイスとマイルズ(Louis & Miles, 1990)に基づいて作成。

組みが組織の中に組み込まれる時期」である(Gross et al., 1971, p.17)。政策実施が学校あるいは学区の日常的な実践の中にきっちりと統合されたとき、政策は完全に制度化される。ある政策が新しいもの、あるいは特別なものと認知されなくなったとき、それは「ここでのやり方になる」。制度化は、実施の最終的所産として必然的に起こるわけではない。制度化は、新しい政策の提唱者(通常の場合、学区の教育行政官や学校管理職)が政策変更を永続的なものとして組織に適合させるためにその公式のルールや手続きを修正すべく意図的に動くがゆえに、起こるのである。実施の他の段階と同じように、それは思考と計画の両者を必要とする。図表8-9は、制度化に関するチェックリストである。これは、政策がどの程度制度化されたのかを測るために使用でき、制度化の過程におけるつぎの段階を示唆し、計画づくりのガイドとして役立てることもできる。

第8章　政策実施

図表8-9　政策の制度化の度合を評価するためのチェックリスト

1. 当該政策が、教育委員会の政策マニュアルの中に位置づいている。
2. 基本契約における必要な変更は、交渉事項とされている。
3. 教員評価と管理職評価の手続きが、当該政策と整合的である。
4. 生徒評価の手続きが、当該政策と整合的である。
5. 当該政策と結びついた実践にかかわる必要な研修は、教師と管理職の初任者研修に組み込まれている。
6. 当該政策と結びついたすべての費用項目は、学区や学校の正規の運営予算の項目として組み込まれている。

　制度化は、通常、実施の第3段階であるとされ、この節でも最後の部分で論じているが、実際には実施の後期と重なることも多い。熟練したリーダーは、実施の後期全体を通じて、制度化のどの側面であれ、それを達成する機会を見逃さないよう注意深くあるべきである。例えば、もし教員評価に関する学区の手続きが定期的な政策評価で取りあげられる場合には、新しい政策に整合的な形で教員評価を行うための修正を試みなくてはならない。制度化が一時に達成されることはめったにない。それは通常、漸進的な過程である。政策の提唱者が注意深いリーダーなら、実施の初期で、事業にそぐわない手続きがどれかを把握する。したがって、実施の後期が始まるとき、わずかな時間で新しい政策を制度化する機会をうかがう準備ができていることになる。整合的でない手続きならどれでも、いつ再検討すべきかを承知しており、会議の議題を注意深く読み、必要な変更の機会を見出すのである。

　図表8-9のすべての問題が重要であるが、最後のものが特に決定的である。多くの政策上の革新は、しばしば、ソフトマネーといわれるような一時的な資金の供給で行われる。新しい政策の主要な要素が一時的な資金によって支援される限り、それは長続きしない。財政が潤沢である間は、特別な資材、補助的なスタッフ、休業時間確保のために、余剰資金が利用可能である。けれども、景気が悪くなるやいなやそうした特別な資金はカットされるということほど確かなことはない。このことは、政策の提唱者は、新しい政策案の不可欠の要素に対する財政的裏づけを得るため、そのすべての要素を一時的な資金から組織の正規の予算項目に移し替えるために用心深く動かなくては

ならないことを意味する。しかし、これは容易ではない。というのも、政策の変更が実施の後期にさしかかる頃、組織の中から競争相手が浮上してきて、事業が終了するとき余剰資金の獲得に名乗りを上げるからである。政策を正規の予算の中に移すための争いは、実施の他のいかなる部分と同じぐらい困難である。そうではあるが、政策にかかわる資金が正規の予算に組み入れられて初めて新しい政策は完全に制度化され、それゆえ、完全に実施されるチャンスが生まれるのである（Firestone & Corbett, 1988; Huberman & Miles, 1984）。

4　不評な政策の実施

　これまでわれわれは、スクールリーダーを含む実施者の主要なグループは、実施の対象とされている当該政策に反対しないことを仮定して論述してきた。もちろん、この仮定は必ずしも妥当ではない。政策変更は、上位の管理機関や学校外から押しつけられる場合が多い。このような場合には、多数の実施者（その大部分、あるいは、ほとんどすべて）が、新しい政策に反対するかもしれない。反対と抵抗に対処することは、スクールリーダーが取り組むべき最も大きい課題のひとつである。求められる変更にリーダー自身が重大な懸念を持っているとき、困難はより大きくなる。このような状況下においては、簡単な解決策は見出されないが、ここでは、まずはじめに、なぜ反対が起こるかを説明し、そのつぎに、顕在的・潜在的抵抗に対処する方法とともに、反対に対処する方法を示唆する。また、スクールリーダー自身が、抵抗の道をとらなくてはならないと感じるのはどんな場合かについて論じる。

（1）　不評を買う政策があるのはなぜか

①個人的利益

　実施者が自分の個人的利益に反すると認知する政策を支持することは、ま

ずない（McDonnell, 1991）。特に、自分自身の雇用保障、昇進の機会、職場での地位を脅かすと思われる政策変更には、ほとんど確実に反対するであろう。例えば、もし州議会がSBMを法制化したとしても、おそらく事務局スタッフはSBMの実施には熱意を持たない（Malen & Ogawa, 1988）。それは、意思決定の権限が学校に移譲されるとき、自分自身の仕事が不必要になるかもしれないと疑うからである。したがって、公然とではないにせよ、彼らが政策実施に抵抗したとしても、それは驚くべきことではない。もうひとつの個人的利益の重要な側面は、現在の報酬と勤務条件を維持したいという願望である。これについて読者は、プレスティンとマクギールの研究（1997）を思い出すかもしれない。その研究では、外部の組織が教師にオーセンティック・アセスメントという新しい評価方法を実施せよと強く主張した事例の経緯が記述されている。オーセンティック・アセスメントという新しい評価方法は、伝統的な評価よりもかなり多くの時間を必要とするが、給料の引き上げや学級規模の縮小を提案する者はいなかった。結果的に、教師は仕事量の増加に見合った昇給なしで、より長い勤務時間を受け入れるように求められたのである。当然のことながら、プレスティンとマクギールは、教師が新しい政策の価値に懐疑的であること、「学校の内部においても、学区においても、オーセンティック・アセスメントという新しい評価方法は、組織全体に浸透するにはほど遠い状態であった」ことを見出した（p.390）。

②専門的な価値

　教育者はまた、その中核となる専門的な価値と矛盾する政策の実施に反対する可能性が高い（McDonnell, 1991）。イギリスのグレース（1995）は、このような状況を記述している。イギリスでは、1980年代の政府による多くの改革が校長と教師、両者の役割を変容させた。それまで、校長は教科指導と道徳にかかわるリーダーシップを発揮することが期待されていた。しかしながら、政府による新しい政策は校長の使命を劇的に変えた。1980年代の終わりまでに、校長は、新しいナショナル・カリキュラムに基づくテストで獲得

した学校の点数を売り込む、競争的な市場のマネジャーとして働くことを期待された。校長の中には、改革を歓迎して容易にこの役割転換をなしえた者もいたが、その改革の基本的な点において同意できなかったために、かなりの困難を経験した者もいた。彼らの多くは、校長職に対する自分自身の見方と新しい政策の求めるものとの矛盾に対して、改革の同意できない側面を軽視することによって対処した。しかしながら、何人かの校長は、主として不賛成を声に出したり改革のいくつかの側面を完全に無視したりすることによって、公然と抵抗した。例えば、ある小学校校長はつぎのように語っている。「上から指示されることが多くなればなるほど、自分の専門家としての誇りを維持するために、ますます激しく闘う必要があります。われわれはスタッフとして『従順に命令に従うこと』ことに抵抗し、ナショナルカリキュラムという枠組みの中でわれわれ自身のプライオリティを堅持しようとするのです」(Grace, 1995, pp.104-105)。スクールリーダーの抵抗は、比較的控えめであったけれども、教師は時として、より強力に抵抗した。例えば、1983年、小学校の教師は新しいナショナルテストをボイコットした。イギリスの経験は、多くの教育者が専門的な価値に深い帰属意識を持っており、それを簡単に放棄することを好まないことを実証している。マクドネル(1991)は、認識されているかどうかは別として、アメリカでもこのような価値対立が、不完全な、あるいは失敗した多くの政策実施の根底にあると論じている。

(2) 抵抗をめぐる諸問題

①離脱、発言、背信

　ウェイマーとヴィニング(Weimer and Vining, 1992)は、ハーシュマン(A, Hirshman)の古典的な著書、『離脱・発言・忠誠(*Exit, Voice, Loyalty*)』(1970)に依拠しながら、賛同できない政策を実施するように依頼された場合、3つの対応が可能であると論じている。すなわち、(1)離脱(Exit、組織を去る)、(2)発言(Voice、問題について発言する)、(3)背信(Disloyalty、公然とあるいは黙然と、政

策に従わない)である。もちろん、これらのアプローチを組み合わせて用いてもよい。例えば、教師に過重負担となる事務を課す学区の新しい政策に納得できない中等学校の校長は、まず最初に**発言**(意見表明)の方略を使ってもよい。つまり、その校長は、教育長との定期的な会合で発言したり、直接の上司にあたる事務局スタッフとアポイントメントをとって問題を論じることができる。もしこれらのアプローチが失敗した場合、3つの道が開かれている。

　第1は、**遵守**(compliance)である。校長は、その問題は離脱や背信を試みる程には重要ではないと判断し、教師に同情しつつも、これがちょうどよい方法であると説明し、最善を尽くしてその政策を実施するのである。しかしながら、もし彼の価値葛藤が激しいのであれば、他の2つのオプションを考慮しなければならない。まず、さまざまな形式の**離脱**が可能である。校長はこれを機会に引退を決意してもよいし、他の学区に転任するきっかけとすることもできる。あまり満足できないタイプの離脱としては、学級担任に戻るとか、新しい政策の実施を求められることのない事務局のポストへ異動することなどがある。離脱が実行不可能であるか、あるいは望ましい選択でないなら、校長はさまざまな形式の**背信**を選択できる。ウェイマーとヴィニング(1992)の使った**サボタージュ**(妨害行為)という用語はスパイやテロリストのイメージを想起させるが、政策をサボタージュ(妨害)する、あまり劇的でない多くの方法がある。校長は新しい事務に優先順位をつけて、教師にはその書類の何枚かだけに記入させるようにしてもよい。校長は、学区の認可を得ないで書式を単純化してもよいし、教師の考案した楽な方法に目をつぶってもよい。これらのアプローチはすべて、**名ばかりの遵守**ということになる(Bardach, 1977)。あるいは、教師にすべての事務を行わせながらも、その代わり、休暇期間を使って締め切りを過ぎた報告を仕上げさせるような形で、報告を完了するための余分の時間を与えるやり方もある。このアプローチは**遅延遵守**と呼ばれるものである(Bardach, 1977)。徹底的なサボタージュとしては、求められた報告をでっちあげることや、必要な書類や指示のすべてを「なくす」ことがある。もちろん、背信はどのタイプであれ危険であり、なかには倫理的でないものも

ある。にもかかわらず、まったく賛同できない政策を実施するという事態に直面させられると、これらの行動を選択する者もいるのである。

②抵抗への対処

　これまでに述べてきた政策実施に対する反対の方略は校長のとる方略として説明してきたが、学区であれ州教育省であれ、どの実施者もこれらの抵抗の方略を使うことができる。実際、多くの抵抗が内密に行われるから、スクールリーダーは、実施を歪めかねない出来事がつぎつぎと「生じる」ときにはいつでも、抵抗の存在を疑うべきである。したがって、スクールリーダーは、抵抗に対する心の準備をすべきであり、抵抗を防いだり、その影響をできるだけ小さくする方法を工夫しなくてはならない。主要な実施者の代表をすべて政策の実施にかかわる決定過程に参加させることが不可欠である理由のひとつは、これにより広範囲にわたる抵抗の可能性を減らせるからである。しかし、関係者が参加した上で政策の実施が決定されたとしても、抵抗が起こる場合がある。

　政策への強力な反対者に対して用いるべき最初の方略は、説得である。しかし、説得を試みる前に、声に出された反対者の意見に虚心坦懐に耳を傾けることが必要である。つぎに、スクールリーダーは、問題の根を見極めるためにこれらの反論を分析すべきである。反対者はしばしば、個人的利益が脅かされるとか、政策変更が自分の価値観と整合しないと感じている。その両方の理由で反対しているのかもしれない。また、政策変更を十分に理解していないため、その反対は部分的にしか、あるいはまったく根拠がない場合もある。この場合、実施に責任のあるリーダーは、より多くの情報を反対者に提供し、反対する正当な根拠がないことを理解させるべきである。説得が成功したら、リーダーはその他の誤解を早急に見つけるために、実施全体を通じて、これらの人々との良好なコミュニケーションのルートを確実に維持すべきである。

　もうひとつの可能なアプローチは、異議に応ずべく政策を修正すること

である。リーダーは、政策変更が矮小化されないよう注意すべきであるが（Huberman & Miles, 1984）、すべての政策実施は、政策と実施の現場の間でのなんらかの相互適応を含むものである（McLaughlin, 1976）し、実施者の正当な反対に対応するための修正は、必要な相互適応の一部である。特に、それが抵抗をかなり減らすのであれば、リーダーは政策の修正の可能性を考慮する心の準備ができていなくてはならない。

　最後に、強力な反対者を実施から外すことや最初から除いておくことは、しばしば可能である。これにはいくつかの方法がある。例えば、都合の悪い教師や校長を、政策変更に関係のない学校や学年に異動させることである。反対する管理職の場合には、実施に支障のないポストに昇進させたり別の管理職のポストに任命することで異動させることができる。実施において重要なグループが悩みの種であるなら、実施過程の監督をより支持的な他のグループに割り当てることもできる。監督の責任を引き受ける特別運営委員会を設置することが必要な場合もある。しかしながら、これらの方法は、法律や教員組合との基本労働契約や個人の異論をもつ権利を尊重しつつ、限定的に使わなくてはならない。こうしたやり方を使いすぎたり、有無をいわせないような形で使用すると、異動させられた人々を殉教者に仕立て上げることになり、政策変更への反対を拡大させることになる。

③抵抗の道の選択

　賛同できない政策の実施に抵抗しようとする決断を、スクールリーダーは軽々しく選択すべきではない。抵抗することで、結局は、スクールリーダーとしての仕事や専門家としての評判を失う結果となるかもしれないからである。組織に取り返しのつかない損害を与えるかもしれないし、家族や友情や健康に対して重大な犠牲を強いるかもしれない。それにもかかわらず、時として抵抗を決意することは必要である。管理職は常に自分の上司の命令に従う義務があるという観念はどれも、ほとんどの倫理観と正反対のものであって、第二次世界大戦後のニュルンベルグ裁判によって無効であると宣言された。スクール

4　不評な政策の実施

リーダーは、すべての命令に従うよう倫理的に義務づけられているわけではない。しかしながら、命令に従わないというはっきりとした立場を決断する前に、自分の置かれた状況や動機や抵抗の帰結を慎重に熟慮しなければならない。

　抵抗を考えているスクールリーダーが問うべき第1の問いは、おそらくつぎのようなものである。「この異論の余地がある政策は、単に象徴的なものではないのか」。象徴的な政策は、実質的な理由よりもむしろ、純粋に政治的な理由のために決定される (Fullan, 2001)。州議会は、うるさい選挙民を喜ばせて、州議会への選挙民の圧力を阻むために象徴的政策を決定することがある。大統領、知事、その他の有力なリーダーは、評判のよいと思われる政策や次期選挙の宣伝に有効と思われる政策を推進する。政策が公式に決定されたという事実は、誰もがその実施に関心を持つことを必ずしも意味しない。象徴的な政策の実施は、しばしば形式的である。すなわち、実施計画がずさんで、予算の裏づけは不十分で、人員配置も不足しがちである。これは、実施がほとんどつねに失敗することを意味する。したがって、異論の余地がある政策に直面したら、賢明なリーダーはこの可能性を考慮すべきである。それが象徴的政策であるなら、抵抗はおそらく広範囲にわたり、個々の反対行動は気づかれないままであろう。リスクは低いであろうし、リーダーは、さり気なく従わないことがベストであることに気づくかもしれない。象徴的政策は通常すぐ忘れられ、そして2、3年も経てば、誰も政策への抵抗があったことに気づくことすらないであろう。

　しかしながら、新しい政策が実質的な理由に基づいて決定されたことを示唆する証拠があれば、特に遵守の度合が厳しくモニターされる場合には、抵抗はもっと危険をはらんだものになる。この場合、抵抗を図ろうとしているリーダーは、抵抗の動機を熟慮しなくてはならない。抵抗を根拠づける最良の動機は、専門職業的、哲学的、宗教的な原則に対するコミットメントであり、特に生徒の最善の利益に直接かかわるものである。真の利益の対立が存在するかどうか、生徒の最善の利害が自分の個人的利益よりも重要ではないかどうかを見極めるために、個人的利益という問題を慎重に分析するべきで

ある。抵抗を根拠づける最悪の理由は、政策の提案者に対する嫌悪、積年の恨みをはらそうとする願望、実施に責任のあるリーダーのキャリアに損害を与えようとする策謀である。このような不純な動機から生じた抵抗は、抵抗者とその組織の両者に損害を与えて、裏目に出る可能性が最も高い。

　最後に、抵抗を考えている人は誰でも、抵抗のもたらすかもしれない帰結を熟慮すべきである。基本的な問いは「抵抗によって、政策の放棄あるいは政策の重大な修正が余儀なくされるのではないか」というものである。そうなることもある。ヒューバーマンとマイルズ(1984)は、十分に練り上げられず、また教授学的にも妥当性のないカリキュラム変更を阻止した校長について記述している。実施は失敗に帰したが、校長の行動が間違っていると考えるどころか、校長は自分の学校を政策のありえたかもしれない大失敗から守ることに成功したと、彼らは述べている。しかしながら、グレース(1995)が調査を行ったイギリスの学校のように、反対しても何も変わらないことが多い。権力のバランスというものはいつでも、実施があらゆる抵抗を押しつぶすようになっているのである。このような場合、重要な原則を守るために抵抗することは依然として正当かもしれない。あるいは、より一層重要な闘いのために自分のエネルギーを保持しつつ、密かな名ばかりの遵守に従事することの方がより賢明であるかもしれない。実施に対する一貫した原理に基づく抵抗は、つねに多大な省察と自己分析の結果でなければならない。抵抗しようとするリーダーは、抵抗のせいで自分の仕事を失うことへの覚悟ができているべきである。

5　おわりに

　政策の実施は、すべてのスクールリーダーの仕事の重要な部分であり、彼らがしばしば恐れている部分でもある。彼らには、それを恐れる十分な理由がある。新しい政策の実施は、どんなものであれ、よくてもきつい仕事であり、悪くすると厄介な失敗であるからである。しかしながら、今日、政策実施に

おける失敗を正当化できる適切な理由はどこにもない。というのは、政策実施は、政策過程の最もよく研究された段階のひとつであるからである。政策の実施においてよく見られる失敗は十分に知られおり、効果的なアプローチは確認され実地にテストされている。これは、どんな新しい政策の実施においても、スクールリーダーは、政策実施の計画を立てるに際して、それが知り尽くされた領域であることを知っていることに由来する自信を持つことができるし、持つべきであることを意味する。今日、失敗の言い訳は許されない。研究蓄積に裏づけられた十分な知識基盤というものが、思考や計画づくりと結びつくことによって、政策実施という困難な取り組みを成功に導く可能性が高くなっているからである。

演習問題

1. あなたがかかわった実施について考えなさい。
   どの実施が順調に行ったか。また、それはなぜだと思うか。
   重大な困難に遭遇した実施では、どのような間違いがあったか。
2. あなたが州教育省で働いていて、来年、州全体のヴァウチャープランを実施することに関与するとする。シナリオとマッピングの方法を用いて、実施の計画を立てなさい。
3. あなたが学区のポートフォリオ評価の実施の中心的な担当者となったとする。必要とされるリソースを確認して、それらを調達する計画を立てなさい。
4. SBM、ヴァウチャープラン、統合教育、能力別クラス編成の廃止のうちからひとつを選択し、その政策を実施するときに、一部の教育者が感じる価値対立と、彼らが試みるであろう抵抗のタイプについて、論じなさい。

事例研究

歪んだ改革

　1980年代半ば、テネシー州は小学校のカリキュラム政策の変更に乗り出した。大学教授や州教育省の職員や裕福な都市学区の代表者が多数を占める委員会が、基礎技能優先開発事業(BSF)と呼ばれる新しい政策を開発した。

　この委員会は、生徒の基礎技能の習熟度をモニタリングするための総合的なシステムを考案した。そのシステムは算数とリーディング(読解)に関するものだけでも、7冊のマニュアル、112のテスト、180の個別対応のためのチャート、各学年用の15ページの成績シートから構成され、教師による成績管理はコンピュータを使って支援されることになっていた。しかしながら、州によって提供されたコンピュータは1校につき1台だけで、しかもそれは、実施が始まってから5カ月後であった。ただ、州教育省はコンピュータの研修を実施した。各学校から派遣された1人につき、2時間の研修が行われた。この研修を受けた教師は、各自の学校に戻ってBSFのために開発された特別なソフトウェアでデータを入力する方法を他の教師に教えることになっていた。

　BSF事業の頭字語について冗談を飛ばして楽しんでいた州の教師であったが、それを完璧に履行するとなると事務仕事に多くの余計な時間を費やさなければならなくなる見込みにはうんざりしていた。事実、教師の多くは、計画のための時間も自由な昼食の時間もなかったので、新たな時間を求める州の新しい政策に深い憤りを覚えた。結局、大部分の教師は、BSFに基づく成績管理はしないことにした。教師たちは、州の教師の数をBSF事業のモニターの数で割って、モニターされるのはせいぜい3年に1度であると計算していた。さらに教師たちは、校長も教育長もBSFに関しては明白に冷やかな態度をとっていることを探り当てていた。

　ナッシュビルの州教育省の職員と政治家は、BSF政策が本来計画さ

れたようには実施されていないことを知ったが、テネシー州の教師の伝統主義のせいにして、自らに責任があるとは考えなかった。

注）ファウラー（Fowler, 1985）に基づく。

問　題

1. 政策決定の段階で、テネシー州教育省が犯したあやまりは何であったか。
2. 州教育省は、BSF政策を成功裡に実施する可能性を高めるために、そのアプローチをどのように修正すればよかったのか。
3. 政策実施が成功するためには、実施者の意欲と能力を形成し維持することが必要であるという命題を用い、この政策実施への取り組みに見られる弱点を分析しなさい。
4. テネシー州の教育者が使用した抵抗の形式をすべて述べ、また、この抵抗においてスクールリーダーが演じた役割を説明しなさい。

政策分析のためのニュース記事
パスコ郡が頭を痛めている問題：教員助手が直面する連邦の新しい基準

フロリダ州、ランドオレイクス発

低所得者層に属する子どもの教育にかかわる教員助手の資格を改善する連邦政府の命令が、パスコ郡学区職員の懸念を広げている。彼らは、政策の意図は認めながらも、その実施は難しく、費用がかかるという。

「落ちこぼれをつくらないための初等中等教育法（No Child Left Behind Act, NCLB）」の下では、タイトルⅠ学校*で雇われる新しい教員助手は、少なくとも準学士号を取得しているか、読み・書き・計算の授業の助手としての「質の厳格な基準」を満たしていることを証明するテストを

受けなくてはならない。タイトルⅠ学校ですでに雇用されている教員助手は、4年以内に新しい基準を満たさなくてはならない。教員助手は、生徒の個別指導や他の学級活動の手伝いで教師を支援している。

　パスコ郡学区には56の学校があるが、そのうちの17校がタイトルⅠ学校である。パスコ学区のタイトルⅠ担当の指導主事であるキャスリーン・ビトーによれば、各学校が雇っている教員助手の中で新しい必要条件を満たしているのは44人だけで、およそ220人が満たしていないという。各学校は、低所得家庭出身の生徒が多く在籍している場合に、連邦政府から特別の資金を受け取れるタイトル1指定校となる。連邦政府は、最も貧しい子どもが授業の大部分を資格がない成人から受けることのないように徹底したいがために、教員助手に関する新しい資格要件を義務化したのだと、先週行われたワークショップで、州教育省の職員はパスコ郡学区の教育委員に語った。「その政策の意図に悪いところがあると思わない」と、初等学校担当の指導主事補であるスーザン・ラインは語っている。「誰かに読みを教えようとするのであれば、どのように読むべきか知っておく必要があるでしょう」。けれども、学区当局者はつぎのようにも述べている。もし学区が、今求められている学歴を有する人に教員助手の仕事をしてもらいたいのであれば、学区は、時給6.50ドルという教員助手の初任給を再考する必要があるかもしれない。また、学区は、候補者がどんな種類のテストをクリアすれば準学士号取得と同等の資格が認められるか、それを厳格に行うための条件について説明を待っているところであると、副教育長のサンディー・ラモスは語った。

　NCLB法は、タイトルⅠの資金を受け取らない学校の教員助手の資格に変更を加えなかった。しかしながら、副教育長のサンディー・ラモスとタイトルⅠ担当の指導主事によれば、教育委員会は、資格要件を郡全体で統一するために、すべての学校で厳格な資格取得の実施を勧めるとのことである。ラモス副教育長は、学区としては、タイトル

Ⅰ指定校ではない学校では、すでに雇用されて働いている教員助手の場合、新規定の適用を免除するが、できれば、新しく雇用されるすべての教員助手により高い資格要件を適用したいと述べている。しかし、そうした資格条件を満たす十分な数の候補者がいるかどうかについて、教育委員のマージ・ホエーリーは懐疑的である。

＊タイトルⅠ学校とは、NCLB法の第1章(タイトルⅠ)に規定されている補償教育に関する施策・事業にかかわる補助金を受けている学校のことである。

ブレアの記事(R. Blair; Pasco Ponders Teaching Issue:Paraprofessionals Face New Federal Standards, Tampa Triune, April 21, 2002)を許可を得た上で転載。

問　題

1. ここで論じられているNCLB法の部分には、どのような政策的価値が含まれているのか。
2. パスコ郡学区は、この新しい政策を実施する意欲と能力をどの程度持っているか。
3. 学区間のリソースの格差と、それが実施にどのように影響を与えるかについて論ぜよ。
4. 教員助手のポストに関して十分な資格を持った候補者がいない場合、どのような事態が起きると考えるか。

第9章　政策評価

——政策が機能しているかどうかを見極める

中心的な問い

・なぜ、スクールリーダーは政策評価に精通しなければならないのか。
・計画された、もしくは完了した政策評価の質が高いかどうかはどうすればわかるのか。
・なぜ、政策評価は政治的であるのか。
・スクールリーダーは、政策評価の過程を円滑に進めるにはどうすればよいか。

1　神経をすり減らす主題

　評価(evaluation)は、あらゆる教育関係者の職業生活と切っても切れない関係にある。教師は定期的に生徒を評価し、校長は定期的に教師を評価し、そして、ますます、管理職自身が定期的な評価の対象となっている。さまざまな形式の機関評価も一般的になっている。資格認証チームが学校や学区を訪問し、観察し、面接調査を行い、データを収集する。多くの州では、学区のさまざまな分野における実績情報を収集するために、**指標システム**の制度を設け、これらのデータを分析・比較して、公式の報告書を公刊している。州教育省はおそらく評価結果を用いて、学区を優、良、不可というように分類し、これらに賞罰を付けている。今日のようなアカウンタビリティ(説明責任)の時代は、必然的に評価の時代でもある。

　したがって、政策がしばしば評価されるのは少しも不思議ではない。理想的

な世界では、すべての政策は徹底的かつ公正に評価されるだけではなく、政策決定者は評価結果に基づいて行動し、政策を修正したり打ち切ったりする。もちろん、われわれの世界は理想的な世界とはほど遠い。それゆえ、多くの政策はまったく評価を受けることがないし、おざなりな評価しか受けない政策もある。また、慎重な評価を受ける政策もあるが、誰もその結果に基づいて行動することがない。しかし、時として政策過程の最終段階が理想的に展開することもある。つまり、一定の時間が経過した後、政策が慎重に評価され、現状のまま維持されたり、変更されたり、打ち切られたりするのである。

　政策過程の他の段階と同じく、評価の段階も困難がつきまとう。その理由の大部分は評価が政治的であるからである。政治的である主たる理由は、評価が人々を脅かす性質を持つからである。1960年代、70年代、80年代を通して教育評価の第一人者であったスタッフルビーム（Stufflebeam, 1983）は、もう一人の第一人者であるスクリヴァン（M. Scrivan）の「評価は神経をすり減らす（nervous-making）仕事」という表現に同意し、評価といえば、私は「人を裁くな、自らが裁かれないために」（p.140）という聖書の警句をしばしば思い出すと、述べている。これは、スクールリーダーが順調で問題のない政策実施を当然視できないのと同様に、順調で問題のない政策評価も当然視できないことを意味している。しかし、有能なリーダーは政策評価を避けることも無視することもできない。スタッフルビームは続けて言う。

　　もし、われわれが施策・事業の弱点がどこにあり、どこに長所があるのかを知らなければ、施策・事業を改善することなどできない。政策の選択肢とその相対的なメリットを自覚していなければ、効果的な計画策定もできない。また、約束したことを達成し有益な結果を生み出したという証拠を示すことができなければ、われわれが立派な仕事を成し遂げ、持続的な支援に値することを有権者に説得することはできない。公務員が自らの仕事を適切な評価にさらさなければならないのは、こうした理由からである（p.140）。

したがって、全体の奉仕者としてのスクールリーダーは、政策評価に能動的に参加する者でなければならない。スクールリーダーは、学校や学区の政策が評価を受けている最中に、リーダーシップを発揮しなければならないときがある。また、自分自身で評価を計画し、実施しなければならないときもある。いずれの場合も、スクールリーダーは、政策がどのように、そして、なぜ評価されるのかを知る必要がある。

　9章は、政策評価の基本的な論点について基礎知識を提供し、政策評価に関する重要な決定に際して参考となるような提案を行う。しかしながら、本章は、評価を設計し実施するための詳細な手引きを提示するものではない。というのも、この主題に関しては多くの類書が手に入るからであり、そのいくつかについては本書の末尾に記している。その代わりここでは、評価の一般的な原理および評価を実施する場合になすべき選択を理解するための土台となる知識を提供する。この目的を達成するために、まず、いくつかの定義と教育政策評価の簡単な歴史にふれ、続いて政策評価の一般的な特徴に関する議論、評価をめぐる政治力学、有意義な評価を促進するためのさまざまな方法について述べる。最後に、評価の結果に基づいて行動することについて論じる。

2　政策評価にかかわる基本用語の定義

　他の専門分野と同じように、政策評価はその独自の用語を発達させ、それに携わる人は、外部の人には馴染みのない専門用語を使用する。この節では、(1)評価、(2)施策(project)、(3)事業計画(program)、(4)利害関係者(stakeholder)という4つの基本用語について定義を行う。

　評価とは「ある対象の価値、もしくはメリットについて体系的に検討すること」(Joint Committee, 1994, p.3)である。政策評価は応用研究の一種であって、ある政策がどの程度目標を達成したかを見極めるという実践的な目標のために、ある特定の具体的な場の中で、あらゆる研究の手法や厳密な基準を用いる。

政策は多くの場合、**施策**を通じて実施に移される。施策とは「ある限定された期間に提供される教育事業」(Joint Committee, 1994, p.3)である。例えば、連邦政府は、国の政策として補償教育を採用したとき、多くの学区における短期のヘッド・スタートやタイトルⅠの施策に補助金を与えた。施策が制度化されると、**事業計画**、すなわち、「継続的基盤の上に提供される教育事業」(Joint Committee, 1994, p.3)になる。こうして、大多数の学区には、これらの分野の基本政策を反映した継続的な英語教育事業や専門職能開発事業が存在し、これらの事業計画は多くの場合、先行する施策に基づいている。

いかなる評価においても、数多くの**利害関係者**、すなわち「事業評価に関与する、もしくは影響を受ける個人または集団」(Joint Committee, 1994, p.3)が存在する。学区では一般的に、主要な利害関係者には、教師、管理職、サポートスタッフ、生徒、親、教員組合、教育委員、利益団体が含まれる。

3　教育政策評価小史

(1)　初期の評価

・・
評価とは「ある対象の価値もしくはメリットを体系的に査定すること(systematic assessment)」(Stufflebeam, 1988, p.571)と定義されてきた。・体・系・的・な・査・定という言いまわしは現代的な響きがするため、教育評価が最近の現象であると想像するのも無理はない。しかしながら、そうではない。アメリカにおいて教育評価は、ホレース・マン(Horace Mann)が学校間比較を行うためにテスト・データを収集した南北戦争以前のボストンにまでさかのぼることができる。1880年代後半、最初の大規模な教育評価がジョセフ・ライス(Joseph Rice)によって行われた。彼は、綴り方の教育を評価するために多くの学区のテスト結果を用いた。綴り方のドリル学習に一週間で200分費やした子どもが、同じく10分だけ費やした子どもよりも成績がよくはなかったことがライ

スにより発見されたために、全国で綴り方の授業は一変した。20世紀の最初の25年間になされた標準テストの発展により、テストの結果を比較することによって学校や学区を評価することが、きわめて容易になった。われわれが知っているような教育評価が生まれたのは、当時、オハイオ州立大学教授であったラルフ・タイラー(Ralph Tyler)が、進歩的なハイスクールと伝統的なハイスクールの卒業生の大学における学業成績を比較評価した、いわゆる8年研究を行った1930年代であった。教育プログラムは目標に照らして評価されなければならないというタイラーの考えは広範な影響を与え、同様の考えを持つ多くの信奉者を生んだ(Madaus, Stufflebeam, & Scriven, 1983; Popham, 1988)。

(2) 貧困撲滅の闘い

1965年の初等中等教育法(Elementary and Secondary Education Act)の成立は、教育評価において重大な転機をもたらす出来事であった。この法律は教育に対する前例のない連邦資金の支出を規定するものであったが、ロバート・ケネディー(Robert Kennedy)上院議員を含めた何人かの議員は、この法律には評価を義務づける文言を含めるべきだと主張した。その結果、ESEAのタイトルIとタイトルIIIは、これらの規定に基づくすべての施策・事業が評価されることを求めた。つまり、評価報告書を連邦政府に提出することになった。ESEAのおかげで、教育評価は成長産業となった。実際、マイケル・スクリヴァン(Michael Scrivan)やロバート・ステイク(Robert Stake)のように政策評価の分野で大きな名声を博した何人かの人々は、教育政策評価を開発し改善させるまたとない、この機会に参加するために、他の分野からこの分野に転じてきた人たちである。

その後の10年間に、何千という政策評価がこの分野への熱狂的な新参者によって行われた。しかしながら、結果が期待はずれに終わったために、彼らの熱狂ぶりはすぐに衰えた。彼らの明らかにした知見は矛盾するものではなかったけれども、いずれも評価のあり方に対して批判的なものであった。8章で示したように、そのひとつの帰結は、教育研究者が政策実施をより綿

密に検討するようになったことである。また、もうひとつの帰結は、人々が評価を綿密に検討するようになったことである。初期のタイトルIに関する政策評価は、事業計画の成功を示す指標として、標準テストの結果を使用していたが、この経験は、すぐに、社会的・経済的あるいは文化的に不遇な子どもたちの学力の向上を適切に測定していないことを明らかにした。状況があまりにも深刻であったので、1971年、Phi Delta Kappa（PDK）は、教育評価を研究するための全国的な委員会を設立した。この委員会は、この分野が危機的状況にあると結論づけ、新しい評価方法の開発が急務であると提言した（Madaus et al., 1983; Popham, 1988）。

（3） 評価の専門職業化

1973年頃になると、評価はひとつの分野として成熟し始め、独自の専門領域として教育研究の分野で認知され始めた。評価という研究分野が市民権を得たというひとつの兆候は、Education Evaluation and Policy AnalysisやEvaluation Reviewを含むいくつかの専門雑誌が創刊されたことに表われている。他の兆候としては、テキストを含めて、評価に関する多くの本が刊行されたことが挙げられる。多くの大学が評価に関するコースを設置し、また、大学院に評価に関する講座を開設する大学も現れた。さらに、連邦政府といくつかの主要な大学は、政策評価に関する研究と開発を行うためのセンターを創設した。こうした研究と議論の場が生まれたため、PDKによって推奨されたような、評価に関する研究結果の交換や新しいアプローチの開発が促進されることになった。その後の15年間に、この分野では数多くの評価「モデル」が開発され、検証された。1983年までに、マダウスら（Madaus, et al.）はその著『評価モデル（Evaluation Models）』において、モデルに関する10もの章を含めることができたが、それには、スタッフルビームの「シップ」モデル（Context, Input, Process and Product, CIPP Model）、プロバス（Provus）の「ずれ」モデル（Discrepancy Evaluation Model）、アイスナー（Eisner）の「鑑識眼」モデ

ル(Connoisseurship Model)などが含まれている。80年代の終わりに、ポッパム(Popham, 1988)は、つぎのように述べている。

> 熱烈な子猫好きは感情を害するかもしれないが、「猫の皮を剥ぐ方法はひとつではない」という格言には相当の真実が含まれている。それと同じく教育評価を行う方法はひとつではない(p.21)。

今日、政策がどれだけうまく機能しているのかを知りたいと思っているスクールリーダーは、1960年代や1970年代初期のリーダーとは、かなり異なる状況にいる。政策評価は、多数の専門家と豊富な経験を誇る分野として確立されている。問題になっている政策が、全国的なものでも、ひとつの学校に限られたものであっても、その目的をどのくらい達成しているのかをかなりの精確さでもって判断することができる。州全体、学区、学校の能力の評価に用いるため、州教育省がデータを収集することはありふれた業務となっている。また、管理職は評価についての実践的知識を有し、必要に応じてそれを使えることがますます期待されている。この傾向の証拠として、1990年代中期に教育指導行政・カリキュラム開発協会(Association of Supervision and Curriculum Development: ASCD)とPDKが、評価を行う必要のある学区・学校のリーダーを対象としたハンドブックを刊行していることがあげられる(Beyer, 1995; Brainard, 1996)。教育政策評価は明らかに大学と政策センターから飛び出し、教育実践者の日々の生活へと入り込んできている。

4　政策評価の特徴

(1)　政策評価の過程

全国規模の大きな組織が50州の政策を評価する場合であろうと、校長が

自校のプログラムを評価する場合であろうと、それは政策評価の過程にとって大きな問題ではない。すべての政策評価は、同じ一般的な手続き・手順に従う。この手続き・手順は、**図表9-1**のように、簡潔にまとめられる。第1段階は、政策の**目標**や**目的**を可能な限り正確に決めることである。結局、ラルフ・タイラーが60年以上前に指摘しているように、政策はそれがめざしている達成目標との関係でのみ評価することが妥当である（Madaus et al., 1983）。例をあげれば、もし学区の新しい表彰システムの目的が生徒の出席率とモラールを向上させようとするものならば、評価者はそれら2つの目標が達成された程度のみを評価すべきである。その政策が学校活動の他の側面——例えば、テストの得点——に対してどんなインパクトをもつかは、この場合、無関係である。目的が達成されたかどうかは通常すぐには明らかではないので、つぎに、評価者は目標が達成されたかどうかの尺度となる**指標**を選択しなければならない。例えば、表彰システムの評価においては、過去5年間の数値を比較した出席率のデータと、毎年、年度当初に実施する学校風土調査の結果とが、指標として選択されるであろう。

　評価を行うにあたっての第3段階は、**データ収集の方法**を選択または開発することである。表彰システムの評価では、評価者は最近5年間の学区の出席記録のデータを書き込むための書式を作成する。評価者はまた、すべての生徒を対象として実施する、市販で入手可能な学校風土調査を選ぶ。つぎに、評価者は**データを収集する**。表彰システムの評価調査においては、出席記録の所在をたしかめ、準備した書式に関連する情報を書き写さなければならな

図表9-1　政策評価過程の基本的段階

1. 政策の目標を決める
2. 指標を選び出す
3. データ収集の方法を選択、または開発する
4. データを収集する
5. データを分析・整理する
6. 評価報告書を執筆する
7. 評価者の提言に応える

い。また、学校風土調査も、毎年、所定の時期に実施しなければならない。データは、収集された後、分析されなければならない。数値データ（テストの得点のような）は通常、統計的に分析される。平均値、分布範囲、頻度が計算され、現れた差異が統計的に有意であるかどうかが検討される。このような結果は、通常、図、折れ線グラフ、表の形式でまとめられる。言語データ（インタビュー・データのような）は通常、データのなかで繰り返し現れるテーマを特定し、各テーマがどこに現れたかをつきとめることができるようにコーディングされる。数値データの分析でも、言語データの分析でも、コンピュータープログラムの利用が可能である。

　データが注意深く分析された後で、評価者はデータに基づいて**報告書をまとめ**、知見を提示し、提言をする。例えば、ここで議論してきた表彰システムの評価は、表彰政策が実施されてから出席の改善は見られたが、モラールに関しては改善が見られない、ということを明らかにするかもしれない。そのため、評価者は、表彰システムは継続すべきであるが、モラールを向上させるためには他のアプローチが試行されるべきである、という提言を行うかもしれない。学区のリーダーは、この報告書を受け取り、それを用いてこの政策を修正あるいは打ち切ることになる (Brainard, 1996; Nakamura & Smallwood, 1980)。

(2) 評価を判断する基準

　政策評価は政策の効果を判断するためのものであるが、政策評価それ自体も評価され得る。実際に、スクールリーダーは計画された、もしくは完了した評価の質を判断する方法を知る必要がある。もしスクールリーダーが評価の実施を委託契約した場合、提案された評価設計が健全なものであるかどうかを知る必要がある。もし完了した評価を活用する場合、それをどこまで額面通りに受け取っていいのかを判断できることが必要である。社会的に承認された評価基準が必要であるということで、関係する12の研究団体が1975年に合同委員会 (Joint Committee) を設立し、教育評価を「評価する」基準を開発し、その成果が

1981年に刊行された。評価論の新しい動向を反映させるために1990年代初頭に改訂され、最新版は1994年に『事業評価基準(Program Evaluation Standards)』として発行された。30の基準が4つの大きなカテゴリー、(1)有用性(usefulness)、(2)実行可能性(feasibility)、(3)礼節(propriety)、(4)正確さ(accuracy)に分類され、政策評価を判断する一般基準として利用されている。この節では、『事業評価基準』に依拠しつつ、これらの4つの基準について論じる(Joint Committee, 1994)。

①有用性

　有用であるためには、評価は十分に資格のある個人もしくはチームによって行われなければならない。資格のある人々には、評価を主たる業務とする会社で働くコンサルタント、大学教授、学区や州教育省の研究部で働く人を含んでいる。しかしながら、評価者がどこで働いていようとも、その人物の資格証明書(credentials)は慎重に吟味されなければならない。

　評価の有用性は、利害関係者の特定と意味のあるデータ収集の程度に大きく依存する。すぐれた評価者は、評価調査の初期において、すべての利害関係者、すなわち、その評価対象である事業に関係している人々や集団もしくは評価結果に影響を受けるであろう人々を特定する。利害関係者の代表とのインタビューは、そのニーズをつきとめ、評価の過程全体を通してそれに対応するために是非とも行うべきである。さらに、そのニーズに関係したデータも選択されるべきである。集められたすべてのデータは、評価の主要な目的に関連したものでなければならない。情報源は単に便利とか安価という理由からではなく、利害関係者にとって重要な問題に答えるのに役立つという理由から活用されるべきである。

　中間および最終評価報告書もまた、有用でなければならない。これらの報告書は、利害関係者が理解できるような明瞭な言葉で書かれるべきであり、専門的すぎる用語や理解し難い統計は避けるべきである。もし必要であれば、利害関係者向けにわかりやすく表現した特別のバージョンを用意したほうがよい。例えば、学区事務局のスタッフ向けのバージョンは親グループに向け

たものより、より多くの専門用語やグラフを含むであろう。すべての読者のための報告書は、当該の政策や政策評価の一般的枠組みに関する適切な情報を含むべきである。主要な知見は実践場面と明確に関連づけられるべきであり、提言はすべて一般的であるよりはむしろ具体的でなければならない。最後に、報告書はあまり長すぎず、最初の部分に概要を付けるべきである。

②実行可能性

　第2の基準は、実行可能性である。評価は、学校や学区に不合理な圧力をかけなくても実施可能なものでなければならない。実行可能性の重要な側面は、実際的であることである。評価は、所定の時間の枠内で完了することができ、関係する教育者の職責をむやみに妨害することなく実施できるように、設計されなければならない。インタビューやテストを行うからといって、1週間も2週間も授業を停止しなければできない評価は、実際的ではない。実行可能性のもうひとつの次元は、政治的なものである。この章のはじめに示唆したように、評価は「神経をすり減らす」ものである。神経質な人々は自分自身もしくは自分の職を守ろうとして、評価調査の一部を阻止しようとする可能性がある。このことは、評価が常に政治的なものであることを意味している。すぐれた評価はこの事実を無視することはせず、むしろこのことを肝に銘じて企画される。評価をめぐってしばしば噴出してくる政治的論争を最小限に抑えるひとつの方法は、企画の段階ですべての利益団体や利害関係者に会い、彼らの憂慮している事柄を議論し、彼らの提案に耳を傾けることである。評価調査の間、スクールリーダーは、インタビューや観察やデータ収集に際して、ある集団より他の集団をえこひいきしたり、えこひいきしているように見えたりする行為は避けなければならない。さらに、すぐれた政治的スキルをもつ評価者は、最終報告書が刊行されたときに誰も不愉快な驚きに出くわすことのないように、評価段階全体を通じてすべての利害関係者とコミュニケーションを図るように慎重を期している。最後に、実行可能な評価は、財政的な裏づけがある。評価調査を行うのに十分で、法外な額ではない一定の予算を伴う。

③礼　節

　礼節の問題は法的なものであり、また倫理的なものでもある。すぐれた評価は調査一般の規範に従わなければならない。第1に、評価調査に関して利害を有する者を評価者として選んではならない。評価者は評価結果に対して、個人的、職業的あるいは財政的利害を持つべきではないし、評価調査を委託しようとする人々の親しい友人であるべきではない。つぎに、評価者と調査を委託する組織との間で、評価調査の目的、内容、完了の時期を明記した文書による契約がなされるべきである。評価者は、仕事を遂行するにあたり、評価対象者の人権事項を尊重し、守秘義務を守り、調査の目的をそれぞれの参加者に伝えるべきである。さらに、すべての人を礼節をもって扱い、幅広く意見を求め、個人の組織上の地位、人種、ジェンダー、あるいは年齢を理由に目を塞ぐことのないように注意すべきである。たとえ、評価が財政上の詐欺行為や他の問題行為を発覚させることになっても、最終報告書は評価上の知見をすべて公開すべきである。

④正確さ

　最後に、評価は正確でなければならない。正確な報告書を作成するために、評価者は何よりまず、その政策が実施される場を研究して、その文化的、社会・経済的特徴に精通しなければならない。報告書においては、読者がその情報やそれに依拠する結論の価値を判断できるように、評価者は詳細な情報源を提供しなければならない。データ収集は、広い範囲の情報源に依拠しつつ、行き当たりばったりではなく体系的に行われるべきである。報告書においては、評価者はどのようにして結論に到達したのか、そして、それぞれの結論が依拠しているデータを、正確に明示しなければならない。

(3)　評価の目的

①総括的評価

政策評価は、少なくとも4つの目的に役立つ。政策評価の多くは総括的評価である。すなわち、ある期間施行された政策の質を、特に施行の重大な局面に到達した時点における政策の質を評価するものである。例えば、多くの連邦政策は政策変更の日程に上る前に総括的評価がなされる。否定的な評価がなされると、議会はその政策を財政的に裏づける予算配分に賛成投票をしないため、それは政策の打ち切りを意味する。あるいはまた、否定的評価は、大幅な政策変更が行われることを条件に、政策に対する財源措置が図られることを意味することもある。総括的評価の主要な目的は、政策の実施者のアカウンタビリティを確保するためであり、総括的評価が行われる場合、関連する利害が大きく、通常、外部からの評価者が利用されるのはそのためである。1960年代と1970年代には総括的評価が人気を博したが、最近は形成的評価が好まれるようになってきた(Popham, 1988)。

②形成的評価

　形成的政策評価の目的は、政策実施の至る所で政策実施者が政策の改善に必要な変更を行うことができるようにするためである。であるから、形成的評価は継続的で反復的な過程である。正式な報告書は、あらかじめ決められた期間ごとにしか執筆されないが、通常、データは定期的に収集される。形成的評価は、実施者本人が行っていることについて適切な決定ができるようにうながすためのものであるから、総括的評価ほどびくつく必要はない。関連する利害があまり大きくないので、内部の評価者によって行われることもある(Popham, 1988)。

③似非評価

　残念なことだが、政策評価は必ずしも誠実に行われるとは限らない。表面的には正真正銘の評価に見えるものが、実際にはいわゆる似非評価である場合が多いのである(Stufflebeam & Webster, 1983)。似非評価には、2つのタイプがある。第1のものは、「政治的に統制された評価」(p.25、傍点は引用者による。)

である。それは政治的な動機をもつ評価である。多くの場合、評価の目的が評価者に直接的にか間接的にか知らされてしまっている。だから、評価者は自分の倫理的基準に照らしてその評価を続けるかどうかを決めなければならない。このような似非評価では、データの収集や最終報告書の作成は、その政策の望ましい印象を作り出すために注意深く統制される。政策に関して望まれている結論は、肯定的な場合もあれば否定的な場合もある。いずれにしてもそれらは政策の成功に関する真実を反映しているのではなく、その評価を委託した人々が政治的理由で求める結果を反映しているということである。

　似非評価の第2のタイプは、広報向け評価である。その目的は「学区、事業、政策過程に対する地域住民の肯定的なイメージを創造する」ためのものである (Stufflebeam & Webster, 1983, p.26)。政治的な動機をもつ評価と同じく、広報向けの評価調査を委託する人々は、通常、評価結果がどうなければならないかをあらかじめ明確に指示する。この場合、最終報告書の結論は、肯定的なものでなければならないだけでなく、すでに形成されている地域住民のイメージに磨きをかけるものでなければならない。このような結果をもたらすために、評価の委託主は、研究者の訪問場所、インタビューすべき人物、質問内容に制限を加えることによって、利用可能なデータを注意深くかつ意図的に選択する。いうまでもないが、似非評価を委託すること、もしくはこれに参加することは、いずれも倫理に悖るものといえる。

(4)　政策評価において使用される方法

①量的方法

　量的調査は、数値データの収集と統計的分析を伴う。多くのタイプの数値データが、学校や学区において入手可能である。図表9-2は、最も一般的なデータの一部をリスト・アップしたものである。量的政策評価は、実験的もしくは準実験的デザインに依拠するもので、事業に参加した実験群と参加しなかった統制群の両者間の統計的差異を探るものである。例えば、ヘッドスタート

図表9-2　量的データの例

・テストの成績
・生徒の留年率
・出席率
・退学率
・生徒1人あたりの支出
・教師の給与
・教師1人あたりの生徒数
・無料・減額給食を受給する生徒の割合
・在籍者数
・修士号を所持する教師の割合

事業の評価は、ヘッドスタート教育修了児のアチーブメント・テストの成績がより高く、落第する児童がより少ないのかどうかを見出そうとして、就学前教育事業に参加した子どもと参加しなかった子どもとを比較した。しかしながら、多くの量的評価デザインは、実験的なものではない。ある特定の目標が達成されたかどうかを決めるために量的データを利用する評価者もいれば、態度や意見を評価するためにサーベイを用いる評価者もいる。量的評価には、いくつかの利点がある。おそらく最も重要な利点は、十分に構造化された量的研究に対する信頼性の高さである。大多数のアメリカ人は、統計的専門用語で提示されグラフで描かれている調査結果を尊重する。第2の主要な利点は、量的評価は多くの場合、比較的素早く、かつ比較的費用をかけずに行うことができる点にある。量的評価の主要な欠点は、その評価枠組みが柔軟性を欠き、質問項目が自ずと限定されるため、政策に関する予期せぬ事実の発見には、あまり向かないことである (Brainard, 1996; Stufflebeam & Webster, 1983)。

②質的方法

　初期の政策評価はそのほぼすべてが量的なものであったが、近年、**質的アプローチ**が広まっている (Guba & Lincoln, 1989)。質的調査は、言語データもしくは視覚データの収集を伴う。そのようなデータは、多くの種類が学校や学区において入手可能であり、研究者により簡単に収集することができる。図表9-3は、最も一般的に使われているデータの一部をリスト・アップしたも

4 政策評価の特徴

図表9-3 質的データのタイプ

- インタビュー・データ
- フォーカス・グループの討議データ
- 観察ノート
- 自由記述式のサーベイ
- 個人的な談話
- 日記
- 議事録
- 公式の報告書
- 法制文書
- 本や資料
- 写真

のである。質的調査は、しばしば、複数のタイプのデータを収集し、これらを比較する**トライアンギュレーション**（三角測定法）と呼ばれるプロセスを伴う。例えば、退学防止事業を評価する質的評価チームは、生徒と教師にインタビューし、授業を観察し、そして、事業に関係した本や他の資料を分析するであろう。量的評価の場合と同じく、質的評価にも利点がある。評価対象の政策がかなり新しい事業ないしは先導的なパイロット事業である場合、質的研究は、問題点に対して価値ある洞察をもたらすことができる。さらに質的評価は、量的評価が見逃してしまう予期せぬ発見をすることがある。例えば、1960年代末の質的評価は、いくつかの連邦教育政策が実施されていないことを明らかにした。質的評価の主要な欠点は、量的調査よりも時間がかかるため、費用もかかってしまうことである。これに加え、大多数の人々はインタビューや観察による外見上主観的にみえる調査結果よりも数字を信用するため、質的評価は量的評価よりも信頼性が低く見られる（Brainard, 1996; Guba & Lincoln, 1989; Stufflebeam & Webster, 1983）。

③全体的評価

　量的調査か質的調査かの選択は、あれかこれかの二者択一的なものではない。これら2つの要素を併せ持つ評価を設計することは可能であり、これは**全体的評価**（holistic evaluations）と呼ばれることがある。例えば、多くのケース

スタディ(事例研究)は、数値データと言語データの双方に依拠している。ある州の全域の中学校(ミドルスクール)を対象とする政策実施の評価では、いくつかの学校の詳細なケーススタディを含んでいて、テストの成績、態度評価、出席率のような数値データだけでなく、インタビュー、学級観察、自由記述式のサーベイのような言語データを分析している。このような評価ではいくつかの複数の指標を使うことができ、ジュニアハイスクールからミドルスクールへの移行がどこまで円滑に行われたかについてと同様、そこに含まれる課題について深い洞察が可能になった。全体的評価の主要な利点は、その名称が示すように、現在何が起きているのかに関する全体的な視点を提供することである。このことは、質的データのみ、あるいは量的データのみを使った評価の知見よりも、全体的評価の知見の方が、多くの場合妥当性が高いことを意味する。主要な欠点としては、質的データの収集と分析にかかる時間とコストがある。唯一最善の評価方法というのは、どこにも存在しない。方法論の選択は、評価研究の目的と問題の性質に依存する(Brainard, 1996; Joint Committee, 1994; Wolf, 1990)。

(5) 指　標

　評価の過程における必須不可欠の段階として、評価者は、政策がその目標をどれくらい達成したのかを見定めるための**指標**を決めなければならない。指標の正確な定義はいろいろと議論されているが、典型的なものとして「指標とは教育の基礎的構成概念に関連し、政策の文脈において有用な、個別的もしくは合成的統計量である」というのがある(Shavelson, et al., 1987, cited in Nuttall, 1994, p.18)。この定義は、もちろん質的評価を除いている。ナッタール(Nuttall, 1994)は、指標は質的でありうるが、その場合でも意味あるためにはある程度は数量化されなければならない、と提案している。例えば、学校から職業への移行(school-to-work)事業の質的評価において成功を測るひとつの指標は、インタビューされた参加者の大多数がその事業のお陰で仕事を得

ることができたとする回答の数となろう。量的であれ質的であれ、すべての指標の目的は、政策の質に関する信頼のおける情報を提供し、情報に裏づけられた意思決定を可能にすることである。

　評価を設計する場合、それぞれの政策目標に応じて指標を選択し、そして可能であれば、それぞれの政策目標との関係で1つ以上の指標を使うことが重要である。例えば、新しい数学教育事業において生徒の数学能力が高まったかどうかを判断する場合、評価者は(1)多肢選択法のテストでの生徒の成績、(2)記述式テストでの生徒の成績、(3)選ばれた数人の生徒との数学的思考プロセスについて議論したインタビュー・データの3つの指標を使うことが考えられる(Joint Committee, 1994)。これら3つの指標を使うことで、評価者は事業の詳細かつ綿密なインパクトについて構図を描くことができる。これらの中のひとつ、例えば多肢選択法のテストのみを使った場合は、過不足のない情報を提供することができないため、評価の価値は低くなる。

　不適切な指標を使った場合、評価に悪影響を及ぼすおそれがあるから、指標を選択する場合、注意深い思慮が必要である。前の例を続けると、多肢選択法のテストの結果だけを使用すると、数学のカリキュラムを実施する際の教師の教授方法に有害な影響があるであろう。そのようなテストは事実的知識の強調と同時に、広範囲な教育内容を表面的にカバーすることを余儀なくさせる。教師は、問題解決能力や思考能力も測定されることを知れば、教え方を改める。選択された指標が、当初の政策がねらいとしていた人々のために尽力しようとする教育者の妨げになることもある。例えば、テストの成績がよい場合に学校や個人に対してボーナスを出すという単純な褒賞制度の危険性としては、成績のあまり芳しくない生徒たちにテストを免除する口実を見つけようと校長や教師が躍起になることがある。あるいは、校長や教師は、褒賞金を受け取る機会を減らすまいとして、多くの生徒を特別支援教育や職業教育のコース所属扱いにするやり方を見つけるかもしれない。不適切な指標が教育事業を意図せざる病理的な動きのきっかけをつくることがないようにするには、いくつかのタイプの指標を使い、その指標と起こりうる帰結に

ついて主要な利害関係者と議論することが大切である(Joint Committee, 1994)。

5 有意義な政策評価を促進する

　長期にわたってリーダーシップを発揮しようとするのであれば、いかなる教育者も政策評価の問題を避けて通れない。州政府や連邦政府あるいは民間財団から助成金を受け入れる条件のひとつに、義務として課せられる評価がある。学区独自の政策に関して教育委員会や事務局から求められる評価のこともあろう。あるいは、特定の学校や特定の教科部だけに関係する問題の評価調査かもしれない。その範囲が広かろうが狭かろうが、評価はリーダーシップを発揮しなければならない人々に特有の課題を提起する。リーダーの責任は、有用な評価を促進すると同時に、学校の教育活動全体に対して継続的な指導助言を行うことであり、それは容易な仕事ではない。さらに、評価は現状を脅かし「常に対立状況の中で行われる」ために、リーダーを取り囲む環境は通常よりも騒然としたものになる(Brewer & de Leon, 1983, p.361)。そこで、本節では、このような困難な職務をより容易にするための実際的なガイダンスを提示する。評価の政治力学に関する議論をまず概観し、その後、評価過程を取り巻いている対立を減少させる方法を示唆し、有用な評価が実施されうる条件を明らかにする。

(1) 評価の政治力学

①なぜ評価は政治的なのか

　政策評価にもともと備わっている政治的特質は、ずっと以前から認識されてきた。評価研究で全米に知られているワイス(C. Weiss)が1973年に述べたように、「施策・事業の存続をめぐる政治は、古くからある重要な技法である」(Weiss, 1988, p.49)。その15年後、彼女は、「考えてみると、当時自分が書いた

ことは今でも変わらない」(p.66)と述べ、その命題を確認している。評価の政治的特質は、新しい世紀が始まったいまでも変化していない。1997年に出された『21世紀の評価(*Evaluation for 21st Century*)』(Chelimsky & Shadish, 1997)と題された本の中で編者は、第3章を評価の政治的側面に関する議論に充てている。評価が政治的であるのには、3つの理由がある。第1に、評価者が評価する施策や事業は、政治過程の所産である。第2に、評価報告書は政治的アリーナにおいて起こる出来事に対して影響を与え、しばしば政策の継続や政策を裏づける予算額を左右する。第3に、多くの個人の経歴や専門家としての名声や教育上の利益は、さまざまな評価の結果に依存している(Weiss, 1988)。これは、政治が ── それは、往々にして最も性質の悪い種類の政治であるが ──、あらゆる種類の評価を取り巻いていることを意味する。賢明なスクールリーダーは、政治が自分たちの評価の場に出現しないことを願いつつも、評価過程の政治的側面を否定はしない。むしろ、それを予測して、それに備える(Joint Committee, 1994)。

②評価というアリーナのアクター

　評価をめぐる政治力学を予測してそれに対応する計画を練るには、評価アリーナにおけるアクターは誰なのか、どんな動機をもっているのかを理解することが必要になる。そこで、つぎに、**政策決定者**、**政策実施者**、**クライアント**、**評価者**といった主要な集団の持つ利害関心について、簡単に論ずる(Nakamura & Smallwood, 1980)。

政策決定者　通常、政策決定者は、評価を要請し、政策の将来に関して重要な意思決定をするために、その評価を利用しようとする。教育委員、州議員、連邦議員がそうした人々であるが、州教育省の高官も含まれる。政策決定者は、基本的に、問題となっている政策を改善あるいは打ち切るために活用できる適切な情報を手に入れたいと考えてはいる。しかしながら、政策決定者はさまざまな価値によって動機づけられていて、現在の地位を守りたいという個人的な利害によっても突き動かされている。つまり、次期選挙で勝たなければならな

いとか、官僚の場合だと、次期選挙で上司を勝たせる手助けをしなければならないとかいうことを意味している。したがって、政策決定者は、技術的にすぐれた評価が実施されるかどうかを見守ることには必ずしも関心はなく、むしろ施策が有権者に好評なら維持し、そうでなければ打ち切るということを主張する確実な証拠を得ることに関心がある (Nakamura & Smallwood, 1980)。

政策実施者　政策実施者とは、学区内にいて政策を実施に移すことにかかわるすべての人々である。これには、学区事務局の教育行政官、校長、多数の教員が含まれる。通常、政策実施者は、子どものためになる適切な施策を実施したいと望んでいるけれども、個人的な利害関心もまた有している。専門家としての名声や昇進の機会、そしてある場合には、仕事そのものが、評価結果に左右されることもある。そのため、彼らは、評価結果を自分たちに有利なものにしたいと考えている (Nakamura & Smallwood, 1980)。

クライアント　教育政策およびそれを具体化する施策や事業の直接的なクライアントは、多くの場合、生徒であるが、親は、間接的な隠れたクライアントである。親は評価アリーナにおいて生徒よりも頻繁にアクターになり、相対的に学歴が高く裕福な親が活動的であることが多い。もし政策が自分の子どもに特別な便益もしくは地位を授けるのであれば、クライアントは政策実施者が欲するような好意的な評価を欲する可能性が高い。たとえ施策が本来の目的を達成していなくても、クライアントは施策が大幅に変更されたり、打ち切られたりするのをいやがることがある。それは、施策がたとえ効果がなくても、子どもに対して何らかの特別なサービスというものを提供しているからである (Nakamura & Smallwood, 1980)。

評価者　最後に、評価者自身が評価結果に利害を持つ。その動機のひとつは、適切な政策決定を可能にする徹底的かつ正確な評価を行うことである。しかしながら、評価者は、その個人的な利害関心のために、評価者としてのキャ

リアを妨げるのではなく、それを強化するような評価を行う傾向がある。これは、多くの場合、評価者が特定の文脈において本当に必要とされている種類の評価よりも、同僚や将来のクライアントを印象づけるような洗練され技術的に妥当な評価報告書を作成しようと努力することを意味する。がしかし、敵対的な評価者という評判が高まり、つぎの仕事の機会が減少することを恐れて、評価者が極端に否定的な調査結果の報告を躊躇する場合もある（Nakamura & Smallwood, 1980）。

③適切な評価を妨げる策略

　適切な評価のチャンスを減少させる策略を用いる可能性はすべてのアクターにあるから、スクールリーダーは適切な評価を狂わせてしまう典型的なアプローチを認識する必要がある。評価にかかわるスクールリーダーは、これらの策略が用いられるかもしれないことを予期し、それにどう対応するかについてあらかじめ大まかな計画の試案を練る必要がある。第1の策略は、単純に評価を阻止することであり、評価が行われないようにすることである。政策決定者は、自分の考えで、あるいは政策実施者やクライアントからの圧力をうけて、評価を中止するか、あるいは評価のための補助金を減らすことを考えることがある。したがって、施策の公平な評価を望むスクールリーダーは、評価を妨げるロビー活動が実際に行われているという証拠を探し出して、政策決定者に対して本格的な評価調査がぜひ必要である理由を速やかに提示すべく動かなければならない。

　第2の策略は、望ましい評価結果が保証されるように評価基準を設定することである。例えば、特別な才能を持つ生徒のための施策を継続させたいと考えている親のグループは、教育委員会に対してその施策の効果を判断する主要な基準として、親の満足度を取りあげるよう圧力をかける。

　いったん評価が開始されると、クライアントを動員して評価者に対して圧力をかけるという、第3の、よく好まれる策略が浮上する。政策実施者は、親といつも接触しており、施策のデータを収集している情け容赦のない評価

チームのぞっとするような話を彼らに吹き込むことができるので、この策略を使う可能性が最も高い。その目的は、クライアントと評価者の間に葛藤を引き起こさせることであり、また、苦情を訴えるために政策決定者と連絡をとるようクライアントを説得することである。

第4の策略もやはり、通常、政策実施者が起こす行動である。政策実施者は、評価者がデータ収集をできないようにしたり、データ収集を困難にさせたりすることがある。統計記録が不思議にも消え去ってしまったり、予定されていたインタビューが突然キャンセルされてしまったり、調査の回収率が非常に低いものとなるというようなことが起こる。政策実施者は施策に関する情報の大部分を統制しているので、このような方法で自らの権力を発揮するのに好都合な地位にいるのである。

最後に、評価が終了して報告書を作成した後に、(評価者以外の)いずれかの利害関係者が選択する策略がある。それは、評価の質に対する批判や攻撃である。評価者に向けられる非難はさまざまである。しかしながら、最もよく耳にするのは、評価者が偏見を持っているとか資格がないといったものや、不適切な指標を選択しているといったものである。評価の信頼性を傷つけることによって批判者は、政策決定者やリーダー的な役割を果たしている政策実施者が評価結果を使って政策変更するのを思いとどまることを望んでいるのである。

評価というアリーナは、軽率なスクールリーダーが油断して近づくと多くの地雷が爆発するように待ち構えている政治的地雷原であると表現できる。このアリーナの危険度を完全に除去することはできないが、健全な評価の可能性を高めうるいくつかの常識的な段階を踏むことによって、その危険度を小さくすることは可能である。このことは、つぎに取りあげる。

(2) 適切な評価を実現するための提案

スクールリーダーは、政治に押し潰されたり不十分なデータによって台無

しになることのない健全な評価の可能性を高めるために、いくつかのことができる。この節では、適切な評価をするための5つの重要な方法について論じる。

① 評価があることにあらかじめ注意を促す

　よい教師であれば、コースが終了する頃になって、成績を決めるための評価方法で不注意な生徒を驚かすようなことはしない。よい教師はコースの開始時に、評価方法を説明し、その論理的根拠を示し、生徒がコースの目標を達成できるように手助けをする。同様に、スクールリーダーも、評価を政策実施者のやる気を削ぐような予期せぬ罰として利用すべきではない。このような不愉快な不意打ちは、敵対的な雰囲気を生み出し、最悪の種類の政治的ゲームを助長することになる。不意打ち的に評価を使う代わりに、スクールリーダーは、はじめに評価の全体的な計画を明らかにしておくべきである。新たな政策、施策、事業は、評価システムを組み込んで立案されていることが多い。これは、政府や財団の助成事業に見られる。そのような場合、スクールリーダーはこの情報を秘密にしておくべきではない。むしろ、最初からすべての利害関係者と情報を共有しそれについて議論しておくべきである。評価が組み込まれていない場合もあるが、それは評価なしですませることを意味するものではない。スクールリーダーは、形成的評価と総括的評価の両方の全般的計画を立て、それを利害関係者に伝えるべきである。こうしないと、数年後に「不意打ち評価」を設定することになり、緊張関係や不愉快な状況を醸成することになる。

② 利害関係者とのコミュニケーション

　新しい政策実施の初期段階に利害関係者との自由闊達なコミュニケーション経路を確立し、これを最後まで維持し続けることはきわめて大切なことである。このコミュニケーションの主題は、当該政策の評価についてであるべきである。利害関係者と自由にコミュニケーションすることには、2つの重要な理由がある。

　第1に、適切なコミュニケーションは、主要な政治的問題を防止するのに

役立つ。コミュニケーションが欠如すると、利害関係者は、リーダーが評価計画を隠し立てしていると見なし、その真の意図にさまざまな疑念を抱いてしまう。そのような疑心暗鬼の雰囲気の下では、利害関係者は防衛的に反応し、できれば評価を回避したいといった態度に出ることになる。しかしながら、リーダーが利害関係者を評価の計画に参加させるならば、そのような戦術は少なくなるであろう。これは、リーダーが最初から主要な利害関係者もしくはその代表者との会合を持つべきことを意味する。代表者との会合を持とうとする場合、その代表者はリーダーによって指名されるのではなく、各グループで代表者を選出するようにすべきである。会合では、当該政策の目的が議論されるべきであり、利害関係者は質問をしたり、懸念を表明する機会が与えられるべきである。リーダーは利害関係者に、評価からどのような情報を得たいのかを尋ねるべきであり、また、その考えを評価のなかに盛り込むべきである。評価過程を通じて、リーダーはどのようなことが起こっているのかを利害関係者に定期的に通知すべきであり、中間的な評価結果も知らせるべきである。リーダーは必ず、利害関係者が理解できるように最終評価報告書を作成し、評価結果の意味や影響を議論できるように1回以上の会合を開催しなければならない (Joint Committee, 1994)。

　利害関係者と確かなコミュニケーションを持つべき第2の理由は、最終評価報告書の妥当性とその価値を改善するためである。利害関係者は通常、リーダーよりも実施の第一線に近い位置におり、かつ、実施に関して、リーダーよりもはるかに熟知している。しかし、利害関係者は、信頼関係がなければ十全な情報というものを提供しない。さらに、実施に関して以前に示唆したように、どの政策についても複数の視点が成り立つので、これらの視点が何であるのかを知ることは有用である。リーダーは、多くのコミュニケーションを伴う双方向的な評価を通じてのみ、それらの視点を発見できる。

　ギューバとリンカーン (Guba and Lincoln, 1989) は、つぎのように述べている。

　　　(評価の)結果は、究極的な意味での「事実」ではなく、評価によって

なんらかのリスクを負うことになる多くの利害関係者も評価者も含む相互作用過程を通じて文字通り創造されるものである。この過程から生まれてくるものは、評価の対象たる事例の現実についての1つ以上の解釈である(p.8)。

③指標の選択

　たとえ外部評価者を活用するとしても、そして、評価者が他の指標を付け加えることを十分わかっていても、スクールリーダーは政策実施の開始時にモニターのための物差しとなる指標を選択すべきである。早期に指標を選択することは、実施者を安心させると同時に、どのようなデータが収集されるべきかを決めやすくするであろう。前述したように、実施者たちの行動を歪めないような指標を選択することが重要である。すべての利害関係者との自由闊達な議論は、リーダーが最良の指標を決めるとき、重大な過ちを回避するのに役立つ(Hogwood & Gunn, 1984)。

④データ収集

　スクールリーダーは、総括的評価が行われるまでデータ収集をしないで待つ必要はない。指標が早期に選択されなければならないのと同じように、データ収集もまた継続的に行われなければならない。というのも、データ収集は、実施過程を通じて形成的評価の一部として利用できるからである。頻繁なモニタリングの結果は、リーダーに政策改善のアイディアを提供し、アカウンタビリティーの尺度を与える。そうすれば、正式の総括的評価が実施されるとき、評価者は自ら作成するデータと関連させながら利用できる豊富な情報ベースを手にすることになろう(Hogwood & Gunn, 1984)。

⑤評価者の選定

　政策評価を行う人を選ぶことは、重要である。この決定に責任のあるスクールリーダーは、最終評価報告書の質と信頼性に重大な影響を及ぼすから、こ

のことを慎重に考えるべきである。基本的に4つの選択肢があり、それぞれに長所と短所がある。

　第1の選択肢は、**政策実施者**による内部評価である。このアプローチの最大の長所は、内部者は政策について多くの情報にアクセスできることである。しかしながら、この選択肢には重大な短所もある。まず、政策実施者は質の高い評価を実施するのに必要とされる調査技術に欠けるかもしれない。これに加えて、実施者は政策に対して好意的な見方しかできない可能性が高いので、ほとんどの外部者は実施者による評価結果には懐疑的である。

　第2の選択肢は、**専門的な評価スタッフである内部評価者**を使うことである。大規模学区やいくつかの中規模学区は、評価の専門的訓練を受けたスタッフのいる調査部を置いている。このようなスタッフは、調査方法論に精通しており、政策実施者よりも公正であろう。しかしながら、その評価の場合、信頼性に関する若干の問題が浮上する。評価者と政策実施者が同じ雇用者のもとで働いており、個人的に知り合いであることさえあるからである。これに加え、否定的な評価をすると学区内で対立を引き起こす可能性もある。

　第3の選択肢として、外部評価者を利用することも可能である。学校または学区が、**外部の機関やコンサルタント**と契約を結ぶのである。大学や専門的な評価会社は、このような評価調査者の供給源として最も一般的である。外部のサービスを利用することの長所は、調査者が資格を備えており、いかなる内部者よりも高い信頼性を有することである。しかしながら、いくつかの欠点が存在する。第1に、外部評価者は政策が実施されている社会・政治的環境を知らない。この欠点は、調査方法によって部分的には補えるが、すべての評価専門家がこの問題に敏感とは限らない。第2に、彼らはクライアントに対して真に有用な情報を提供する評価をデザインするよりも、同僚の目から見て自分自身が専門家として見えるような評価をデザインするかもしれない。また、時として、当該学区もしくは他の学区と今後とも契約を継続したいという思いが生まれると、外部評価者は問題に率直に取り組むよりも問題をないがしろにすることになる。最後に、外部評価者のサービスは、通

常、経費が高くつく。

　第4の選択肢は、当該の**政策に資金を提供した組織**に評価を任せるものである。この組織とは、州議会や財団ということもある。事実、補助金を受ける条件として、資金提供組織による評価を認めなくてはならないことも多く、スクールリーダーに選択の余地がないこともある。この選択肢の主要な利点は、通常、このような機関は適切な調査を行える熟練の評価専門家を雇用していることである。彼らの評価が内部評価者よりも信頼性が高いことはいうまでもない。しかしながら、その主要な欠点は、資金提供機関が機関独自の評価観点を持っていることである。そのため、結果的に、教育者にとって役に立たない評価であったり、政策と政策実施者にとって明らかに不公平な評価であったりすることがある。

　スクールリーダーは、評価者の選択に関して、完全なる選択も、唯一最良の選択も存在しないことを理解しておく必要がある。評価者の選定に際してスクールリーダーは、政治的状況、政策に関して必要な情報の性質、評価に利用可能な資金の量といった、多くの要因を比較考量しなければならない。特定の施策ニーズと施策が実施されている全体的な状況を考慮に入れることは、特に重要である。多くの場合、最良の解決策は、1人ではなく2人の評価者を選ぶことである。すなわち、政策実施を通じて形成的評価を行う内部評価者と、すべての総括的評価を行う外部評価者との2人である。このアプローチをとれば、政策がどのように機能しているかについての、相対的に独立した2つの見解が得られ、内部評価と外部評価の長所と短所のバランスをとることができる。その結果、政策に大きな変更を加えたり、あるいは政策を打ち切るときに、スクールリーダーは異なる情報源から入手できる広範囲なデータを持ち合わせることになり、十分な情報に裏打ちされた決定を行う能力を高めることができる (Hogwood & Gunn, 1984)。

6　評価報告書に基づいて行動する

　評価報告書を受領し検討した後、スクールリーダーは、この評価報告書に関して何をしたらいいのかを決めなければならない。この過程の第1のステップは、この章の最初に示された基準を使って報告書の質を慎重に評価することでなければならない。評価の質には多様性があるから、リーダーは無批判的に受け入れてはならず、逆にその調査がどのくらい適切なのかの判定を試みるべきである。それからでないと、その評価における知見や提言をどのくらい真剣に受け止めるかについての正しい判断はできない。第2のステップは、評価報告書の質に関する認識について主要な利害関係者と議論するために、会議を招集することである。つぎの段階へ進む前に、評価の一般的な有用性についての意見の一致を模索することは、賢明なことである。ある程度の合意がなされた後においてのみ、リーダーはその評価報告書に基づいて何をするかを決めるべきである。基本的には、つぎの4つの対処法がある。すなわち、(1)現状維持、(2)小幅な修正をする、(3)大幅な修正をする、(4)政策を打ち切る、の4つである (Brewer & de Leon, 1983; Hogwood & Gunn, 1984)。それぞれの可能性について、順次、論じる。

(1)　現状維持

　多くの場合、最も賢明な対処法は、何もしないことであり、現状の政策をそのまま維持することである。この対処法を選択する上で、2つの、特に正当な理由が存在する。第1は、リーダーとその他の利害関係者の判断で、評価に疑問があるため、評価報告書の提言を受け入れたくないからというものである。疑問の余地がある評価の場合、資金助成機関から義務づけられていない限り、評価結果に基づく対応をとる理由はない。何もせず現状維持でいく第2の確固たる理由づけは、新たな対応が政治的に実行可能ではないから

というものである。評価における提言に対処するには時機を待つというのも、時には、必要なことである(Hogwood & Gunn, 1984)。

(2) 小幅な修正

評価報告書において単なる微調整のみが提案されている、あるいは政治的理由から全面的な変更は不可能であるために、政策の小幅な修正のみを行うこともありうる。小幅な修正は、施策の財政支出水準や人員配置に影響することもなければ、政策目標を変更することもない。小幅な修正の事例としては、生徒の成績をモニターする物差しとして使用されるテストを変更すること、政策実施のスケジュールを修正すること等があげられる。小幅な修正は政策の趣旨を改めたり利害関係者の仕事を脅かしたりしないので、比較的容易に実施できる(Brewer & de Leon, 1983)。

(3) 大幅な修正

図表9-4は、主要な政策変更の4つの大まかなタイプをまとめている。あまり重大でない変更から、順次、重大な変更へと並べてある。こうした変更によりサービスを減らされたり、仕事を奪われる関係者も出てくるため、大幅な修正はすべて人に脅威を与える。これは、こうした変更するには、リーダーは確固たる立場を築いていなければならないことを意味する。すなわち、政策変更の提言を裏づける評価専門家によるすぐれた評価と、利害関係者、特

図表9-4 政策の大幅な修正のための主要な方法

代 替	既存の施策の代わりに、同じ目標を持った新しい施策を置き換える方法
統 合	2つ以上の施策の全体もしくは部分を一体化する方法
分 割	施策のある側面を切り離して、別個の施策または事業として展開する方法
漸 減 (decrementing)	既存の施策の多くの要素に対する予算措置を減じることにより、施策への大幅な予算なカットを強いる方法

出典: Brewer and de Leon(1983)による。

に政策決定者の支援の双方を確保する必要がある。評価の後に大幅な修正を行おうとする場合、リーダーは政治的混乱を予測し、これに対処すべく計画を立てなければならない（Brewer & de Leon, 1983）。

(4) 打ち切り

政策が打ち切られる場合とは、政策の続行にストップがかかり、それに代わる政策が何もとられないことを意味し、通常、政府の方針が転換したために生ずる。明らかなことではあるが、利害関係者の多くが政策の打ち切りに激しく抵抗し政策を守ろうとするため、政策の打ち切りには多大の困難が伴う。そのため、往々にして、効果のない政策でも、好都合な時が来るまで継続しなければならない。そのときが来れば、リーダーは打ち切りのタイミングが延び延びになっていた政策を打ち切るための措置を講じることができる。図表9-5は、政策を打ち切るのに都合のよい、いくつかの状況を提示している（Brewer & de Leon, 1983; Hogwood & Gunn, 1984）。

図表 9-5　政策の打ち切りをもたらしやすい状況

- 政権交替時
- 経済の低迷時
- 予算編成のトラブル時
- 組織内にとりかかるべき他の仕事ができた時
- 古い施策を新しい施策に取り替えやすい時

出典：Brewer and de Leon (1983), Hogwood and Gunn (1984)による。

7　おわりに

われわれは、アカウンタビリティの時代に生きている。政策決定者は、税金に関して気前はよくはない。教育政策に公的資金を支出する前に、政策決定者は、政策がどの程度うまく機能しているのか、より効果的にするにはどうしたらよいかについて知りたいと思っている。政策決定者はスクールリー

事例研究：ミドルスクール構想の挫折

ダーが賢明に行動し、政策効果に最も大きな違いの出る分野に資金を配分し、無駄な施策を打ち切ることを期待している。この期待は、不合理なものではない。アカウンタビリティの時代の要求に応じるには、スクールリーダーは政策評価に関する知識を身につけ、先頭に立って、自らの仕事に最新の評価テクニックを適用し、健全な評価の知見に従って行動すべきである。一般国民にもわれわれの学校の子どもにも、それだけの価値がある。

演習問題

1. 政策評価が神経をいらいらさせるものである理由について論じなさい。
2. 量的方法を用いた評価と質的方法を用いた評価を見つけなさい。つぎに、それぞれどんなタイプの方法が用いられているか。また、それぞれのアプローチで得られる情報の種類を対比しなさい。
3. 政策評価報告書を取り上げ、本章で議論した基準を用いて、それを評価しなさい。
4. 教育委員会で用いられている評価とモニターの方法を列挙し、主要な指標を明らかにしなさい。その指標は、何らかの形で、教師の行動に悪影響を与えているか。あなたなら、指標をどのように改善しますか。

事例研究

ミドルスクール構想の挫折

　ある教育長が学区内のジュニアハイスクール(7学年から9学年)のカリキュラムと組織編成の評価を行うことを決意し、小学校、ジュニアハイスクール、およびシニアハイスクールの校長と教師で構成された評価委員会を立ち上げた。評価委員は、評価開始から5週間以内に報告書を作成するように求められた。

　評価委員会は、学区に関する彼ら自身の知識と信念および学区の

ニーズを基に、サーベイ調査の手法を用いて収集した一定数の教職員・生徒の意見を加えて、教育長への報告書を作成した。その報告書は、つぎのような内容によって構成されていた。すなわち、学区のジュニアハイスクールに在籍する生徒の主要教科の成績、ジュニアハイスクールの組織編制の全国的傾向(ミドルスクールの理念が優れていることを強調)、現時点と今後見込まれる在籍者数、ジュニアハイスクールのカリキュラムの欠陥、ジュニアハイスクールに相当する年齢集団に属する生徒の身体的・社会的発達、である。報告書では、ミドルスクール制への移行、すなわち、6学年から8学年の生徒をミドルスクールに、9学年の生徒をシニアハイスクールに在籍させる制度への移行を提言していた。

報告書が公表されると、小学生とシニアハイスクールの生徒の親は、報告書の中に自分たちの懸念が取り上げられていないことに当惑した。特に小学生の親は、6学年の生徒が発揮してきたリーダーシップの場が失われる可能性を知って愕然とした。なかでも、6学年の生徒が下級生の安全な登下校のために引率することに多くの親たちが期待を寄せていることを主張した。また、シニアハイスクールの生徒の親は、9学年の生徒が新たに加わることで、学校が過密状態になる可能性に不安を抱いた。

両グループの親の代表は、教育委員会に苦情を申し立てた。実は、教育委員会自体もその報告書に不満を持っていた。それは、報告書がミドルスクール制への移行に内在する欠点とそれに伴う財政的影響について言及しておらず、また、他の考えうる制度改革の選択肢について利点と欠点を評価していないからであった。学区は親の苦情に同意し、ミドルスクール構想を却下した。

The Program Evaluation Standards, 2nd ed., Joint Committee on Standards for Educational Evaluation, 1994, Sage Publications, pp.38-39)より、許可を得て転載。

問　題

1. 本章で提示した基準を用いて、この評価の欠点を指摘しなさい。
2. あなたが教育委員会の一員であるとすれば、評価委員会の提言について賛否どちらに投票するか。それはなぜか。
3. 教育長は、より信頼できる評価を促進するために何ができたか。評価委員はそのために何ができたか。
4. 行間の意味を読みとるならば、評価をめぐる政治力学がこの状況に影響を及ぼしたことについてあなたはどう考えるか。

政策分析のためのニュース記事
学区はバイリンガル教育の方針を堅持

テキサス州、オースティン発

　学区が重要な改革に取り組むときはいつも、噂や、真実とも嘘ともつかない情報が流布する。オースティン独立学区が、学力不振の続く学校のニーズに対処する構想を打ち出すと、予想通り、こうした事態が起こっている。学区の現在の経営陣はバイリンガル（二言語併用）教育を支援しないという噂がそれである。バイリンガル教育に責任のある行政担当者として、われわれはそのような考えは今すぐ打ち消したいと思う。オースティン独立学区は、英語の不自由な、または英語を話せない子どもを適切に教育する最良の方法としてバイリンガル教育を断じて支援することをはっきりさせる必要がある。

　われわれの哲学は、つぎのような重要な信念から成る。

- 第一言語というものは、生徒が知的、社会的発達を遂げるための最も強力な道具である。
- 家庭で習得する言語のパターンは、英語で学ぶ授業の学業成績

を支える土台である。
・バイリンガル教育において、語彙、理解、文法の力を発達させるために第一言語を使用することは、学業成績を高める上できわめて有効である。

　第一言語について年齢相応の語彙力や操作能力を持つことは、第二言語での学習の成否にとって決定的に重要である。われわれの信念をこれ以上率直に語った言葉はない。それがわれわれの信じていることであり、575 ものバイリンガル教育の授業で日々実践していることである。
　最近の混乱の原因は、疑いなく、ハリス小学校区でもたれている誤解にある。ハリス小学校では、今年、外部資金を得て、二重言語 (dual-language) によるバイリンガル教育を多くの教師が実践した。われわれは、スペイン語を母語とするものが英語を学び、英語を母語とするものがスペイン語を学ぶという二重言語の授業方法に対して、それがうまく実践されているのであれば、反対するものではない。第二言語を学ぶ価値を十分に高めたいのであれば、子どもたちが全員、母語を自由に話し、かつ、母語で当該学年のレベルの読み書き能力がなければならない。
　われわれは、バイリンガル教育のエキスパートであるテキサス大学のオルティーズ博士と応用言語学センターのオーガスト博士に対して、二重言語アプローチの効果に関するわれわれの分析を手伝ってもらい、外部資金の最終年度である 2002—2003 年度に向けてより効果的な方法について助言をいただくようにお願いしている。2000—2001 年度の事業評価では、ハリス小学校において単一の、総合的で、統一性のある授業方法が用いられた証拠はなかった。さまざまな方法が用いられ、その効果もまちまちであった。学年間の連続性も見られなかった。多くの生徒が母語に関して学年相応のレベルを下回る成績しかとって

いなかった。というのも、多くの生徒が第二言語に進む前に、読み書き能力の強固な土台を築く機会を与えられていなかったからである。結果的に、多くの生徒がどちらの言語に関しても、読み書き能力を獲得しえていないのである。

　われわれは、二重言語アプローチは、適切に実行されるならば、効果的な方法でありうると信じている。二重言語アプローチの有効性を立証したいと思う。それがうまくいかないことを願っているのでは断じてない。バイリンガル教育にはいくつかの健全なアプローチがある。しかし、適切に実行されなければ効果はない。それは最低限の事柄である。われわれはバイリンガル教育を信頼する。しかし、われわれが信じているのは、それを適切に実行するならば、生徒全員が学業成績を大いに向上させ、将来、大人になってからチャンスの世界を開くことができるようになるということである。

フェンテスとムーアによる記事（E. Fuentes and D. Moore, "District Believes in Bilingual Education" *Austin American Statesman*, May 24, 2002, p. A23）より、著者の許可を得て掲載。

問　題

1. ハリス小学校における二重言語によるバイリンガル教育に関する評価はどんな問題を明らかにしたのか。
2. その評価は総括的評価であったか、形成的評価であったか。
3. この評価のアリーナにはどんなアクターがいたか。他にどんなアクターが考えられるか。
4. 実施者は、評価の信頼度を落とすために、どんな戦術を用いたか。

第10章　アメリカ合衆国の教育政策

―― 回顧と展望

中心的な問い

・合衆国の教育は歴史的にどう変化してきたか。
・今日の教育政策は過去のそれとどう関連しているのか。
・今日の政策環境が混乱を極めているのはなぜなのか。
・教育政策は今後、どうなっていくだろうか。

1　はじめに

　アメリカの公教育は、理解しがたい予測不可能な政策環境の真っ只中に置かれている。スクールリーダーは、自問せざるをえない。一体、何が起こっているのか。事態はこれからどうなっていくのか。今日の政策環境を歴史的な文脈の中に位置づけるために、本章では、4つの理論的枠組みを用いる。それは、競合する価値、ローウィの政策類型、制度選択、国際的動向の4つである。これらの4つの理論的枠組みから、今日の教育政策に何が、何ゆえに起こっているのかを解く重要な手がかりを得ることができる。
　そこで、まず、理論的枠組みを簡単に解説し、つぎに、それぞれの枠組みを用いて、これまでの教育政策の特徴を分析する。最後に、最もありうべき未来のシナリオを論ずる。

2　4つの理論的枠組み

（1）　競合する価値

　アメリカの教育政策を左右する要因としての公共的価値には、社会的価値（秩序と個人主義）、民主的価値（自由、平等、友愛）、経済的価値（効率、経済成長、質）というものがある。これらの価値の相対的重要性は時代とともに変化する。競合する価値という枠組みによれば、ある一定の時代には2つないし3つの価値のみが優勢でありうるがゆえに、特定の価値を支持する勢力同士は互いに競合し合い、自ら選好する価値を最優先すべき地位に押し上げようと試みる（Boyd, 1984）。その結果、公共的価値の循環的交替という現象が生ずる。

（2）　ローウィの政策類型

　ローウィの政策類型（配分的政策、規制的政策、再配分的政策）を適用すれば、19世紀以前は、ほとんど、政府は配分的政策を用いた。19世紀に入ると、規制的政策が当たり前となった。20世紀に入ると、再配分的政策を採用するようになった。歴史のなかでの政策転換を理解するひとつの方法は、それぞれの時代にどの政策類型が優先されてきたかという観点から、政策を分析することである。

（3）　制度の選択

　各国の公教育を比較しその違いを際立たせるひとつの方法は、公教育の組織が、官僚制、依法化（legalization）、専門職化、政治、市場という制度の5つのタイプをどれだけ反映しているかを検討することである。公教育が純粋にあるひとつの制度的要素から成り立つことは少なく、その多くは5つすべて

の要素を含み込んでいる。しかしながら、いずれかの要素が支配的で、それが公教育全体の特徴を規定し、その政策の方向性を形成する。

　公教育がとりうる制度形態の第一は、官僚制のそれである。官僚制とは階統制的組織でそこでは、すべての組織成員は明確に規定された職務を持ち、命令は上から下に伝えられ、政策マニュアルや会議の議事録といった文書、規則や標準的職務手続き、業績による昇進が重視される。依法化とは、法律が中心的役割を果たし、法律が統制の最終的な道具として用いられるようになることである。論争は法廷に持ち込まれ、裁判官に最終的な決定をゆだねることによって決着がつけられる。専門職化とは、ある職業集団にその構成員を全体として規律する固有の社会構造が成立する場合をいう。専門職化した職業集団への入職は競争が激しく、資格を得るための訓練は長期にわたり、難しい試験やへとへとになる実習経験などさまざまな通過儀礼を経験しなければならない。養成期間を終えると、先輩の指導の下での実習の期間が待っており、専門職としての規範を植え付けられる。専門職の世界では、誰が入職する条件を満たしているかを構成員自身が決め、自律的に仕事を行う。制度形態としての政治とは、人々が影響力を活用して自己の利益や価値を実現したり、交渉して、お互いに便宜を図り合うといった相互作用であり、それを保障する機構のことである。最後に、制度は市場として組織化することができる。市場においては、競合し合う供給者によりそれぞれ財貨とサービスが生産され、魅力的な価格や特色ある製品によって顧客を引きつけようと競争する。顧客を満足させられない企業（供給者）は顧客を失う。公教育も、なんらかの市場的要素を活用する。

（4）　国際的動向

　世界各国の公教育は、その構造、カリキュラム、目標においてお互いに影響し合ってきた。今日、世界の経済がグローバル化するにつれ、教育を含めて、国民生活の多くの側面は国際的な影響から逃れることはできない。その

結果、世界各国の公教育はますます似通ったものになりつつある。

3　アメリカ合衆国の教育政策の回顧

(1)　共和国の成立と展開(1783 - 1830年)

①概　観

　共和国時代の最初の数十年間は、異なる文化と伝統を持つ旧植民地の連合体ゆえに発生する紛争を解決するための闘争によって特徴づけられる。ひとつの重要な文化的な差異は教育に対する態度にあり、合衆国憲法から教育に関するあらゆる規定を除かざるをえなかった。各州は教育に関して自由にわが道を歩むことになり、州内においてさえ、大きな多様性が生まれることになった。義務就学法はまだ制定されていなかったけれども、読み書きの能力は高まりつつあり、ほとんどの市民は少なくとも基礎的教育は必要と考えた。子どものための学校には、おかみさん学校(dame schools)、「プライベイト・ベンチャー」学校、信者の子どものための宗派立学校、寄宿舎学校などがあった。公的な補助金の支出もあったが、子どもの親が授業料を支払い、教科書や教材を購入し、教師の給与を支払い、暖房用の燃料を寄付するなど、学校の経費のほとんどを負担した。

　この時期の終わり頃、都市が貧しい子どものために慈善学校という名の公立学校を設立し始めた。こうした学校は子どもの数に比して教師の数は少なく、読み書きの初歩を教えたが、勤勉や従順といった、当時生まれつつあった工場で必要とされた性格特性の育成に重点を置くものであった。公立学校は他の学校と比べると条件が劣っていたので、中流階級や上流階級の親が選ぶことはめったになかった。

②競合する価値の視点から

共和国建国時の教育政策を動かしていた価値は、個人主義と自由であった。市民は、教育はそれぞれの地方で、親によってコントロールされるべきという考えを重んじ、通学する学校を多くの種類の学校から選択できる自由を満喫した。親の中には子どもを学校に通わせない者もいた。それゆえ、すべての子どもが通う公立学校制度を政府が設立するべきであるという考えは、この時代には訴える力を持っていなかった。

③政策類型の視点から

1783年から1830年に至る教育政策の全体的基調は、無作為（inaction）と表すことができる。ほとんどの場合、地方政府も、州政府も、連邦政府も、教育を促進することもなければ教育を抑圧することもなかった。しかし、ニューイングランド地方では、市や町が教育のためにリソースを提供し、この時代の終わりには、貧しい子どものための学校を設置し始めていた。こうした政策は配分的性格のものであった。

④制度選択の視点から

この時期は、市場がもっとも支配的な制度形態であった。他の制度形態は大した意味を持たなかった。学区事務局も、教育長も、州教育省も存在していなかったし、連邦レベルの教育行政機関はなおさらであった。教育関係の法規もほとんどなかったので、依法化の可能性もほとんどなかった。教育職も教育行政職も専門職化されていなかった。教育政策はまだ政治争点化して

図表10-1　4つの時代の教育政策に見られる制度選択

制度	時代区分			
	共和国	コモンスクール	科学的人材選別機構	新パラダイム
官僚制	弱い	強い	強い	未決着
依法化	弱い	弱い	強い	未決着
専門職化	弱い	中間	中間	未決着
政　治	弱い	中間	弱い	未決着
市　場	強い	弱い	弱い	未決着

いなかった。州議会や連邦議会で論議されることもあったが、持続的な関心事ではなかった。

　図表10-1は、この時代およびそれ以後における5つの制度形態の相対的重要性を要約したものである。

⑤国際的動向の視点から

　この時代、国際交流は貧弱であったが、アメリカの教育への諸外国の影響は相当なものがあった。伝統的社会からの移住者により、学校教育の観念や、よい学校とはどんな学校かについてのアイデアが持ち込まれた。アメリカの教育は、出発の時点から、さまざまな要素の入り混じった国際的な影響を反映したのであった。

(2)　コモンスクールの成立と展開（1831-1900年）

①概　観

　1830年代の初めまでに、合衆国は急速に変貌しつつあった。その主要な原因は産業化にあった。工場が北西部一帯に生まれ、若者が工場労働者として都市に一斉に集まった。それにヨーロッパからの移民が加わった。この人口増加の結果、都市が急速に発展し、それとともに犯罪率の増加と貧困問題をもたらした。これらの急激な変動は、特に、ニューイングランドのアメリカ人の心の平安をかき乱した。彼らはさまざまな改革運動に乗り出すことで、事態に対応した。禁酒法、女性の参政権、刑務所改革などとともに、コモンスクール運動があった。

　中心的指導者は、ニューイングランド出身のホレース・マンであった。彼は、異質な国民を統合する方法として、コモンスクールを考案し、それによって犯罪を減らせると考えた。性別、民族、宗教、社会経済的地位にかかわらず、すべての白人の子どもに初等教育を施すことにコモンスクールのねらいがあった。その運動の綱領には、就学の促進、年間授業日数の延長、学年制

の採用、州教育行政機関の創設、教師の職業的地位の改善、師範学校における教師養成があった。

　コモンスクール実現のための闘いは長期にわたった。しかし、1860年までに北部ではあまねく普及した。南部でも、人種別学であったが、19世紀の終わりには定着した。

②競合する価値の視点から
　教育政策を動かす価値は、自由と個人主義から友愛、秩序、経済成長へと転換した。国民的一体感としての同胞愛、それは、マンと彼に同調する改革者たちにとって最も主要な価値であった。コモンスクールでは背景の異なる子どもたちに学校で互いに知己になる機会を提供することで、お互いを分け隔てている障壁を忘れさせ、アメリカ人としての一体感の感情を発達させる。秩序もまた重要な価値であった。改革者たちにとっての中心的な関心事は経済成長であった。雇用主は労働者に読み・書き・計算の基礎的能力を望み、勤勉で、自己抑制でき、従順であることを求め、その実現を、コモンスクールに託したのだった。

③政策類型の視点から
　1830年代以前は、配分的教育政策が支配的であった。しかし、コモンスクール運動の改革者は、多くの規制的政策の実施を提案した。コモンスクール運動の政策目標は「教育システム全体の画一化(uniformity)、すなわち、画一的な教科書、画一的な教育課程、画一的な教授法、画一的な管理運営、画一的な規律、そして画一的に養成された教師」であった。この画一性は規制(的政策)によって達成された。

④制度選択の視点から
　共和国の時代においては市場が支配的な制度形態であったが、コモン・スクールの時代になると、市場の重要性は劇的に減少した。官僚制が改革者の

好んだ制度であった。州レベルでは、州教育省が設置され、州教育長の統括の下に置かれた。地方レベルでは、教育長と学区事務局スタッフが州命令としての政策の実施に責任を持った。この時代の終わりには、学校の中にすら官僚制が現れはじめ、校長と教師の役割分化が開始された。こうして、1900年までに、階統的で、官僚制的な組織構造がアメリカ教育の中に生まれた。

　官僚制は改革者の好んだ制度であったけれども、政治と専門職主義もまた重要であった。教育システムはこの時期、以前にも増して、政治に巻き込まれた。政治家は教育を、従順な労働者を形成し、愛国心を涵養し、青少年問題を解決するために利用できる道具とみなした。コモンスクールの下で、専門職主義も顕著になった。師範学校での教師の養成、給与の改善、教師のための専門雑誌の発刊、職能団体の創設など、いくつかの専門職化の要素が教職に導入されたのである。

⑤国際的動向の視点から
　コモンスクール時代の政府や経済界の指導者は、国際的な経済競争に頭を悩ませた。彼らは、教育が当時発展しつつあった国際競争に打ち勝つ主要な武器であることを確信していた。マンやその他の改革者たちが定期的にヨーロッパの学校を訪問し、改革のアイデアを獲得しようとしたのはそのためであった。ヨーロッパの影響は、コモンスクールや教師を養成した初期の師範学校の多くの要素に明らかである。コモンスクールを創設した教育改革は、特殊アメリカ的な教育システムから離れ、新たに生まれつつある教育システムの国際標準に向かう動きとして理解することができる。

（3）　科学的人材選別機構としての学校の成立と展開（1900 - 1982年）

①概　観
　この時代は、第一次世界大戦、第二次世界大戦、そして、冷戦といった重大な国際紛争によって特徴づけられる。その主たる帰結はアメリカの国際的

地位の変化であった。アメリカは2つの大戦を経て、2つの超大国のひとつにのし上がった。こうした変化は教育政策に影響した(Perkinson, 1991; Ravitch, 1983; Spring, 1994)。

世紀の変わり目、市政改革に乗り出した改革者たちは、その一環として教育行政制度の改革に取り組んだ。それは党派性、情実人事、賄賂を排除する戦略の下に、「教育から政治を排除せよ」をスローガンに、教育委員会の定数削減、教育委員選挙の非党派性化、学区事務局スタッフの拡充強化により教育行政の非政治化と専門職化を図った(Callahan, 1962; Tyack, 1974)。

中等教育人口の急激な増加に対処する2つの政策案が提起された。ひとつは、中等教育社会科に関する10人委員会の勧告で、アカデミック教科中心の同一カリキュラムをすべての生徒が学ぶハイスクールを提起した。もうひとつは、同一学校の中でさまざまなカリキュラムを提供するというもので、NEA報告書の『中等教育の枢要な原理』に代表される改革案である。このうち、20世紀の最初の25年間に、中等教育カリキュラムをトラック(能力・進路別カリキュラム)へと分化させる多くの政策が推進された。この時代を通して、公立学校は、未来の労働者を訓練し、青少年の能力を見極めて「正しい」経歴へと方向づけ、アメリカがその経済的軍事的支配権を維持するのを支え、ほとんどの青少年を職場に「適応」するように奨励するための道具とみなされた。アメリカの学校は人材選別機構(sorting machines)と化した。

しかしながら、科学的人材選別機構としての学校には、ある大きな矛盾があった。教育の機会均等を保障すべしというレトリックで飾られていたけれども、北部でも南部でも、アフリカ系アメリカ人は、白人の通う学校よりもつねに条件の劣悪な、人種的に隔離された学校に通わなければならなかった。科学的人材選別機構としての学校はまた女子生徒を差別した。障害を持った生徒に関して言えば、もともと排除されていた。第二次世界大戦後、こうした理念と現実の乖離は、少しづつ弱められるか解消されるかした。しかしながら、教育システムには、ますます階級別隔離という新しい隔離が存続することとなった。この時代の終わりまでには、公教育への不満が募り、もうひ

とつの新たな改革が差し迫っていることを暗示するほどになった。

②競合する価値の視点から

　この時代、効率が支配的な価値であり、平等がそれに続いた。効率はこの時代の思惟様式を支配するきわめて重要な価値で、教育長職は教育的リーダーシップよりも学校財政にかかわる仕事になった。子どもの学習に関する決定は、教師の専門的判断よりもますますテストの点数に依拠するようになり、テスト自体が論述式の試験から多肢選択式の試験にとって代わられた。

　しかしながら、この時代が終わりに近づくと、平等の価値がこれまで以上に重要性を増した。平等という価値は、科学的人材選別機構としての学校の中で成功する同等の機会と理解され、60年代、70年代のさまざまな権利の獲得・拡大運動を駆動する価値となった。

③政策類型の視点から

　この時代、好まれた政策は規制的政策と再配分的政策であった。はじめのころは、新しい規制が打ち出された。例えば、教師の資格認定要件が厳しくなり、管理職の認定要件も導入された。時の経過とともに、再配分的政策が一般的となり、詳細な規制がそれに付加される形をとるようになった。1965年の初等中等教育法の補償教育にかかわる部分は、複雑なガイドラインを伴っていた。規制が増えるにつれて、60・70年代の再配分的政策もまた、多くのリソースを貧困家庭の子ども、障害を持つ子ども、英語を母語としない子どもなどへ振り向けるようになった。規制的政策と再配分的政策のダイナミクスが同時平行的に動き始めるにつれて、政治的アリーナとしての教育は予測のつかない騒然たるものとなった。

④制度選択の視点から

　科学的人材選別機構時代の中心人物は官僚制を好んだ。官僚制を維持しただけでなく、それを拡充・強化した。それにより専門分化がもっと激しくなっ

た。1960年代までに、さまざまな専門家(ガイダンス・カウンセラー、学校心理士、補償教育担当教師、特別支援教育の専門家など)が学校で働くことになり、教育上の職務と権限がますます学級担任教師や校長の職務から離れていった。専門分化を促進し分業を強化する趨勢は校長や教師の専門的自律性を弱めることとなった。

　この時代の指導者たちは政治に不信感を抱いていた。しかし、この不信感が皮肉にも教育に依法化をもたらした。20世紀初めの改革は「教育から政治を排除」しようとして非党派的な教育委員会を確立したが、一般市民からも州・連邦政治の主流からも孤立したために、教育委員会は大きな政治的影響力を喪失した。その結果、市民は教育委員会を無視し、その苦情を裁判所に持ち込んだ。教育の依法化の度合いは、連邦裁判所の判決が、1946年から1956年の間の112件から、1956年から1966年の間の729件、1966年から1970年の間の1200件に増えていることから、歴然としている。この時期の指導者たちは市場に不信感を抱いていたが、知らないうちに市場を強化することになった。強制バス通学*に不満を抱いた都市に住む親たちが郊外に脱出したため、大都市郊外に教育市場が発展したからである。

⑤国際的動向の視点から

　科学的人材選別機構の時代も国際的影響を反映した。日本もヨーロッパの主要発展国も高度に分化した学校制度を設立していた。それは、異なる経歴を期待される子どもたちは、別々の学校で異なる教育を受けるべきであるという考えに基づいていた。生徒の社会階級的背景が通学する学校の種類を決定する要因であったのは、偶然ではなかった。アメリカの学校における「トラック制」の採用は、当時の支配的な国際的教育モデルを摂取しようとする動きを表すものであった。

　しかしながら、国際的な収斂は一方向のものではなく、アメリカが国際的にますます勢力を獲得するにつれて、他の国々はアメリカの総合制高校を詳しく調べ上げたうえで、その国なりの総合制高校を採用した。

(4) 新しいパラダイムを求めて（1983 - 現在）

①概　観

　1980年代までに、公教育への不満はふたたび高まった。それは、『危機に立つ国家』(1983)に明らかである。この報告書では、ほとんどの問題の原因は学校が競争的なグローバル経済にふさわしい人材養成に失敗したことにあると非難して、国家を救うのに必要な教育改革の基本的な輪郭が提起された。その呼びかけに応じて、いくつかの力強い改革運動が今日まで展開されてきている。

　こうした動きは70年代を背景に理解されなければならない。その10年の間に、好景気は終わりを告げ、インフレーション、高い失業率、経済成長の鈍化が顕在化すると同時に、永年の同盟協力者が世界市場での競争相手として立ち現れた。その問題を解決するためのひとつの方策が教育改革であった。

　アメリカでは、現在、教育システムを現代化する複数の提案が政策として共存している。第1の改革は、教育システムの基本的構造、すなわち、コモンスクール・モデルを前提にして、その完成を提案するものである。ナショナルスタンダードを重視するカリキュラム改革の推進とともに、州統一テスト、卒業要件の厳格化、学校財政の均等化、トラック制*の廃止、インクルージョン*といった、教育システムをコモンスクールの古典的理想に近づける改革が提唱されている。

　第2の改革は、教職の専門職化を強める方向へと教育システムを再構築することを求めている。この改革を提起する人々は、教育の工場モデル*では、子どもを批判的で創造的に思考する人間に教育することはできないと主張する。教師が教室の中ではもっと自律性を与えられ、学校の中ではもっと大きな決定権限を与えられ、学校の外では専門職団体を自治的に運営できるならば、教師は21世紀のアメリカが必要とするような資質をもった労働者を今まで以上によく教育することができる、というのである。第3の改革は、教育というフィールドをより市場のように変えるべく教育システムの再構築を

提唱している。この改革の提案者によれば、公教育問題の主要な原因は、教育が政府の独占事業であるために消費者のニーズに応答的でないことにある。彼らは、教育を市場の中に置くか、少なくとも教育の中に市場的要素を導入するかして、結果として生ずる競争が教育の応答性と効率を高めることができるとする。

　これまでのところ、3つの種類の改革案のいずれかが他の改革案に勝利を収めているわけではない。アメリカ人は今なお新しい教育パラダイムを探し求めている。

②競合する価値の視点から

　自由と卓越性がこの時代の二大価値であると指摘する者が多い。たしかに、自由はほとんどの学校選択政策のあらゆる側面を突き動かす価値であるのみならず、教師の専門職的自律性を拡大する多くの政策にも含まれている。しかし、卓越性のレトリックの下で追求されているものは経済成長であり、卓越性の確保は、グローバル経済のなかで競争力のある労働力を形成する方途とみなされている。

③政策類型の視点から

　コモンスクールの完成を提唱する人々は、しばしば、規制的メカニズムによる政策選択を表明する。しかし、教育システムの再構築を提唱する人々は再配分的政策を支持する。ただ、今問題にされているのは、財源の再配分よりもむしろ権力(権限)の再配分であり、教育システムの専門職化では、教育委員会事務局から学校現場への、また校長から教師への権力(権限)の移譲が求められ、教育システムの市場化では、教育専門家から親への、権力(権限)の移譲が求められている。

④制度選択の視点から

　コモンスクール・モデルの完成を提唱する人々は、官僚制のいくつかの側

面を完全なものにしたいと考えている。専門職主義拡大の賛同者は、教職のより一層の専門職化を図りたいと考えている。学校選択制を支持する者は、多様な生産者と多様な製品のみならず、競争のある市場を好む。3つの改革運動すべてが政治的に活発であるが、制度としての政治をこれからも活用したいとするのは、第1のタイプの改革を標榜する人々だけである。

⑤国際的動向の視点から

　国際的な視点から見ると、現在の改革運動の3つの立場はすべて、教育に関する国際標準により一層準拠しようとする運動と意味づけられる。それぞれのグループが、アイデアの多くを国際的モデルに依拠している。

4　教育政策はどうなるのか

　教育政策の未来を予測することは危険であるが、本章を、そして本書を、5つの予測で閉じることにする。

　予測1：新しい教育パラダイムが広く受け入れられるには時間がかかるであろう

　コモンスクール・モデルの定着には、およそ70年かかった。現代の情報通信技術はアイデアの普及を容易にしているため、新たな教育パラダイムの浸透にはそれほどの時間はかからないと思われるが、教育システムの構造的改革は再配分的であり、それゆえに強い抵抗に遭遇することが考えられ、改革の実現にはある程度時間が必要であろう。

　予測2：教職はこれまでよりも専門職化すると考えられるが、専門職化モデルが新しいパラダイムの下で支配的になることはないであろう

　教職の完全な専門職化は多くの教育者にとって魅力のあることであるが、

自由と個人主義という中核的なアメリカ的価値と調和しないであろう。また、教職の完全な専門職化は教育に対する住民統制の範囲を狭めるがゆえに、ほとんどのアメリカ市民はそれを支持することはありそうにない。

予測3：最新の完成されたコモンスクール・モデルの多くの要素は広く受け入れられるであろうが、このパラダイムが最終的に支配的になることはないであろう

コモンスクールの理想はアメリカ的価値と調和し、同胞愛や平等の理想にアピールし、秩序を強調していることで、人々を引きつける。しかも、最新のコモンスクール・モデルは、その高い学力ゆえにアメリカの興味をかきたてているフランス、ドイツ、日本の現在の教育システムに類似している。しかし、それは現代の支配的な政策価値である自由を推進するのに役に立たない。ゆえに、このモデルが新しいパラダイムを支配することはないであろう。

予測4：市場化モデルの多くの要素は広く受け入れられるであろうが、このモデルが最終的に支配的になることはないであろう

市場化モデルは自由を推進している。このパラダイムは個人主義をも表現する理想的な場を提供する。しかも、市場化は政治的支持を獲得している。しかしながら、市場化にはいくつかの問題点がある。まず第1に、それが卓越性と経済成長という目標を実現することができるかどうかはたしかではない。ほとんどの親の持つ、よい学校の観念と21世紀に求められる教育との間には相当の距離がある。第2に、完全に市場化された教育システムを採用する先進国は存在しない。それゆえ、経済競争への関心から国際的な教育モデルに注意を払ってきたアメリカの歴史を前提にするならば、完全に市場化された教育システムの採用はありそうにない。

それでは、どうなるのか。第5の予測に移ることにしよう。

予測5：新しいパラダイムは最新版のコモンスクール・モデルと市場化モデル、双方の要素を含み込んだものとなるであろう

　これらの2つのモデルを合わせれば、そのモデルは新しいパラダイムのすべての必要条件を満たす。すなわち、自由と、卓越性に基づく経済成長という支配的な価値を表現し、有権者層からの幅広い政治的支持を獲得し、国際的に収斂しつつある理論と調和するモデルを手にすることになる。換言すれば、最新版のコモンスクール・モデルのいくつかの要素と多様な学校選択案とを結びつけ、自由、卓越性、経済成長という政策価値を同時に推進する新しいパラダイムをつくりあげることができるのである。この組み合わせは単なる理論的な思弁ではない。イギリスは、1980年代にそのようなパラダイムを採用した。そうした国際的な事例の存在は、それがアメリカで実際に採用される可能性を高める。事実、2001年の「落ちこぼれをつくらないための初等中等教育法」の成立は、3学年生から8学年生までは全員、算数・数学および国語の州統一テストを必ず受けることと、学業成績の振るわない学校に通っている子どもの親には他の学校を選択する権利を保障しなければならないこととの両方を含む点で、こうした、コモンスクール・モデルの要素と市場志向型改革の結合という来るべき事態の前兆といえる。

　多くの新しい政策案や多くの改革や多くの失敗した実験で騒然たる状況を呈する教育政策の世界の中で、リーダーとして行動することは困難であり、ストレスのたまる仕事である。しかし、システムが流動的なときこそ、システムが安定している時には持ちえない影響力を発揮する機会が訪れる。スクールリーダーが荒れ狂う改革の嵐の中で舵とりをすることを選ぼうと、その嵐に対して影響力を発揮しようと、あるいは、その両方を組み合わせて行動しようと、本書はそのいずれにも有益なガイドとなるはずである。

◆用語解説

強制バス通学(p.404)
　1960年代の後半、学校の人種統合を進めるために実施されたもので、居住地による学校指定(近隣学校制)を変更して、学校における人種構成上のバランスを確保するために、黒人を郊外へ、白人を都心部へと、「強制的に」スクールバス通学を実施した。

トラック制(Tracking)(p.404)
　学校にトラックと呼ばれるいくつかの学習のコースを設定し、子どもをその能力に基づいて配置する、能力別学級編成の一種。学習内容・学力の格差を生み、固定化するなど問題点が多いとして、近年廃止の動きが強くなっている。

教育の工場モデル(p.404)
　学校における子どもの教育を、原料を製品へと加工する過程というメタファーで理解する考え方のこと。そこでは、子どもは加工されるべき原料であり、教師は子どもを製品へと加工する組み立てラインに並ぶ工場労働者と同一視される。

演習問題

1. あなたの学区(または州)において、共和国の時代、コモンスクール運動の時代、科学的人材選別機構としての学校の時代、それぞれの教育政策のどの要素が明白であるか。
2. この10年間に、あなたの学区(または州)において提案された主要な教育改革および教育改革案をリストアップしなさい。そして、それをこの章で論じられた3つのタイプの改革カテゴリーに分類しなさい。どんな傾向に気づくか。
3. この10年間に、あなたの学区(または州)において、改革を提案した個人や集団はどんな人々であったか。最も大きな政治的支持を獲得したのは、どんなタイプの改革であったか。

政策研究とスクールリーダーに対するその意義
―― 監訳者あとがきに代えて

1 本書の特徴とその価値

　本書は、F. C. Fowler, Policy Studies for Educational Leaders : An Introduction, Prentice-Hall を邦訳したものである。原著は、文字通り、教育長や事務局スタッフや校長など、教育行政においてスクールリーダーの地位にある人々のために書き下ろされた政策研究の入門書である。『危機に立つ国家』（1983年）以降、連邦レベル、州レベル、地方学区レベルを問わず、全米規模で推進されている教育改革の「嵐」の中で、スクールリーダーの政策的役割がますます大きくなっている新たな状況の中で、2000年に出版された。本書は2001年の「落ちこぼれをつくらないための初等中等教育法（No Child Left Behind Act）」などの政策動向が書き加えられている2004年出版の第2版を底本として訳出されている。

　著者であるファウラーは、現在、オハイオ州のオックスフォードにあるマイアミ大学の教育行政学教授で、教育政策分析、教育政治学を担当している。もともと、テネシー州の小学校教師であったが、序文に紹介されているように、アメリカ教育政治学界の泰斗、W. L. ボイドにその才能を見出されて、あらためて学究の道に入った経歴の持ち主で、*Educational Administration Quarterly, Educational Evaluation and Policy Analysis, Phi Delta Kappan* といっ

た教育行政、教育政策に関する専門誌に数多く研究成果を発表し、鋭い教育政策分析で知られる気鋭の学者である。また、教育政治学会年報の常連の執筆者でもある。1996年には、スクールリーダー養成プログラムを置くアメリカ有数の大学院大学で構成されているアメリカ教育行政協議会(University Council for Educational Administration, UCEA)から、学校選択政策に関する優れた分析に対して、ジャック・A・カルバートソン賞を贈られている。

　まず、本書の価値についてであるが、本書は、教育政策過程(教育に関する公共政策が立案され、決定、実施、評価される一連の過程)に関する基本的な論点を取り上げ、それを理論的実証的な研究知見に基づいて説明している点に大きな特徴がある。例えば、つぎのような論点である。政治・経済的環境の諸変化は今日のスクールリーダーに対して教育政策過程の理解を必要不可欠なものとして求めているが、それはなぜか(第1章)。他者に影響を及ぼす能力としての権力(power)にはどんな種類があり、その源泉としてどのようなものがあるか(第2章)。景気循環や人口動態の変化などの環境変化は教育政策にどのような影響をもたらすか。スクールリーダーは、立案・決定される教育政策の背後にある価値やイデオロギー上の立場をどうすれば明らかにすることができるか(第3章)。教育政策過程に登場して、政策の立案・決定・実施に影響を及ぼそうとするのは、どのような人々(個人や集団)なのか。そして、最も大きな影響力をもっているのは、誰なのか(第4章)。政策課題(アジェンダ agenda)とは何か、政策上の争点(イシュー issue)はどのようにして政策課題になるのか(第5章)。スクールリーダーはどうしたら政策の立案や決定に影響を与えることができるのか。政策としての必要性が承認されたにもかかわらず、財源の裏づけのなされない政策があるのはなぜか(第6章)。政策目標を達成するために、最善の政策手段を選択するにはどうすればよいか。政策の正確なコストを見極めるにはどうすればよいか(第7章)。政策実施に関する研究は、その成否の条件について、どんなことを示唆しているのか(第8章)。政策評価の質が高いかどうかは、どうすればわかるか。政策評価に政治的色彩がつきまとうのはなぜか(第9章)。教育政策は今後、どうなっていくのか(第

1　本書の特徴とその価値

10章)。

　以上は論点の一部であるが、これらの論点を含めた政策分析の基本となるさまざまな論点を、教育政治や教育政策過程に関する研究知見を用いて、わかりやすく説明している。つまり、ここには、論理と証拠に基づく教育政策過程論が展開されている。しかも、このように教育政策過程の基本的論点の多くをカバーすることで、本書は、結果的に、教育政策と教育政治に関するこれまでの研究成果に関する系統的整理ともなっている。このことも強調してよい特徴といえる。系統的整理のための枠組みとして用いられているのは、政策過程の段階モデル(stage model)という古典的なモデルであるが、この枠組みのシンプルさゆえに、教育政策過程の全体が、すなわち政策争点の定義から、政策課題の設定、政策の立案と決定、政策実施、政策評価に至る過程の全体が一望の下に収められて、記述・分析されているのである。そして、その間に、政策過程に参加する主要な個人や集団(政策アクター)、用いられる政策手段に関する分析が巧みに織り込まれているのである。

　このように教育政策過程を全体として眺望し、しかも、理論的かつ実証的に説明する手頃な入門テキストは、わが国では教育政策の内容論はあっても過程論そのものが不足していたこともあり、これまで、われわれの周囲になかった。われわれが本訳書の刊行を決意したのは、原著がこうした必要に応えるだけのものを備えていると判断したからである。

　さらにいえば、もうひとつの特徴がある。それは、政策過程に関するこうした研究知見がスクールリーダーに対していかなる実践的示唆を含んでいるか、もっといえば、スクールリーダーが政策過程において有能なリーダーであるために、どのような行動をとるべきかまで、本書が論及している点である。まさしく、ボイドが「序文」において評しているように、「理論的な分析の実践的な効用を実例でもって明らかにして」おり、「本書は、教育者や一般市民のために書かれた、教育をめぐる政策と政治という分野への内容豊かな包括的な入門書であり、また、理論的な分析と実際的な助言が見事に組み合わされており、政治の世界を知らない教育者や一般市民だけでなく、研究者や

学者も含む幅広い読者にとっても訴えかける力を持った魅力的なメッセージと文章のスタイルをそなえている」テキストである。ファウラー自身、その「はしがき」の中で、本書の特徴の1つに「教育政策過程に関する主要な調査知見や分析枠組や理論に関する知識とともに、それをどう適用するかについての実践的な助言を提示していること」をあげている。これも、翻訳を思い立ったもうひとつの理由である。

2　教育政策過程を概念的に理解するための枠組みの必要

　本書の価値は以上の通りであるが、これに関わって、本書がアメリカ教育行政の文脈のなかでの政策過程論であって、制度も文化も異なるわが国の教育行政の政策過程の理解や政策分析にとってどれだけ役立つのか、という起こりうる疑問について、監訳者の考えをここで述べておきたい。

　本書は、スクールリーダーのための政策研究の入門書であると同時に、政策過程の視角からアメリカ教育行政の政治的ダイナミズムを解明した教育政治学のテキストという性格をもつ。このテキストを通じてアメリカ教育行政の、連邦、州、学区、学校の各レベルにおける政策過程の実態を、理論的にかつ実証的に、さまざまな理論的概念や具体的事例とともに、知ることができる。事実、そうしたものとして、つまり、アメリカ教育政治のテキストとして、十分に活用できる内容も備えている。しかしながら、本書の基本的ねらいは、著者、ファウラーが強調しているように(特に、第1章を参照)、スクールリーダーという実践家に対して、教育政策過程の概念的理解を促進することにある。すなわち、ここには、教育政策過程にかかわる事実を把握するためのさまざまな概念が体系立てて提示されている。教育行政の政策過程がどのような事実群から成り立っているのかを捉えるための概念が提示され、それを通じて、われわれを政策過程の世界に導いてくれるのである。つまり、スクールリーダーはその概念に導かれて、現実の中では断片的にしか経験す

ることのできない教育政策過程という複雑な世界に分け入り、それを全体として理解することができるようになるのである。このように考えれば、ここでの政策過程がアメリカにおける教育政策過程であるということは、例証として用いられている具体的事実がアメリカ教育行政のそれであるというにすぎない。それゆえに、わが国の教育長、事務局スタッフ、校長をはじめとするスクールリーダーは、本書を読むことで、アメリカ合衆国の教育政策過程について学びながら、教育政策過程のダイナミズムがどういうものであるのか、政策過程のマネジメントには何が必要か、それらについて学び、わが国の文脈に移し替えて教育政策過程について思考する力を身につけることができる。監訳者らが翻訳に取り組んだのは、本書がただ単にアメリカにおける教育政策過程とその政治力学について教えてくれるというだけでなく、このように、教育政策過程とその政治力学について概念的に理解するための理論的枠組みを提供していると考えたからである。

　以上において、本書がスクールリーダーのための教育政策過程に関する優れた入門テキストであることに触れてきた。しかし、スクールリーダーにとって、政策研究はなぜ重要なのであろうか。

3　スクールリーダーと政策研究

　今、なぜ、政策研究なのか。今日のスクールリーダーにとって、政策過程を理解し、政策研究について学ぶ必要があるのはなぜなのか。これは、本書のような、スクールリーダーのための政策研究のテキストを翻訳刊行することの意味はどこにあるのか、と問うことに他ならない。

　その理由は、分権改革の進展とともに生じている、教育行政の集権・官治的システムから分権・自治的システムへの構造転換、それに伴うスクールリーダーをめぐる役割期待の変容と深く関わっている。結論を先取りしていえば、分権改革時代のスクールリーダーは、有能であるためには、すぐれて

政策リーダーでなければならず、その役割を十分に果たすためには、政策的思考と政策過程の理解、言い換えれば、政策研究の提供する学問的知見という、たしかな知識基盤を必要とする。有能なリーダーであるためには、政策研究に関する知識と技術を備えなければならない、ということである。繰り返しになるが、われわれが翻訳刊行に取りかかった理由は、このように、わが国のスクールリーダーは、今、政策リーダーとしての役割を強く求められており、本書は政策リーダーに必須不可欠の知識基盤を提供してくれると確信したからである。

敷衍しよう。分権改革の動向により、長い間、「縦割り行政」「集権・官治的行政」の象徴的存在として、護送船団方式によって動いてきた教育行政への批判と見直しが本格化するなかで、ようやく分権・自治的教育行政が芽吹きつつある。地方分権一括法による教育関係諸法の改正、とりわけ、地方教育行政法の改正による、教育行政の集権的構造を支えてきた仕組みの見直しがそれを後押ししている。事実、地方教育行政の風景に変化が生まれつつあり、各地で、教育改革を重要政策課題と位置づけ、地域独自の取り組みを始めている自治体が増えている。公教育を地域レベルにおいて組織化する営みである自治体教育行政が今日ほど注目を浴びたことはかつてなかった。

分権改革のもたらしたこうした状況変化は、当然のことながら、自治体教育行政の担い手としての教育委員会と学校に対して新たな課題を提起する。公教育サービスにかかわる政策主体としての能動的な役割を遂行するという課題である。そして、それは同時に、教育長、事務局スタッフ、校長、教頭を含むスクールリーダーへの新たな役割期待の顕在化でもある。

分権改革の進展を背景に、自治体教育行政の執行機関である教育委員会は、「横並び意識」の浸透した組織風土の中で、その自主独立性が問われ、そのリーダーシップに基づく地域独自の教育改革を推進することが求められている。今や、問われているのは、その改革がナショナル・ミニマムにどれだけ接近しているかだけではなく、地域の特色＝ローカル・オプティマムをどれだけ実現しているかである。ナショナル・ミニマムのための政策実施に意味

がなくなったわけではないが、地域独自の政策形成の比重が格段に高まっている。これまでの教育改革は、中央で決められた政策をどう実施するかに中心があった。今や、地域独自の政策形成にどう取り組むか、ここに教育政策過程の焦点が移っている。地方自治体レベルの教育政策過程がかつてないほど注目されているゆえんである。

　実際、教育委員会の政治・行政責任が、教育政策の実施者としての責任から政策立案・決定者としての責任へと重点移行している。教育委員会にとって、政策づくりにどう取り組むかが、つまり、教育問題に対して政策的にどう対応するかが大きな課題と化している。言い換えれば、教育委員会は教育行政の分権改革の担い手たりうるのか、山積みする地域の教育課題を解決する主体たりうるのか、教育課題に対応するためのたしかな政策能力があるのかが問われているのである。そして、その政策能力こそが、分権・自治的教育行政の担い手としての教育委員会の信頼を支えるのである。こうした状況の意味合いは何かといえば、それはすなわち、教育長には政策リーダーとしての役割が求められ、教育委員会事務局には、「政策の企画立案」能力が求められていることであり、政策研究を深め、政策力、すなわち、政策問題や政策過程の力学の理解とそれに基づく政策過程をマネジメントする力を高めることが不可欠となっていることを意味する。

　他方、学校レベルでは、学校の自主・自律が課題とされ、特色ある学校づくりへの主体的取り組みとその教育成果に対する自己責任が求められている。学校の自己点検・自己評価や学校評議員制の制度化がそれを端的に物語る。学校もまた自らの抱える教育課題への独自の「政策的対応」を迫られている。校長のリーダーシップは政策リーダーとしてのそれを含まなければならず、政策立案能力は校長が備えるべき重要な資質能力となっている。いうまでもなく、これまでも学校には政策責任はあった。しかし、それは基本的に政策実施の責任であった。例えば、ナショナル・ミニマムとしての意味を持つ学習指導要領の実施は政策実施であり、学校の教育計画としてそれを具体化しなければならない責任があった。こうした政策責任はこれからも重要で

ある。分権改革の動向は自治体・教育委員会の政策的な自主・自律を求めるから、自治体・教育委員会の政策責任の比重が大きくなることが予想される。それゆえ、これまでの政策実施の責任に加え、こうした自治体レベルで立案・決定された独自の政策を適切に実施する責任が生ずる。しかも、それらの地域独自の政策立案に対して、現場で教育を担っている立場から影響力を行使する学校の責任が大きくなると、校長にはこれに対応する政策リーダーとしての役割がより一層求められることになる。そして、いうまでもなく、学校の自主・自律に伴う学校独自の教育ビジョンづくりや特色ある学校教育計画の立案能力が問われてくる。

　こうして、分権改革とそれがもたらした状況変化は、いずれも、教育長、事務局スタッフ、校長といったスクールリーダーとしての地位にある者に対して、新たな期待を生み、政策リーダーとしてのリーダーシップを求める。その要請に効果的に応えるためには、政策的な創造性を発揮できる資質能力、政策的イニシアチブがとれる資質能力、さらには政策過程をマネジメントできる資質能力を身に付けることが必要になる。これまで強調されてきた組織マネジメント能力と同時に、それに加えて政策（過程）マネジメント能力が求められているといってよい。それが欠如する限り、教育委員会の自主・自律も学校の自主・自律も十分に機能することはないであろう。

　要するに、分権時代に生きるスクールリーダーがその役割期待に十分に応えるには、教育政策とその展開過程（立案・決定・実施・評価）についてのたしかな知識基盤を必要とするがゆえに、政策過程に関するさまざまな知見を提供し政策的思考を訓練する政策研究は必須なのである。

4　本訳書の構成について

　本訳書は全訳ではない。事情により、一部の章を要約版としている。その事情を説明しておきたい。

4　本訳書の構成について

　原著は、その「はしがき」にも明らかなように、アメリカにおけるスクールリーダー養成プログラムで使用するテキストとして執筆されたもので、全12章（387頁）から構成されている。翻訳刊行に取り組んだのは、前述したように、教育長、事務局スタッフ、校長といった、いわゆるスクールリーダーの地位にいる人々にとって、教育行政の政策過程および政策研究の手法を理解することが不可欠となっているにもかかわらず、われわれの周囲に日本語で読める手頃なテキストがないという事情があったからである。そのため、教育研究者はもちろんであるが、多くの教育現場の人々にも本書を読んで欲しいという思いが当初からあった。この思いを実現するためには価格を低く抑える必要があり、全体のボリュームを制限することが求められた。そこで、著者の了解を得て、一部を要約版とし、スクールリーダーのための政策研究の入門書という原著の意図を歪めることなく、かつ、全体の理解を妨げない形で、全体の頁数を圧縮している。さまざまな角度から検討した結果、原著の2、3、4、5、12の各章を要約版としている。このうち、3、4、5章はいずれも政策環境に関する部分（順に、「経済的環境と人口動態」「政治システムと政治文化」「価値とイデオロギー」）ということで統合して、1つの章とした（本訳書の第3章）。これにより、本訳書と原著との関係は、本訳書の第1章は原著の第1章のままであるが、以下、第2章（原著の第2章の要約版）、第3章（同3、4、5章の要約版）、第4章（同6章）、第5章（同7章）、第6章（同8章）、第7章（同9章）、第8章（同10章）、第9章（同11章）、第10章（同12章の要約版）という構成となった。

　また、原著は大学院教育用のテキストとして執筆されたこともあり（ちなみに、アメリカ合衆国における、教育長、校長、事務局スタッフ等のスクールリーダー養成は20世紀初頭より高等教育レベルで行われ、いわゆるプロフェッショナル・スクールにおける専門職養成プログラムの一部として発展してきた長い歴史と伝統を有している）、授業に際して効果的な活用ができるように、さまざまな工夫がなされている。各章のはじめに「中心的な問い」として、その章で取り上げる中心的な論点を掲げて主題を提示しているのをはじめ、各章の主題にかかわる、討論のための「演習問題」、主題に関連した基礎的論点をめぐる「賛否両論」、

「事例研究」とそれに関する問題、「政策分析のためのニュース記事」とそれに関する問題といった工夫である。こうした工夫は、本書のもうひとつの特徴であり、本書に優れたテキストとしての性格を付与している。ただ、これらの工夫のうち、ボリュームを制限する必要性もあって、これらの工夫を一部割愛している部分もある。ご了解いただきたい。

　このような措置をとったことは出版事情からやむを得ないとはいえ、監訳者自身、原著者に対して大変申し訳ないと思うと同時に、このような措置に理解を示してくれたことに深く感謝している。本書の価値は読者の判断にゆだねる他ないが、本書が読者の政策的思考を刺激し政策過程に関する概念的理解を助けることにより、国レベル、自治体レベルを問わず、教育行政における政策過程への関心を高め、それに関する知識と技術に習熟するきっかけにしてもらうことがわれわれの切実なる願いである。

　本書の訳出は各章の分担者(それについては、訳者一覧を参照されたい)を決め、出来上がった訳稿を監訳者が見直し修正して、最終的な訳稿とした。したがって、翻訳についての責任は監訳者が負うべきものである。その間、テキストとして正確で、分かりやすい翻訳という方針の下に見直しを行い、訳語の統一はもちろん、文体もできるだけ一貫したものにするよう努力したが、どれほど達成できたかは読者の判断にゆだねる他ない。生硬な訳文、不適切な訳文、あるいは思わぬ誤訳が残っていることを恐れている。ご指摘いただければ、ありがたい。

　最後になったが、厳しい出版事情の中、テキストとしての本書の意義を認めて、出版をあえて引き受けていただいた東信堂社長の下田勝司氏、並びに、編集者として拙い翻訳を改善する努力を惜しまれなかった小田玲子氏に、心からお礼を申し上げたい。

2008年1月

監訳者　堀　和郎

付録：政策研究の基本用語集

政策課題（agenda）	政治家や政策過程に影響力のある人々が真剣に検討している政策争点（issue）。
政策課題の設定（agenda setting）	どの政策争点を政策課題にするかを決定する過程で、政策過程の第2段階にあたる。
法案（bill）	審議のために議会に提出された、または提出されようとしている法律の草案。
予算過程（budget process）	政府の予算案を提案し、その内容を折衝し、法律として通過させる一連の過程。
能力形成（capacity building）	政策手段の1つで、個人や集団の業務遂行の力量を向上させる継続的な取り組みである。多額の投資を伴う。
費用分析	ある政策が必要とするあらゆる費用を査定する方法。
費用対効果分析	効果と費用の最適の組み合わせという観点から、諸々の代替政策案を比較考量し決定する方法。
政策評価	政策がどれだけうまく機能しているかを見極めるために設計される一種の応用研究（applied research）で、政策過程の第6段階にあたる。
連邦制	統治システムの一種で、中央政府と下位政府とが統治権を共有するシステムのことで、アメリカ、カナダ、ドイツ等がこのシステムをとっている。
財団（foundation）	寄付された基金で運営される団体で、その事業の中に政策研究とその成果の普及を後援することを含めていることが多い。
勧告的政策（hortatory policy）	政策手段の一種で、さまざまな説得の方法を用いて市民にある望ましい行動をとらせる政府の手法である。
イデオロギー	経済や政治や社会がどのように動いているのか、あるいは、どう動くべきかに関する系統立てられてはいるが、どちらかといえば簡略化された観念の体系をさす。
政策実施	政策を実施に移すことで、政策過程の第5段階にあたる。
誘導（inducement）	政策手段の一種で、市民が望ましい行動をとるように市民に対して特別の資金や特権を提供する政府の手法である。補助金は誘導の一種である。
利益団体	政策に影響を与えるために活動する集団をいう。
政策争点の定義（issue definition）	ある問題（problem）が、政府の注目すべき政策争点へと変換される過程のことで、政策過程の第1段階にあたる。
ロビー活動（lobbying）	政策に対し、特に議会の政策活動に対し、影響を与えようと働きかける一連の活動である。
命令（mandate）	政策手段の一種で、すべての人々がある望ましい行動をとることや、履行しない場合にある種の罰則に服することを要求する政府の手法である。

政策研究の基本用語集　417

バイアス（偏向）の動員（mobilization of bias）	組織構造や伝統や慣習の存在が、そのことを明白に意図していないにもかかわらず、ある人々に権力を与えたり、あるいは、ある人々から権力を奪い無力化するように作用するメカニズムのことをさす。権力の第2の次元。
政策アクター（policy actors）	政策過程にかかわる個人や集団のことをさす。
政策決定（policy adoption）	議会や行政機関や裁判所が政策案を公式の政策として承認・採用する過程。
政策分析	ある政策がどんな政策であるかを記述し、その意味合いを明らかにするための体系的手段・手続き。
政策立案（policy formulation）	議会や行政機関や裁判所が政策となるべき原案を作成する過程。
政策争点（policy issue）	政府がどのようなスタンスで取り組むべきかが公共的な論争と化している問題。
政策決定者（policy maker）	政策案に公式の政策としての承認を与える権限をもつ政策アクター。
政策ネットワーク	特定の分野の政策に対して影響を及ぼすために活動する団体の緩やかな、全国的な連合体で、全州教育会議（Education Commission of the States）はひとつの政策ネットワークである。
政治文化	政治に関する一種の集合意識であり、政治過程についての考え方や政治家はどうあるべきかに関する信念などを含んでいる。
権力	他者の行動や信念に影響を与える能力
事業（program）	施策を具体化したもの
施策（project）	ある政策目的を具体化するために一定の期間を区切って短期的に行われる政策的事業で、補助金を伴う場合が多い。
規則	行政機関によって制定される規程のことで、制定法を解釈したり、制定法に即した細則を定めたりする。
意識の形成	ある個人や集団に対して、ある特定の個人や集団の一般的な価値や適切な役割に関するひとまとまりの観念を組織的に植え付けることで、これは、権力の第3の次元である。
制定法（statute）	立法機関を通過した法律
制度改革（system change）	政策手段の1つで、ある機関から別の機関への権限や財源の移譲を含む。
政策の打ち切り	政策目標を達成したために、あるいはあまり効果がないことが判明したために、政策を中止することである。理想的には、政策過程の最終段階として行われるべきものである。
シンクタンク	民間の資金で運営されることの多い、政策を企画立案する組織で、政策に対して、とりわけ、争点の定義や課題の設定の局面に対して影響を及ぼすために、調査を行ったり、自らの政策的な立場を喧伝したりする。

参考文献

Abraham, H. J. (1986). *The judicial process* (5th ed.). New York: Oxford University Press.
Abrams, M. H., Donaldson, E. T., Smith, H., Adams, R. M., Monk, S. H., Ford, G. H., & Daiches, D. (Eds.). (1962). *The Norton anthology of English literature.* New York: Norton.
Alexander, K., & Alexander, M. D. (1985). *American public school law* (2nd ed.). St. Paul, MN: West.
Alexander, K., & Alexander, M. D. (1998). *American public school law* (4th ed.). Belmont, CA: Wadsworth.
Almond, G. A. (1990). *A discipline divided: Schools and sects in political science.* Newbury Park, CA: Sage.
American Federation of Teachers. (1995). *What college-bound students abroad are expected to know.* Washington, D.C.: Author.
American heritage dictionary of the English language, The (3rd ed.), [CDROM]. (1992). Available: Houghton Mifflin.
Anderson, J. E. (1984). *Public policymaking* (3rd ed.). New York: Holt, Rinehart & Winston.
Apple, M. W. (1985). *Education and power.* Boston: Ark Paperbacks.
Apple, M. W. (2001). *Educating the "right" way.* New York: Routledge Falmer.
Archer, J. (2001, July 11). NEA agrees to new alliance with AFT. *Education Week on the Web.* Available. http://www.edweek.org [2002, April 22].
Arendt, H. (1986). Communicative power. In S. Lukes (Ed.), *Power* (pp.59-74). New York: New York University Press.
Bachrach, P., & Baratz, M. S. (1962). Two faces of power. *American Political Science Review, 56,* 947-952.
Bachrach, P., & Botwinick, A. (1992). *Power and empowerment.* Philadelphia: Temple University Press.
Baker, K. (1991). Yes, throw money at schools. *Phi Delta Kappan, 72,* 628-631.
Ball, S. J. (1990). *Politics and policy making in education: Explorations in policy sociology,* London: Routledge.
Bardach, E. (1977). *The implementation game.* Cambridge, MA: The MIT Press.
Bartlett, B. R. (1981). *Reaganomics.* Westport, CT: Arlington House.
Baum, L. (1993). Making judicial policies in the political arena. In C. E. Van Horn (Ed.), *The state of the states* (2nd ed., pp.103-130). Washington, D.C.: Congressional Quarterly Press.
Baum, L., & Kemper, M. (1994). The Ohio judiciary. In A. P. Lamis, (Ed.), *Ohio politics* (pp.283-302). Kent, OH: Dent State University Press.
Baumann, E. A. (1989). Research, rhetoric and the social construction of elder abuse. In J. Best (Ed.), *Images of issues* (pp.55-74). New York: deGruyter.
Baumgartner, F. R., & Jones, B. D. (1993). *Agendas and instability in American politics.* Chicago: University of Chicago Press.
Beatty, J. K. (1990). The Iowa judicial system. In L. A. Osbun & S. W. Schmidt (Eds.), *Issues in Iowa politics* (pp.104-133). Ames, IA: Iowa State University.
Bellah, R. N., Madsen, R., Sullivan, W. M., Swidler, A., & Tipton, S. M. (1996). *Habits of the heart* (updated ed.). Berkeley, CA: University of California Press.
Bendix, R. (1960). *Max Weber.* Garden City, NY: Doubleday.
Benveniste, G. (1986). Implementation and intervention strategies: The case of 94-142. In D. L. Kirp & D. N. Jensen (Eds.), *School days, rule days* (pp.146-163). Philadelphia: Falmer Press.
Berliner, D. C., & Biddle, B. J. (1995). *The manufactured crisis: Myths, fraud, and the attack on America's public schools.* Reading, MA: Addison Wesley.
Berman, P., & McLaughlin, M. W. (1976). Implementation of educational innovation. *The Educational Forum, 40,* 345-370.
Berman, P., & McLaughlin, M. W. (1978). *Federal programs supporting educational change, Vol.VIII: Implementing and sustaining innovations.* Santa Monica, CA: Rand.
Bernstein B. (1996). *Pedagogy, symbolic control, and identity.* London: Taylor & Francis.
Best, J. (1989a). Afterword. In J. Best (Ed.), *Images of issues* (pp.243-253). New York: deGruyter.
Best, J. (1989b). Claims. In J. Best (Ed.), *Images of issues* (pp.1-3). New York: deGruyter.
Best, J. (1989c). Dark figures and child victims: Statistical claims about missing children. In J. Best (Ed.), *Images of Issues* (pp.21-37). New York: deGruyter.
Beyer, B. K. (1995). *How to conduct a formative evaluation.* Alexandria, VA: Association for Curriculum and

Program Development.

Beyle, T. L. (2001). *State and local government, 2001-2002*. Washington, D.C.: Congressional Quarterly Press.

Bootel, J. A. (1995). *CEC special education advocacy handbook*. Reston, VA: Council for Exceptional Children.

Bowman, A. O., & Kearney, R. C. (1986). *The resurgence of the states*. Upper Saddle River, NJ: Prentice Hall.

Bowman, D. H. (2000, January 19). Lawmakers seek to abolish disdained Kansas board. *Education Week on the Web*. Available. http://www.edweek.org/ew/ewstory.cfm [2002, February 3].

Boyd, W. L. (1984). Competing values in educational policy and governance: Australian and American developments. *Educational Administration Review, 2,* 4-24.

Boyd, W. L. (1988). Policy analysis, educational policy, and management: Through a glass darkly. In N. J. Boyan (Ed.), *Handbook of research on educational administration* (pp.501-522). New York: Longman.

Boyd, W. L., & Kerchner, C. T. (1988). Introduction and overview: Education and the politics of excellence and choice. In W. L. Boyd & C. T. Kerchner (Eds), *The politics of excellence and choice in education* (pp.1-11). London: Taylor & Francis.

Boyd, W. L., Lugg, C. A., & Zahorchak, G. L. (1996). Social traditionalists, religious conservatives, and the politics of outcome-based education. *Education and Urban Society, 28,* 347-365.

Brainard, E. A. (1996). *A hands-on guide to school program evaluation*. Bloomington, IN: Phi Delta Kappa Educational Foundation.

Brewer, G. D., & de Leon, P. (1983). *The foundations of policy analysis*. Homewood, IL: Dorsey.

Brouwer, S. (1998). *Sharing the pie*. New York: Henry Holt.

Brunner, C. C., & Björk, L. G. (Eds.). (2001). *The new superintendency*. Kidlington, Oxford, UK: Elsevier Science, Ltd.

Bryson, J. M., & Crosby, B. C. (1992). *Leadership for the common good: Tackling public problems in a shared power world*. San Francisco: Jossey-Bass.

Burke, F. G. (1990). *Public education: Who's in charge?* New York: Praeger.

Callahan, R. E. (1962). *Education and the cult of efficiency*. Chicago: University of Chicago Press.

Carl, J. (1994). Parental choice as national policy in England and the United States. *Comparative Education Review, 38,* 294-322.

Carter, G. R., & Cunningham, W. G. (1997). *The American school superintendent*. San Francisco: Jossey-Bass.

Casey, C. (1996). *The hill on the net*. Boston: AP Professional.

Chelimsky, E., & Shadish, W. R. (1997). *Evaluation for the 21st century*. Thousand Oaks, CA: Sage.

Cherryholmes, C. (1988). *Power and criticism*. New York: Teachers College Press.

Chrispeels, J. H. (1997). Educational policy implementation in a shifting political climate: The California experience. *American Educational Research Journal, 34,* 453-481.

Chubb, J., & Moe, T. (1990). *Politics, markets, and America's schools*. Washington, D.C.: Brookings Institution.

Cibulka, J. G. (1995). Policy analysis and the study of the politics of education. In J. D. Scribner & D. Layton (Eds.), *The study of educational politics* (pp.105-125). London: Falmer Press.

Clark, E. (2000, December 16). School leaders advocate state testing reform. [Hamilton, OH] *Journal-News,* pp.A1, A2.

Clune, W. H. (1994a). The cost and management of program adequacy: An emerging issue in educational policy and finance. *Educational Policy, 8,* 365-375.

Clune, W. H. (1994b). The shift from equity to adequacy in school finance. *Educational Policy, 8,* 376-394.

Cobb, R. W., & Elder, C. D. (1972). *Participation in American politics: The dynamics of agenda building*. Boston: Allyn & Bacon.

Cohen, D. K., & Spillane, J. P. (1993). Policy and practice: The relations between governance and instruction. In S. H. Fuhrman (Ed.), *Designing coherent education policy* (pp.35-95). San Francisco: Jossey-Bass.

Congress A to Z. (3rd ed.) (1999). Washington, D.C.: Congressional Quarterly Press.

Consortium for Policy Research in Education. (n.d.). *Research agenda and recent publications list*. N.P.: Author.

Cook, D. (2001, August). *Regime disruption: The case of public education and the Reagan Administration*. Paper delivered at the Annual Meeting of the American Political Science Association, San Francisco.

Cookson, P. W., Jr. (1994). *School choice: The struggle for the soul of American education*. New Haven, CT: Yale University Press.

Coombs, P. H. (1984). *The world crisis in education*. New York: Oxford University Press.

Cooper, B. S., Fusarelli, L. D., & Carella, V. A. (2000). *Career crisis in the school superintendency?* Arlington, VA: American Association of School Administrators.

Coplin, W. D., & O'Leary, M. K. (1981). *Basic policy studies skills*. Croton-on-Hudson, NY: Policy Studies Associates.

Coplin, W. D., & O'Leary, M. K. (1998). *Basic policy studies skills*(3rd ed.). Croton-on-Hudson, NY: Policy Studies Associates.
Corson, D. (1995). Discursive power in educational organizations: An introduction. In D. Corson (Ed.), *Discourse and power in educational organizations* (pp.3-15). Cresskill, NJ: Hampton Press.
Coulter, E. M. (1991). *Principles of politics and government* (4th ed.). Dubuque, IA: Wm. C. Brown Publishers.
Cusick, P. A. (1973). *Inside high school: The students' world.* New York: Holt, Rinehart & Winston.
Dahl, R. (1984). *Modern political analysis* (4th ed.). Upper Saddle River, NJ: Prentice Hall.
Dahl, R. (1986). Power as the control of behavior. In S. Lukes (Ed.), *Power* (pp.37-58). New York: New York University Press.
Davey, C. (1995, December 3). Ohio lawmaker pay rated average. *Cincinnati Enquirer,* B1, B9.
Davies, S., & Guppy, N. (1997). Globalization and educational reforms in Anglo-American democracies. *Comparative Education Review, 41,* 435-459.
Davis, L. J. (1974). *The emerging democratic majority.* New York: Stein & Day.
Deal, T. E., & Kennedy, A. A. (1982). *Corporate cultures.* Reading, MA: Addison-Wesley.
DeBray, E., Parson, G., & Woodworth, K. (2001). Patterns of response in four high schools under state accountability policies in Vermont and New York. In S. H. Fuhrman (Ed.), *From the capitol to the classroom: Standards-based reform in the states* (pp.170-192). Chicago: University of Chicago Press.
deKieffer, D. E. 1997. *The citizen's guide to lobbying Congress.* Chicago: Chicago Review Press.
Delpit, L. D. (1988). The silenced dialogue: Power and pedegogy in educating other people's children. *Harvard Educational Review, 58,* 280-298.
Detwiler, F. (1993/1994, December/January) A tale of two districts. *Educational Leadership, 51*(4), 24-28.
De Witt, K. (1994, December 19). Have suburbs, especially in south, become the source of American political power? *New York Times,* p.A13.
Dobson, J. C. (January, 1995). Fund-raising letter for focus on the family.
Dubnick, M. J., & Bardes, B. A. (1983). *Thinking about public policy: A problem-solving approach.* New York: Wiley.
Dunlap, D. M., & Goldman, P. (1991). Rethinking power in schools. *Educational Administration Quarterly, 27,* 5-29.
Dye, T. R. (1990). *Who's running America?* (5th ed.). Upper Saddle River, NJ: Prentice Hall.
Ebbing, L. (2000, September 6). Proficiency tests create additions to school curriculum. [Hamilton, OH] *Journal-News,* p.A7.
Edelman, M. (1964). *The symbolic uses of politics.* Urbana, IL: University of Illinois Press.
Edlefson, C. (1994). The substance and politics of education reform: A view from a governor's office. *Planning and Changing, 25*(1/2), 41-55.
Education Commission of the States. Available. *http://www.ecs.org* [2002, April 22].
Elazar, D. J. (1994). *The American mosaic.* Boulder, CO: Westview Press.
Elling, R. C. (1996). Bureaucracy: Maligned yet essential. In V. Gray & H. Jacob (Eds), *Politics in the American states* (6th ed., pp.286-318). Washington, D.C.: Congressional Quarterly Press.
English, F. W. (1994). Politics in the nation's schools: The battle for the principalship. *NASSP Bulletin, 78*(558), 18-25.
Fairclough, N. (1995). Critical language awareness and self-identity in education. In D. Corson (Ed.), *Discourse and power in educational organizations* (pp.257-272). Cresskill, NJ: Hampton Press.
Federal register. January 18, 2002.
Federal register. February 28, 2002.
Fenby, J. (1986). *The international news services.* New York: Schocken Books.
Fillingham, L. A. (1993). *Foucault for beginners.* New York: Writers & Readers Publishing.
Firestone, W. A. (1989). Educational policy as an ecology of games. *Educational Researcher, 18,* 18-23.
Firestone, W. A., & Corbett, H. D. (1988). Planned organizational change. In N.J. Boyan (Ed.), *Handbook of research on educational administration* (pp.321-340). New York: Longman.
First, P. F., Curcio, J. L., & Young, D. L. (1994). State full-service initiatives: New notions of policy development. In L. Adler & S. Gardner (Eds.), *The politics of linking schools and social services* (pp.63-73). Bristol, PA: Falmer Press.
Ford, P. (1992). American Enterprise Institute for Public Policy Research. In C. H. Weiss (Ed.), *Organizations for policy analysis* (pp.29-47). Newbury Park, CA: Sage.

Fowler, F. C. (1985). Why reforms go awry. *Education Week, V*(10), 24, 17.
Fowler, F. C. (1987). The politics of school reform in Tennessee: A view from the classroom. In W. L. Boyd & C. T. Kerchner (Eds.), *The politics of excellence and choice in education* (pp.183-197). London: Taylor & Francis.
Fowler, F. C. (1992). Challenging the assumption that choice is all that freedom means. In F. C. Wendel (Ed.), *Reforms in empowerment, choice, and adult learning* (pp.15-28). University Park, PA: University Council of Education Administration.
Fowler, F. C. (1995a). The international arena: The global village. In J. Scribner & D. Layton (Eds.), *Politics of Education Association 1994 commemorative year-book.* London: Taylor & Francis.
Fowler, F. C. (1995b). The neoliberal value shift and its implications for federal education policy under Clinton. *Educational Administration Quarterly, 31,* 38-60.
Fowler, F. C. (1996, April). *Meaningful competition? A study of student movement under interdistrict open enrollment.* Paper presented at the annual meeting of the American Educational Research Association, New York.
Fowler, F. C. (2000). Converging forces: Understanding the growth of state authority over education. In N. D. Theobald & B. Malen (Eds.), *Balancing local control and state responsibility for K-12 education,* pp.123-146. Larchmont, NY: Eye on Education.
Frahm, R. A. (1994). The failure of Connecticut's reform plan: Lesson for the nation. *Phi Delta Kappan, 76,* 156-159.
Friedman, M. (1962). *Capitalism and freedom.* Chicago: University of Chicago Press.
Frohnmayer, D. (1986). Legislatures and the courts: Guarding the guardians. *State Government, 59*(1), 7-11.
Fuhrman, S. H. (2001). Introduction. In S. H. Fuhrman (Ed.), *From the capitol to the classroom: Standards-based reform in the states* (pp.1-12). Chicago: University of Chicago Press.
Fullan, M. (2001). *The new meaning of educational change* (3rd ed.). New York: Teachers College Press.
Galbraith, J. K. (1994). *A Journey through economic time.* Boston: Houghton Mifflin.
Gargan, J. J. (1994). The Ohio executive branch. In A. P. Lamis (Ed.), *Ohio politics* (pp.258-282). Kent, OH: Kent State University Press.
Garvin, J. R., & Young, A. H. (1994). Resource issues: A case study from New Orleans. In L. Adler & S. Gardner (Eds.), *The politics of linking schools and social services* (pp.93-106). Bristol, PA: Falmer Press.
Gewirtz, S. (2000). Bringing the politics back in: A critical analysis of quality discourses in education. *British Journal of Educational Studies 48,* 352-370.
Giroux, H. A. (1999). *The mouse that roared.* Lanham, MD: Rowman & Littlefield.
Goode, E. (1994). *Site-based management in public education: A challenge for critical pragmatism.* Unpublished doctoral dissertation, Miami University, Oxford, OH.
Graber, D. A. (1994). Swiss cheese journalism. In T. L. Beyle (Ed.), *State government* (pp.69-72). Washington, D.C.: Congressional Quarterly Press.
Grace, G. (1995). *School leadership.* London: Falmer Press.
Grady, D. O. (1991). Business group influence in state development policymaking. *State and Local Government Review, 23*(3), 110-118.
Gross, N., Giacquinta, J. B., & Bernstein, M. (1971). *Implementing organizational innovations.* New York: Basic Books.
Guba, E. G., & Lincoln, Y. S. (1989). *Fourth generation evaluation.* Newbury Park, CA: Sage.
Guthrie, J. D., Garms, W. I., & Pierce, L. C. (1988). *School finance and education policy* (2nd ed.). Upper Saddle River, NJ: Prentice Hall.
Guthrie, J. W., & Koppich, J. (1987). Exploring the political economy of national education reform. In W. L Boyd & C. T. Kerchner (Eds.), *The politics of excellence and choice in education* (pp.25-47). London: Falmer Press.
Hagan, J. P. (1988). Patterns of activism on state supreme courts, *Publius: The Journal of Federalism 18*(1), 297-315.
Hall, E. T. (1966). *The hidden dimension.* Garden City, NY: Anchor Books.
Hall, L. (1988). Bending the rules: Negotiating rules in administrative agencies. *Policy Studies Journal, 16,* 533-541.
Hamm, K. E., & Moncrief, G. F. (1999). Legislative politics in the states. In V. Gray, R. L. Hanson, & H. Jacob (Eds.), *Politics in the American states* (7th ed., pp.144-190). Washington, D.C.: Congressional Quarterly Press.
Hanna, J. (2000, May 19). Fighting within Kansas GOP continues as campaign season revs up. The Associated Press State & Local Wire. Available. *http://web.lexis-nexis.com/universe/docum* [2002, February 3].

Hannaway, J., & Kimball, K. (2001). Big isn't always bad: School district size, poverty, and standards-based reform. In S. H. Fuhrman (Ed.), *From the capitol to the classroom: Standards-based reform in the states* (pp.99-123). Chicago: University of Chicago Press.

Hanson, R. L. (1996). Intergovernmental relations. In V. Gray & H. Jacob (Eds.), *Politics in the American states* (6th ed., pp.35-77). Washington, D.C.: Congressional Quarterly Press.

Hanushek, E. A. (1989). The impact of differential expenditures on school performance. *Educational Researcher, 18*(4), 45-51, 62.

Hanushek, B. L. (1977). *Games mother never taught you.* New York: Warner Books.

Heclo, H. (1978). Issue networks and the executive establishment. In A. King (Ed.), *The new American political system* (pp.87-124). Washington, D.C.: American Enterprise Institute for Public Policy Research.

Hilgartner, S., & Bosk, C. L. (1988). The rise and fall of social problems: A public arenas model. *American Journal of Sociology, 94,* 53-78.

Hirschman, A. O. (1970). *Exit, voice, and loyalty.* Cambridge, MA: Harvard University Press.

History of Ohio proficiency tests. (n.d.) Available. *http://www.stopopts.org/histotybocy.html* [2000, September 3].

Hoff, D. J. (1997, September 3). Riley offers test control concession. *Education Week,* 1, 34.

Hoff, D. J. (1999, April 28). Eminent science group reiterates importance of teaching evolution. *Education Week on the Web.* Available. *http://www.edweek.org/ew/ewstory.cfm* [2002, February 3].

Hoff, D. J. (1999, October 20). Kansas to revise standards without citing evolution. *Education Week on the Web.* Available. *http://www.edweek.org/ew/ewstory.cfm* [2002, February 3].

Hoff, D. J. (2000, March 8). State capitals stirred by evolution. *Education Week on the Web.* Available. *http://www.edweek.org/ew/ewstory.cfm* [2002, February 3].

Hoff, D. J. (2002, June 12). Panel to examine standards-based math curricula. *Education Week,* p.5.

Hofstede, G. (1987). Cultural dimensions in management and planning. In D. R. Hampton, C. E. Summer, & R. A. Webber (Eds.), *Organizational behavior and the practice of management* (pp.401-422). Glenview, IL: Scott, Foresman.

Hogwood, B. W., & Gunn, L. A. (1984). *Policy analysis for the real world.* London: Oxford University Press.

Huberman, A. M., & Miles, M. B. (1984). *Innovation up close.* New York: Plenum Press.

Hudgins, H. C., Jr. (1970). *The Warren court and the public schools.* Danvill, IL: Interstate Printers & Publishers.

Hunt, S., Tortora, A., & Mrozowski, J. (2000, September 3). High-stakes state tests raise stress, controversy. *Cincinnati Enquirer,* pp.A1, A10.

Husen, T., Tuijnman, A., & Halls, W. (1992). *Schooling in modern European society.* Oxford: Pergamon Press.

Iannaccone, L. (1988). From equity to excellence: Political context and dynamics. In W. L. Boyd & C. T. Kerchner (Eds.), *The politics of excellence and choice in education* (pp.49-65). London: Falmer Press.

Iannaccone, L., & Lutz, F. W. (1995). The crucible of democracy: The local arena. In J. D. Scribner & D. Layton (Eds.), *The study of educational politics* (pp.39-52). Washington, D.C.: Falmer Press.

Illinois State University, College of Education. (1997). Status of school finance constitutional litigation. Available. *http://www.ilstu.edu/depts/coe/boxscore.htm* [1997, January 12].

Jackson, J. E., & Kingdon, J. W. (1992). Ideology, interest group scores, and legislative votes. *American Journal of Political Science, 36,* 805-823.

Jacob, H. (1996). Courts: The least visible branch. In V. Gray & H. Jacob (Eds.), *Politics in the American states* (6th ed., pp.253-285). Washington, D.C.: Congressional Quarterly Press.

Jennings, J. F. (1998). *Why national standards and tests?* Thousand Oaks, CA: Sage Publications.

Jensen, D. N. (1985). Judicial activism and special education. (Project Report No.85-A10, sponsored by the National Institute of Education, Grant No.NIE-G-83-0003.)

Johnson, S. M. (1996). *Leading to change: The challenge of the new superintendency.* San Francisco: Jossey-Bass.

Joint Committee on Standards for Educational Evaluation. (1994). *The program evaluation standards* (2nd ed.). Thousand Oaks, CA: Sage.

Kaestle, C. F. (1983). *Pillars of the republic.* New York: Hill & Wang.

Kagan, R. A. (1986). Regulating business, regulating schools: The problem of regulatory unreasonableness. In D. L. Kirp & D. N. Jensen (Eds.), *School days, rule days* (pp.64-90). Philadelphia: Falmer Press.

Kahne, J. (1996). *Reframing educational policy.* New York: Teachers College Press.

Kalodner, H. I. (1990). Overview of judicial activism in education litigation. In B. Flicker (Ed.), *Justice and school systems* (pp.3-22). Philadelphia: Temple University Press.

Kaplan, G. R., & Usdan, M. D. (1992). The changing look of education's policy networks. *Phi Delta Kappan, 73,*

664-672.
Kaplan, M., & O'Brien, S. (1991). *The governors and the new federalism.* Boulder, CO: Westview Press.
Keller, B. & Coles, A. (1999, September 8). Kansas evolution controversy gives rise to national debate. *Education Week on the Web.* Available. *http://www.edweek.org/ew/ewstory.cfm* [2002, February 3].
Kelman, S. (1988). Why public ideas matter. In R. B. Reich (Ed.), *The power of public ideas* (pp.31-53). Cambridge, MA: Ballinger.
Kerwin, C. M. (1994). *Rulemaking.* Washington, D.C.: Congressional Quarterly Press.
King, J. A. (1994). Meeting the educational needs of at-risk students: A cost analysis of three models. *Educational Evaluation and Policy Analysis, 16,* 1-19.
Kingdon, J. W. (1995). *Agendas, alternatives, and public policies* (2nd ed.). New York: HarperCollins.
Kirp, D. L. (1982). Professionalization as a policy choice: British special education in comparative perspective. *World Politics, 34,* 137-174.
Kirp, D. L. (1986). Introduction: The fourth R: Reading, writing, 'rithmetic — and rules. In D. L. Kirp & D. N. Jensen (Eds.), *School days, rule days* (pp.1-17). Philadelphia: Falmer Press.
Kirst, M., & Jung, R. (1980). The utility of a longitudinal approach in assessing implementation. *Educational Evaluation and Policy Analysis 2,* 17-34.
Kowalski, T. J. (1995). *keepers of the flame.* Thousand Oaks, CA: Corwin Press.
Kowalski, T. J. (1999). *The school superintendent.* Upper Saddle River, NJ: Prentice Hall.
Kruschke, E. R., & Jackson, B. M. (1987). *The public policy dictionary.* Santa Barbara, CA: ABC-CLIO.
Kuttner, R. (1984). *The economic illusion.* Boston: Houghton Mifflin.
Lagemann, E. C. (1989). *The politics of knowledge.* Middletown, CT: Wesleyan University Press.
Lamare, J. W. (1994). *California politics.* Minneapolis, MN: West Publishing.
La Morte, M. W. (1993). *School law: Cases and concepts* (4th ed.). Boston: Allyn & Bacon.
Lawton, M. (1997, August 6). Feds position national tests on fast track. *Education Week,* 1, 34.
Lemke, J. L. (1995). *Textual politics.* London: Taylor & Francis.
Levin, H. M., & McEwan, P. J. (2001). *Cost-effectiveness analysis* (2nd ed.). Thousand Oaks, CA: Sage Publications.
Lewis, D. A., & Maruna, S. (1996). The politics of education. In V. Gray & H. Jacob (Eds.), *Politics in the American states* (6th ed., pp.438-477). Washington, D.C.: Congressional Quarterly Press.
Lind, M. (1996). *Up from conservatism.* New York: Free Press.
Lindblom, C. E. (1968). *The policymaking process.* Upper Saddle River, NJ: Prentice Hall.
Loomis, B. A. (1994). *Time, politics and policies.* Lawrence, KS: University Press of Kansas.
Lorch, R. S. (1987). *Colorado's government* (4th ed.). N.P.: Colorado Associated University Press.
Lortie, D. C. (1975). *Schoolteacher.* Chicago: University of Chicago Press.
Louis, K. S., & Miles, M. B. (1990). *Improving the urban high school.* New York: Teachers College Press.
Lowi, T. J. (1964, July). American business, public policy, case studies, and political theory. *World Politics,* 677-715.
Lowi, T. J. (1979). *The end of liberalism* (2nd ed.). New York: Norton.
Lowi, T. J. (1995). *The end of the Republican era.* Norman, OK: University of Oklahoma Press.
Lowi, T. J., & Ginsberg, B. (1994). *American government* (brief 3rd ed.). New York: Norton.
Lukes, S. (1974). *For God and country.* New York: Peter Lang.
Lutz, F. W., & Merz, C. (1992). *The politics of school/community relations.* New York: Teachers College Press.
Madaus, G. F., Stufflebeam, D. L., & Scriven, M. (1983). Program evaluation: A historical overview. In G. F. Madaus, M. Scriven, & D. L. Stufflebeam (Eds.), *Evaluation models* (pp.23-43). Boston: Kluwer-Nijhoff.
Madsen, J. (1994). *Educational reform at the state level.* Bristol, PA: Falmer Press.
Malen, B., & Ogawa, R. T. (1988). Professional patron influence on site-based management. *Educational Evaluation and Policy Analysis, 10,* 251-270.
Mann, M. (1992). *The sources of social power. Vol.1.* Cambridge, England: Cambridge University Press.
Manzo, K. K. (2001, May 16). Protests over state testing widespread. *Education Week,* pp.1, 26.
Marshall, C. (2000). Policy discourse analysis: Negotiating gender equality. *Journal of Education Policy, 15*(2), 125-156.
Marshall, C., Mitchell, D., & Wirt, F. (1989). *Culture and education policy in the American states.* New York: Falmer Press.
Martin, J. M. (1994). *Lessons from the hill.* New York: St. Martin's Press.

Mazmanian, D. A., & Sabatier, P. A. (1989). *Implementation and public policy.* Lanham, MD: University Press of America.

Mazzoni, T. L. (1993). The changing politics of state education policy making: A 20 year Minnesota perspective. *Educational Evaluation and Policy Analysis, 15,* 357-379.

Mazzoni, T. L. (1995). State policymaking and school reform: Influences and influentials. In J. D. Scribner & D. H. Layton (Eds.), *The study of educational politics* (pp.53-73). London: Falmer Press.

McCarthy, M., Langdon, C., & Olson, J. (1993). *State education governance structures.* Denver, CO: Education Commission of the States.

McCarthy, M. M., & Cambron-McCabe, N. H. (1998). *Public school law: Teachers' and students' rights* (4th ed.). Boston: Allyn & Bacon.

McDonnell, L. M. (1991). Ideas and values in implementation analysis. In A. R. Odden (Ed.), *Education policy implementation* (pp.241-258). Albany, NY: State University of New York Press.

McDonnell, L. M. (1994). Assessment policy as persuasion and regulation. *American Journal of Education, 102,* 391-420.

McDonnell, L. M., & Elmore, R. F. (1987). Getting the job done: Alternative policy instruments. *Educational Evaluation and Policy Analysis, 9,* 133-152.

McGann, J. G. (1995). *The competition for dollars, scholars, and influence in the public policy research industry.* Lanham, MD: University Press of America.

McGivney, J. H. (1984). State educational governance patterns. *Educational Administration Quarterly, 20,* 43-63.

McLaughlin, M. W. (1976). Implementation as mutual adaptation: Change in classroom organization. *Teachers College Record, 77,* 339-351.

McLaughlin, M. W. (1987). Learning from experience: Lessons from policy implementation. *Educational Evaluation and Policy Analysis, 9,* 171-178.

McLean, J. (2000, July 30). Primary highlights GOP feud. *Topeka Capital Journal.* Available. http://web.lexis-nexis.com/universe/docum [2002, February 3].

Mead, T. D. (1994). The daily newspaper as political agenda setter: *The Charlotte Observer* and metropolitan reform. *State and Local Government Review, 26*(1), 27-37.

Meade, E. J., Jr. (1991). Foundations and the public schools. *Phi Delta Kappan, 73,* K1-K12.

Miles, D. (2000, November 8). Gamble, Rupe, Wyatt win Board of Ed seats. The Associated Press State & Local Wire. Available. http://web.lexis-nexis.com/universe/docum [2002, February 3].

Miles, M. B., & Louis, K. S. (1990). Mustering the will and skill for change. *Educational Leadership, 47*(8), 57-61.

Mintrom, M. (1997). Policy entrepreneurs and the diffusion of innovation. *American Journal of Political Science 41,* 738-770.

Mirel, J. (1994). School reform unplugged: The Bensenville New American School project, 1991-93. *American Educational Research Journal, 31,* 481-518.

Miron, L. F., & Wimpelberg, R. K. (1992). The role of school boards in the governance of education. In P. F. First & H. J. Walberg (Eds.), *School boards* (pp.151-175). Berkeley, CA: McCutchan.

Mitchell, D. E. (1984). Educational policy analysis: The state of the art. *Educational Administration Qqarterly, 20,* 129-160.

Morken, H., & Formicola, J. R. (1999). *The politics of school choice.* Lanham, MD: Rowman & Littlefield.

Muller-Hill, B. (1988, December 22). Heroes and villains. *Nature,* 721-722.

Murphy, J. (1990). *The educational reform movement of the 1980s.* Berkeley, CA: McCutchan.

Murphy, J. T. (1971). Title I of ESEA: The politics of implementing federal education reform. *Harvard Educational Review, 41,* 35-63.

Nagel, S. S. (1984). *Contemporary public policy analysis.* University, AL: University of Alabama Press.

Nakamura, R. T., & Smallwood, F. (1980). *The politics of policy implementation.* New York: St. Martin's Press.

Nathan, R. P. (1993). The role of the states in American federalism. In C. E. Van Horn (Ed.), *The state of the states* (2nd ed., pp.15-32). Washington, D.C.: Congressional Quarterly Press.

National Alliance of Business. (2002). Available. http://www.nab.com [2002, April 22].

National Governors Association Online. (n.d.) Available. http://www.nga.org [2002, April 22].

Nelson, R. H. (1991). Economists as policy analysts: Historical overview. In D. L. Weimer (Ed.), *Policy analysis and economics: Developments, tensions, prospects* (pp.1-21). Boston: Kluwer Academic Publishers.

Neustadt, R. E. (1960). *Presidential power.* New York: Wiley.

New York Times, The. (1996). *The downsizing of America.* New York: Times Books.
Nielsen, W. A. (1985). *The golden donors.* New York: Dutton.
Nuttall, D. L. (1994). Choosing indicators. In K. A. Riley & D. L. Nuttall (Eds.), *Measuring quality* (pp.17-40). London: Falmer Press.
OEA Online News. (n.d.). Available. *http://www.ohea.org/news/news.htm* [2000, September 3].
Ogawa, R. T. (1994). The institutional sources of educational reform: The case of school based management. *American Educational Research Journal, 31,* 519-548.
Ohio Department of Education. (1995). *Venture capital in Ohio schools: Building commitment and capacity for school renewal.* Columbus, OH: Author.
Ohio State University. (1991). Department of Policy and Leadership. Policy Research for Ohio Based Education. *How to lobby the legislature: An interview with Representative Michael Fox.* Produced by Robert Donmoyer. [Videotape].
Okun, A. (1975). *Equality and efficiency: The big tradeoff.* Washington, D.C.: Brookings Institution.
Okun, A. M. (1982). Customer markets and the costs of inflation. In M. N. Baily & A. K. Okun (Eds.), *The battle against unemployment and inflation* (pp.35-39). New York: Norton.
Oleszek, W. J. (2001). *Congressional procedures and the policy process* (5th ed.). Washington, D.C.: Congressional Quarterly Press.
Oregon. (2002). *Oregon Administrative Rules, 2002 Compilation.* Available. *http://arc.web.sos.state.or.us/rules/OAR* [2002, May 23].
Paris, D. C., & Reynolds, J. F. (1983). *The logic of policy inquiry.* New York: Longman.
Patterson, S. C. (1996). Legislative politics in the states. In Gray & H. Jacob (Eds.), *Politics in the American states* (6th ed., pp.159-206). Washington, D.C.: Congressional Quarterly Press.
Perkinson, H. J. (1991). *The imperfect panacea* (4th ed.). New York: McGraw-Hill.
Peschek, J. G. (1987). *Policy-planning organizations.* Philadelphia: Temple University Press.
Peshkin, A. (2001). *Permissible advantage? The moral consequences of elite schooling.* Mahwah, NJ: Lawrence Erlbaum Associates.
Peters, C. (1983, May). A neoliberal's manifesto. *The Washington Monthly,* 0-18.
Peterson, P., Rabe, B., & Wong, K. (1991). *When federalism works.* Washington, D.C.: Brookings Institution.
Phillips, K. (1994). *Arrogant capital.* Boston: Little, Brown.
Pipho, C. (1990). State departments: Change on the way. *Phi Delta Kappan, 72,* 262-263.
Placier, M. (1996). The cycle of student labels in education: The cases of *culturally deprived/disadvantaged* and *at-risk. Educational Administration Quarterly, 32,* 236-270.
Popham, W. J. (1988). *Educational evaluation* (2nd ed.). Upper Saddle River, NJ: Prentice Hall.
Porter, A. C., Archbald, D. A., & Tyree, A. K., Jr. (1991). Reforming the curriculum: Will empowerment policies replace control? In S. H. Fuhrman & B. Malen (Eds.), *The politics of curriculum and testing* (pp.11-36). London: Falmer Press.
Porter, M. C. (1982). State supreme courts and the legacy of the Warren court: Some inquiries for a new situation. In M. C. Porter & G. A. Tarr (Eds.), *State supreme courts* (pp.3-21). Westport, CT: Greenwood Press.
Portz, J. (1994). Plant closings, community definitions, and local response. In D. A. Rochefort & R. W. Cobb (Eds.), *The Politics of Problem Definition* (pp.32-49). Lawrence, KS: University of Kansas Press.
Prestine, N., & McGreal, T. L. (1997). Fragile changes, sturdy lives: Implementing authentic assessment in schools. *Educational Administration Quarterly, 33,* 371-400.
Putnam, R. D. (2000). *Bowling alone.* New York: Simon & Schuster.
Questionable clout. (1994, September 28). *Education Week,* 30.
Ravitch, D. (1983). *The troubled crusade.* New York: Basic Books.
Ravitch, D. (1995). *National standards in American education.* Washington, D.C.: Brookings Institution.
Rawls, J. (1971). *A theory of justice.* Cambridge, MA: Harvard University Press.
Ray, C. A., & Mickelson, R. A. (1990). Business leaders and the politics of school reform. In D. E. Mitchell & M. E. Goertz (Eds.), *Education politics for the new century* (pp.119-135). London: Falmer Press.
Robelen, E. W. (2002, January 9). ESEA to Boost Federal Role in Education. *Education Week,* pp.1, 28-29, 31.
Robertson, D. (Ed.). (1985). *A dictionary of modern politics.* London: Europa Publications.
Rochefort, D. A., & Cobb, R. W. (Eds.). (1994). *The politics of problem definition.* Lawrence, KS: University of Kansas Press.
Rosenblatt, R. A. (1996, March 14). Latinos, Asians, over-50s top growth groups for U.S. *Cincinnati Enquirer,*

p.A14.
Rosenthal, A. (1981). *Legislative life.* New York: Harper & Row.
Rothman, S., & Lichter, S. R. (1982). *Roots of radicalism.* New York: Oxford University Press.
Rubin, I. S. (2000). *The politics of public budgeting* (4th ed.). Chatham, NJ: Chatham House.
Sabatier, P. (1975). Social movements and regulatory agencies: Toward a more adequate—and less pessimistic—theory of "clientele capture." *Policy Sciences, 6,* 301-342.
Sabatier, P. A., & Jenkins-Smith, H. C. (1993). *Policy change and learning.* Boulder, CO: Westview Press.
St. John, E. P. (1992). Who decides educational policy? Or how can the practitioner influence public choices? In P. F. First (Ed.), *Educational policy for school administrators* (pp.96-103). Boston: Allyn & Bacon.
Sarason, S. B. (1996). *Revisiting "The culture of the school and the problem of change."* New York: Teachers College Press.
Sargent, L. T. (Ed.). (1995). *Extremism in America.* New York: New York University Press.
Schattschneider, E. E. (1935). *Politics, pressures, and the tariff.* New York: Prentice Hall. Cited in Lowi, T. J. (1964, July). American business, public policy, case studies, and political theory. *World Politics,* 677-715.
Schattschneider, E. E. (1960). *The semisovereign people.* New York: Holt, Rinehart & Winston.
Shafer, B. E. (1983). *The quiet revolution.* New York: Russell Sage Foundation.
Sidoti, L. (2000, September 5). Schools feel pressure from test-driven ratings. [Hamilton, OH] *Journal-News,* pp.A1, A2.
Skrla, L. (2000). The social construction of gender in the superintendency. *Journal of Education Policy, 15,* 293-316.
Smith, J. A. (1991). *Brookings at seventy-five.* Washington, D.C.: Brookings Institution.
Solomon, R. P. (1992). *Black resistance in high school.* Albany, NY: State University of New York Press.
Sommerfeld, M. (1996, April 24). California parents target math frameworks. *Education Week,* 1, 11.
Spring, J. (1989). *The sorting machine revisited.* New York: Longman.
Spring, J. (1994). *The American school, 1642-1993* (3rd ed.). New York: McGraw-Hill.
Spring, J. (1997). *Political agendas for education.* Mahwah, NJ: Lawrence Erlbaum Associates.
Sroufe, G. E. (1995). Politics of education at the federal level. In J. D. Scribner & D. H. Layton (Eds.), *The study of educational politics* (pp.75-88). London: Falmer Press.
Stone, D. A. (1989). Causal stories and the formation of policy agendas. *Political Science Quarterly, 104,* 281-300.
Stufflebeam, D. L. (1983). The CIPP model for program evaluation. In G. F. Madaus, M. Scriven, & D. L. Stufflebeam (Eds.), *Evaluation models* (pp.23-43). Boston: Kluwer-Nijhoff.
Susser, B. (1995). *Political ideology in the modern world.* Boston: Allyn & Bacon.
Swanson, A. D. (1989). Restructuring educational governance: A challenge of the 1990s. *Educational Administration Quarterly, 25,* 268-293.
Tapper, J. (2001). *Down & dirty: The plot to steal the presidency.* Boston: Little, Brown.
Tennessee Code Commission. (1995). *Tennessee code annotated: 1995 supplement. Vol.9.* Charlottesvill, VA: Michie.
Thomas, C. S., & Hrebenar, R. J. (1999). Interest groups in the states. In V. Gray & H. Jacob (Eds.), *Politics in the American states* (7th ed., pp.113-143). Washington, D.C.: Congressional Quarterly Press.
Thurow, L. C. (1992). *Head to head.* New York: Morrow.
Toch, T. (1996, February 26). Why teachers don't teach. *U.S. News and World Report,* 62-71.
Turner, D. W. (1995). Building legislative relationships: A guide for principals. *Here's How, 13*(5), 1-4.
Tyack, D. (1974). *The one best system.* Cambridge, MA: Harvard University Press.
Tyack, D. (1986). Toward a social history of law and public education. In D. L. Kirp & D. N. Jensen (Eds.), *School days, rule days* (pp.212-237). Philadelphia: Falmer Press.
Tyack, D., & Cuban, L. (1995). *Tinkering toward utopia.* Cambridge, MA: Harvard University Press.
Tyack, D., & Tobin, W. (1994). The "grammar" of schooling: Why has it been so hard to change? *American Educational Research Journal, 31,* 453-479.
Unfulfilled promises: School finance remedies and state courts. (1991). *Harvard Law Review, 104,* 1072-1092.
Verba, S., & Orren, G. R. (1985). *Equality in America.* Cambridge, MA: Harvard University Press.
Verstegen, D. (1994). Reforming American education policy for the 21st century. *Educational Administration Quarterly, 30,* 365-390.
Vinovskis, M. A. (1996). An analysis of the concept and uses of systemic educational reform. *American*

Educational Research Journal, 33, 53-85.
Viteritti, J. P. (1999). *Choosing equality.* Washington, D.C.: Brookings Institution.
Waite, D. (1995). Teacher resistance in a supervision conference. In D. Corson (Ed.), *Discourse and power in educational organizations* (pp.71-86). Cresskill, NJ: Hampton Press.
Weaver, S. W., & Geske, T. G. (1995, April). *Educational policymaking in the state legislature: Legislator as policy expert.* Paper presented at the annual meeting of the American Educational Research Association, San Francisco.
Weimer, D. L., & Vining, A. R. (1992). *Policy analysis: Concepts and practice* (2nd ed.). Upper Saddle River, NJ: Prentice Hall.
Weiss, C. (Ed.). (1992). *Organizations for policy analysis.* Newbury Park, CA: Sage.
Weiss, C. H. (1988). Where politics and evaluation research meet. In D. Palumbo (Ed.). *The politics of program evaluation,* pp.47-70. Newbury Park, CA: Sage
Weiss, C. H. (1992). Helping government think: Functions and consequences of policy analysis organizations. In C. H. Weiss (Ed.), *Organizations for policy analysis* (pp.1-18). Newbury park, CA: Sage.
Welsh-Huggins, A. (2000, September 5). State tests raise angst. *Cincinnati Enquirer,* pp.B1, B4.
Welsh-Huggins, A. (2000, November 30). Overhaul of Ohio's proficiency test procedure may be forthcoming. [Hamilton, OH] *Journal-News,* p.A7.
Wiget, L. A. (1995). *Effective government relations for public education.* Bloomington, IN: Phi Delta Kappa Educational Foundation.
Wildavsky, A. (1988). *The new politics of the budgetary process.* Glenview, IL: Scott, Foresman.
Williams, B. R., & Palmatier, M. A. (1992). The RAND Corporation. In C. H. Weiss (Ed.). *Organizations for policy analysis* (pp.48-68). Newbury Park, CA: Sage.
Wilson, J. Q. (1989). *Bureaucracy.* New York: Basic Books.
Wolf, R. M. (1990). *Evaluation in education* (3rd ed.). New York: Praeger.
Wrong, D. H. (1979). *Power.* New York: Harper & Row.
Yanow, D. (2000). *Conducting interpretive policy analysis.* Thousand Oaks, CA: Sage.
Zitterkopf, R. (1994). A fundamentalist's defense of OBE. *Educational Leadership, 51*(6), 76-78.

◇邦訳書のある文献一覧

Apple, M.W.(1985), Education and Power：浅沼　茂・松下晴彦(訳)『教育と権力』(日本エディタースクール出版部、1992)
Bellah, R. N. et al., (1985), Habits of the Hearts：島薗　進・中村圭志(訳)『アメリカ個人主義のゆくえ』(みすず書房、1991)
Bendix, R.(1960), Max Weber：折原　浩『マックス・ウェーバー』(三一書房、1988)
Callahan, R.E. (1962), Education and The Cult of Efficiency：中谷彪・中谷愛(訳)『教育と能率崇拝』(教育開発研究所、1997)
Dahl, R. (1984), Modern Political Analysis：高畠通敏(訳)『現代政治分析』(岩波書店、1999)
Deal, T.E. and Kennedy,A.A. (1982), Corporate Cultures：城山三郎(訳)『シンボリック・マネジャー』(新潮社、1983)
Edelman, M. (1964), The Symbolic Uses of Politics：法貴良一(訳)『政治の象徴作用』(中央大学出版部、1998)
Gross, N. et al., (1971), Implementing Organizational Innovations：河野重男他(訳)『学校革新への道』(第一法規、1973)
Hall, E.T.(1996), The Hidden Dimension：日髙敏隆・佐藤信行(訳)『かくれた次元』(みすず書房、1980)
Hirshman, A.O.(1970), Exit, Voice, and Loyalty：矢野修一(訳)『離脱・発言・忠誠』(ミネルヴァ書房、2005)
Hobbs, T.(1958), Leviathan：水田洋(訳)『レヴァイアサン』(岩波書店、1992-1996)
Lukes, S. (1974), Power：中島吉弘(訳)『現代権力論批判』(未来社、1995)
Lowi, T.J. (1979), The End of Liberalism：村松岐夫(監訳)『自由主義の終焉』(木鐸社、1981)
Rawls, J.(1971), A Theory of Justice：矢島釣次(訳)『正義論』(紀伊國屋書店、1979)
Thurow, L.C.(1996), The Future of Capitalism：山岡洋一・仁平和夫(訳)『資本主義の未来』(TBSブリタニカ、1996)

索　引

人名索引

イアナコーン, L.	90
ヴィニング, A.R.	342, 343
ウェイマー, D.L.	342, 343
エルモア, R.F.	276, 277, 285, 287, 288, 299
オークン, A.	99
オガワ, R.	168, 169
オリアリー, M.K.	33, 34, 92
オレン, G.R.	94
カースト, M.W.	310
キブルカ, J.	32
ギューバ, E.G.	377
キングドン, J.W.	188
ギンスバーグ, B.	212, 261
グード, E.	13
クリスピールス, J.H.	288
グレイディ, D.O.	132, 133
グレース, G.	341, 347
グロス, N.	304, 306-308
クロズビー, B.C.	13, 14
コナント, J.	134, 161
コプリン, W.D.	33, 34, 56, 92, 296
コワルスキー, T.J.	12
サラソン, S.	306
ジェニングス, J.F.	26
ジェンクス, C.	161, 177
シャットシュナイダー, E.E.	48, 135
シャンカー, A.	168
ジョンソン, S.M.	12, 148, 238, 279, 310
スキナー, B.	162
スクリヴァン, M.	354, 357
スタッフルビーム, D.L.	354, 358
ステイク, R.	357
タイラー, R.	357, 360
チャブ, J.	282, 283
デルピット, L.D.	49
トーマス, C.S.	129-132
ニュースタット, R.	301
ネイゲル, S.	31
バーク, F.	157, 185
ハーシュ, E.D.	28, 180, 342
バーバ, S.	94
バーマン, P.	309-315, 320, 330, 331, 347
パターソン, S.C.	118, 119
ピーターソン, P.	310
ヒューバーマン, A.M.	311-315, 330, 331, 347
ファーマン, M.	26
ファウラー, F.C.	350, 406, 409
フォード, P.	13, 151, 159, 166, 168, 406
ブライソン, J.M.	13, 14
フラン, M.	13, 74, 75, 93, 94, 137, 304, 318, 321, 403
フリードマン, M.	99, 177
ブルーム, A.	27
プレスティン, N.	319, 341
ベラー, R.	93
ベンベニスト, G.	287
ポッパム, W.J.	359
マーシャル, C.	85, 91, 112, 113, 119, 120, 122, 124, 131, 167, 285
マーティン, J.M.	147, 211, 214
マーフィー, J.	311
マイルズ, M.B.	311-315, 322, 326, 328-331, 333, 335-338, 347
マイレル, J.	318
マクギブニー, J.H.	132
マクドネル, L.M.	276, 277, 285, 287, 288, 299, 342
マクラフリン, M.W.	309, 310, 320
マゾーニ, T.J.	122, 133, 200, 201, 209
マッキーワン, P.J.	291, 292, 296, 297
マックギル, T.J.	319
マドセン, J.	125, 222, 223
ミケルソン, R.D.	185, 186
ミッチェル, E.	32
ミューラーヒル, B.	153
ミントロム, M.	136
モー, T.	256, 282, 283
ライス, J.	356
ラヴィッチ, D.	26, 166, 167
リンカーン, Y.S.	377
ルイス, K.S.	322, 326, 328, 329, 333, 335-338
ルークス, S.	51
ルーミス, B.	182
レイ, C.A.	132, 133, 185, 186, 256, 350
レビン, H.M.	245-247, 291, 292, 296, 297, 299
ローウィ, T.J.	10, 260-262, 264, 265, 269-272, 276, 299, 389, 390
ロング, N.	59

事項索引

【ア行】
アカウンタビリティ　6, 9, 38, 39, 66, 109, 129, 147, 149, 151, 353, 365, 378, 383, 384
悪魔崇拝　61-63
新しいパラダイム　400-404
新しい連邦制　77
圧力団体　14, 28
アフリカ系アメリカ人の参政権　47
アメリカ教育学会　32
アメリカ教育行政管理職協会　131, 169, 233, 243
アメリカ教員連盟　131, 145, 168
アメリカ労働総同盟　131
アメリカン・マインドの終焉　27
アリーナ　13, 14, 22, 46, 82, 83, 127, 134, 187, 188, 195, 197, 212, 221, 257, 260, 263, 264, 266, 268-274, 276, 303, 320, 372, 373, 375, 388, 398
違憲立法審査権　18, 80
意識の形成　43, 51, 52, 61, 417
イシュー・アテンション・サイクル　181
一括補助金　10, 77, 263, 279
一般国民の注目する政策課題　174, 176
イデオロギー　9, 10, 34, 66, 84, 85, 90-92, 100-106, 108, 125, 134, 144, 149, 159, 164, 165, 171, 197, 224, 253, 258, 266, 268, 269, 274, 275, 305, 407, 414, 416
依法化　390, 391, 393, 399
インフレーション　69, 400
ヴァウチャー制　24, 28, 38, 73, 75, 136, 177, 194, 257, 268, 283
ウォーレン法廷　225, 229
右翼過激派　103
似非評価　365, 366
Education Week誌　113, 131, 143
エリート寄宿学校　51, 52
応用研究　30, 162-164, 355, 416
オーセンティック・アセスメント　73, 107, 316, 319, 341
落ちこぼれをつくらないための初等中等教育法
　121, 222, 350, 404, 406
オピニオン・デイ　229
親の参加　48, 49, 297

【カ行】
科学的人材選別機構　393, 396-399, 405
過激派イデオロギー　102
価値の対立　97
学区リーダー　12
学区を越えた学校の自由選択　13, 24, 38, 73, 302

学校・学区の成績通知表　73
学校人種隔離の撤廃　86
学校選択　7, 24, 25, 39, 49, 50, 73, 77, 136, 164, 165, 169-171, 176-178, 181, 194, 199, 256, 272, 401, 402, 404, 407, 434
学校選択制　7, 24, 25, 39, 50, 73, 77, 165, 169-171, 176-178, 181, 194, 199, 256, 402
学校選択制におけるバイアス　50
学校に基礎を置く経営（SBM）　11, 13, 38, 75, 136, 168, 169, 268, 317, 324, 325, 341, 348
運営における女性に対するバイアス　50
学校文化　306
家父長制的な権威　44
カリキュラム・スタンダード　27, 28, 30, 127
カリスマ的権威　45
官僚制　13, 14, 132, 172, 258, 390, 391, 393, 395, 396, 398, 401
官僚制的リーダー　13, 14
キーズ判決　21
議会スタッフ　28, 112, 116-118, 120, 248
危機に立つ国家　27, 71, 178, 400, 406
企業円卓会議　133, 144, 179
議事運営委員会　204, 205, 208, 209
技術的方略　337, 338
規制的政策　260, 264-266, 271, 273, 275, 311, 390, 395, 398
規制的ライセンス　262, 263, 265
規則の制定　35, 216, 219, 220, 222, 223, 250, 255, 260
基礎研究　162, 163, 164
キャリア・ラダー　73, 223
教育委員会会議　61, 62, 108, 434
教育委員会制度　108, 109, 255, 434, 435
教育情報センター　32
教育税　72, 79, 151, 176, 177, 182
教育政策アクターの間の権力関係　56
教育政策環境　6-8, 76
教育政策研究コンソーシアム　30, 159
教育政策の企画・研究コミュニティ　157, 158
教育政策の未来　402
教育長　11-14, 16, 20, 27, 35, 39, 41, 43, 50, 54, 55, 60-62, 66, 78, 83, 104, 112, 123-125, 127-129, 142, 146, 150, 151, 157, 170, 187, 188, 223, 226, 234, 235, 244-247, 256, 257, 259, 270, 272-275, 287, 288, 297, 303, 317, 321, 325, 343, 349, 351, 384-386, 393, 396, 398, 406, 410, 411-414
教育利益団体　6, 112, 131, 132, 142, 145, 200
教員組合　43, 55, 63, 112, 113, 124, 130-132, 144, 147, 148, 158, 169, 188,

	199, 219, 248, 271, 273, 319, 321, 345, 356
競合する価値	389, 390, 392, 395, 398, 401
行政管理・予算局	212
行政機関間の競合	80
行政機構の断片化	78, 79
拒否権の多元性	81
近隣学校優先就学政策	18, 21
クー・クラックス・クラン	103
クリントン政権	29, 284
クリントン大統領	9
グローバリゼーション	69
景気循環	67, 68, 71, 72, 407
経済システムの構造	67
経済指標	68
経済成長	4, 7, 69, 95, 96, 170, 390, 395, 400, 401, 403, 404
経済的価値	95-97, 390
経済的環境	3, 36, 66-68, 71, 407, 414
経済的効率	97
経済的諸力	65
経済的平等	94
経済的保守主義	100, 101
経済的優越性	44, 53, 54
経済的利害	92, 93, 101
経済発展	69
形成的評価	335, 365, 376, 378, 380, 388
結果の平等	94
現在の経済動向	67, 74
研修担当者	323
言説分析	34
厳密な意味の実施	330
権力の形態	44, 45
権力の源泉	43, 46, 162
権力の公然たる行使	43, 44
権力分析	56
権力分立	76, 78
公共善	85-87
高等裁判所	125, 126, 229
合法的権威	45, 47, 53, 54, 57
広報向け評価	366
公民権団体	16
功利主義哲学	91
功利的個人主義	93
合理的説得	45, 54
高齢化	8, 70, 72, 74
コーディネーター職	328
国防教育法	71, 107
国民総生産(GNP)	68
国立教育研究所	32, 168
個人的利害	91, 92
個人主義的政治文化	85, 88
個人の自由	97
個人の手段としての権力	60
個人の目的としての権力	60
コモンスクール・モデル	400-404
コンサルタント会社	30

【サ行】

財源措置	19, 365
最高裁判所	18, 19, 21, 22, 80, 117, 125, 126, 225, 228, 230, 238
歳出予算委員会	212-214, 216
再配分的政策	260, 267, 268, 271, 274, 275, 390, 398, 401
裁判官	16, 20, 22, 79, 126, 197, 224-229, 231, 238, 240, 251, 252, 391
サボタージュ	343
左翼過激派	103
識字教育	23
事業評価基準	362
市場化モデル	403, 404
市場への懐疑心	84
試訴	227
実行可能性	362, 363
実施計画	322, 346
実施者	20, 35, 279, 303, 304, 308-310, 314, 315, 317, 319-321, 326-338, 340, 344, 345, 350, 365, 372-376, 378-380, 388, 412
実施前期	330, 331
質的方法	367, 384
質的データ	368, 369
質の高い教育の必要性	26
指導主事	4, 37, 55, 66, 241, 242, 288, 351
使途特定補助金	10, 279
指標システム	353
指標の選択	378
司法審査権	225
姉妹法案	205, 245
事務局スタッフ	12, 29, 234, 341, 343, 396, 397, 406, 410, 411, 413, 414
社会資本	95
社会正義	97
社会的価値	92, 390
社会的政策課題	173-176, 178, 179, 182, 187, 190, 198
社会的リソース	46
州教育委員会	18, 112, 120, 122-124, 142, 146, 148-151, 217, 219, 222, 223, 281
州教育省	4, 6, 13, 18, 29, 37, 66, 86, 113, 123-125, 128, 132, 142, 144, 187, 199-201, 217, 218, 220-223, 238-240, 242, 246, 254-256, 273, 282, 286, 299, 303, 316, 320, 328, 344, 348-351, 353, 359, 362, 372, 393, 396
州教育長	41, 112, 123, 142, 146, 223, 256, 396
宗教的保守主義	100, 101

索　引　431

州裁判所	11, 80, 127, 225, 227, 229-231
集団のための手段としての権力	60
集団の目的としての権力	60
州知事	113, 121, 199
州統一テスト	5, 11, 40, 73, 77, 96, 127, 128, 179, 180, 199, 290, 400, 404
自由と平等	98
州による権限回収・業務代行	11
州の自治権	77
州レベルの予算編成過程	215
状況適応的計画づくり	322
少子化	72
上訴裁判所	228
常任委員会	204, 205, 207, 208
消費者物価指数	68
奨励的政策	276, 277, 283-286, 289
助言者	126, 252, 323, 328
女性の参政権	47, 394
初等中等教育法	29, 32, 38, 71, 73, 121, 222, 279, 305, 310, 350, 357, 398, 404, 406
初等中等教育法改正	29
所得格差の拡大	69
シンクタンク	7, 30, 32, 33, 36, 71, 82, 135, 136, 143, 158-167, 183-185, 199, 417
人口動態	8, 9, 65, 66, 67, 69-76, 407, 414
人口動態の長期的動向	70
人種隔離政策	16-19, 21
身体的な強制	44
信念体系	65, 75, 92
心理的な強制	44
スイスチーズ・ジャーナリズム	138, 145, 146
スクール・コミュニティ	238, 241
スクールリーダー	1, 3, 5, 7, 10, 13-15, 34-37, 51, 52, 54-57, 60, 65, 66, 68, 70-73, 76, 78-83, 86-91, 100, 103-106, 111, 112, 118, 127, 134, 139, 143, 145, 153-155, 157, 159, 174, 178, 182-191, 195-197, 200, 201, 203, 211, 213, 214, 220, 226, 232-235, 238-240, 242-244, 246, 247, 249, 251-255, 259, 260, 269, 271, 272, 277, 285-288, 291, 296, 297, 299, 301-303, 314-316, 318, 320-323, 327-329, 331, 333, 336, 337, 340, 342, 344-348, 350, 353-355, 359, 361, 363, 372, 374-376, 378, 380, 381, 383, 384, 389, 404, 406-411, 413, 414, 435
スタンダードに基礎を置く教育改革	25, 26, 40, 167
スタンダードに基づく教育	73, 107
スプートニク・ショック	71, 107
スペースの欠如	329
スペースの問題	329
スポンサーシップ	206
政策アクター	53, 56, 81, 111-114, 123, 124, 127, 129, 130, 132, 137, 139, 140, 142, 148, 179, 182, 185, 188, 200, 201, 206, 207, 224, 248, 259, 408, 417
政策課題	25, 27, 28, 39, 116, 120, 123, 126, 131, 135-137, 153, 154, 155, 157, 169, 173-185, 187-192, 198, 259, 285, 302, 407, 408, 411, 416
政策課題の設定	25, 27, 28, 137, 153-155, 178, 180, 183, 184, 187, 188, 190, 191, 302, 408, 416
政策課題の相互関係	175, 176
政策課題の「伝播力」	175
政策活動のタイミング	82
政策過程	3, 14, 15, 22, 23, 25, 26, 32, 33, 35-37, 39, 42, 82, 111-113, 116, 119, 124-127, 133, 135-137, 153-155, 157, 183, 184, 187, 188, 191, 195, 197-199, 232, 240, 242, 252, 257, 270, 276, 302-304, 348, 354, 366, 407-417
政策過程の段階モデル	23, 25, 408
政策環境	6-8, 13, 14, 65, 66, 70, 75, 76, 90, 91, 106, 169, 389, 414
政策企画組織	114, 135, 143, 144, 158
政策起業家	136, 144, 181, 199, 200
政策決定	5, 13, 15, 25, 29, 34, 66, 73, 74, 81, 85, 91, 103, 134, 137, 154, 162, 164, 167, 176, 178, 179, 188-191, 196, 212, 242, 253, 259, 287, 294, 309, 316, 317, 350, 354, 372-375, 383, 417
政策決定者	13, 15, 34, 73, 74, 81, 85, 91, 103, 134, 137, 162, 164, 167, 176, 178, 179, 188-191, 242, 253, 287, 294, 309, 354, 372-375, 383, 417
政策実施	20, 25, 29, 30, 35, 81, 199, 260, 299, 301-305, 307-316, 319, 322, 326-332, 334, 336, 338, 341, 342, 344, 345, 347, 348, 350, 354, 357, 365, 369, 372-376, 378-380, 382, 407, 408, 411-413, 416
政策実施研究の第2世代	309
政策実施者による内部評価	379
政策手段	35, 276-282, 285-290, 299, 407, 408, 416, 417
政策手段の組み合わせ	285, 286, 288
政策手段の多様化	287
政策争点	23-28, 33, 42, 133, 135, 137, 196, 408, 416, 417
政策ネットワーク	134, 135, 167, 179, 417
政策の実施者	20, 35, 308, 317, 365, 412
政策の制度化	315, 339
政策の矮小化	331
政策変更	6, 57, 71, 72, 81, 82, 86, 89, 136, 151, 163, 173, 181, 198, 217, 227, 235, 241, 242, 270, 271, 286, 299, 302, 306, 312-314, 316-318, 321-323, 326-329, 331, 332, 334,

338, 340, 341, 344, 345, 365, 375, 382
政策立案　　　25, 28, 129, 154, 158, 196-198,
　　　　　　201, 221, 228, 255, 256, 259, 412, 413, 417
政策類型論　　　　　　　　260, 270, 275, 299
政治システム　　　　　15, 20, 22, 65, 66, 75, 76,
　　　　79-81, 83, 84, 89, 94, 95, 101, 224, 414
政治システムの構造　　　　　　　　　　　65
政治的に統制された評価　　　　　　　　365
政治的平等　　　　　　　　　　　　　　94
政治的腐敗　　　　　　　　　　　　　　85
政治的方略　　　　　　　　　　　　337, 338
政治的民主主義　　　　　　　　　　　　98
政治文化　　　　　　24, 66, 76, 83-90, 414, 417
政治文化と教育政策　　　　　　　　　　85
制度改革　　　276, 277, 279, 282, 283, 302, 385, 417
制度の選択　　　　　　　　　　　　　　390
政府の政策課題　　　　　　173-179, 182, 187-190
1965年初等中等教育法　　　　　　　279, 305
選挙のサイクル　　　　　　　　　　　　81
全国共通カリキュラム　　　　　　　　24, 25
全国初等学校長協会　　　　　　　　　　233
全国中等学校長協会　　　　　　　　　　233
全障害児教育法　　　　　　　　　　71, 231
全体的評価　　　　　　　　　　　　368, 369
全米科学財団　　　　　　　　　　　　　30
全米企業同盟　　　　　　　　　　　133, 134
全米教育委員会連合会　　　　　　131, 145, 243
全米教育協会　　　　　　　　　　131, 145, 243
全米教育スタンダードおよび教育改善会議　　29
全米教育目標パネル　　　　　　　　　　28
全米数学教師協会　　　　　　　　　　　241
全米知事会　　　　　　　77, 121, 122, 134, 169
専門家の注目する政策課題　　　　　　174-178
専門職化　　　　　　　　　117, 118, 146, 168, 169,
　　　　　　390, 391, 393, 396, 397, 400-403
専門的権威　　　　　　　　　　　　　45, 54
専門的な評価スタッフである内部評価者　　379
総括的評価　　　　　　　364, 365, 376, 378, 380, 388
相互適応　　　　　　　　　310, 314, 331, 335, 345
操縦的説得　　　　　　　　　　　　　　45
争点の定義　　　　　　　　25-27, 34, 35, 57, 153,
　　　　　　154, 155, 157, 160, 164, 169, 170-172,
　　　　　　182-185, 187, 194, 302, 408, 416, 417
卒業要件の引き上げ　　　　　　　　　73, 77

【タ行】
第1次元の権力　　　　　　　　　　　44, 47
大学入試協議会　　　　　　　　　　　　26
第3次元の権力　　　　　　　　　　　　51
対政府関係活動　　　　　235, 236, 238, 240-242, 251
対政府関係の専門家　　　　　　　　233, 234
大統領　　　　　　　　　9, 10, 20, 27, 28, 31, 41,
　　　　52, 100, 102, 117, 167, 168, 177, 178, 197, 199,
　　　　202, 205, 212-215, 224, 238, 279, 301, 346
タイトルⅠ　　　　　　　　　　234, 268, 279, 280,
　　　　　　305, 310, 350, 351, 352
タウンミーティング　　　　　　　　　85, 87
高いスタンダード　　　　　　　　　　　96
卓越性　　　　9, 24, 27, 96, 98, 134, 284, 401, 403, 404
多国籍大企業　　　　　　　　　　　　　69
秩序　　　　　　　　　　22, 72, 84, 92, 93, 97,
　　　　　　98, 101, 103, 390, 395, 403
知的リソース　　　　　　　　　　　　46, 56
地方学区　　　6, 16, 26, 111, 125, 128, 190, 280, 302, 406
地方教育委員会　　　　　　　　　　127, 128
地方裁判所　　　　　　　　　　22, 125, 126, 231
チャータースクール　　　　　　13, 24, 38, 171, 177
中央議会事務局　　　　　　　　　　　　119
仲介者　　　　　　　　　　　　303, 304, 308
中退防止および再入学に関する法律　　203, 211
ディレクター職　　　　　　　　　　　　328
適切な空間　　　　　　　　　　　　　　323
適切な評価を妨げる策略　　　　　　　　374
伝統主義的政治文化　　　　　　　　　84, 87
統合的研究　　　　　　　　　　　　163, 164
道徳主義的政治文化　　　　　　　　84, 85, 87
特別区　　　　　　　　　　　　9, 17, 78, 134
独立型の学区　　　　　　　　　　　　　79
都市研究所　　　　　　　　　　　　　　30
トライアンギュレーション　　　　　　　368

【ナ行】
南部教育会議　　　　　　　　　　　　　26
南北戦争　　　　　　　　　　47, 52, 77, 356
2000年の目標：アメリカ教育法　　　　　29, 71
ニューポリティクス・リベラリズム　　101, 102
ネオ・リベラリズム　　　　　　　　101, 102
能力形成　　　　　　　　　　　　276, 277, 279,
　　　　　　280-282, 286, 288, 289, 302, 416

【ハ行】
バーンアウト　　　　　　　287, 292, 296, 312
バイアス(偏向)の動員　　　　　　43, 47, 417
配分的政策　　　260-269, 271, 273-275, 390, 398, 401
バイリンガル教育　　　　　　86, 133, 386, 387, 388
パトロネイジ　　　　　　　　　　　　46, 53
パブリックリーダー　　　　　　　　36, 37, 39
判決理由　　　　　　　　　　　　225, 228, 229
晩婚化　　　　　　　　　　　　　　　　72
判例法　　　　　　　　　　　　　18, 19, 225
ヒアリング　　　　　　147, 205, 208, 219, 221, 239
非イデオロギー的政治　　　　　　　　　85
非規制的ライセンス　　　　　　　　262, 263
非決定　　　　　　　　　　　　　173, 182, 191

索引 433

ビジネス流儀の政府	85
評価の政治力学	371
表現的個人主義	93, 98
表彰システム	360, 361
費用対効果分析	291, 297, 299, 300, 416
平等と公平	27
費用分析	189, 291, 292, 294, 295, 298-300, 416
貧困との闘い	31, 310
ファイ・デルタ・カッパ	243
フィードバック	35, 185, 222, 333, 334, 336
Forward Map	323
フォーラム	82, 83, 121, 150, 162, 165, 168, 169, 244, 285
不作為のパターン	22, 39
付託委員会	205, 207
ブッシュ政権	29, 167
ブッシュ大統領	9, 28, 41, 167
物的リソース	46, 267
不評な政策	303, 340
ブラウン判決	21, 22, 229, 231
プリンス・システム	56, 61, 64
プレッシー判決	19
文化的な障壁	306
文化的方略	337, 338
『文化的リテラシー』	28
文教委員会	4, 6, 37, 113, 119, 123, 124, 147, 242, 246
分離かつ不平等	20
分離すれども平等なり	19
ベイカー事件	117
ヘッド・スタート	356
ベビーブーム世代	8
法案作成事務所	202
補償教育	38, 79, 86, 234, 268, 279, 280, 304, 305, 310, 352, 356, 398, 399

【マ行】

マグネットスクール	73, 107
マックイーン判決	10
民営化	164, 172, 258, 262
民主的価値	93-95, 97, 390
無力化された人々	52, 61
メディア	46, 51, 68, 100, 112, 114, 136-139, 145, 146, 150, 154, 156, 172, 174-176, 188, 189, 192, 195, 244, 284, 293, 294, 295
メディアの注目する政策課題	174
メリット・ペイ	73
モニタリング	33, 333, 334, 349, 378

【ヤ行】

友愛	93, 94, 95, 99, 102, 103, 390, 395
有用性	284, 294, 362, 381, 435
予算編成	19, 79, 211-213, 215, 383
予算編成過程	211, 212, 215
予審裁判所	227, 228

【ラ行】

ランド研究所	32, 159, 161, 163, 309
利益団体	6, 24, 81, 112, 114, 129-134, 142, 143, 145, 146, 148, 174, 179, 182, 198-202, 215, 219, 356, 363, 416, 434
利害関係者	15, 61, 81, 219, 221, 222, 260, 301, 320-323, 355, 356, 362, 363, 371, 375-378, 381-383
立法過程	36, 197, 200, 203, 204, 206, 207, 209, 221, 232
リベラリズム	101, 102
両院協議会	204, 205, 209, 210, 214
量的調査	366, 368
量的データ	367, 369
量的方法	366, 384
礼節	10, 362, 364
レーガン政権	6, 10, 77
レーガン大統領	9, 27, 100, 117
連合規約	77, 107
連帯	94, 95
連邦最高裁判所	18, 19, 21, 22, 80, 125, 126, 228, 230
連邦裁判所	17, 125, 225, 230, 231, 275, 399
連邦制	76, 77, 305, 416
連邦政府	10, 25, 31, 32, 38, 41, 76, 77, 112, 120, 121, 161, 174, 177, 190, 202, 212, 213, 215, 221, 254, 267, 280, 304, 305, 310, 350, 351, 356-358, 371, 393, 434
連邦補助金	77, 265, 270, 279, 302
連邦レベルの予算編成過程	212
ローウィの政策類型	269, 270, 389, 390
ロビイスト	55, 107, 129, 130, 148, 247, 273

訳者紹介（五十音順）

窪田 眞二（くぼた　しんじ）第5章担当
　筑波大学大学院人間総合科学研究科教授（教育学博士）
　　主な著書・論文　『父母の教育権研究－イギリスの父母の学校選択と学校参加』亜紀書房、1993年：「地方分権、規制改革政策と日本の義務教育」『教育学研究』72（4）、2005年

平田 敦義（ひらた　あつよし）第7章担当
　比治山大学准教授
　　主な著書・論文　「連邦政府補助金事業評価政策の分析」篠原清昭（編）『ポストモダンの教育改革と国家』（教育開発研究所、2003）所収

藤田 祐介（ふじた　ゆうすけ）第4章、第6章担当
　熊本学園大学准教授
　　主な著書・論文　「占領期の書教育『復活』をめぐる政治過程－利益団体としての書道関係団体の活動に焦点を当てて－」『日本教育行政学会年報』第27号、2001年：「地教行法制定過程における地方六団体の動向とその論理―全国町村会を中心に―」本多正人（編）『教育委員会制度再編の政治と行政』（多賀出版、2003）所収

堀　和郎（ほり　かずお）序文、はしがき、第2章、第3章、第9章、第10章、付録担当
　監訳者略歴参照

柳林 信彦（やなぎばやし　のぶひこ）第1章、第8章担当
　高知大学准教授
　　主な著書・論文　「ケンタッキー教育改革法（KERA）における改革戦略の特徴」『教育制度学研究』第11号、2004年：「教育委員会制度の運用実態に関する実証的研究－教育委員会会議活性化に関わる要因の分析を中心として」『教育制度学研究』第12号、2005

監訳者略歴

堀　和郎(ほり　かずお)
　　現職　筑波大学大学院人間総合科学研究科教授（教育学博士）
　　専門　教育行政学、教育政治学
　　主な著書・論文　『アメリカ現代教育行政学研究』（九州大学出版会、1983）：「アメリカ教育政治学の成立とその理論的構成」『教育学研究』39（3）、1972年：「地方における教育と政治－岐路に立つ教育委員会制度」市川昭午（監）『岐路に立つ教育行財政』（教育開発研究所、1990）所収：「アメリカ教育政治学の新しい動向」中島直忠編『教育行政学の課題』（教育開発研究所、1992）所収：「教育行政研究の政策的有用性を求めて」『教育学系論集』25（1）、2000年：「学校支援の教育改革の規定要因に関する実証的研究」『教育学論集』創刊号、2005年

スクールリーダーのための教育政策研究入門　　＊定価はカバーに表示してあります
2008年10月20日　　初　版　第1刷発行　　　　　　　　　　〔検印省略〕

監訳者©堀 和郎　　発行者 下田勝司　　　　　印刷・製本／中央精版印刷
東京都文京区向丘1-20-6　　郵便振替00110-6-37828
〒113-0023　　TEL(03)3818-5521　　FAX(03)3818-5514　　株式会社 東信堂

Published by TOSHINDO PUBLISHING CO., LTD
1-20-6, Mukougaoka, Bunkyo-ku, Tokyo, 113-0023, Japan
E-mail：tk203444@fsinet.or.jp
ISBN 978-4-88713-865-0　　C3037